虚无主义批判
译丛

刘森林 主编

Bernard Reginster

The Affirmation of Life: Nietzsche on Overcoming Nihilism

肯定生命：尼采论克服虚无主义

[美] 伯纳德·雷金斯特 著

汪希达 施玉刚 杨一杰 等译 李天保 校

华东师范大学出版社

华东师范大学出版社六点分社 策划

总　序

虚无主义是现代性的精神本质。

按照尼采的说法，虚无主义是一位站在现代社会门口的“最神秘的客人”，也应该是“最可怕的客人”。长期以来，这位神秘客人已多次来敲门，我们或听不见她起初并不大的声响，或不知晓这位神秘客人的来意，因而听不出敲门声的寓意，判断不出它的来源，也推敲不出它在现代时空中能传到多远，能有怎么样的影响与效果。直到它以猛烈的力量推开现代性的大门，制造出忧人的声调，刺激甚至伤害着我们的身心，危及我们的各项建设，我们才不得不仔细聆听着它奇怪的声调，不得不严肃认真地开始凝视它。

她起初是一位来自现代欧洲的神秘客人。随着现代文明的世界性传播，她的幽灵游荡于世界的角角落落。时隐时见，久而久之，她俨然像个主人似的，开始招摇过市、大摇大摆，甚至开始被视为见怪不怪的存在。然而，面目似乎熟悉的她，其身世、使命、影响、结局，我们都还不甚清楚。至于其来源、发展脉络、各种类型、表现形式、在各国的不同状况、甚至在中国的独特情况等，我们了解得也明显不够。要看清她的面目，了解她的身世，明白她的使命，周遭可用的有效信息甚少。翻译外文文献，对于深入研究这一思潮应当是一项必需的基础性工作。因为随着中国现代化成就的不断取得,现代性问题的日益展现,虚无主义在当今中国受到的关注不断提升,新世纪以来更是如此。但中国学界对其研究显然不足。原因之一应该就是资料和资源的短缺。

现代虚无主义思潮是外来的,作为现代性问题伴随着现代化沿着亚欧大陆由西向东传播而来。按照我的理解,现代虚无主义尤其对于后来、因为外部原因被迫启动现代化的国家至关重要,这些国家在急迫引入的现代文明与原有传统之间感受到了明显的张力,甚至剧烈的冲突,引发了价值体系调整、重构所产生的动荡、空缺、阵痛,促使敏锐的思想家们作出艰辛的思考。这样的国家首先是以深厚思想传统与西方现代文明产生冲突的德国与俄国,随后是日本与中国。德国思想家从 1799 年雅各比致费希特的信开始(起初个别的法国思想家差不多同时),俄国思想家从 19 世纪上半叶开始,日本和中国思想家从 20 世纪初开始,英美思想家从 20 世纪特别是二战结束之后开始,哲学维度上的现代虚无主义问题的思考积累了大量的思想成果,值得我们予以规整、梳理和总结。

人们关注现代虚无主义问题,首先是因为它带来的价值紊乱、失序、低俗。它表现为尼采所谓"上帝之死",诺瓦利斯所谓"真神死后,魔鬼横行",德勒兹所谓"反对超感性价值,否定它们的存在,取消它们的一切有效性",陀思妥耶夫斯基笔下伊凡·克拉马佐夫所谓"既然没有永恒的上帝,就无所谓道德,也就根本不需要道德,因而就什么都可以做",或者艾略特的"老鼠盘踞在大厦底"、"穿着皮衣的暴发户",加缪的"荒诞",穆齐尔的"没有个性的人"。但是,现代虚无主义是诞生于自由主义的平庸和相对主义,还是源自于关联着全能上帝的人的那种无限的意志创造力量?现代虚无主义是存在于平庸、无聊、僵化的制度中,还是存在于撇开既定一切的无限创造之中?现代技术、机器、制度之中蕴含着一股虚无主义力量,还是蕴含着遏制、约束虚无主义发生的力量?人们对虚无主义忧心忡忡,对如何遏制虚无、避免虚无主义结局殚思竭虑,重心该放在那里？

然而，现代虚无主义问题不仅仅是意味着价值体系的危机与重构，同时也伴随着哲学思考的转型，伴随着思维方式的调整。如果说，以前人们对世界和自身的思考是基于完满之神，人的使命及其所面对问题的解决在于模仿这种神灵，那么，在“上帝之死”的背景下，基于大地的“现实的人”的思考如何合理地展开？使“现实的人”成为“现实”的“现实”包含着哪些规定性？“存在”、“大地”、“天空”、“内在现实”如何在其中获得自己的地位？形而上学死了，还是需要重构？什么样的“形而上学”死了，什么样的“形而上学”必须重构？甚至于，“上帝”真死了吗？能真死了吗？什么样的“上帝”会死，而且必死无疑？什么样的“上帝”并没有死，反而转化为另一种方式活得挺滋润？上帝之死肯定是一个积极事件吗？如果是，我们如何努力确保将其推进成一个积极事件？

自从现代中国遭遇虚无主义问题以来，我们已经对其进行了两次思考。这两次思考分别发生在刚经历过的两个世纪之初。20世纪初是个理想高扬的时代，在那个靠各种“主义”、理想的张扬消解苦闷的时代，现代虚无主义问题多半并不受重视，反而很容易被埋没。这“埋没”既可以采取朱谦之那样视虚无主义为最高境界的少见形式，也可以采取鲁迅兄弟隐而不露的隐晦方式，更可以采取不予理睬、以多种理想覆盖之的常见形式。在那一次思考中，陈独秀立足于经日本中介的俄国虚无党和德国形而上学，并联系中国传统的“空”、“无”对中国虚无主义的分析思考就显得较为宝贵。这种宝贵因为昙花一现更加重了其分量。如果说现代中国初遇虚无主义问题的第一次思考先天不足，那么相比之下，进入21世纪，中国再次思考在中国现代化成就突出、现代性问题凸显的时代应该是一个更好的展开时机。早已经历了道德沦陷、躲避崇高、人文精神大讨论、现代犬儒主义登台之后，经历了浪漫主义、自由主义的冲击以及对它们的反思之后，思考、求解现代虚无主义的中国时刻已经到来。现代虚无主义的中国应对方案,将在这个时刻被激活、被孕育、被发现。伴随着现代虚无主义问题的求解所发生的,应该是一种崭新文明的建构和提升。

希望本译丛的出版有助于此项事业。

作为编者、译者,我们满怀期待;

作为研究者,我们愿与同仁一起努力。

刘森林

2019 年 6 月 9 日

于泉城兴隆山

目　录

序

本书对尼采的伦理思想进行了系统的解读。我依据的原著是由科利(Colli)和蒙蒂纳里(Montinari)编辑的尼采著作考证版,同时也参考了由沃尔特·考夫曼(Walter Kaufmann)和赫林达勒(R. J. Hollingdale)所作的仍称经典的尼采著作英译本,包括他们合作翻译的《权力意志》,尽管该书无疑存在争议。我这样做是基于这一假设,即这些译本最为读者所熟悉。不过,我也参考了一些新的翻译,如由莫迪玛丽·克拉克(Maudemarie Clark)和斯文森(A. J. Swensen)合译的《道德的谱系》。一般来说,我是原封不动地使用这些翻译,但若干我认为极易产生误解的地方,也加注了德语原文。对于康德和叔本华,我选用的也是经典的翻译,依据的是康德原著的标准学术版和叔本华原著的布罗克斯(Brockaus)完整版。在这里,很大程度上,我仍然忠实于英译本。对于引用文本的省略部分,我一致用“……”标明。

非常感谢允许我重复使用我已经出版的下述材料:《哲学与现象学研究》(*Philosophy and Phenomenological Research*)第57卷(1997年6月)第281—305页中的“尼采论怨恨和价值评估”诸部分用于第六章;《代达罗斯》(*Daedalus*)总133卷第2卷(2004年春)第52—59页中的“作为浮士德交易的幸福”诸部分用于第三

vii 章和第六章;“哲学国际研究”(*International Studies in Philosophy*)总 34 卷第 3 卷(2002 年)第 55—68 页中的“虚无主义与生命的肯定”诸部分用于第一章和第六章。

这本书的一部分是在国家人文中心(the National Humanities Center)的赞助下撰写的。2000 年春,我在该中心做研究员。我非常感谢那段时间受到的支持。在这本书的构思和准备过程中,我也在不同程度上得到了许多同事、朋友和学生的帮助,在此一并感谢。姓名按字母顺序排列,包括 R. 拉尼尔·安德森(R. Lanier Anderson),尼拉·巴达瓦尔(Neera Badhwar),阿克尔·比格拉米(Akeel Bilgrami),贾斯廷·布罗奇克斯(Justin Broackes),莫迪玛丽·克拉克(Maudemarie Clark),加勒特·德克尔(Garrett Deckel),詹姆斯·德赖尔(James Dreir),乔奇·费尔南德斯(Jorge Fernandez),阿罗德·霍兹(Harold Hodes),罗伯特·豪厄尔(Robert Howell),纳迪姆·侯赛因(Nadeem Hussain),乔纳森·伊奇卡瓦(Jonathan Ichikawa),乔治·凯布(George Kateb),耶格沃·基姆(Jaegwon Kim),约书亚·兰迪(Joshua Landy),查尔斯·拉莫尔(Charles Larmore),布莱恩·莱特(Brian Leiter),沃尔夫冈·曼(Wolfgang Mann),弗雷德里克·诺伊霍瑟(Frederick Neuhouser),玛莎·努斯鲍姆(Martha Nussbaum),罗伯特·皮平(Robert Pippin),约翰·理查森(John Richardson),马蒂亚斯·里瑟(Matthias Risse),伊凡·索尔(Ivan Soll),理查德·沙赫特(Richard Schacht),杰伊·华莱士(R. Jay Wallace)和琳达·扎格泽布斯基(Linda Zagzebsky)。特别感谢亚历山大·内哈马斯(Alexander Nehamas),他向我展示了将尼采诠释得同时有哲学性和独特性的可能。还要感谢罗伯特·霍威尔(Robert Howell)和布莱恩·莱特(Brian Leiter),他们对整篇手稿作了详细的评论。尽管得到上述帮助,这本书仍然存在不少缺点。

本书部分内容还得益于与如下组织机构人员的交流讨论:布

朗大学，伊利诺伊大学香槟-厄巴纳分校，斯坦福大学，康奈尔大学，威尔斯利学院，新墨西哥大学，俄克拉何马大学，哈佛大学的拉德克利夫研讨会，罗德岛哲学学会，瑙姆堡的国际尼采会议，魏玛的歌德-席勒基金会的尼采学院，以及北美尼采协会。 viii

她说:“虽在满足中,我依然感到
需要某种不朽的至高幸福。”
死亡是美的母亲;因此,从她那里,
唯独从她那里,才能实现我们的梦想
和欲望。……
在天堂里,没有死亡的变改吗?
成熟的果子永不落下?是否树枝
寂寞地悬挂在那完美的天空中,
恒久如一,一如我们冷酷的地球,
我们自己如同地球上寻求着海洋的河流
然而却从未找到,又如后退的海岸
从来没有触动过说不出的痛楚?

——华莱士·史蒂文斯《星期天早上》①

---

① 译注:华莱士·史蒂文斯(Wallace Stevens,1879—1955),美国诗人。代表作有《星期天早上》(*Sunday Morning*)(1915),《雪人》(*The Snow Man*)(1921),《秩序观念》(*Ideas of Order*)(1936),《拿蓝色吉它的人》(*The Man with the Blue Guitar*)(1937)。译文参考《最高虚构笔记:史蒂文斯诗文集》,陈东飚等译,华东师范大学出版社 2008 年。

导　言

一、尼采思想的系统性

1888年11月13日，在他精神崩溃的几个星期之前，尼采在给朋友弗兰茨·欧维贝克的一封信中，作了以下宣告："《偶像的黄昏，或如何用锤子从事哲学》已经印刷完毕，《瞧，这个人：一个人如何成为他自己》的手稿已经送至出版社。后者是一本绝对重要的书，它给出了有关我和我的作品的一些心理乃至传记上的细节；人们最终会一下子就明白我。这本书的格调，与我所写的一切相同，是一种充满命运感的愉快超脱。明年年底，重估的第一本书就会出现。它已经完成。"①《瞧，这个人》是尼采完成的最后一部原创性著作，②充满着知识分子遗嘱性的东西，从其题目——"瞧，这个人"就是一个

① 《尼采书信精选》(1996)，第324页。

② 《尼采反瓦格纳》是后来完成的，但它是之前已经完成和出版的有关瓦格纳的文本的汇编。《敌基督者》(写于1888年9月)的手稿在《瞧，这个人》(完成于1888年12月)之前完成。然而，在《瞧，这个人》中对自己的作品进行概述的那一章中，尼采只提到了《敌基督者》，它被认为是"重估"计划的第一部分，但他没有对之进行讨论(参见"偶像的黄昏"3)。因此，我们可以得出的结论是，直到《瞧，这个人》已出版，他还在故意推迟《敌基督者》的出版，而且它肯定是尼采在给欧维贝克的信中所提到的"重估的第一本著作"。

邀请：快来看那个把自己呈现在此的人吧——到其内容——尼采在一系列带着挑衅性标题的章节中（“我为什么如此智慧”，“我为什么如此聪明”，“我为何能写出如此好书”和“我为什么是命运”），对自己知识上的贡献的意义和本质作了评论。在这本“绝对重要的书”的结尾，是一个最后的、渴望得到理解的请求：“人们理解我了吗？——狄奥尼索斯反对被钉十字架者。——”（EH，IV 9）。

在那个时候，狄奥尼索斯的形象已经完全承担了尼采叫作“肯
1 定生命”的理想的象征的角色，而“被钉十字架者”，表示传统意义上的保罗主义的基督，体现的是否定生命的对立的理想。在我看来，这些词的战略性意义的地位清楚表明，尼采将肯定生命视为自己决定性的哲学成就。他提醒我们，要真正地“理解”他，只有当我们理解了肯定生命意味什么的时候才可能。然而，尽管研究尼采的文献已经多到惊人的地步，但我们对其哲学中这一概念的性质和意义仍然缺乏充分和有说服力的描述。此外，在给欧维贝克的信中提到的“重估一切价值”的计划也引起了同样多的困惑和争议，而该项计划将被证明是肯定生命的基本要求。

本书的目标是系统解读尼采的哲学计划，为肯定生命的本质和意义以及与之相随的重估价值的计划提供一个合理的、令人信服的解读。为了完成这一目标，我在此即将提出的解读在整体框架和细节上不同于现有的大多数解读。由于细节上的不同要在具体问题的考察中才能得到最好的展示，因而在此主要讨论的是我的解读的整体结构的显著特点。

尼采哲学的现有解读大致可以分为两类。有人认为尼采著作中刻意的无序表明其缺乏中心性的和系统性的思想，并对之采用了零碎主题的研究方法：他们把分散的文本集中到一起来确定尼采形而上学、知识论和伦理学等方面的思想。① 既然尼采在所有

① 这种方法在最近的英美学者的研究中最为常见。Schacht（1983）提出了（转下页注）

这些方面也形成了自己的思想，这种解读可能会非常有帮助，但这种方法也会引起对擅自做主和时代错误的担忧。此外，如果尼采的那些特定的观点正如我相信的那样，是被一种基本的哲学动机所推动的，那么这种方法就会冒错失这一点，因而还有误解这些观点的风险。

其他解读赞成一种全面、**系统的**研究方法，表现为在尼采的哲学中确定一个核心学说，并根据它来理解其他的思想。① 对于尼采视为自己最主要的哲学贡献的许多主题，现有的系统性的解读通常已经设法去解释。它们是虚无主义、重估价值（包括对道德的批判）、视角主义、权力意志、永恒复归和肯定生命，但这些解读没能成功地解释所有这些主题，或者说，至少没有解释清楚它们在尼 2
采眼中所具有的重要性，而且它们还忽视了那些同样重要但更加含蓄的主题，比如尼采对痛苦问题无所不在的关注。尤其是，现有解读有一个共同的缺点：没有一个能够充分解释，为什么尼采要把**肯定生命**视为自己决定性的哲学成就。

我在本书中采用的系统性方法一开始会遇到障碍，因为它与尼采对体系的著名嘲讽难以协调："我不相信任何体系的构造者。求体系的意志缺乏诚实"（TI，I 26）。我相信这种冲突只是表面的。尼采在此反对的"求体系的意志"是一种在整个 19 世纪上半叶依然根深蒂固的独特的哲学野心。它是一种让哲学知识基础牢固和无所不包的野心，其方法是展示整个知识体系如何源自一小

（接上页注）最全面的主题方法。这种方法的其他例子包括 Clark（1990），他关注真理和知识的主题（我应该指出，Clark 涉及了尼采其他主要的主题，但在和这里相关的意义上，她的方法不是系统性的）；Poellner（1995）也采用了这种方法。其他人关注的仍然是尼采在伦理方面的观点（比如，Berkowitz［1995］），还有一些著作和文章中的讨论，关注的是尼采哲学的更具体的方面，比如永恒复归、谱系学、元伦理学等的观念。

① 例如，Nehamas（1995）认为尼采的思想是被视角主义所推动的。与此相反，Richardson（1996）认为尼采的所有哲学是围绕权力意志的思想进行组织的。

组基本的、自明的命题。[①] 尼采对“求体系的意志”反对,针对的就是这种特殊的野心,未必是要反对所有系统性思考的形式。我在这里采用的系统性的研究方法(同样也是我在前面提到的系统性解读方法),只是假定尽管表面上并非如此,但从尼采的思想是有组织的和逻辑有序的这个意义上来讲,他的思想是有系统的,而不是一堆杂乱无章的睿智想法。

现有的对尼采思想的系统性解读所存在的部分问题在于它们从尼采思想中所寻找的那种系统性。通过区分两种系统性的组织原则的方式,我们可以区分出两大类的系统性。大多数现有的对尼采的系统性解读认为某种哲学学说就是它们的原则,如最近流行的视角主义或权力意志。然而,这样做的时候,他们发现自己很难解释他的某个或更多其他那些独特思想的意义。比如,强调视角主义的解读很难说清楚尼采赋予权力意志学说的重要性;[②]与此相反,近来关注权力意志学说的解读,又几乎完全忽视了永恒复归的学说。[③]

当然,我们可以对这些解读进行修修补补,以使它们更好地容纳尼采思想中为他们所忽视或低估的那些特征。[④] 但我认为,他
3 们所寻求的那种系统性在其关注点上是误入歧途的。与此相反,我认为尼采思想的组织原则不是某个哲学学说,而是某个**特殊问题或危机**。换言之,尼采哲学的系统性不是被某个核心的哲学学说所决定,而是被他对晚期现代欧洲文化特有的危机——即虚无

---

① 在19世纪上半叶,这种追求体系的雄心推动了当时有影响力的哲学家们的事业,比如,K. L. 莱因霍尔德、J. G. 费希特、G. W. F. 黑格尔和A. 叔本华。

② Nehamas(1985),第三章就是这样的情况,强调尼采思想中反形而上学和反实在论的品系的那些解释也是如此,比如,Kofman(1972)。

③ Richardson(1996)就是这样的情况。与此相反,以永恒复归为焦点的解读,比如Löwith的那种(1935/1997)则完全忽视了权力意志学说。

④ 比如,Clark(1990),Anderson(1994),Poellner(1995)和Richardson(1996)考察了将尼采的权力意志学说与其视角主义协调起来的方法。

主义危机——作出回应的要求所决定。① 只要开始认为尼采哲学是对虚无主义危机的系统性回应,我们就能说明他所有主要的哲学学说,并能解释它们在尼采眼里所具有的重要性。最重要的是,我们就能理解他的肯定生命学说的性质和优先地位。

在其创作生涯的最后两年,尼采表现出了一种对系统化自己思想的持久关注。比如,其未出版的笔记,就包含了为一项大型系统化工作而草拟的20多个计划(也就是很受吹捧,但从未交付印刷的《权力意志》),该计划明显想要涵盖到那时为止已经在他的著作中形成的所有主要思想,并想把该计划建立在这些思想的基础之上。虽然在这些不同的计划之间存在很大区别,但广泛的相似性却非常抢眼。尤其是几乎所有这些计划都明确要求,这部系统性的著作应该以对所谓欧洲虚无主义的性质和历史的考察作为开始,因此,这就是他的哲学规划的核心动机。

二、 校准期望值

本书意在解决一个几乎是尼采哲学所独有的困难。他的哲学著作是出了名的让人费解:几乎每本都涉及各种各样令人眼花缭乱的主题,而且通常没有可以辨认出来的秩序。尼采几乎从不宣告他打算去完成什么,或怎样去完成,而是想让耐心的读者借灵光一闪的猜测去搞明白。对其著作不同寻常的,甚至令人困惑的各种解释证实了这种困难。这使得确定一个使他提出本书的那许多主题和思想能被定质、组织和理解的合适语境的任务更加紧迫。

---

① 有关尼采试图克服虚无主义的思想并不新鲜。例如,我们可以在Löwith(1978,1997);Schacht(1983),第六章和Pippin(即将出版)那里找到这样的思想。我对这个思想的角色和发展的理解与这些作者实质上不同。

本书试图确定这一语境，从而提出一个尼采主要思想应该如此理解的框架。这里构建的解读乃是全面和系统的，但不会面面俱到。它没有涉及尼采思想的某些重要主题、概念和方面。比如，
4 对于尼采表现自己思想的风格的丰富性和奇特性，本书就很少提起。根据我对他的哲学著作的内容和形式的关系的看法，这种遗漏是合理的，至少在一定程度上是合理的。

一方面，某些哲学观点采用的表达方式对于正确理解这些观点会有实质性的影响。比如，当克尔凯郭尔在某部著作上署的是假名而非真名的时候，他是在让我们考虑，他可能不是毫无保留地赞同其中提出的观点。另一方面，观点采用的表达方式也可能是被内容所主导的。比如，有人认为，尼采的“视角主义”——被理解为反对一切形式的教条化——迫使他以一种非常独特的风格表达自己的观点。这种形式上的策略意在提醒读者，他的观点并不代表客观真理，而只是他个人的看法。[①]

虽然是基于不同理由，但我同意这种普遍的看法：尼采表达自己观点时所采用的方式最终是被它们的内容所决定的。因此，对于自己偶尔故意地使之显得晦涩难懂的风格，他是这样解释的：“有人写作的时候，不仅希望别人看懂，也同样希望别人看不懂。当有人发现某本书不好理解，这未必是对该书的否定，这也许是作者有意如此。他恰恰就是不想让‘某些人’看懂……任何风格的那些更微妙的法则都源于此：站得老远，保持距离，不准‘入内’，也就是让人不懂，就像上面说的那样；但另一方面又寻觅知音，让那些与我们的听觉相似的人细听其心曲”[②]（GS 381）。

然而，这种选择不是源自宗派的倾向，而是基于对其著作所表

① Nehamas（1985），第一章。

② 译注：译文参考尼采，《快乐的知识》，黄明嘉译，中央编译出版社 2007 年，第 2 版，第 381 节。

达的观点的特殊内容的考虑及其他对潜在的不同读者的影响:“有些书对灵魂和健康有着不同的价值,这取决于面向它们的是低等的灵魂、低等的生命力,还是更高的、更有活力的人。对于前者,这些书是危险的,会导致他们的崩溃和衰退;对于后者,这些书就像传令官的号令一样,呼唤最勇敢的人鼓起*他们的*勇气”(BGE 30;参见 39,43;EH,前言 3)。正是尼采所揭示的真理的内容,为其“秘传”的风格作了辩护(同上),因此,对后者的任何充分的理解都要以对前者的理解为前提。基于这个原因,本书只对尼采哲学的实质进行探讨。① 5

此外,本书将较少涉及近来在学术界比较热门的一个主题,即真理和知识的本质的主题。我没有完全忽视这个主题,但我对视角主义和真理的讨论在此只限于*价值*判断的场合。基于各种原因,我一般不讨论真理和知识的问题。最重要的是,近期关于这个问题的一些最好的研究表明,尼采在这些问题上的观点远没有他的一些打破传统的言辞所暗示的那么麻烦和容易出现悖论。②

值得注意的是,在这点上,尼采对真理*价值*的关注更甚于其本质,而且他表达这种关注的方式对他的真理本质的观念造成的影响,尚未得到充分认识。因此,当他对真理的价值进行质疑时,认为自己是挑战一个自柏拉图以来在西方哲学传统中根深蒂固的假设:“真理价值的问题来到我们面前……尽管这看起来并不可信,最后,对我们而言,这个问题似乎从未被提出过——好像我们是第一个发现它,用眼睛盯着它,为它*冒险*的人”(BEG 1)。他指出,质

① 无可否认,尼采在其风格中故意采用的秘传方式甚至有可能会误导细心的读者,使他们无法理解其思想的真正内容。正如我稍后会论证的那样,这种观察为我们更加广泛地使用未出版的笔记提供了支持,而这超过了最近的学术研究所允许的尺度。

② 我认为这是在 Clark 那里发现的详细而深刻的分析的主要教训(1990)。然而,一些学者的确认为尼采关于真理和视角主义的观点既激进又与直觉相违背。尤其参见 Anderson(1998)。

疑真理的价值，就是在问非真理、不确定和无知是否更为可取。根据最自然的理解，这表明求真意志之所以让人反对，不是因为它是某种观念之下的求真意志，而是因为它是非常普遍的求真意志。这表明尼采对于他质疑其价值的真理问题的思考，与西方哲学传统对它的理解大体是一致的。

我还怀疑，在尼采对于真理本质的讨论中，至少有些重要的部分不能像通常那样，按照当代分析哲学对这个问题的争论方式给之套上框架。[①] 而我在这里提出的框架可能会让我们认识到它们在哲学上的不同意义。比如，当尼采说到*真理*这个术语时，通常不是指某个理论或信念的属性，而是指某个“世界”的属性，在这种情况下，提到“真实的世界”，就是提到那个重要的，或应该具有重要性的世界：“显然，求真理的意志在此仅仅是对一个永恒世界的向往”（WP 585）。照此，尼采之所以常常对真理表现出兴趣，是因为它是某个特定欲望的对象。因此，他分析真理的主要目的是要确定，在它的名义下，人们想要的是什么，而不是要讨论真理的本质，
6 后者支配着当代分析哲学家们。

本书不仅是在它不予讨论的方面，而且在它引进了什么方面，都与最近的学术研究相差甚远。在过去 25 年的学术文献中，这几乎已经成为老生常谈：尼采的哲学，特别是他的伦理思想，主要是消极和批判的，他几乎没有贡献任何积极的、实质的伦理建议。[②] 与这种广为人知的观点相反，接下来的大部分内容将表明尼采奠定了一种非常丰富的实质性伦理的基础，而这是基于他的深受误

---

① 一个值得注意和有启发的例外是 Gemes（1992）。

② 这种观点在所谓尼采的后现代主义的解读中特别流行。大多学者认为尼采之所以对提供实质性伦理观点的事采取很明显的沉默态度，这要归因于他所认同的元伦理观点，主要是他的反客观主义（比如，Nehamas［1985］）。在最近的文献中，Leiter（2002）是一个值得注意的例外。然而，甚至连 Leiter 也没有很详细地探讨尼采新价值的实质。这很可能是因为，他像其他学者一样，认为这些新价值仅仅表现了其作者的个人癖好。

解的权力意志的概念。无可否认，他没有充分发展这种权力伦理，但是我们将会看到，这只是因为这种具体的阐述超出了尼采克服虚无主义的核心规划。

对虚无主义和实质性伦理的关注，也带我去重温了尼采的思想和叔本华的哲学之间的关系，对于后者，尼采承认自己从那里受益良多。我对尼采与叔本华之间关系的考察，为理解他们二人的重要观点带来了新思路。例如，我希望能够展示：他从叔本华继承了对痛苦问题的普遍关注；他的权力意志概念产生于他对生命意志概念在叔本华为悲观主义作论证时所扮演的角色的最初理解；权力意志的概念最终让他否定了自己前辈关于善的享乐主义的观念。

应该根据两个主要标准来对本书提出的系统性方法进行评价：它有没有赋予尼采一种连贯且具有说服力的哲学规划，根据该规划，在他的思想中所涉及的所有独特的主题，都能获得相应的位置和意义，并符合他本人对它们的评价？这种系统性方法有没有为尼采提出的与那些主题（比如，他对痛苦和愉快的关系的再思考，或永恒复归的概念在定义肯定生命时的作用）相关的怪异思想的解释提供一个富有成效的框架？本书的目标是想为尼采的哲学规划提供一个解释，以确保能为上述两个问题提供积极的答案。

我的方法所探寻的那种别具一格的系统性也有值得注意的意义，它基于发生在19世纪欧洲文化中的一个特殊问题或一场危机。尼采哲学所表达的虚无主义在很大程度上乃是源自于基督教
世界观的消亡，尤其是对在另一个世界中获得“永生”的可靠希望 7
的破灭。正如尼采本人所承认的那样，虚无主义对那些仍旧被这种世界观所把控的人而言，是一个急迫的问题，因为他们认为，如果没有对另一种人生怀有希望，现在的人生就是空无意义的。对我们这些高度世俗化的、“后基督教”时代的人而言，这样的观点听

起来很可能既陈旧，又古怪。所以，我们可能会发现很难认真对待它们所引发的一些担心和关注，或因为它们不是长期存在的哲学问题，或因为不管怎样，它们不再与此时此地的我们有关。

然而，很明显，虚无主义迫使我们去面对的是长久的问题，或者至少对我们而言是有长远意义的问题。又正如尼采所说的那样，我们可以轻而易举地承认永生的基督教观念不比童话故事更值得认真对待，但我们通常还是没有认识到（实际上，我们可能完全压制了这种认识），这样的承认会给我们对待在这个世界上的生活的总体态度带来什么影响（GS 125）。因为他相信，这种想法有助于我们解答一些特殊的问题，这是在基督教的观念受到质疑之后依然存在的问题。比如，痛苦在人类生活中的地位和意义的问题。因此，即使表达该问题的一些语言和语境好像既稀奇古怪，又有几分过时，但问题本身并非如此。

三、 尼采的哲学规划

尼采的哲学规划在于确定是否有一种能够克服虚无主义的方法。虚无主义是对人生没有意义，或不值得经历的确信。第一章对虚无主义的起源和本质进行了分析。根据最广为接受的解释，虚无主义是关于我们的价值的一种观点：由于缺乏客观的立场，这些价值“被贬低”了。如果没有客观的价值，就没有什么东西是真正重要的：对于想要生命有意义的人类来讲，这种规范性指导的缺失催生了被理解为迷失的虚无主义。与这种大家所接受的解释相反，我认为在尼采深思熟虑的观点中，虚无主义主要是关于这个世界以及我们在这个世界中的人生的一种断言，而不是关于我们的价值。它是这样一种确信：我们的最高价值在这个世界是无法实现的，也不存在它们能够获得实现的其他世界。与之相随而来的状况，最好叫作绝望。

阐述克服虚无主义绝望的策略，以对其起源的研究为开始。虚无主义通常被认为是上帝之死的直接后果。尼采指出，说“上帝死了”，仅指承认对上帝和对另一个、形而上的世界的信仰不再“值 8
得相信”，这等于说它已经名誉扫地了。严格来讲，一个不被相信的信仰不是被驳倒了，而是它可能具有的真理性不再被严肃对待了。虽然上帝之死与尼采哲学紧密相关，对此，他却只有寥寥数语，很明显，因为他认为这是各种众所周知的知识和文化发展的必然结果，而不是一种需要费力论证和详细阐述的革命性的新思想。

我认为尼采的贡献始于一个关键的观察：虚无主义不是直接（或必然地）随着上帝之死而来。从上帝之死到虚无主义的推论要能够成立，只有当人们接受了一个进一步的、隐含的假设时才可能，即只有上帝存在，或另一个形而上的世界存在时，我们的生活才有意义。这个假设转而又是认可某个独特的价值的结果。请记住，虚无主义是一种绝望或我们的最高价值不能得到实现的确信。对上帝信仰（以及对超出这个世界的形而上的世界）的怀疑要引起绝望，只有根据如下假设才可能：没有上帝（或某个形而上的世界）的存在，我们的最高价值就得不到实现。如果我们的最高价值的实现要求有上帝存在（或某个形而上的世界），这肯定是因为在我们“这个”世界的生活条件下，它们不可能得到实现。这些价值是否定生命的，或虚无主义的价值。也就是说，这些价值来源于这种生命应当被否定的立场，因为这种生命毫无回旋余地地阻止了这些价值的实现。

虚无主义的绝望，即对我们的最高价值不能实现的确信，有两个来源。第一，对上帝的信仰，或一个超出这个世界的形而上的世界的信仰名誉扫地。其次，我们的最高价值是否定生命的价值，或是在我们这个世界的生活条件下得不到实现的价值。那么，要克服虚无主义，人们要么反驳上帝死了的断言，要么就是质疑那些否定生命的价值。显然，尼采认同上帝的死亡，他认为克服虚无主义的策略是重估那些占主导地位的、否定生命的价值。

一种可能的重估形式在本质上是**元伦理的**。它在于表明缺乏
9 元伦理特征的价值被要求具有规范的权威。对于那些被证实为非法的价值具有不可实现性这点,没有理由感到绝望。第二章考察这种元伦理形式的对一切价值的重估。这相当普遍:因为它对所有价值都有影响,所以对否定生命的那些价值也有影响。就像尼采看到的那样,虚无主义者倾心于两种基本的元伦理观点。我把第一种叫作**描述的客观主义**(descriptive objectivism),它认为存在客观的价值。我把第二种叫作**规范的客观主义**(normative objectivism),它认为价值的权威——用尼采的话来讲:"这些价值的价值"——取决于它们的客观地位。在这里,价值的贬低就在于展示它们缺乏客观的地位。换言之,它是对描述的客观主义的否定:不存在客观的价值。

然而,这种价值重估的结果是让我们失去了规范性的指导,陷入一种迷失的状态。这种策略很可能并不令人满意,因为它只是把一种虚无主义(绝望)换成了另一种(迷失)。既然没有什么是真正重要的,那么我们就没有理由绝望。然而,这种方法最终是无效的,因为就像尼采所认为的那样,这种虚无主义只是一个"过渡的阶段",或只是一个既能够,也应该被推翻的仓促的结论。不过,对于如何避免虚无主义的迷失,他给出的策略是模糊不清的。

我称之为**主观主义**策略的那种方法对规范的客观主义发起了挑战,因为它认为后者是建立在对规范性权威的深刻误解之上。价值判断与偶然的(主观的)"视角"之间的关系首先界定了什么是正当性,而绝不是削弱了它们的正当性。各种视角提供了形成价值判断并证明其合理的术语,因此,客观主义者对摆脱视角的正当性的向往,很显然就是无稽之谈。与此相反,根据我叫作**虚构主义**策略的那种方法,规范的客观主义仍然是对我们的价值判断的规范性权威的解释。这种策略提出将描述的客观主义设想为一种信以为真,

从而避免虚无主义所造成的迷失。虽然客观的价值不是真的存在，但我们可以创造它们，就像我们小时候发明游戏来玩一样。

无论我们认为尼采是对规范的客观主义做了主观主义的拒斥，还是对描述的客观主义做了虚构主义的模拟，结果都是一样的：避免了虚无主义的迷失。我们不能以缺乏客观地位的理由去贬低否定生命的价值和动摇我们对它们的信心。因为要么我们对它们的信心不依赖于这样的客观地位，要么这种地位可以通过信以为真的方式得到恢复。但是，对虚无主义的迷失的避免注定会 10
使虚无主义的绝望再次兴风作浪：如果我们的最高的否定生命的价值摆脱了被贬黜的下场，那我们必然又会面对这一事实：我们在这个世界的生活条件对它们的实现根本上是拒斥的。

因而，为了能有效果，尼采的重估必须是*实质性的*。在它的元伦理形式那里，重估不要求我们知道关于否定生命的价值和理想的任何内容。与此相反，在它的实质性的形式这里，对这些价值和理想的重估集中在它们的内容之上。尼采指出，价值重估必须在他的权力意志学说的支撑之下进行。在我们考察和评价这种价值重估的实质性版本的实际开展之前，我们必须理解这个关键的学说，这是第二章的任务。

权力意志的概念，在尼采的思想中是最受非议，也是最不为人所理解的。为了对之形成充分的认识，我认为应该认真对待尼采这个建议：这个概念产生自他对叔本华的生命意志概念所作的批判。在我于此提出的系统性解释的语境中，这并不足为奇。他在叔本华的悲观主义那里找到了虚无主义的典型表述，并发现这种悲观主义的形而上基础就是某种人类意志的概念。这种人类意志的概念被认为展示了为何痛苦乃是人的境况里不可避免的特征，因而根据享乐主义的方式来理解的幸福乃是镜花水月。

根据这个概念，人类意志由一级欲望（即对某种不包括其他欲望在内的某种事态的欲望）和二级欲望（即其对象是或包括其他

[一级]欲望的欲望)构成。根据叔本华,人类意志的结构使得幸福遥不可及,因为它让我们的所有欲望不可能得到一劳永逸的满足。尼采的权力意志采纳和发展了二级欲望的独特观点。根据我提议的解释,权力意志是一种奇特的二级欲望,即在追求某些特定的一级欲望的过程中克服阻碍的欲望。它既不是一种向往阻碍已经得到克服的状态的欲望,也不是一种只追求阻碍的欲望。具体来讲,
11 它是一种对克服阻碍的活动的渴望。

根据这个解释,权力意志有一个自相矛盾的结构。就它是克服阻碍的意志而言,它必然,也是需要阻碍来克服的意志。而且,阻碍是根据它与某些特定目标的追求的关系而被定义的。因此,追求权力就是渴望这个特定的目标及其实现它的障碍。在尼采有意采用的自相矛盾的表述那里,它就是"一场斗争,一个生成,一个目标以及对目标的反对"(Z,II 12)。

权力意志学说有两种基本的含义。第一,叔本华是根据满足我们的欲望的阻碍来定义痛苦的。权力意志学说因而彻底改变了我们关于痛苦在人类生存中的地位和意义的观念。对阻碍的克服的欲求意味着想有阻碍来克服,这等于说想要的就是痛苦本身。第二,就其是对活动的渴望而言,权力意志是一种排除了永久满足的欲望:对克服阻碍的活动的欲望的满足意味着阻碍最终会被克服,因此,活动的结束是它的目标,并寻找新的阻碍来克服。因此,对权力的追逐必然导致一种无穷尽的"生成"形式

要理解权力意志学说在重估否定生命的价值和理想(它们是虚无主义的绝望的根源)中所发挥的作用,我们首先应该阐释清楚它们的内容。尼采在此又转向了叔本华。叔本华的悲观主义源于对痛苦的全盘否定,这不仅体现在他认为同情是道德的最高原则,还体现在他认为最高的善(或幸福)就是没有烦恼和痛苦。他认为那种最高的幸福只能通过死心断念(resignation)才能获得。因为叔本华也表明,在这个世界上,痛苦是我们的生命的本质特征,所

以这些价值和理想必然是否定生命的。因此，第四章认为尼采重估的焦点针对的是这样的观点：痛苦是“恶”的，而且“应该被废除掉”（BGE225）。这是一个深深植根于西方文化中的观点，我们可以在叔本华的伦理思想中找到有关它的最激进的表述。权力意志对重估那些价值的计划的重要性由此变得明朗起来。如果尼采能 12
够展示他叫作“权力”的东西是善的，那么他由此也能展示，作为权力基本组成部分的痛苦也是善的，而不是一个可以正当地加以全盘否定的对象。

这一章以承认重估**一切**价值的计划好像被一个可怕的悖论所困扰开始。重估要以让重估得以开展的价值为先决条件，但如果要去重估**一切**价值，我们恰好完全剥夺了自己所有可能的重估条件。尤其是，我们好像丧失了确立权力价值的手段。我考察了各种解决这个悖论的建议，并利用在第二章提出的元伦理思考为之勾画了一个合理的解决方案。

这一章进而阐明了尼采权力伦理的内容，并论证它基本上是建立在这一观点上：达成某个成就的困难对其价值有贡献。这种观点与深深扎根于我们的伦理情感中的评价态度产生了共鸣。比如，我们对创造性的评价是根据我们对权力意志的评价来解释的。创造性活动实际上是权力意志的典型表现，因为它包括对至今未受挑战的界限和限制的克服。有创造性的个人千万百计寻找阻碍来克服。同样，对于竞争的评价也依赖于我们赋予克服阻碍的价值。尼采我告诉我们，我们必须“理解拥有敌人的价值”（TI，V3），并去寻找“更有价值的敌人”，因为弱小的对手只会带来令人失望的比拼。尼采还看到，我们称之为“伟大”的那些成就的独特性，恰恰就在于它们要求克服大量的阻碍。也许我们更喜欢这样说，伟大的成就乃是那些特别具有挑战性的成就。

权力的伦理为尼采提供了重估同情的道德和重估满足或死心断念的伦理的背后的原则。这一章进而指出，他的有名的道德的批判是如何植根于这种权力伦理的,就像他的“已经发现了一种新的幸福”断言也是如此。最后,这一章以对“道德的谱系”在他的价值重估整体计划中所扮演的角色所做的批判性的考察作为结束。

尼采引入永恒复归学说来规定他的肯定生命的理想:它是“所
13 能达到的最高的肯定公式”(EH,III 1)。然而,相对于其重要性来说,在一系列蕴含了许多难以理解和不可思议的观点的著作中,它也是其中最神秘和最令人费解的学说之一。与最近的大多数学术研究一致,我认为它的意义本质上是伦理方面的:对生命的肯定就是想要它的永恒复归。尽管有这样的基本共识,最近的学术研究依然给我们留下了各种各样让人困惑的解释。第五章的开头就对它们中最重要的那些进行了详细和批判的考察。

永恒复归的观念在刻画肯定生命的理想中可能扮演了两个角色,我自己的看法就建立在它们之间的核心区别之上。在我称之为理论的角色那里,永恒复归直接指出,或间接地帮忙引出某种特殊的被肯定的生命的特征。在理论的观点这里,肯定生命之所以是一种高高在上的理想,不是因为肯定一切是困难的,而是因为肯定具有这种特征的生命是困难的。与此相反,在它的实践的角色那里,对于肯定是什么样的实践立场和态度,永恒复归告诉了我们一些信息,而没有告诉我们被肯定的生命是怎么样的。在这种实践的观点看来,肯定生命之所以是一个高高在上的理想,乃是因为肯定本身的性质。

因此,当尼采敦促我们去过好自己的生活,以致能够想要它的永恒复归时,他可能只是要求我们去注意这样一个事实,生命实际上将会永远地复归,这是对该学说的一种可能的理论上的解释。与此相反,在实践的解释那里,他是借助永恒复归的观念来描述一种他想要我们对生命达到的特定态度:肯定生命。从这种实践的立场来看,重要的问题不再是能否确定我的生命将会永恒复归(或其他与那个生命相关的事实,这些事实是永恒复归的观点想引出来的），而是借助永恒复归的观念来告诉我们何为肯定的性质。

我认为我考察的所有现存的主要解释在诠释学和哲学的理由上都是不充分的。我提出了实践的解释的一个版本，不同于其他版本的地方在于，它关注到一个被忽视的对比：希望一个瞬间永恒的普通愿望（比如，当我们希望某个特别的令人满意的瞬间"永远不要结束"时怀有的愿望）与希望它的永恒复归的尼采哲学的愿望。在这一解释中，要这样去生活，以致我希望我的人生能够永恒复归这个命令，不像通常所认为的那样，是这样的一个纯形式的要求：不管我碰巧具有什么价值，只要它得到充分的实现，没让我留下遗憾就行。相反，它是希望我们按照某种价值或一定范围内的 14
价值去生活的*实质性*要求。就像尼采所坚持的那样，要能够渴望我的生命的永恒复归，我需要对价值进行重估：尤其需要重视*生成*和*短暂*，尼采认为它们是追求权力过程中所涉及的那种活动的特点。这就是他为什么会认为，按照永恒复归生活的要求，必须对流行的否定生命的那些价值，如和平、休息和安宁进行重估，这些价值都要求一种永恒或"存在"状态，与"生成"正相反对。因此，根据活动来规定善，并且排除了永久的、一劳永逸的、满足的权力伦理，代表了达到永恒复归学说特殊要求的典范方式。

就像尼采界定的那样，肯定生命要求重估占主导地位的、否定生命的价值。此外，要让真正的肯定成为可能，这种重估必须是相当激进的：它必须表明虚无主义者所谴责的人类存在的那些方面（尤其是痛苦），不仅是可以忍受的，而且是值得向往的，不是因为别的原因值得向往，而是因为它们本身就值得向往。承认痛苦是实现某种价值（比如创造性）的（偶然的）必要条件或结果，对肯定而言，这还不够，因为这与对痛苦的谴责仍然是相容的，因而与否定生命也相一致。事实上，我们仍然可以没有任何矛盾地向往一个世界，在那里不必为了具有创造性而受苦。因此，要肯定生命，我们必须表明痛苦本身就是善的。尼采的权力伦理是如何让这样一个对痛苦的激进重估成为可能的,第六章对此进行了展示。通过让痛苦成为善(权力意志)的“组成成分”的方式,表明我们不能自洽地把痛苦谴责为其成就的尽管必要但却可悲的条件或结果。

关于痛苦在人类生活中的价值和地位,尼采留下了许多没有解决的问题,这主要因为他关注的是对根深蒂固的伦理情感进行全面的挑战,并复兴一种长期被遗忘了的具有替代性的观点。他的哲学是一场破坏基督教根基和唤醒沉睡的古希腊思想的运动。虽然他承认在古希腊的赫拉克利特,甚至是苏格拉底
15 和柏拉图那里,还有在现代的歌德那里得到了这些思想的提示,但他是在神话人物狄奥尼索斯身上找到了肯定生命理想的最佳体现。因此,关于尼采对这个人物的运用及其体现的“悲剧智慧”,这一章进行了分析。对狄奥尼索斯的智慧的分析,实际上也是对创造性生活中让人感到棘手且矛盾的特征的阐明。就此而言,我还认为超人这个形象,尽管在尼采哲学中占有突出地位,但在他的著作中出现的时间并不长。而且我认为,这个让人困惑和难缠的概念,一旦被置于权力伦理的背景下,就会得到简单而又合理的解释。

本章也考察了虚无主义,它明显被尼采描述为一个哲学问题,“我们伟大价值和理想的逻辑结论”(WP,序言 4)也可以是“生理退化”(WP 38)的一种表现。他认为否定生命的价值(虚无主义是它的“逻辑结论”)在“弱者和有生理疾病者”的怨恨中有其根源。反过来,对这种诊断的深入分析又使人些许明白了他那令人深感不安的断言,即帮助弱者“消亡”是一桩“慈善”事业(A 2)。同时,它构成了对有时被归给尼采的伦理相对主义思想的批判性反思。

最后,本章以对生命肯定的进一步条件的考察作为结尾。它表明尼采自己的人生和哲学怎样成为他们一心去认识、分析和倡导的权力意志的典范。

四、 遗稿的问题

尼采真正的哲学思想几乎完全包含在他留下的、大量未发表笔记的后半部分，这是海德格尔广为人知的观点。该观点引发了一场关于这些笔记的地位的激烈争论，而这些笔记被统称为《遗稿》。[1] 对于海德格尔的观点，人们的给出的反应是强烈的反对，并且是基于各种各样的理由。其中的一个理由是，直到最近，《遗稿》的后半部分才在所谓的《权力意志》这本书的形式下为人所知。尼采从未写过这本书，编辑们是在他妹妹伊丽莎白的主导下，从他未出版的笔记中编纂出该书的。在伊丽莎白效忠于意识形态及其个人抱负的压力下，编辑对这些笔记的呈现违反了最基本的文献学标准：比如，它们包含了尼采明显打算抛弃的材料，并根据他最 16
终放弃了的计划来组织这些笔记。此外，他们轻率地忽略了这件事：在尼采创作生涯的最后，他显然已经放弃了写一本名为《权力意志》的书的计划。[2]

确实，这些评论要求使用这些笔记时必须慎之又慎，但在我看来，这并不能证明一些学者完全否定这些笔记的主张是合理的。让我们简单回顾一下这种否定的主要理由。首先，快速翻阅一下尼采晚期未发表日记的最新评论版，就足以表明《权力意志》当前版本的编辑们在挑选和呈现这些笔记的过程中，其随意性令人不安。他们相当武断地省去了许多内容，把在他的笔记中合在一起的材料分开，又把不同来源的材料组合在一起，就好像是尼采本人

① Heidegger（1979）也这样宣称："尼采本人在他的创作生涯中出版的总是前景……他的哲学本身作为死后未发表的作品而被抛弃"（第9页）。

② 对于将《权力意志》视为一部著作的地位的忧虑，在 Bernd Magnus（1988）那里得到了很好的表达。Magnus 的讨论借鉴了 Hollingdale（1965）早期的研究，第260—272页和第294—299页，亦可参见 Montinari（1982）。

写作的时候把它们放在一起的。不过,这种随意性对尼采笔记内容的影响(毕竟还是他写了它们)不及对其呈现方式的影响。因此,与许多学者一样,我将把《权力意志》当作松散的笔记而不是纯正的一本书来使用,当有令人误导的印象需要纠正的时候,我会参考评论版。

其次,即使这些编辑在呈现尼采晚期的笔记时,确实遵循了他的计划,但这只是他精心设计的 25 个计划中的一个。此外,至少有十几种后来的版本显然取代了该计划(参见 WP 69n/KSA 12:2[100,131])。这些计划之间毫无疑问有一些显著的差异,但我发现它们在结构上广泛的相似之处引人注目。大多数计划要求:(1)考察欧洲虚无主义的性质和历史;(2)批判占主导地位的价值,尤其是被认作与基督教和道德相关的的价值;(3)以权力意志为原则,重估这些价值;(4)最后是永恒复归的学说,它有时作为新哲学家的"工具"被提出,他的目的是实现对生命的狄奥尼索斯式的肯定。处理这些主题的顺序和方式因计划而异,但这四个问题在尼采的修订中保持了它们的地位和基本意义。① 仅仅是这一观察就能有力地说明,在其创作生涯的最后两三年,尼采对其哲学计划的总体看法是非常稳定的。

不过,这一观察似乎没有实际意义,只要我们记起尼采最终放
17 弃了为《权力意志》一书所制定的计划,反而去起草了另一本名为《重估一切价值》的著作的大纲,它的第一部分是《敌基督者》(KSA 13:22[14])。然而,这很可能不是一个非常重大的变化,因为《权力意志》的计划一直就只被认为是重估事业的一个版本。②

① 一个值得注意的例外是,尼采在他计划的后期构想中,越来越重视真理的意志(KSA 13:18[17])。然而,这与其说是他的虚无主义和克服虚无主义的观念有所改变的标志,还不如说是认识到求真理的意志在虚无主义出现中发挥了作用的标志(WP 3;GM,III 27)。

② 在已出版著作中,《道德的谱系》第一次提到《权力意志》是一本计划中的书,在那里还有《重估一切价值的尝试》这个副标题。好几个未发表的关于这本书的计划都有这样的标题和副标题。

对于这个事业，尼采在其出版的著作和私人通信中一直显得热情不减，直至他最后精神错乱。[①] 此外，《敌基督者》的开篇部分清楚表明，他绝没有放弃把权力意志作为重估的指导原则的想法（A 2）。而且，他最后的未发表的笔记证实了他对虚无主义的持久关注，证实了他在基督教或道德价值那里找到它的根源的主张，证实了这些价值需要接受批判和由此产生的所谓狄奥尼索斯式的肯定生命的前景（KSA 13：23[13]；24[9]）。

最后，对《遗稿》最不利的因素很可能就是它还没有出版。其中的一些材料没有出版，十有八九只是因为尼采一直觉得不适合发表。其中一些部分从未发表或许是因为它们与他同意出版的那些观点不一致（比如，在《权力意志》的第 1062—1066 节中讨论的永恒复归的"宇宙论的"版本）。其他一些部分，明显是已出版材料的早期草稿。还有一些部分既没有重复已出版的著作，也没有与它们不一致，这部分很可能包含了尼采没有否定，但也从未有时间去准备出版的观点。然而，这样的材料还是不该予以理会，因为它们构成了一个本质上尚未完成的计划，标志着尼采思想的一个也许重要但也永远都无法复原的新方向。

根据这些考察，即使是那些倾向于使用《遗稿》的学者，也或多或少明确地同意这个原则：尼采公开发表的观点应绝对优先于在他后期未出版的笔记中发现的那些，而且对后者恰当的理解和采纳必须参照前者。我认为这个无条件的"优先原则"是有问题的，

---

① 在我之前引用过的 1888 年 11 月 13 日的信中和在《瞧，这个人》（这是尼采在同一年的圣诞节前后评论《权力意志》一书的最后证据）一书中，尼采提到了重估的计划，但没有提到权力意志。Hollingdale（1965）认为尼采最后也放弃了重估的计划，但他为支持这一主张而提出的文献学证据非常薄弱，也没有结论性。此外，鉴于尼采花费了其创造生涯的最后两年为这个计划积累了大量笔记，并为它的执行精心制作了 25 个计划，其中一些还相当详细。因而，人们理应期望在他的笔记或信件能中找到他放弃了这个计划的一清二楚的文献学证据，但据我所知，这样的证据一个也没发现。

根本上因为它没有认识到,尼采的《遗稿》本质上不同于其他哲学家未出版的材料,比如康德的《反思》。例如,《遗稿》在以下两个重要方面不同于它们。

首先,正如我之前提到的,尼采给我们留下的大量线索表明,
18 他在努力进行一个重估价值的计划,而且这还是一个他认为至关重要的计划。那些现在被许多人视为尼采成熟作品的著作(比如,《道德的谱系》),则被他本人看作是这一综合性的新计划的先声(GM,III 27),而且他把自己打算出版的最后一部著作(《敌基督者》)视为它的第一部分(EH,III"偶像的黄昏"3)。因此,我们有理由认为,《遗稿》所阐述的观点中,至少有一些并不代表错误的,最终被否定的观点,而是他思想的最先进阶段。因此,有时根据《遗稿》的后半部分所制定的广泛的哲学计划来阅读已出版著作,这可能是明智之举,而不是相反。

其次,需要注意的是,未出版笔记的**风格**在很大程度上与已发表的作品有明显的不同。这些笔记通常是用一种直截了当、朴实无华的风格写成的,几乎完全没有已出版作品所特有的精妙技巧。尼采写作风格的哲学意义问题是微妙的,但我之前说过,他表示自己对风格的独特使用是一种经过深思熟虑的秘传方式,借此尽力向那些配不上和不准备面对他所揭示的真理的人隐瞒自己的想法(BGE 30、39、43)。从这个立场来看,已出版作品的技巧就是想用来误导和迷惑那些没有资格了解尼采见解的读者。与此相反,未出版的笔记由于从未打算公开,或许他反而是用更加直接和不加掩饰的风格去自由写作的。如果我们认真对待这个看法,在未出版的笔记那里为已出版的观点寻找理解的线索,而不是相反,那么这种做法很可能就是合理的。

还有,在已发表作品中,观点的表达有时往往以令人沮丧的简洁为特征。尼采常常只是简单提到一些重要的概念和理论,而不对之进行详细和深入的展开。在这方面,未发表的笔记能为之提

供珍贵的启示。有时，在多页的详细反思中，这些笔记记录了尼采为阐释这些概念和理论所做的努力，而最终出现在已出版著作中的，往往只是这些努力的结果。比如，他的虚无主义概念就是这样的（例如，比较 WP 1—37、69n 与 GS 343 论虚无主义和如何克服它的内容）。由于这个原因，对未出版的笔记的谨慎依赖会让我们受益匪浅，而且至少在某些情况下，对我们充分把握尼采已发表的观点是必要的。 19

基于以上理由，我建议在此采用一个限定版的优先原则。我打算给予已出版著作优先权，不是基于它们包含了尼采经过深思熟虑的最终看法的假设，因为很可能并非如此。我不会简单接受在《遗稿》中发现的被认为是尼采深思熟虑的哲学的观点，除非这些观点与已出版作品中讨论的一致。未发表观点与已发表观点相符合不仅仅发生在两者相一致的时候，还发生在前者被后者所重复、明确地预期、总结、暗示、牵连，或以其他方式可以合理地从后者那里发展出来之时。说到底，我利用《遗稿》来构建对尼采计划的全面诠释，效果如何的最终评价将取决于它在解释方面的成效——取决于它怎样让我们更好地理解尼采在已发表的著作中所做的，或宣称要做的事情。 20

第一章　虚无主义

> 虚无主义者是这样一种人，对于如其所是地存在的世界，他断定它不应当存在；对于如其应当是地存在的世界，他断定它并不实存。[①]
>
> ——《权力意志》，585

虚无主义是尼采哲学的核心问题。虽然这已经不是什么新鲜的观点了，但其实质和含义尚未得到充分理解。其中一个原因就是，尼采的虚无主义概念本身仍然难以把握。他对虚无主义的大部分分析只出现在未出版的笔记中，那些分析往往是粗略而零碎的。此外，它们还被一种不清晰的含混性所损毁：在分析的过程中，他为"虚无主义"一词附上过至少 18 个不同的修饰语，所有这些修饰语都造成了一种误导性的印象，即他已经对何为虚无主义作了重要的限定。[②] 最后但同样重要的是，我将表明虚无主义的核心概念本身就充满了根本的含糊性。本章的目的是厘清这些复杂性，并尽可能清晰地阐明尼采所思考的有关虚无主义的本质和来源的思想。

---

① 译注：译文参见尼采，《权力意志》，孙周兴译，商务印书馆 2007 年，第 418 页。

② White(1987)列出了这些修饰语。

一、 虚无主义的本质

1. 生命意义的概念

在最广泛的描述中，虚无主义是一种认为存在没有意义的信念（“alles Geshehen［ist］ sinnlos”［WP 36］；dasein［hat］ keinen Sinn［WP 585；参见 55］）。“有意义的生命”这个概念真是出人意料地难以把握。有两种广义上理解它的方法，若从它们之间的大致区别入手，可能会在某种程度上澄清一些问题。

首先，我们可以把有意义视作众多特定的价值之一，据此能够 21
对生命进行评估。通常来说，意义的属性是相关性：生命因与其他事物联系起来而具有意义。[①] 试想几个普通的例子吧。我们可以将生命的意义和语言表达的意义进行类比，特别是它们有个共性：都与超越自身的事物具有某种（象征性的）关系。例如，我选择了某种职业，可能有一部分是因为它延续了漫长的家庭传统。这个职业是一个不错的选择，不只是因为它有趣或有利可图，更是因为它将我与家庭传统联系起来，也就是我们常说的，这让它“有了意义”。与周围世界建立其他关系，也能让生命变得有意义。例如，我们说，当生命对世界的进程产生重大影响，或让其变得有些不一样的时候，它就会具有意义。有意义的生命，其特征就是在人类文明史上留下了印记——比如，那些创造了极美的、极具表现力的作品的艺术家，提出了新思想的哲学家以及建立帝国的政治家等等，他们的生命都是如此。虽然这些尚有争议，我们可能还是会忍不住接着说到，只有当生命能创造出某种差异（大概是一种变得更好的差异）的时候，它才具有意义。此时，意义的概念与其他价值之间就有种至关重要的联系。

---

① Nozick（1989），第十五章。

从这个意义上讲,意义也是特殊的人类生活的一种典型性质。诚然,在这个意义上,人们会认为,一般而言,生命是没有意义的;但这通常是在派生的意义上讲的,因为这时任何特定的生命都满足不了意义的要求。比如说,宇宙就是这么庞大,人类生命不可能对其进程产生任何重大的影响。[1] 对我们这里的目的来说,最重要的是,意义是一个特殊的价值,它不同于诸如道德或幸福等其他价值。一种对世界进程毫无影响、且与任何超越其自身的事物无关的生活仍然是正义的,至少在某种意义上是幸福的。因此,生命可能毫无意义,但在其他方面仍然值得一过。

第二种理解方式则相反:意义是一种普遍的评价属性。在存在主义的问题中,意义的概念尤为关键,“人生有意义吗”这个问题并不是询问人类生命是否具有不同于其他(道德,审慎)价值的特殊价值。相反,在询问生命是否有意义时,只是在问它是否值得经历。在这种情况下,有意义的生命的概念是一个纯形式的概念,其
22 内容由当事人的最高价值和理想决定。此时,生命不可能没有意义,同时仍然值得一过。此外,存在主义的问题通常涉及一般的人类生活,而不是某些人的特定生活。它询问的是,过一种有着鲜明人生特点的生活有何价值:例如,生命中痛苦和死亡是不可避免的,那还值得活下去吗?要积极地回答这个问题,就要为痛苦和死亡提供某种合理性。

对“有意义的生命”概念的第二种解释,就同虚无主义的概念非常自然地联系起来了。首先,在尼采的分析中,“无意义的[sinnlos]”和“无价值的[Werthlos]”这两个术语可以交替使用。换句话说,有意义的生命的概念就等于值得过的生命的概念,所以虚无主义就是承认生命没有价值。[2] 同时,尼采的虚无主义是在整

---

① Nagel(1979)论述了这一观点。

② 译注:现在,世界看起来一文不值,原文为德文。

体上关注生命意义的：它认为“所发生的**一切**都毫无意义”（WP 36；着重号是我加的）。

尼采宣称，只有鼓舞人心的目标，或激励生活的目标存在时，生命才值得一过：据此可将虚无主义定义为没有目标：“何谓虚无主义？……缺乏目标：没有对‘为何之故？’的回答”（WP 2；参见55）。严格地说，我们必须将目标与其价值区分开来：目标指某一行动或过程旨在实现的**事态**，而价值则提供了这种事态值得实现的**原因**。不过，在通常的用法中，**目标**和**价值**二词都用于指代由某一行动引发的事态及该行动的原因。比如说，我们将民主描述为一种价值，但它明显也表示一种事态。我们会将道德之善视为一个目标，但它**也**（也许恰当地说，是**仅仅**）是我们追求某些目标的原因。

尼采自己对这些词的使用充满了诸如此类的模糊性。尤其是他的“理想”概念体现得最为明显：理想的概念是指一个有价值的目标。其实这里的模糊性似乎与尼采无关，因为当他谈到“目标”时，他想的往往不只是我们的价值所认可的那些目标，还有实现这些价值必须要完成的目标。例如，从基督教道德的立场出发，他人的幸福是一个必要目标，一个人不可能在放弃它之后依旧具有道德之善。故而，当尼采说到不可达到的（必要的）目标时，其实他说 23
的是无法实现的价值。① 总的来说，我会遵循这种做法，即互换地谈论目标和价值。不过，它们的区别有助于区分他的著作中虚无主义的两个基本概念。

最后，值得注意的是，尼采所想的不一定是通过一个人或一群人能够实现的那些目标。它们也可以表示某些理想的事态，人们

---

① 我将简单说明一下这个观点，即虚无主义源于认识到我们的目标不可达到。如果我们能够追求其他的目标来实现价值的话，虚无主义大概不会随之而来。只有当某些目标是实现我们的价值所必需的时候，这些目标的不可实现才会导致无目标的状态。

对这些事态的发生毫无助益或贡献极少，诸如应当由神圣的介入才会产生的“基督重临”，或者由必然的历史进程才会彻底实现的黑格尔式“世界精神”。

为了全面理解尼采的虚无主义概念，我们必须揭示一个关键的假设，这个假设贯穿了他对虚无主义的所有讨论，但从未得到过全然明确的阐述：只有当一个目标能够激励人们继续活下去时，它才会让生活值得一过。这个假设关乎给定的目标**激励人**的能力，他曾称之为“激发信念”的能力（WP 23）。目标激励人的能力取决于两个条件：第一，它取决于当事人如何评估这一目标的**价值**；其次，它还取决于当事人如何评估这一目标的**可实现性**。如果其中之一或两者都没能满足的话，目标就失去了激励的能力。那么，虚无主义就可能有这样的两个来源：第一，迄今为止，在实现某些目标的过程中，我们找到了人生的意义，但这些目标如今被贬黜了；第二，我们确信这些目标是不可实现的。

当事人如何去评估一个目标的**价值**，会以各种可能的方式发生变化。例如，他可能会因为原本追求的那个目标无益于自身价值的实现，而发现该目标其实是缺乏价值的。比如说，他的最高价值是道德价值，他原本相信完全诚实的做法在道德上就是善的，但后来他开始认识到自己想错了。不过，尼采考虑的价值贬黜要更加激进一些：人之所以会开始认为一个目标毫无价值，是因为原本支撑起该目标的那些价值，他现在并不认同了。例如，他可能曾经相信，他人的幸福是一个有着道德价值的目标，但他现在对道德价值本身的价值提出了质疑。

人们通过提出这样一个基本问题来评估某个目标的**可实现性**：世界是否有利于它的实现，或者说，世界有没有哪些特征使其无法实现？这个问题本身就是模糊的，因为使目标无法实现的原
24 因可能是**偶然性**的，也可能是**必然性**的。换句话说，阻碍目标得以实现的世界的特征，究竟是偶然的，还是必然的呢？只有当阻碍目

标实现的因素仅仅是特定的某个人生活的偶然情况时，目标的不可实现才是偶然的。相反，当阻碍其实现的因素是世界的本质特征时，目标的不可实现则是必然的，此时，当事人的任何特定生存环境的变化对此都不会有任何影响。尼采认为，那些人们相信无法达成的目标（以及那些人们认为不可实现的价值）失去了激励的能力：想要达到不可企及的目标，这毫无意义。[①] 不过，这并不意味着它们在当事人的眼里就失去了价值。与之相反，他可能会继续致力于他那不可实现的价值，但他的生命却失去了意义。[②] 可以说，他生命的意义，生活的意义，不仅取决于他是否致力于某种价值或理想，更取决于他相信世界对于它们的实现是友好的。因此，一个人的生命意义是由两个因素决定的：他如何评估目标的价值，以及它的可实现性。

2. 虚无主义的两种含义

上述对意义的两个条件的区分，指出了尼采的虚无主义概念中一种基本的含糊性，而这种含糊性在很大程度上被忽视了。总的来说，近来学者中最流行的观点是，虚无主义是对我们的价值的一种断言："虚无主义：缺乏目标；没有对'为何之故'的回答。虚无主义是什么意思？——最高价值自行贬黜[dass die obersten Werthe

---

① 可能有人会反对说，严格来讲，许多无法实现的理想并不会失去激励的能力。比如说，人们有可能即便相信永远不可能获得社会正义的胜利，却依旧有动力去追求它。不过，在这种情况下，首先我们可以认为这种信念并不坚定（也就是说，我们没有绝对的把握说，社会正义的胜利是不可能的，尽管在目前情况下确实不太可能）。第二种可能是，持续激励的目标不是达到一个社会正义绝对胜利的国家，而是实现一个社会正义尽可能胜利的国家。

② 因此，尼采否认了虚无主义具有"应当就意味着可能"的原则。但是，我们应该区分两种应当的意义：义务的应当和愿望的应当。义务的应当作用于强制人的实践行为。在这种情况下，"应当"确实意味着"可能"：因为让一个人承担他根本无法履行的义务是没有意义的。愿望的应当在一般的伦理判断中占有重要地位，它不仅适用于人，也适用于世界。如果我们相信社会正义的价值，我们可能会说世界应当更加正义。这种应当并不一定意味着可能，因为我们有理由痛惜这样一个事实，即世界根本不利于某些价值的实现。

sich entwerthen]”（WP 2）。虚无主义观点是，我们的一切价值均遭到了贬黜。可以肯定的是，尼采在这里只谈到所谓的最高价值的贬黜，但他提出的批判显然适用于一切价值。事实上，大多数评论家认为，他所说的贬黜是由于认识到了客观价值并不存在。[1]

就这一点而言，他们十分认同当代的道德虚无主义概念：“虚无主义是一种没有道德事实、没有道德真理、没有道德知识的学说。”[2]尼采明确支持这一点观点：他声称，道德价值被“错误地投射”到了一个并没有道德价值的世界中（WP 12；GS 301；Z，I 15；BGE 108），他还赞许地提到古希腊智者们所坚持的观点：“在这个领域去谈论‘真理’是一种骗局”（WP 428）。除了否定道德价值，尼采还否认其他“道德事实”的存在，比如自由意志，道德上的赞扬
25 和谴责都会有赖于此（TI，VII 1）。他也否定了客观道德理性的概

---

① 让我们来看看最近的文献中一个代表性的例子。Schacht（1973）将虚无主义定义为“没有客观有效的价值原则的学说”（第 65 页）。Gillespie（1995）认为尼采的虚无主义是“最高价值自行贬黜的结果”（第 174 页）。Larmore（1996）在其对尼采哲学的总结中，将虚无主义描述为“意识到客观价值并不存在”（第 82 页）。Langsam（1997）认为“虚无主义等同于宣称世界上不存在合法的价值”（第 235 页）。Havas（1995）声称，虚无主义“应被理解为，对一个人来说，一切都不重要了，此时他所可能处于的状态”，他将其定义为一种状态，在这种状态中“他，实际上，毫无价值”（前言，第 14 页）。

当前普遍存在的将虚无主义解释为贬黜的做法，经推测可能是因为尼采借用了俄国文学的概念，尤其是伊万·屠格涅夫和费奥多·陀思妥耶夫斯基。Kuhn（1992，第一章）认为尼采主要是从屠格涅夫的小说《父与子》（1861/1972）中采用这一术语，而不是像一些著名的尼采传记作家先前所主张的，从 Paul Bourget 的《当代心理学》（1895）中采用这一术语。《父与子》的主角之一宣称，“一个虚无主义者，是一个不把任何原则视为理所当然的人，不管这个原则多么值得尊敬”。这就引出了另一个角色的回答：“我们倒要看看，你怎么做到生存在一片空虚中，一个没有空气的真空中”（第 94 页）。陀思妥耶夫斯基的神圣公式是：“如果上帝死了，那一切都被允许了！”（摘自《卡拉马佐夫兄弟》[1880]）尼采也提出了自己相应的观点：“一切都是错的！一切都被允许了！”（WP 602；Z，IV，9）。在将上帝之死与被允许性联系起来时，两种说法都认为，正因为上帝代表了价值的正当性，有些结果才会被禁止。

② Harman（1977），第 11 页。参见 MacKie（1977），第一章，在这里，虚无主义，有些误导性地被称作“道德怀疑主义”。

念，诸如那些由“绝对命令”所规定的内容，他认为那仅仅是“一个假设，一种直觉，实际上是一种‘灵感’——通常是内心的欲望被过滤和抽象后的产物”(BGE 5；参见 186)。①

然而，在一个重要的方面，尼采的被理解为关于价值主张的虚无主义概念与当代的这种概念有所不同。它不仅仅是一种纯粹的理论认识，即不存在某种(道德的、可评价的)事实，更是这种认识所带来的失落或迷失的现实意义：“找不到‘为什么’的答案。”的确，价值的虚无主义贬黜是由于承认它们缺乏客观性的地位：“在道德培养出来的力量中，有一种是诚实：而它们最终却和道德背道而驰，发现了道德的目的论，道德的局部视角”(WP 5)。如果没有客观的道德事实供我们作出道德判断的话，那么这些判断就仅仅是一种主观的“观点”的表达而已；而如果这就是其全部的话，那么这些判断就失去了规范性的权威。不过，这种推论是基于以下假设，即价值的合法性取决于它们的客观地位，取决于它们独立于我们的主观观点。我把这种假设称为规范的客观主义。因此，对于那些支持规范客观主义的人来说，虚无主义的迷失就是否认了最高价值的客观性。②

---

① 值得注意的是，价值的贬黜可能不只是由于客观地位的丧失，还有可能是源自某种分裂。在接受那些除了主流(基督教)道德所认可的价值之外的价值时，我们最后发现，自己面对的是相互矛盾的、无法衡量的价值：“价值和目标的综合体(每一种强大的文化都以此为基础)瓦解了，个体的价值彼此争斗——瓦解了”(WP 23)。我们的善的概念的支离破碎，必然也会导致一种贬黜的意味。但是，这种分裂的问题仅仅在于，这些彼此矛盾的价值没有一个客观的排序。因此，我们可以把它当作某种客观规范事实不存在的一类特殊情况。

② Leiter(2002)认为，尼采接受他所说的“审慎(prudential)”价值的客观性(第 106—112 页)。审慎价值是根据某种生物的繁荣来定义的：任何有利于他们繁荣的东西(仅指一种他们能够达到的状态或运作模式)对这种生物来说都是“善的”。不过，这种审慎价值的规范意义十分有限。一方面，它本身不能提供虚无主义者所渴望的那种规范性指导。因为繁荣只有在它本身有价值的情况下才能提供这样的指导，而且与它所支持的价值不同，它的价值不可能是审慎的价值。另一方面，在不假设繁荣本身的非审慎价值的情况下，我们也有必要问一问，审慎价值本身究竟能否成为价值，是否具有真正的规范性意义。不管怎么说，虚无主义的贬黜来自于非审慎价值不具有客观地位的主张，尼采不可否认地支持这一主张。

把这种虚无主义的迷失感与彻底的**怀疑主义**所造成的痛苦作一个对比,我们就会更好地加以把握。彻底的怀疑主义认为,倘若关于价值的客观事实存在,我们将绝无可能接近它们。可以预见,怀疑论会导致一种无处不在的盲目感。也许善的人生是一个存在的事实,但我们却被无望地剥夺了任何接近它的机会。在我们看来,彻底的怀疑主义所致的那种盲目感就是痛苦的根源,这种盲目感是由客观的评价性事实可能存在这一信念所引起的。

尼采认为,虚无主义的迷失并非由怀疑论所致,而是由**反实在论**所致:“每一种信念……必然是错误的,因为根本就没有**真实的世界**”(WP 15;尼采的“真实的世界”可以理解为,像它提到的柏拉图的理念世界那样,包括诸如善的理念之类的规范性事实。[WP 585])。当反实在论与规范的客观主义相结合时,对反实在论的典型反应就是,一切皆无价值,什么都无关紧要:“没有什么是真的,一切都是被
26 允许的!”(Z,IV 9) 这并不是说对于善的人生,我们缺乏一种可靠的指引,而是说,实际上根本不存在什么善的人生。我们不被要求去做什么,也不需要去避免什么,所以一切都是“被允许的”。

与怀疑主义相反,反实在论会导致一切价值的彻底贬黜,它唯一可能引起的恰当回应就是冷漠。既然那种关乎善的人生本质的事实——“真理”——并不存在,那么对此而言,我们就没有什么能够被夺走了。假如一切都不重要的话,那么不重要这件事情本身也就无关紧要了(TI,V 6)。但是,尼采认为,对一切价值遭到贬黜的回应绝不是冷漠。其实,虚无主义者将其视为一种损失来哀叹:“‘我们为什么总在走个不停!一切不都是一样吗![①] **他们的**耳朵很欣赏这种说教:‘一切都不值得!你不该有所意愿!’”(Z,III 12[16])。当然,也有可能他后悔的只不过是,他把精力浪费在了那些

---

① 译注:译文参见尼采,《查拉图斯特拉如是说》,钱春绮译,三联书店 2007 年,第 243 页。

他曾经误以为有价值的追求上。但是，尼采在其他地方明确指出，究其根本，虚无主义者痛惜的是意义本身的丧失，以及所意愿的目标的丧失(GM，III 28)。虚无主义者将他所经历的那种特有的痛苦，描述为一种迷失感："当太阳为大地套上的锁链解开后，我们又该做些什么呢？现在，大地要去向何处？我们又要去向何处？要远离所有的太阳吗？我们会不会一直往下坠？向后退、向左、向右、向前进，要向着所有的方向而去吗？哪里还有所谓的上升与沉沦呢？难道我们不正像穿越无边的虚无那样迷路了吗？"(GS 125；参见WP 30："我们正在失去赖以生存的重心；我们迷失了。")

显然，虚无主义的迷失，不可能是由于相信客观价值的存在所致。尼采认为，它是由一种独特的人类**欲望**，实际上是一种需要所诱发，这是一种对意义和能够激励人类意志的价值存在的**需要**："渐渐地，人类变成了一种神奇的动物，相对于任何其他的动物而言，他还必须满足一个额外的生存条件：人**必须**不时地相信并知道自己**为什么**存在；没有对生活的周期性信任——没有对**活下去的理由**的信仰，他的族类就不能繁荣兴盛"(GS 1；参见 Z，I 15；WP12，36)。虚无主义的迷失是这种需求受挫的结果：人类需要他们的存在具有目标或意义，但事实证明，这只不过是一系列无意义的事件罢了。

因此，尼采伦理规范思想的核心是，意义是一种自然的需要。在这里，满足这种"自然的"需要是一个"生存条件"。如果完全承
认我们的存在毫无意义，就会导致"自杀的虚无主义"(GM，III 28； 27
参见 GS 107)。我会在下文给出对这一特殊需要的研究，但值得注意的是，人类确实有这种需要，这一观点在经验层面上是合理的。[①]

---

① Frankl(1984)为这个观点提供了一个传闻的、又特别切中要害的证据，他说在集中营中最有可能生存的囚犯，是那些成功地给了自己的生活一个目的或意义的囚犯。基于这种需要的存在和核心，他还开发了一种新的心理疗法。

将虚无主义解释为关于价值的一种主张,这个广泛的学术共识实际上掩盖了尼采作品中虚无主义的另一个概念。这个概念不是一种关乎价值的元伦理学主张,而是关乎世界和我们在世界中的存在的一种伦理的主张:“世界倘若不存在,那就会更好”(WP 701)。按照这种解释,虚无主义并非源于最高价值的贬黜,而是源于我们坚信这些价值无法实现。① 既然在这个意义上,虚无主义认为我们的最高价值无法实现,那么我建议将其理解为绝望,因为,绝望就是相信那些对我们来说最重要的事情无法实现。②

不过,并非所有形式的绝望都是虚无主义。要理解虚无主义绝望的独特之处,我们就必须更加仔细地审视虚无主义者的信念,即他的价值是不可实现的。我在上文已指出,价值的不可实现既可能是偶然的,也可能是必然的。只有当价值的不可实现是由于特定个体的生活情况所致时,它的不可实现才是偶然的。假如说,赋予我人生意义的目标是写出下一部伟大的美国小说,但我发现自己缺乏闲暇时间,或者缺少文学天赋,由于这

① 据我所知,在最近的文献中,只有 White(1987)明确承认了,对尼采而言,虚无主义有时指的是一种绝望的形式,不过他没有承认这种观点和流行的观点(即迷失)之间的对比。Muller-lauter(1971)也将虚无主义定义为“需求”和“现实的不足”之间的落差,但对于随之而来的“对世界的厌恶”,他却提出这是纯粹的“生理”特征(第41页)。最后,尽管 Schacht(1983)将虚无主义正式定义为一种关于价值的主张,但他转而将其视为一种关于世界不利于实现这些价值的主张,而没有明确承认这是向另一种虚无主义概念的转变(参见第六章)。

② White(1987)将虚无主义的绝望(这里他指的是尼采的“激进虚无主义”)与宗教虚无主义和彻底的虚无主义区分开来。不过,他所谓的“宗教虚无主义”,在我看来,就是指尼采所说的悲观主义。“彻底的虚无主义”由 White 说的“价值的贬黜”所致。但是,它似乎并不等同于我所说的迷失。很难说它是什么,因为很不幸,White 对它的描述前后矛盾。一方面,对彻底的虚无主义者来说,价值已经“贬黜”,“什么都没有留下(即没有价值)”(第 33 页),而另一方面,他又“把生成和表象的世界奉为唯一的世界,并称之为善”(第 35 页),对于一个没有价值的人来说,似乎很难这样去评价。

种不幸，我无法完成这个目标。在这种情况下，我的生活毫无意义，但是，单单这点还不能让我成为一个**虚无主义者**。因为我不是对生活本身失望，而只是对自己的生活失望：我仍然想活下去，就像其他人那样。记住，虚无主义，并非认为某个人的特定生活没有意义，而是认为**人生总体上**就没有意义。为了得到这个结论，即生命在总体而不是特定个体的层面上没有意义，虚无主义者必须相信，这个世界，必然（或者说，本质上）不利于自身价值的实现，因此，他生活中特定环境的任何变化，对此都不会产生丝毫影响。

3. 悲观主义与虚无主义

与流行的解释相反，尼采对虚无主义概念所作的大量分析表明，应该将它解释为绝望。事实上，我先前引用的关于“最高价值的贬黜”那段话，是将虚无主义明确表述为一种价值主张的寥寥几段之一。[①] 相比之下，绝望才是尼采虚无主义的主要概念。在尼采针对这一概念作出的许多未发表的讨论中，这个观点得到了证实。 28

首先，至少在对它的一个合理的解释中，它看起来像是印证了尼采对“主动”和“被动”虚无主义的区分（WP 22—23）。根据这种解释，虚无主义的主动形式和被动形式构成了对丧失意义的不同**反应**。[②] 被动的虚无主义是“一种不再攻击的、倦怠的虚无主义”，或者说，屈从于一个对我们的价值和理想不利的世界。反之，积极的虚无主义是“一种毁灭的暴力”，是对这个世界的拒绝，因为这个世界顽固地阻碍了他们的价值的实现。不论是听天由命，抑或是毁灭，实际上都暗含着对某些价值的继续认同：听天由命，就是去

① 这段话的位置是在《权力意志》的开头部分，我们不能推断出它的重要性，因为这部所谓的作品是编辑出来的作品，不是尼采本人的作品。

② Gillespie（1995），第 179 页；White（1987），第 36—37 页。

接受一个无可救药的邪恶世界;而毁灭,则是因这个世界无可救药的邪恶而要去摧毁它。[①] 这种对"主动"和"被动"虚无主义的解释,已经预设了虚无主义是一种绝望:相比之下,迷失的虚无主义则意味着脱离了价值——但正是由于认同这种价值,才构成了上述的听天由命或毁灭。

虚无主义作为一种绝望的概念,在尼采论述悲观主义与虚无主义的关系时,得到了进一步的证实。尽管尼采有时会交替使用这些概念,但他一般会划清虚无主义和悲观主义之间的界限。虚无主义是悲观主义的"发展"(WP 37),而悲观主义本身就是虚无主义的"初步形式"(WP 9)。上述虚无主义的两种含义表明,悲观

---

① 应当指出,积极的虚无主义和消极的虚无主义之间的区别可以有另外一种解释。在这种解释中,它们不仅仅是对失去意义的反应,更是代表了这种失落产生的两种方式。这种区别是由"精神力量"的不同造成的。这一概念虽未被尼采明确定义,但却与人对自身能力的评价有着密切的联系。例如,当一个人认为他什么也做不了时,他的精神力量就会枯竭。因此,它与自信的概念有一些亲缘关系。

积极的虚无主义是一种超越了她目前的目标或理想的精神状态:这些目标或理想不会激励她,因为她太强大了——它们就变得无足轻重了。"积极的虚无主义。它可以是力量的标志:精神的能量已经变得如此巨大,以至于之前的目标……根本不能满足。……另一方面,一个不满足的力量的标志是,继续有效地设定一个目标及其根据"(WP 23)。但是,积极的虚无主义仍然是——无目标的——虚无主义,因为它只有"相对的力量":它有足够的力量去摧毁当前的目标——对这些目标来说,它已经变得太过强大,但它还不足以创造新的目标来取代它们。比如说,青春期的孩子长大了,不再有童年的目标,但通常来说(也是暂时地),他们没有能力"设定"新的目标,以便把自身的生长力量倾注其中。

相反,消极的虚无主义是一种不再被当前的目标和理想所激励的精神状态,因为她太弱了,无法实现这些目标和理想。在她看来,它们太高不可攀了。"消极的虚无主义:作为一种软弱的表现:精神力量能够疲惫、耗尽,让之前的目标和价值缺乏动力,不再激发信仰"(同上)。当一个人的力量耗尽时,她就会放弃自己的存在,因为她知道自己的存在毫无价值。值得再次强调的是,当消极的虚无主义者对自己的价值失去"信仰"时,他并没有放弃对这些价值的认同,而只是承认自己实现这些价值的努力是徒劳的。

在这里,我不知道该如何处理这种解释。它有一个明显的缺陷:它的核心概念——"精神力量"的概念,尼采没有给出充分定义。出于此种原因,我会把它放在一边,只讨论关于这个区别的最为明确的解释。

主义和虚无主义之间的区别应有两种不同的形式，这取决于我们所采用的是虚无主义的哪一个概念。对这种区别的考察，应该会有助于澄清和丰富我们对虚无主义的总体把握，尤其是有助于理解迷失和绝望的不同。

在尼采的笔记中，他对悲观主义作出了如下定义："我们的悲观主义：我们相信过的那些价值，在这世界上并不存在"（WP 32），他的意思显然是"这个世界的价值（比我们想象的）要低"（GS 346）。而且他对悲观主义和虚无主义作出了如下区别："彻底的虚无主义坚信，就人们所承认的最高价值来看，存在是绝对站不住脚的[Unhaltbarkeit]，并且它还有这样一种洞见，即我们没有丝毫权力去设定'神圣的'或道德化身[das leibhafte Moral]的那种超越之物或者物自体"（WP 3）。"虚无主义"的这个定义[①]由两个部分组成。首先，从"人们所承认的最高价值"这一点来看，我们的存在是"站不住脚的"。这就是虚无主义的悲观主义时刻：坚信我们在世界中的存在将变得更糟。这个定义的后半部分描述了虚无主 29
义所特有的虚无主义时刻："一种洞见，即我们没有丝毫权力去设定'神圣的'或道德化身的那种超越之物或者物自体。"

如果我们认为虚无主义是迷失的话，则虚无主义的时刻应该这么解释：我们发现，悲观主义者用来谴责存在的"最高价值"其实并不合理：我们之所以对这些最高价值没有"权利"，是因为说到底，它们并没有那种超越的"神圣的"保证，而我们之前却相信它们有。或者说，是因为它们"本质上"是不存在的。那么，悲观主义和虚无主义之间的不同，归根结底就在这里：悲观主义者相信事情会变得更糟（至少在这个世界上），而虚无主义者一开始就不会去把

---

① 尼采在文中称之为"激进的虚无主义"，一些评论家认为这个限定语很重要。但是，这里对虚无主义的描述与他在其他地方单用"虚无主义"的描述是相同的（WP 37）。出于这个原因，我认为在这里可以忽略这个特殊的限定语。

握是好是坏。

然而，尼采的实际表述却使这种解释遭到了质疑。“一种**洞见**，即我们没有丝毫权力去设定‘神圣的’或道德化身的那种超越之物或者物自体”，这种洞见针对的似乎是有价值的**事物**，而不是**价值**本身。例如，在基督教的世界观中，“彼岸”是我们的最高价值和理想得到实现或体现的地方。比如说，在那里，死亡和痛苦已经被根除，正义盛行……诸如此类。① 如果这是真的，则虚无主义者的洞见并不是指我们的价值缺乏客观性——这种客观性与其说是由它们存在于某种“彼岸”世界（如柏拉图的理念世界）来保证的，毋宁说是我们没有正当理由去假定这些价值得以实现的另一个世界。换句话说，虚无主义（和悲观主义一样）对这个世界都持有悲观的看法：“如果世界不存在，那将会更好”（WP 701），因为它无法实现我们的价值。不过，在这一看法之上，虚无主义还认识到，根本不存在这些价值最终得以实现的另一个世界。因此，从这种新的认识来看，虚无主义观点所涉及的，并非我们的价值本身，而是它们得以实现的可能性。

尼采的其他表述将悲观主义和虚无主义之间的区别展示得更为明显：“悲观主义发展为虚无主义。——……被否定的世界［die Verworfene Welt］与人为虚构的‘真实、有价值’的世界的对比。——最后，人们发现了‘真实的世界’是由什么东西建成的，而现在剩下的唯有那个‘被否定的世界’，人们又因极度的失望而更加否定这个世界。这里虚无主义就出现了：一个人所剩下的，只有
30 那些用来作出判断的价值——别的什么也没有”（WP 37；参见 WP 12）。“被否定的世界”与另一个“‘真实、有价值的’世界”之间的对立导致了悲观的困境。在最高价值的光芒之下，我们生活于

① “自身（in-itself）”的概念可以用同样的方式来解释：即痛苦和死亡只是一种表象，在自身之内（in itself），并没有痛苦和死亡（WP 12）。

其中的世界是邪恶的，应该被摒弃；但是，还有一个彼岸世界或对这个彼岸世界的希望，我们的价值将最终在那里得到实现。向虚无主义的过渡，并不是说认识到悲观主义者所崇尚的那些价值遭到了贬黜，而是因为，我们发现，另一个“真实的世界”只不过是我们想象的臆造，是一厢情愿的产物，是“心理需要”的一种捏造（WP 12）。所以，虚无主义者接受了对这个世界悲观的否定，同时又发现自己要被迫放弃对另一个、更好世界的期盼。就像尼采明确指出的那样，虚无主义与其说是一种对我们的价值之缺陷的认识，毋宁说是对世界本身之缺陷的认识：“这时，就达到了虚无主义：一个人所剩下的，只有那些用于作出判断的价值——别的什么也没有。”经过深思熟虑，他简明扼要地总结了虚无主义的概念：“虚无主义者是这样一种人，对于如其所是地存在的世界，他断定它不应当存在；对于如其应当是地存在的世界，他断定它并不实存”（WP 585；参见 247）。

严格说来，虚无主义是悲观主义的一个“发展”。不过，我应当指出，尼采有时会将这两个概念交替地使用，甚至会说，当一个人谈到悲观主义时，通常情况下，“这个名称应换成‘虚无主义’”（WP 39）。[①] 如此紧密的联系也印证了，应该将虚无主义解释为绝望。因为假如我们将虚无主义理解为迷失的话，那就很难解释得通：在这种情况下，悲观主义和虚无主义似乎是对立的，因为悲观主义要以那些由于贬黜而受到了破坏的价值为前提。相比之下，如果我们把虚无主义解读为绝望，二者之间的密切关系就变得明显起来。虚无主义包含悲观主义，后者是它的一个基本方面：虚无主义者和悲观主义者同样坚信，我们在此世的存在无法实现我们的“最高价值和理想”。不过，与悲观主义者不同的是，虚无主义

① 例如，佛教现在是各种悲观主义（WP 82；GS 346）和虚无主义的范例（WP 1，23，55）。而且，叔本华的悲观主义有时也被认为是彻底的虚无主义的范例。

者不再允许自己沉溺于对彼世的虚无缥缈的希望之中——在那里，那些价值和理想终将实现。归根结底，悲观主义和虚无主义密切相关，这是因为虚无主义不过是一种彻底的悲观主义而已。

上述的论述表明，尼采大部分未发表的论述都印证了应将虚无主义解释为绝望。不幸的是，尽管这是对虚无主义最为全面、详尽的描述，在他的作品中随处可见，但是此类论述却从未发表过。
31 然而，我们应该把它作为一个背景，用以解读那些他已经发表的虚无主义言论。这些发表的言论通常来说言简意赅，当它们没那么模棱两可的时候，往往就会证实，应将虚无主义解释为绝望。

《查拉图斯特拉如是说》就将虚无主义表述为一种绝望或无望，但它的表述依旧含糊不清。比方说，那些绝望的人哀叹“生命不再有价值，一切皆相同，一切皆徒劳”(Z,IV 11)。在这里，虚无主义的一般说法(“生命不再有价值”)可以用两种也许截然不同的方式来阐释:当将其理解为“一切皆徒劳”时，也许是表明一切试图实现我们最高价值的努力注定会失败，而将其理解为“一切皆相同”时，则很可能就意味着评价的冷漠。《道德的谱系》的表述同样含糊不清。虚无主义在那里被描述为“极度的恶心，求虚无的意志”(GM,II 24)，或是一种“对[生命]的逃避，对虚无的渴望，或者是对其[生命的]对立面的渴望，对另一种存在方式的渴望，诸如佛教之类的”(GM,II 21)。一方面，这种恶心和对虚无的渴望，可能是迷失的表现，也可能是个体的一种不满:他对人生意义和目标的渴望最终落空了(WP 36;参见 12)。另一方面，可将“求虚无的意志”看作是一种深思熟虑的立场，它基于“不存在比存在**更好**”这一判断。实际上，在尼采看来，“虚无主义代表了我们伟大价值和理想的最终合逻辑的结论”(WP,前言 4)。最终，所谓的虚无主义者所渴望的那种佛教的解脱，并不是承认一切价值均遭到贬黜的最终结果，而是承认某种特定价值的最终结果:“在这里，厌倦者的享乐主义就是最高的价值尺度”(WP 155)。虚无主义者会因此而试图摆脱这个世界，与其说是因为这个世界辜负了他对意义的渴望，不如说是因为它被认为对某些特定（享乐主义的）价值的实现是不利的。

《快乐的科学》第五部为虚无主义作为绝望的概念提供了更明
确的支持。在第346节，尼采认为悲观主义的这一信念——“世界
的价值低于”我们的想象，这最终助长了虚无主义。他还指出，这
种信条依赖于一个前提，即存在着“理应超出现实世界本身之价值
的价值体系”。换句话说，在现实世界和理想世界之间存在着一条
不可逾越的鸿沟。由于这种对立，我们面临着一个根本的两难困 32
境：“非此即彼：‘要么废除你的信仰，要么废除你自己！’后者将会
是虚无主义；但前者不也是——虚无主义吗？——这是我们的疑
问所在”（GS 346）。

这种困境就是，要么我们放弃当前的价值（我们的“信仰”），在这种情况下，“我们”自己生存下去，代价也许是失去所有规范的指导；要么我们就坚持我们的价值，但从它的立场来看，我们在这个世界上的存在（“我们”自己）应该遭到否定。尼采毫不犹豫地承认，第二种选择是虚无主义。实际上，在同一段话的一个未发表版本中，他的表述更加明确：“因此，我们可以废除我们的信仰，或者废除我们自己。后者构成了虚无主义”（WP 69n）。这与我所说的虚无主义的绝望是一致的：我们有理由不活下去，因为我们相信，生活无法实现我们的最高价值和理想。尼采承认，第一个选择在于质疑这些价值，看起来可能也是虚无主义的一种形式。然而，我在本书的主张是，重估一切价值这一计划恰恰意味着，放弃我们当前的“信仰”，并不一定让我们失去规范的指导，因此可能也并不会导致虚无主义。

4. 绝望与迷失之间的矛盾？

我已经揭示了我们在尼采那里发现的虚无主义的两个概念之间的根本区别。这两种虚无主义都有一个基本观点：尚没有一个

目标的实现让我们的存在找到了意义。它们在理解和证明这一基本主张的方式上有所不同。根据尼采的观点，一个目标要具有激励的能力(从而赋予生命意义)，只有满足两个条件才行：当事人认为目标有价值，并且它是可实现的。在迷失的虚无主义那里，第一个条件没有得到满足：可以用来评估目标之价值的价值体系遭到了贬黜。相比之下，在绝望的虚无主义那里，则是第二个条件没有达到：我们最具价值的目标，我们的最高理想，经证明是无法实现的。

尼采虚无主义概念中的这种含糊性并不奇怪。实际上，它源于虚无主义的一般表述所带来的那种含糊性："生活不值得一过。"一方面，人们可能会说，用来衡量生命是否值得一过的那种价值事实上并不存在。在这种情况下，虚无主义是评价的冷漠的一种表述：活着既不好，也不坏。另一方面，这种说法可能意味着，存在无
33 法达到我们(想要)的价值。在这种情况下，虚无主义是对存在的谴责：存在是可悲的，或者就像尼采所说的那样，这个世界(和我们在其中的生活)从理性上来讲不该存在(WP 701)。迷失的虚无主义认为，这个世界本身没有错，错在我们的价值。反之，绝望的虚无主义认为，我们的价值没有错，错在这个世界。

我们该如何理解尼采的虚无主义概念中这种基本的歧义呢？首先，请注意，虚无主义的这两个概念不仅不同，而且，在一个重要的方面，它们还存在着矛盾。价值遭到贬黜似乎会使绝望无迹可寻，因为世界不利于实现的是那些我们相信已遭贬黜的价值，我们没理由为此自寻烦恼。我在上一节指出，尼采主要是根据绝望来思考虚无主义的，它根植于我们的最高价值和理想无法实现的信念。但我们如何看待虚无主义的另一个版本——迷失呢？我们也在尼采的著作中确凿无疑地发现了它，而它与绝望的虚无主义的概念互相矛盾。

在本书的剩余部分，我将会认为尼采克服虚无主义之绝望的

策略是:对导致绝望的那些价值进行“重估”。在第二章中,我认为,进行重估的一种极具魅力的形式在于,指出虚无主义的价值缺乏一种客观地位,而任何价值的正当性都有赖于这种客观地位的存在。它确实克服了绝望,因为,这里再一次说明,不能实现的是那些被视作不正当的价值,我们没理由为此感到悲痛。然而,事实证明,这种策略并不会令人满意,因为它用一种虚无主义(绝望)换来了另一种虚无主义(迷失)。我会在第二章指出,尼采认为他对客观价值的否定并不意味着虚无主义的迷失。不过,如果是这样的话,那么虚无主义的价值也就同样如此:不能再拿它们缺乏客观地位这个理由来反对它们了——这个理由不能再用来贬黜它们;但这样一来,我们似乎又被赶回到了虚无主义的绝望中。基于这个原因,我将在第四章指出,尼采采用了重估的另一个形式,他将其置于权力意志学说的支持之下。因此,迷失的虚无主义,不仅是尼采要着手解决的一部分危机,也是解决危机的一种策略带来的最终结果。我还将在第二章中指出,尽管这种元伦理学策略的结果是有问题的,但它并不是尼采反对虚无主义运动的一个不幸的、
错误的开端,而是其必要而微妙的第一阶段。 34

5. “最高价值”的概念

认识到我们的最高价值不能实现,这使我们陷入了虚无主义的绝望。尼采之所以坚持这一点,大概是因为,对于我们所拥有的那些并非最高价值的价值,我们不会因其不可实现而陷入虚无主义。他让我们看到,在区分最高价值和低级价值时,我们的价值体系是按等级排列的。“最高价值和理想”不是我们所拥有的唯一价值和理想,但它们在这个体系中却具有特殊地位,由于这个地位,它们在虚无主义的产生中起着至关重要的作用。这种特殊地位包括什么呢?

乍一看,我们的最高价值似乎只是那些我们最想实现的价值。然而,不能得到我们最在意的东西,并不一定会导致虚无主义。它

也许会让我们接受一种降低了期望的生活,让人生在追求没那么美好的事物中度过。实际上,如果目标的选择是由它对当事人的价值**和**它的可实现性**共同**决定的,那么认识到最高目标无法实现,很可能会让我们重新调整期望值,并试图“在糟糕的情况下做到最好”,而不是陷入绝望。例如,我的最高抱负是成为一名职业音乐家,但鉴于我的音乐天赋有限,我可能会接受一种不同的生活,并满足于此。

如果实现不了我们的最高价值将会激发虚无主义的话,这些价值不仅仅是我们对之最为在意那么简单:在糟糕的情况下做到最好并不是虚无主义者可以采用的选择。尼采在这一点上表述得不太清楚,但他确实提供了一个富有成效的建议。他所谓的“道德价值”就是最高价值,他用下面这句话解释了其地位:“一切在人、艺术、历史、科学、宗教、技术中有价值的东西,都必须证明是从属于**道德价值**的,受**道德**制约,无论在目的、手段,还是结果上,都是如此。”(WP 382)换句话说,最高价值是较低善的价值的**先决条件**。如果道德价值是最高价值,那么其他任何东西的价值,比如艺术,就在于其为道德目的所作的贡献:“它(例如艺术)的最高价值,就在于促进道德上的转变,并为这种转变做好准备”(引文出处同上)。

在这段话中,尼采认为,最高价值之所以是较低善的价值的先决条件,是因为它是**唯一**的价值。不过,这既不合情理,也不必要。即便假设较低的善具有独立的价值,我们仍然能维持它们相关的条件关系。最高价值的实现仍然是较低善的价值的一个先决条
35 件,但这两者之间的关系不仅仅是诸如工具性之类的关系。在工具性关系中,手段的价值完全取决于其与目的价值的关系。在我所考虑的这类情况中,较低的善可能具有独立的价值。因此,最高价值的实现,对较低价值的制约方式必定更为复杂:受制约的善既依赖于、又独立于作为其前提的善。受制约的善一旦没有了作为

其前提的善，便失去了其吸引力，而受制约之善的价值又不完全取决于它和作为前提之善的关系。

假设我认为智力的发展和训练很重要，但我的最高理想却是拥有丰富而深厚的友谊。如果我没能建立起这样的友谊，就会破坏我眼中的智力活动的价值。如果缺失了友谊，这种活动对我来说就毫无意义了。然而，虽然只有在我享受丰富而深厚友谊的情况下，我的智力活动才有意义，但它的价值（在某种意义上）仍然独立于友谊对我的价值：比如，无论以工具性的方式，还是其他方式，这都不会减少智力活动对友谊的益处。[①] 因此，如果说最高价值决定着较低善的价值，那么未能实现最高价值也就排除了这一可能性：在追求别的价值的过程中度过一生仍然是值得的。

可是，即便深信我们的最高价值不能实现，也不能因此得出生活"应该被否定"，或者我们应该更喜欢"虚无"的结论。善的缺失（未能实现我们的最高价值）不一定就是恶，因此，也许它只能证明冷漠而非谴责的态度是正当的。然而，当某种善成为期望的对象时，缺乏这种善就变成了恶。

一种善，也就是说，一种业已实现的价值，可能是某种**渴望**或**期望**的对象。我想说明一下这两种态度之间的一种特殊的不对称性，这种不对称性表现在，它们的失败造成了截然不同的后果。如果某种渴望未能实现，它的结果要么是不如本可以达到的那样好，但也许仍然能够接受；要么这一结果实际上并不好，但也不是绝对的恶。例如，我会渴望变得富有，但我不会认为未能实现富有就无

① 尼采似乎说的是可能存在着好几个"最高"的价值和理想，这就造成了一种困境。如果最高价值的实现是其他任何价值实现的条件，那么我们如何思考下面这种情况：即一种最高价值实现了，而另一种没有实现？未能实现后者是否损害了前者的实现的价值？尼采没有考虑到这个困境，因为他似乎认为这并不适用于他的观点。我们将在第四章看到，他挑出了**一种**基本价值，将其视为最高价值，即"痛苦是恶的"这一观点。

法接受自己的生活。或者我会渴望拥有朋友，但同时也相信，如果我不能建立真正的友谊，那也没什么大不了的。不过，相信“没什
36 么重要”，并不等同于认为“虚无”重要：我没有理由去过一种缺乏友谊的生活，但是缺乏友谊却不能给我一个**不**活下去的理由，或者说，不能给我一个相信不存在比存在更好的理由。

然而，如果我**期望**富有，或者**期望**有朋友，我就会有不同的想法。因为对期望的失望不仅仅是善的缺席，更是绝对的恶。当我期望财富和友谊时，贫穷和孤独的境况会使我有理由认为，这种境况是无法接受的（或者就像尼采所说的那样，“站不住脚的”，“应该被否定的”）。的确，它应当受到谴责：最好不要生活在不可避免的贫穷和孤独之中。

从“他的最高价值是无法实现的”这一主张中，虚无主义者得出了“从理性上来讲，世界是一个不应存在的东西”的观点。归根结底，只有在我刚才描述的两个特征被赋予了最高价值的情况下，这个推论才会成立。首先，最高价值的实现必须是期望的对象。因此，世界在本质上不利于这些目标的实现，本身就能作为谴责它的理由。但是，请注意，如果某种被期望的善并非构成其他善的价值的必要条件，那么这种善的缺乏使我们有理由去谴责的，**只是与这种特定的善的缺乏相关的境况**，而非全部。如果我们相信在某些方面生活仍然值得一过，那我们就还没有达到完全的虚无主义。因此，最高价值具有第二个特点：它们的实现必须是其他任何善的价值的必要条件。因为只有在这个情况下，纵使我们成功地追求到低级的善，也不能弥补无法实现最高价值的缺憾。

6. 虚无主义：哲学还是颓废？

从某个角度来看，尼采将虚无主义视为一个**哲学**问题：“将‘社会的困境’或‘生理退化’……视为虚无主义的原因，这是错误的。”（WP 1）虚无主义不是一种心理状态，不是生理退化的结果，也不是一种社会文化现象，更不是一种社会困境的表现。与之相反，它

含有某些价值认同的意味:“虚无主义代表了我们伟大价值和理想的最终逻辑结论[die zu Ende gedachte Logik unsrer grossen Werthe und Ideale]”(WP,序言 4)。绝望和无意义感可能是神经-化学(neuro-chemical)失衡后的症状,但尼采的虚无主义则是这样一种立场,即我们(“逻辑地”)被对某些价值和理想的认同所驱使。具体说来,尼采所面临的现代虚无主义根植于构成基督教道德世 37
界观的价值和理想之中。这是“我们的”价值和理想,因为这种世界观已经占据了主导地位。

这个区分会带来一些重要后果。首先,“生理上的”绝望可以通过药物或其他形式的心理或生理治疗来缓解,但“哲学上的”绝望只能通过独特的哲学手段来克服,其中包括哲学的辩论。其次,未出现过绝望的症状就患上某种神经-化学失衡症,这虽然是不可能的,但是持有一些暗含虚无主义的信念而不自知,进而没有经历相应的绝望情绪,这却是很有可能的。人有可能身处虚无主义的困境而不自知。尼采注意到,虚无主义是“上帝死了”的结果,但许多接受上帝死了的人还是不明白它的含义(GS 125)。

不过,总的来说,在现代晚期的欧洲文化中,人们对虚无主义意识实际上正在增强。可是,它是“我们伟大价值和理想的逻辑结论”这一关键事实仍未得到承认。尼采这叫作“不完全的虚无主义”:这是那些未能认识到下面这一点的人的困境:**彻底的虚无主义怎么会**是人们至今所持理想的必然结局(WP 28)。鉴于我们的价值和理想,他本人对虚无主义在理性上的必然性的坚持,并不是对它的认同,而是努力揭示出对某些价值和观念的认同在虚无主义出现的过程中所发挥的重要作用。因此,尼采自我分配的任务是将虚无主义带向完成,准确地说,就是在欧洲文化的最高价值和理想中发现其最深层的根源(WP,前言 3)。

然而,从另一个角度来看,当尼采在宣称虚无主义不是一个哲学问题,而是一种生理状况的症状时,他似乎又自相矛盾了:“不存在是否比存在更好，这个问题本身就是一种疾病，一种衰落的迹象，一种特质。虚无主义运动只是生理颓废的表现。”（WP 38）① 首先，请注意，虚无主义的哲学概念和生理学概念可能是相容的：虚无主义既可以是论证的结论，也可以是“生理颓废的表现”。比如说，假如虚无主义的论证只是对生理颓废的理论化，那情况就会
38 如此。不过，我们必须解释这两个概念之间的关系。

从表面上看，虚无主义是一种哲学主张。为了证明它终究并不是一种理性的立场，而是一种“生理颓废的表现”，尼采必须确立以下两点。首先，他必须揭露其合理依据的不充分性。其次，他必须证明虚无主义者的“错误”不是无辜的，而是某种生理状况的症状。例如，如果这个错误在于对某些价值的认同，那么他必须证明这种错误是由与颓废有关的生理或心理因素引起的。因此，我们必须把虚无主义视为一种理性的立场，直到它的哲学批判能够对其生理根源作出诊断为止。②

这种诊断的意义不可低估，因为如果经证明，虚无主义仅仅是生理颓废的表现，那么克服它的前景也必然有相应的限制。在揭示虚无主义的生理学根源时，哲学本身也会暴露其克服虚无主义的力量的局限性。因为面对生理上的颓废，哲学论证是无力的。

二、虚无主义的根源

1. “上帝死了”

虚无主义作为一种哲学立场，是一种隐含推理的逻辑结论。正如我在这里使用的术语那样，虚无主义的**根源**指明了这种隐含

---

① 在《穆勒-洛特》（1971）第三章中，我们发现了将虚无主义描述为“生理性颓废的表现”；亦可参见 Richardson (1996)，第 65—66 页。

② 在第六章中，我将重述“虚无主义是一种生理颓废的表现”这一观点。

推理的前提。尼采认为虚无主义是真诚的结果："这种认识是'真诚'这种教养的结果——它本身就是信仰道德的结果"（WP 3）。不过，严格地说，对真诚的评估并非虚无主义的前提。即便如此，它在虚无主义的起源中起着重要的作用，因为它引导我们去辨别和承认虚无主义前提的真相。

通常认为，虚无主义是由上帝之死所致："一旦对上帝的信仰和根本的道德秩序变得站不住脚"，虚无主义就会出现（WP 55）。随着对上帝的信仰开始动摇，许多相关的思想也失去了可信度，诸如"一个根本的道德秩序"，或一个超越于这个世界之上的"真实的、有价值的世界"（WP 37），尼采也称之为"形而上的世界"。尽管这是与尼采的学说最密切相关的观点之一，他却很少谈及上帝之死。显然，他觉得没必要赘述，因为，与其说这是他提出的一个新学说，毋宁说他认为这件事已经得到了广泛承认。因此，他假定 39
他的读者和对话者都非常熟悉他所描述的"近来最大的一件事"（第 343 节；参见 GS 125）。这样的话，关于上帝之死这件事，尽管他只有只言片语，但也足够了。

这句话细想之下颇令人费解。它随之而来引发了对两个词的疑问：究竟是**什么**死了？它死**了**意味着什么？从本质上说，上帝这个形而上的实体是不会死的。那么，死去的一定不是上帝本身，而是某种能够生灭的东西，即上帝的观念或对上帝的信仰。上帝之死标志着我们对世界的信仰的转变，而不是世界形而上的结构的改变。这正是尼采对这句话含义的阐述。"上帝死了"，他告诉我们，这意味着"对基督教上帝的信仰已经变得不值得相信了。[unglaubwürdig]"（GS 346）。

如果"上帝死了"这句话是关于对上帝信仰的陈述，那么它可能并不仅仅意味着对上帝的信仰已经被**推翻**。因为这就等于断言上帝不存在，而不是说上帝死了。不过，这种说法也不仅仅表明了对上帝存在的怀疑，即不仅仅表明这种信仰被**悬搁**：对上帝的信仰

“已经死了”，而不只是可疑而已。我想说的是，在宣称上帝已死时，尼采认为对上帝的信仰已经变得**不可信**了。

什么时候信仰是不可信的？要回答这个问题，我们必须确定，在悬搁信仰和不信之间是否有一个中间的立场。怀疑源自于对一种信仰的推翻，或对其谬误的证明。相反，当一种信仰的真实性和谬误都没有确立时，它就被悬搁了。当一种信仰的真实性和谬误都没有建立起来的时候，并且当它是否可能真实不再被人们严肃对待的时候，它就显得不可信了。严格地说，一个不可信的信念虽然没有被推翻，但它仍然“不值得相信”。

一种信仰的真实性是否可能，对于这一问题，我们怎么会迫不得已地不再严肃对待了呢？对此，尼采明确使用了最常见的论证方式，即在推翻信仰和怀疑信仰二者之间进行对比，并分为两个阶段展开。首先是要承认，为上帝和形而上世界的信仰树立真理的所有尝试都没有成功过。实际上，特别是按康德的说法，此类尝试
40 不**可能**成功。但是，这依旧给“信仰是真实的”留下了可能性。因此，论证的第二个阶段在于给出一个不该去严肃对待这种可能性的理由（可能也在于解释为什么那些证明的尝试实际上没能成功）。

为此，尼采揭示了我们对上帝的信仰以及由他所统治的“形而上世界”的“人性的，太人性的”那种根源。如其所述，“这个世界完全是由心理需求构造出来的”（WP 12）。他对上帝和形而上世界信仰的起源所作的许多心理推测，都是为了对这些信仰的持久影响力提供令人信服的解释，这种影响力既不诉诸这些信仰的真实性，甚至也不诉诸它们是否可能真实。他认为这些解释越有说服力，我们越没有理由去认真对待信仰上帝的真实性是否可能。

年少轻狂的时候，尼采曾认为，只要在“激情”和一厢情愿的“自欺”中揭示出“所有现存宗教和形而上学体系”的起源，就已经把它们“推翻”了（HH，I 9）。不过，他一般来说比较谨慎：“在比较

民族学的现阶段，（人们对上帝的信仰）是如何起源的不再有疑问；随着对这种起源的洞察，那种信仰就消失了[fällt jener Glaube dahin]（HH，I 133；第二个着重号是我加的）。更妙的是，他后来明确地将这种谱系研究对我们信仰和理想的影响同对它们的驳斥区分开来：理想没有被推翻，它被冻死了（EH，III《人性的，太人性的》1）。

下面这段话为起源的论证提供了一个特别清晰的例子：

> 历史性的驳斥作为最终的驳斥。以前，人们试图证明没有上帝，而今天，人们指出了上帝存在的信仰是如何出现的，以及这种信仰是如何获得它的分量和重要性的：因此，上帝不存在的反面证据就变得多余了。从前，每当有人驳斥了[widerlegt]先前提出的"上帝存在的证明"时，总会伴随着这样的疑问：比起那些已被驳斥的证明，是否还能提出更好的证明——在那些日子里，无神论者不知道如何才能大获全胜。（D 95）

在这段话中，尼采明确指出，揭穿上帝存在的那些已有证明是不够的，因为这为最终可以提出更好的证明留下了空间。即便我们能够像康德那样，去论证这种证明无法成功，但由此产生的不可知论仍然不会抹杀对上帝的信仰。相反，尼采担心的是，这么做反 41
而可能会为其提供无懈可击的保护，使其免受进一步的攻击："通往旧理想的一条秘密道路显露出来了，'真实世界'的概念，作为世界本质的道德概念（——这两个现存的最邪恶的错误！）由于一种狡诈的怀疑主义，又一次被揭示出来了，即便不能去证实，但再也不能被推翻了。……理性，理性的权利够不到这么远。……康德的成功不过是一个神学家的成功罢了"（A10）。接着，尼采提出的下一个步骤是揭示"上帝存在的信仰是如何出现的，以及这种信仰是如何获得其分量及重要性的”。据称,它会使这种信仰失去其可信度——实际上,这使得对信仰的驳斥(一种“反面证据”)成为“多余”。

综上所述,尼采的论证策略如下。它的一种变体是(D 95):虽然我们没有发现关于命题 p(支持或反对 p)的决定性证据,但我们必须决定是否去尝试寻找支持 p 的进一步证据。如果我们找到了不这么做的理由,那么 p 就是不可信的。这个理由想必会使 p 原本可能具有的真实性变得不大可能。例如,如果我们发现 p 是某个一厢情愿的幻想之物,这就很可能使我们有理由不那么严肃地对待 p 原本可能具有的真实性,从而停止为 p 寻找进一步的证据。

该策略的一个略有不同的变体是:我们没有发现关于命题 p 的决定性证据,但这次是因为,我们认知能力的结构性限制使我们无法获得相关证据:p 可能是真的,只是我们无法知道。不过,我们仍能对 p 持几种可能的立场,其中就包括接受的立场(A 10)。为排除这种可能性,尼采让我们提出下面这个问题:如果我们原则上找不到关于 p 的决定性证据,那么我们首先可能想了解,是什么促使我们接受 p 的。如果答案是一个一厢情愿的幻想驱使我们接受了 p,那么我们完全有理由不像之前那么严肃——甚至完全不严肃——地看待 p 原本可能具有的真实性。

有个简单的类比可以阐明使一个信仰变得不再可信的想法。假设一个孩子相信她的房间里有鬼,让我过去看看。我去了,但我没发现鬼魂的迹象。当然,这并不意味着真的没有鬼魂:它们可能已经离开了,或者在平常的观察中是看不见的。假设接下来我发现,孩子在那天傍晚之前对一个可怕的夜间游戏或恐怖电影留下了太深的印象。这个发现让我知道了她对房间里有鬼这一信念的
42 来源,也给了我一个不再严肃对待它是否可能真实的正当理由。

尼采认为,在这个例子中,对鬼魂的信念同样适用于对上帝的信仰。尽管它没有——或许也不能——被推翻,但在能够提供一

种削弱其可信度的谱系学论述的条件下，它会变得不再可信。根据尼采自己的说法，对上帝和形而上世界的信仰是满足某种“心理需求”的表现。某一形而上学观点与一厢情愿的幻想相对应，单凭这一事实不一定能让我们不去严肃对待它。但是，如果我们希望一个信仰是真的，这会促使我们去确定它实际上是不是真的。不过，在努力建立信仰的真实性一再地、系统地失败了的情况下，它起源于某些“心理需求”似乎成了我们当初严肃对待它的唯一原因，这足以证明我们不再严肃对待它是有道理的。换句话说，不论是认识论还是谱系学的论证，对于有效地让一种信仰失去其可信度来说都是必要的：人一旦发现这个世界完全是由心理需求所构建起来的，加之他又对此毫无权利的时候，虚无主义的最终形式就形成了：它包括不相信任何形而上的世界，以及不让自己对真实世界抱有任何信仰（WP 12；第一着重号是我加的）。[①]

我应该指出，上帝死了的说法，正如我在这里所解释的那样，并不是只有尼采对上帝概念的批判。一些思想家（比如帕斯卡）很可能会承认尼采目前为止所说的一切，但仍然不会同意我们不应再相信上帝。因此，他们可能会承认，我们无法知道上帝是否存在，上帝的观念本身就是心理需求的产物，但接着又会争辩道，信仰上帝的价值恰恰在于它能够满足这些需求。虽然这只是一个一厢情愿的幻想，但是上帝的观念，抑或来世生活在另一个更美好的世界中的想法，至少是巨大的心理安慰的一个来源，它会让我们在这个世界的生活更加美好。

尼采强烈反对这一立场：“‘上帝’的概念是作为一种与生命相反的概念而发明出来的——一切有害的、有毒的、诽谤的东西，所有对死亡和生命的敌意，都在这个概念中以一种可怕的统一而综合起来！‘彼岸’的概念，‘真实世界’的发明，是为了贬低这唯一存

---

① 弗洛伊德（1927）发展出一种类似的论证模式（参见第六章和第七章）。

在的世界——为的是不给我们的尘世保留任何目的、理性和使命!……Ecrasez l'infâme! ——"(EH,IV 8)。上帝和来世的虚构非但无益,事实上还是极其有害的。通过这个论证思路,尼采将他的焦点从信仰上帝的**理论**根据转移到它的**实际**效用上来。更确
43 切地说,现在,对上帝和来世的信仰,表现的并不是形而上学的观点,而是价值立场。他否定的正是这种价值立场。这种立场所反映的价值确实在虚无主义的起源中发挥了作用(我将在后面的章节中加以讨论),但它与我所认为的上帝之死的作用大不相同。这些价值构成了虚无主义的**伦理的**前提,而上帝之死则是其**形而上的**前提。

因此,"上帝死了"这句话意味着对上帝的形而上信仰如今已不再可信。如果这种怀疑要导致虚无主义的绝望的话,那么上帝的概念——和与之相关的形而上世界的概念——就必须代表我们最高价值**可能实现**的一个必要条件。譬如说,如果没有神的干预,我们就无法在"自然的"世界的正常生活条件下实现它们。或者说,它们的实现,需要一个超越于这个世界之上的形而上世界的存在,只有在那里才是有可能的,因为它在本质上不同于"自然的"世界。

最后,尼采也注意到,上帝的概念具有象征意义,超出了我刚才提到的相当具体的描述:"佛陀死后,几百年来,人们仍旧在一个洞穴里展示他的阴影——一个巨大而又可怕的阴影。上帝死了,鉴于人的本性,人们也会在许多洞穴中展示他的阴影,这可能会长达数千年。而我们,也同样需要战胜上帝的阴影"(GS 108)。上帝的概念所起的作用可能会被其他概念取代。例如,必然的历史目的论的那种观点(以基督教的第二次降临或黑格尔式的最终的扬弃作为结束),便是神圣的天意在自然界中运行这一观点的几乎不加掩饰的世俗化表述(GS 357)。

在这个方面,我还要承认,上帝的概念也能在虚无主义的迷失

中发挥作用。此时，上帝代表了客观性的一个保证，或价值的规范性权威的来源。上帝之死意味着价值的规范性权威的丧失。在这种情况下，其他的概念，诸如纯粹理性，也可能取代上帝的概念所起的作用（见 WP 20）。上帝的概念将在下一章短暂地以这种元伦理的角色出现，但在本书的其余部分将会继续扮演我刚刚描述过的形而上的角色。

2. 对生命的否定

“上帝死了”表达了我们的最高价值和理想无法实现的信念。
人们可能很容易认为虚无主义直接源于上帝之死。这确实是俄国 44
虚无主义者的看法，他们的观点是尼采虚无主义概念的主要来源。[①] 尼采开创性的洞察和他对虚无主义分析的独特贡献是：只有当我们假设了一个额外的、隐含的前提时，虚无主义才源于上帝之死，因为虚无主义不是上帝之死的必然结果。随之而来的其他后果可能“与人们可能预期的完全相反：它们根本不是悲伤和阴郁，而更像是一种新的、难以描述的光明、幸福、解脱、喜悦、鼓励、曙光”（GS 343）。

如果有可能把上帝之死看作是幸福的原因，而不是虚无主义的忧郁之源，那么假如不作进一步假设的话，就不能得出后者的结论。尼采坚持认为，没有这个假设的话，结论就不一定是**逻辑上**的必然（WP 599），而只是一种**心理上**的必然：“一旦对上帝的信仰和根本的道德秩序变得站不住脚了，那么对自然的绝对非道德的信仰，对无目的、无意义的信仰，就成了一种心理上的必然倾向（psychologish-nothwendige Affekt）”（WP 55）。

如果虚无主义者要因上帝之死而感到绝望的话，他必须去假设什么呢？请记住，绝望就是坚信我们的最高价值无法实现。我已指

---

① “如果上帝死了”，陀思妥耶夫斯基的《卡拉马佐夫兄弟》（*The Brothers Karamazov*）里有句名言：“那么一切都被允许了”，参见 Kuhn（1992）。

出，上帝之死之所以使虚无主义者陷入绝望，是因为上帝的观念，以及与之相关的“真实而有价值的世界”的观念，代表了我们最高价值可能**实现**的必要条件。如果我们最高价值的实现需要上帝的干预，或者需要另一个形而上世界的存在，那么这些价值必定是特殊的那一类价值。具体说来，它们必须是我们在这个自然世界的生活条件下无法实现的价值。因此，它们是这样的一类价值：从它们的立场来看，这种生活应该被否定。基于这一原因，我建议称之为**否定生命的价值**：“我们根据**一个纯粹虚拟世界**的范畴来衡量世界的价值。最终结论：迄今为止，我们试图用来使世界对我们自己有意义的一切价值……经证明已经不再适用[unanlegbar]，从而使世界遭到了贬黜”(WP 12)。否定生命的价值是这样一种价值，即我们在现世的生命无法满足其实现条件：“面对道德(尤其是基督教的，或无条件的道德)，生命**必定会**不断地、不可避免地犯错，因为生命本质上**就是**一种非道德的东西——最终，它会被轻蔑和永恒的**不**(No)所
45 压垮，那么，我们就会觉得生命不值得追求，而且一文不值”(BT，前言 4)。严格意义上，换句话来说，否定生命的价值就是在这个世界上**必然**无法实现的价值。尼采通常把这些否定生命和当前占主导地位(“最高”)的价值称为“道德”(WP 1006)。我们如果仔细看看他的著作，就会发现在几个不同的意义上，道德价值是否定生命的。简单回顾一下这些不同的意义就足以说明它们是如何相互关联的，以及它们与我刚才所定义的基本含义之间的关系。

我已经说明，价值之所以否定生命，是因为就其本质而言，我们在这个世界上的生命不利于这些价值的成功实现(WP 12)。然而，尼采也认为，道德价值之所以否定生命，不只是因为对于未能实现它们[①]的生命，它们支持(underwrite)对其进行谴责，更是因

① 译注：它们，指“道德价值”。原文使用的是复数(values)，因此此处指代为 they，故译为“它们”。

为它们的直接目的就是谴责生命。“道德价值判断是进行审判和否定的方式；道德是一种背弃生存意志的方式”(WP 11；参见CW，前言：“道德否定生命”)。的确，否定生命是道德评价的动力：“道德的定义：道德——颓废者的特质，其不可告人的动机是成功地对生命进行报复”(EH，IV 7；参见 TI，V4；WP 343)。就“它们是否定生命的价值”这个意义上而言，尼采不再谈及它们在这个世界上的适用性或可投入性(investability)(尼采在 WP 12 中使用的“anlegen”一词意指“去投入”)；相反，他是在对它们的起源(动机)作出断言。发明它们是为了谴责这个世界的生命。我将在第六章中重提这一主张，但它现在应该足以指出，即便是这种对生命的道德谴责，也必须唤起和回到那些积极的价值。我们如果根据世上的生活包含着矛盾、变化或生成而去谴责它的话，那也就是在渴望着一个免除了这一切的世界，并且通常会满怀希望地假定它的存在：“这个世界充满矛盾：因此，有一个摆脱了矛盾的世界；——这个世界是一个生成的世界：因此，有一个存在的世界——一切错误的结论……从根本上说，是这样一个世界应该存在的愿望”(WP 579；参见 EH，IV 4)。这种摆脱了矛盾和生成的生活理想，正是我先前所定义的那种否定生命的意义。它从对现世的敌意中产生出来，这一事实正好解释了为什么它会是否定生命的，也就是说，我们在这个世上的生命为什么在根本上就无法实现它。

不过，尼采认为道德价值可以在另一种意义上否定生命，或者说是虚无主义。例如，看看这段具有代表性的话吧：“我认为，人类 46
当前用来概括其最高愿望的所有价值都是颓废的价值。当一种动物、一个物种失去了本能，当它选择、当它偏爱对它有害的东西时，我称之为堕落的物种。……我认为生命本身就是求生长、延续、力量积聚和权力的本能：哪里没有权力意志，哪里就有衰亡。我敢说，人类所有至高无上的价值都缺乏这种意志——它们是被最神圣的名义支配着的衰落的价值、**虚无主义**的价值”(A 6)。

根据这段话，如果人们遵守的价值对生命有害，也就是说，如果这价值破坏了生命保存和繁荣的条件，那么这种价值就是否定生命的。比如说，如果生命要求“不尊重那些垂死的人、悲惨的人、年老的人”，那么不杀人的戒律在这个意义上就是对生命的否定(GS 26)。同样的道理，尼采断言，如果生命要求生长和权力，那么将温顺和同情变成美德也同样是对生命的否定。在这个意义上，价值是否定生命的，这并不是因为它支持对生命的谴责，而是因为对它的遵从导致了生命的衰落。

显然，尼采认为，那些价值有害于生命并非只是出自偶然，就像我们有时候也会误以为，遵守某些实践原则就能促进生命的保存和繁荣。道德价值对生命的伤害是蓄意的，正是对生命的敌意激发了它们。因此，如果去追求一个没有斗争与矛盾，或没有变化与生成的世界，本身就包含了要去接受对生命有害的价值，这就不足为奇了。换句话说，正是由于道德价值本身包含了对生命的谴责，遵守它们才会对生命有害。因此，否定生命的价值，其核心观念就是现世生命的条件下无法实现的价值，故它其实已经包含了对现世的谴责或否定。

经证明，将否定生命的价值认同为虚无主义者的最高价值，是一种隐含的假设，它让虚无主义者从上帝之死中推断出生命是没有意义的。上帝之死对虚无主义者来说意味着灾难，因为这意味着他的最高价值**根本**无法实现。因为它们是否定生命的价值，所以在现世无法实现；而且还不存在另一个能够让它们得以实现的世界。回想一下尼采对虚无主义困境的清晰描述：“虚无主义者是
47 这样一种人，对于如其所是地存在的世界，他断定它不应当存在；对于如其应当是地存在的世界，他断定它并不实存”(WP 585)。

3. 否定生命的各种形式

虚无主义的绝望建立在对存在的某种特定“解释”的认同上，

这种解释又产生于某种特定的价值立场。“一种解释已经崩溃;但由于它被视为那唯一的解释,如今好像在存在中根本就找不到任何意义,好像一切都是徒劳。”(WP 55)。这种对生命的解释基本分为两类,它们支配着基督教-柏拉图主义的传统,而虚无主义正是从这一传统发展而来。

根据“柏拉图主义”的观点,现世生命,柏拉图称之为“生成世界”,被解释为一种欺骗性的表象:“死亡、变化、衰老,以及生育和生长,对他们来说都是异议——,甚至是反驳。存在的不生成;生成的不存在……现在已经到了绝望的地步,他们甚至还在相信存在。不过,他们既然无法得到它,就会去寻找它被隐瞒的原因。‘我们之所以知觉不到存在,一定是因为存在着一种假象、一场骗局……’”(TI,III 1)。按照这种观点,我们生活在这个世界上的基本特征,特别是它本质上是“生成的”这一事实,可被视为存在的反面。想必正是因为它们,才使这个世界不利于我们去实现最高价值。幸运的是,想要从彻底的绝望中解脱出来,还有一条路可走:宣判整个生成世界为一场骗局,并在它之外创造出一个世界,一个真实的世界(WP 12)。

相比之下,“基督教”观点认为,我们在这个世界上的生活是真实的,因此,对它而言,痛苦也是必不可少的,但它还只是去往另一种存在形式的一个过渡。这种存在形式不仅摆脱了现世的那些让人反感的特性,比如“生成”,而且还会对它们进行弥补。尼采在这一思想中发现了基督教禁欲主义、乃至所有形式的禁欲主义(比如包括佛教的禁欲主义在内)的本质:“这里讨论的是禁欲主义的牧师们对我们的生命的评价:他们把生命(以及与此相关的‘自然’、‘世界’,即充满生成发展与非永恒性的整个领域)与一种完全不同的存在联系在一起,而生命与这种存在是互相对立和互相排斥的,除非生命在一定程度上反对自己,否定自己:在这种情况下,即在某种禁欲主义的生活中,生命被当作通往另一种存在的桥梁。禁

欲主义将生命视为一种歧途，人们最终会迷途知返，一直回到它们的起点；禁欲主义者也会将生命当作一种谬误，人们要通过行动去
48 驳斥它——而且理应驳斥它。”[①](GM，III 11)

这两种观点都基于一个共同的假设，即我们现世的生活是没有意义的，或者它的意义（在某种程度上可以算作意义）在于，因彼世的另一种生活（本质上是它的对立面）而否定自身。尼采有时把否定生命的基本态度称为“禁欲主义的理想”。因为在现世生命的条件下，我们的最高价值无法实现；因为善的生活在别处，所以唯一合适的生活方式是禁欲式的自我否定：“如果一个人将生命的重心移出生命而转至‘彼岸’——转至虚无——那么他就剥夺了生命的重心。……因此，活着不再有任何意义：这反倒成了生活的‘意义’”(A 43)。在柏拉图主义那里，禁欲主义的形式是对感觉的谴责和对智慧的追求；而在基督教那里，禁欲主义是对自然世界中生命激情和本能的压抑，是一种赎罪行为。最终，两者都认为，如果经证明，超越现世的彼世观念是一个空洞的幻想（虚无）的话，那么虚无主义的绝望将是不可避免的。

三、 克服虚无主义

1. 虚无主义和价值重估

因而，虚无主义——宣称生命没有意义——是一种隐含推理的结论，这一推理包含两个前提：第一，上帝之死，或者说，最高价值无法实现的信念；第二，对生命的否定，这一立场由认同那些否定生命的价值所致。所以，要克服虚无主义就有两种可能的策略：要么质疑上帝之死，要么质疑对生命的否定。既然尼采认为对上

---

① 译注：译文参考尼采，《道德的谱系》，梁锡江译，华东师范大学出版社 2015 年，第 182 页。

帝的信仰，以及对彼世另一种生活的信仰已经不再可信，那么可供他克服虚无主义的唯一策略就是，去质疑虚无主义者那些否定生命的价值。

因此，尼采推想我们已经习惯于用三个基本范畴来解释世界（关于它们的含义，我会在后面的章节中再谈）：世界朝着一个最终*目的*前进的观点，其多样性可以被包含在一个包罗万象的*统一体*之下的观点，其本质特征是*存在*而不是生成的观点。他认为虚无主义是“一种没有价值的感觉，这种感觉源自于认识到，存在的总体特征无法用上述的三个范畴进行解释”，源自于认识到，“人们毫 49
无理由让自己相信，存在一个可以如此解释的*真实*世界”。然后，他列出了以下策略来克服虚无主义：“假如我们已经认识到，何以我们不再根据上述三个范畴来解释世界，而且按照这种洞察，世界对我们来说开始变得毫无价值了，那么，我们就必须追问：我们对这三个范畴的信仰来自何处。——让我们来试试看，是不是可能解除对它们的信仰！如果我们贬黜[entwerthet]了这三个范畴，那么，对于它们不能应用到宇宙大全（universe）这一点上的证明，就不再是对宇宙大全的价值贬黜的理由了。”[①]（WP 12）。

因而，对尼采来说，最重要的是证明否定生命是虚无主义隐含的一个前提，因为这为他对此的批判打开了一个切入口。所以，他坚持认为，虚无主义最重要的根源是对某些价值和理想的承认，而克服虚无主义则需要对这些价值进行重估，这应该不足为奇：“为什么虚无主义的出现是*必然的*？因为我们迄今为止所拥有的价值得到了它们的最终结果；因为虚无主义代表了我们伟大的价值和理想的最终逻辑结论——因为我们必须经历虚无主义，才能发现这些‘价值’所真正具有的价值。——有时候，我们需要*新价值*”（WP，前言 4）。事实上，任何不进行这种价值重估就企图克服虚

① 译注：译文参考尼采，《权力意志》，孙周兴译，第 723 页。

无主义的尝试都注定会失败："主要命题。迄今为止所持理想的必然结果是多么**彻底的虚无主义**啊。……试图不去重估我们目前的价值就摆脱虚无主义：这样做导致了相反的结果，让问题变得更加严重"(WP 28)。我将在第四章重述这一点。不过，我应该在一开始就指出，尽管尼采要求"新价值"，但成功克服虚无主义所需要的一切，却是价值重估，即表明否定生命的价值不是**最高**价值。然而，由于这将不可避免地改变其他价值的规范性地位，所以我们认为，即便只是这种重估，也有可能会产生新价值(WP 1006)。

只要是针对那些包含着对生命的否定的价值，这种重估就应该会使相反的肯定生命的态度成为可能。正如我在导言中说的那样，尼采将肯定生命视为他的(决定性的)哲学成就。因此，他必须而且经常这样，把他在思想史上的地位和意义押在价值重估计划的成功上，因为只有这样才能使肯定成为可能。最后，对生命的肯
50 定对他来说很重要，因为他认为虚无主义是他哲学的核心问题。

2. 虚无主义的重要性

根据我在这本书中提出的解释，尼采的首要哲学计划是克服虚无主义。已经完成的对虚无主义的本质和来源的分析让我们看到，为什么说这个计划不是他思想的晚期发展，而是他最早和最深刻的动机之一。虚无主义的主题——对我们最高价值不可实现的绝望——是尼采最早的著作《悲剧的诞生》的核心。[①] 在那里，尼采认为，悲剧艺术一直被认为是"希腊人的慰藉……他那锐利的目光已经看到了世界历史的可怕毁灭和自然的残酷核心；而且他陷于一种渴望以佛教方式否定意志的危险之中。他被艺术拯救了，通过艺术，生命为其自身而拯救了他"(BT 7)。

---

① 在《悲剧的诞生》中，尼采有时把这种困境称为"悲观主义"，但他后来更愿意称之为"虚无主义"。鉴于我已经指出了悲观主义和虚无主义之间的密切联系，这并不令人惊讶，我们也不该认为尼采在这本书中提到的问题与虚无主义有着根本的不同。

具有悲剧精神（或所谓酒神式）之人的洞见，不仅在于我们所生活的世界（“自然”和“历史”的世界）违背了他的最高期望，更在于他对此无能为力：“这是具有酒神精神的人与哈姆雷特所共有的东西：他们都真正地看到了事物的本质，两者都认识了，但都厌恶行动；因为他们的行为无法改变事物永恒的本质”（引文出处同上）。尼采毫不怀疑悲剧艺术的目的是为了避免“西勒诺斯可怕的（酒神式的）智慧”所包含的虚无主义：“可怜的浮生啊，无常与苦难之子，你为什么要逼我说出你最好不要听到的话呢？那最好的东西是你根本得不到的，这就是不要降生，不要存在，成为虚无。不过，对于你还有次好的东西——立刻就死”（BT 3）。[①]

《悲剧的诞生》的后半部分主要提倡复兴古希腊悲剧精神，“音乐精神”，以应对现代德国（和欧洲）文化的危机。这种对现代问题的古老回答是恰当的，因为事实证明，现代问题与希腊先辈的问题相似。尼采起初以为，瓦格纳式的音乐剧能战胜现代虚无主义，但是，一旦他对瓦格纳不再着迷，他便拿出了自己的《查拉图斯特拉 51
如是说》，这部作品显然是为了确定一种新的“生命肯定”的条件，作为一种悲剧形式的开始（或重生）。因此，在出版这本书时，他宣称这是：“悲剧的开端”（GS 342）。

虚无主义不过是一种旧观念的新说法，完全包含在“西勒诺斯可怕的智慧”中：它认为不存在更好，即“对虚无的意志”。虽然在后来为这本书所写的序言中，尼采对叔本华和瓦格纳残留下来的影响感到遗憾，但这本书的目标至少是要切实地改变他们的悲观看法，用一种“强者的悲观主义”来取代他们的颓废观点（BT，1886前言，1）。他还指出，尽管这本书对基督教只字未提，但它提倡一种“酒神精神”，这种精神已经是极端“反基督教”的了（BT，1886前言，3—5）。尼采自《悲剧的诞生》以来的事业可被视为一种协调

① 译注：译文参见尼采，《悲剧的诞生》，周国平译，上海译文出版社2017年，第61页。

一致的努力，那就是更精确地确定虚无主义的本质和来源，并相应地完善他对虚无主义的回应。

3. 虚无主义作为相对的概念

将尼采的哲学事业解释为对虚无主义的攻击，似乎严重误解了他的哲学意图，因为他多次将自己说成是虚无主义者或悲观主义者。因此，他谈到“**我们的**悲观主义”时（WP 32），承认说“迄今为止，我一直是一个彻底的虚无主义者”（WP 25），他有时也把自己的立场表述为一种特殊的（“强者的”）悲观主义（BT，1886 前言，1）。指出以下这一点，似乎足以轻而易举地平息这种担忧：尼采也会将自己描述成一个这样的哲学家——他“经历了整个虚无主义，最终将之**抛于身后，抛诸自身之外**”（WP，前言 3；着重号是我加的）。不过，这样仍旧行不通，因为他还宣称这样的哲学家是一个“完美的虚无主义者”。

在这方面，我们应该注意，尼采认识到，悲观主义和虚无主义是**相对的概念**。人们之所以成为悲观的或虚无的，总是取决于某个特定的价值立场。比如说，想一想他是如何理解“**我们的**悲观主义”的吧：

> **我们的**悲观主义：这个世界并不如我们想象的那样有价值。……最初的结果：它似乎没有价值了；这就是最初的体验。只有在这种意义上，我们才是悲观主义者；也就是说，我们决定毫无保留地承认这种重估，而不再用老办法——对自
> 52 己讲故事——撒谎。这正是我们找到的促使我们去寻求**新价值**的悲怆。总而言之，这个世界可能比我们过去认为的更有价值；必须看透我们的理想的天真之处，虽然我们认为我们给了它最高的解释，但我们可能还没有给人类的存在一个合适、公正的价值。（WP 32；参见 GS 346）

尼采式的悲观主义者不只是相信我们的存在注定要低于我们的理想，从而毫无价值。相反，他认为我们的存在必定达不到特定的、传统意义上的理想，但并非因此就是毫无价值的。尼采是一个悲观主义者，仅仅是对实现基督教-柏拉图价值的前景感到悲观，但是他相信“新价值”的可能性，从这个角度来看，其实世界可能比我们过去认为的更有价值。同时，克服虚无主义同样也是相对意义上的“完美的虚无主义”：从基督教-柏拉图主义的角度来看，尼采的“敌基督者和反虚无主义者”（GM，II 24）其实是“彻底的虚无主义者”。总而言之，在尼采将自己视为虚无主义者的过程中，他不是在支持一个立场，而是在口头上向他的（例如，基督徒）听众保证，从他们的立场出发，他所主张的其中一些立场（例如，上帝之死）将不可避免地表现为虚无主义。[①] 53

① 我应该承认，在一些（罕见的）场合，尼采用“虚无主义”一词来形容对他自己的肯定生命的价值无法实现的绝望。“因为这就是事实：欧洲人的渺小化和平庸化构成了我们最大的危险，因为我们一见到他就会感到厌倦。……这正是欧洲的宿命——除了对人的恐惧之外，我们也失去了对他的爱、尊敬、希望，甚至对他的意愿。现在，人的景象让我们感到厌倦，如果那都不是虚无主义，那么什么才是今天的虚无主义呢？——我们厌倦了人”（GM，I 12）。请注意，即使这种描述也假定虚无主义是一种因我们的价值无法实现的沮丧或绝望（一种厌倦）。

第二章　克服迷失

人们的生命应当为之效力的那些最高价值……凌驾于人类之上以强调它们的声音，仿佛它们就是上帝的意旨似的，就如“实在性”，“真实的”世界，希望和未来的世界。现在，当这些价值的平庸根源得到澄清之际，宇宙大全就因此被贬值，成为“无意义的”了，但这只不过是一个过渡阶段而已。①

——《权力意志》第7节

一、虚无主义与关于价值的客观主义

1. 绝望与迷失

尼采式虚无主义的最初形式是对我们最高价值无法实现的绝望。然而，他也考虑了虚无主义的另一形式，因为所有价值的贬黜带来的迷失。尽管他并没有明确承认他的虚无主义概念的多义性，但他在绝望和迷失的关系上提出了一个非常诱人的暗示：“恐

---

① 译注：译文参考尼采，《权力意志》，孙周兴译，商务印书馆2007年，第723—724页。

怕，道德依然是哲学家们的喀耳刻①，用魔法将他们变成永久而必然的诽谤者——因为他们相信道德'真理'，在其中发现了最高的价值——他们对道德了解得越多，就越否定存在，除此之外，他们又能做些什么呢？——这个存在是非道德的——生命基于非道德前提之上：并且所有的道德**否定**生命。"（WP 461）。最高的价值鼓励对生命的谴责，因为它们被认为是真理。为挑战它们作为真理的地位，我们必须将这种谴责的合法性予以剥夺，如此才能避免虚无主义的绝望。

前述章节中，我说明了尼采克服绝望的策略是对那些最高价值进行重估，因为绝望是那些价值的合乎逻辑的结论。也许，只有价值重估实际上**贬黜**了最高价值，对它的重估才能有效地克服虚无主义："一旦我们已经贬黜了这些（最高价值），那么证明它们不 54
能应用于这个世界这一点，就不再是贬黜这个世界的原因了。"（WP 12）。最高价值的贬黜（Entwerthung）可以通过不同形式呈现。元伦理形式的贬黜强调否定生命的价值被贬黜是因为**所有**价值都被贬黜。一种价值获得规范性权威是因为它具有这样一种地位：它必须是客观的。价值贬黜的元伦理学形式否认所有价值的客观性地位。相反，贬黜的实质形式却查找否定生命的价值的特定内容所存在的问题。

在本章中，我会考虑贬黜的元伦理学形式。这里对最高价值的贬黜就是挑战其客观性地位，并从一些偶然性的视角来暴露其根源。如果这种挑战成功，虚无主义绝望就可以避免，因为我们将不再有理由因那些已经被贬黜价值的不可实现而绝望。这种价值重估的策略理应达到如下"最终结论"："一切价值，直到现在我们试图用来首先使世界变得能够为我们所估价、而且恰恰因此（在它们被证明为不适用之后）最后使世界贬值的所有这些价值，从心理

① 译注：喀尔刻（Circe），希腊神话中将人变成牲畜的女巫。

学上考虑,都是旨在保存和提高人的支配性构想的特定功利性视角的结果;而且它们只是错误地被投射到事物的本质之中。”(WP 12)

这个策略的毛病显而易见:它似乎是用一种虚无主义的形式(绝望)换来另一种虚无主义的形式(迷失)。我们不再强烈谴责这个世界对我们的最高渴求如此不友好,但这种妥协是以新的损失为代价赢得的。我们落入了丧失规范性引导的境地,而此引导在尼采看来对我们是维系生命之必需。所以,这个克服绝望的特定策略获胜的代价太高了,这让他面临一个以虚无主义迷失的形式出现的新问题。

果然不出所料,尼采在对贬黜的元伦理形式的处理上,包括了超出这个贬黜形式自身的阶段,亦即要处理它自身导致的虚无主义迷失问题。请看如下程序性说明的段落:“人们的生命应当为之效力的那些最高价值……凌驾于人类之上以强调它们的声音,仿佛它们就是上帝的意旨似的,就如‘实在性’,‘真实的’世界,希望和未来的世界。现在,当这些价值的平庸根源得到澄清之际,宇宙大全就因此被贬值,成为‘无意义的’了,但这只不过是一个过渡阶

55 段而已”(WP 7)。这段话构成了四个论断:

一、最高价值的权威基于一种特别的地位(它们必须是“上帝的意旨”,或“实在性”)。

二、现在发现这些价值缺乏这样的特别地位,它们的“平庸根源”被曝光了。

三、作为贬黜的一个结果,存在貌似“无意义”,只能是评价冷漠的对象,因为我们不再有可以用来对它进行评估的价值了。

四、这种形式的虚无主义“只不过是一个过渡阶段”。本章将详细考察这四个断定。

2. 客观主义

暴露虚无主义的最高价值的偶然性根源，由此挑战其真理，“贬黜”其价值，或剥夺其规范性权威，皆因为尼采认为虚无主义者所假定的规范权威的本质的关键前提是：

> 虚无主义“为了什么”的问题是根植在这样一个旧习惯之中，认为目标必须**从外部**来树立、给定、要求——来自于一些**超越人类之上的权威**。忘了对这个权威的相信之后，人们仍然遵从旧习，寻求**另一个**能够**无条件地给出命令**，掌控着目标和任务的权威。**良心**这个权威现在走上前台……或者是**理性的**权威。或者是**社会本能**（群氓）。或者是具有内在精神和内含目的的**历史**，这样人们就可以把自己托付于它，人们想要逃避意志，逃避对目的的意愿，绕过为自己树立目标的危险；人们想让自己摆脱责任。（WP 20）

根据虚无主义者，一个目标只有当它获得**外部个体**的认可时才是值得追求的（BGE 2）。反过来，这意味着用来对目标的价值进行估算的那个价值，必须是“无条件的”。换言之，虚无主义者相信，唯一合法的价值是无条件的价值；而只有当价值是来自于外部的，它们才是无条件的。完整地确定此假设要求我们判断价值具有一个**外部**根源意味着什么。

显然，如果价值之根源是独立于个体意志的，那么它就是外部的。很大程度上，这里取决于尼采所说的“意志”和“独立”意味着什么。先来考虑一下“意志”的概念。看到尼采在这里依赖一个他在其他地方明确否定过的概念：“没有意志”（WP 46），可能会让人困惑。不过，他否定的是一些特定的概念，诸如作为因其自身而是动力因（并且是第一因）的意志概念（TI，III 5；VI 3），或者是与我 56
们当前目的更相关的意志概念——驾凌和超越于特定欲求、倾向和其他（个体在其自身中发现自身）癖好之上的能力，它有其自身的规范性议程，借此命令和管理它们——换句话说，作为纯粹实践理性的康德式的意志概念。（WP 387）

按照尼采的意志概念，意志不是独立于欲求的，而是由它们构成的。他论证说，意志是“下指令的情感”（GS 347；参见 BGE 19）：这种“情感”不是原因，而是欲求排序的结果。当一个欲求占主导地位，并且在主体中发现的欲求的多重复合之上强加一个方向，这个时候，“意志”呈现了。这就是为什么他说意志仅仅是一个主导地位的符号，而不是原因的缘故（GS 347）。当那个曾经提供方向的欲求失去了它的力量，并且个体的众多欲求中的无序状态蠢蠢欲动，那么这个意志就可以说是虚弱的或耗尽了的。当无序状态最终破笼而出，这个意志就直接消失了，因为那里不再有“下指令的情感”（引文出处同上）。如此，所谓个体的实存的“意志”，尼采意指的是特定的欲求、倾向或其他主体在自身之中发现的癖好。其结果是，尼采此处所说的意志根本上是偶然的：它不是什么特定的置身于个体欲求之外的能力，并因此而不受个体之间的变化的影响。

当价值形而上学地独立于人类意志的偶然内容时，也就是说，当价值的本质不是以此意志为条件时，价值就有其外部根源了。这种独立性，在神圣命令理论和柏拉图式的实在论里，最为明显。如果同情的价值是一个神圣的法令，或柏拉图式的形式，那么其本质就不是由个体意志的偶然内容所影响的。在康德的理性主义中，一旦我们记起康德在作为纯粹实践理性表现的意志和倾向之间所作的严格区分，那么这一点也很清楚。尼采借强调这种独立性，亦即独立于人类意志的偶然内容，来指出客观性的相关概念是特别明确地与理性必然性相关联的：如果一个价值是客观的，那么任何理性存在者都受其约束。正是由于这种关联性，流行的“道德价值”的客观性蕴含了它们的普遍有效性（GS 335），也解释了道德

的“教条主义”特征(BGE 1,202)。[①] 57

因此,虚无主义者的主要假设——“目标必须**从外部**来树立、给定、要求——来自于一些**超越人类之上的权威**(übermenschliche Autorität)”——是在宣称:只有当目标具有如上我所描述的客观价值的时候,一个目标才有价值。因此,我们价值的规范性权威的源头,被认为是在那些构成我们个体意志的特定倾向之外的:“然而,迄今为止的所有道德律都是**超出**我们的好恶之上的:我们不想自己**给出**这种道德律,我们希望从什么地方**拿到**它,或从什么地方**发现**它,或从什么地方**听到**它和**服从**它”(D 108)。[②] 我把这种观点称之为**规范的客观主义**:价值的规范性权威建立在它的客观地位之上。作为神圣命令的对象将会保证这种地位,只要确保它独立于个体的偶然意志之外,还有比如说,获得客观的“实在性”,或者是作为“纯粹理性”的要求。

我把认为确实存在客观价值的观点称之为**描述的客观主义**。尼采主要关注描述的客观主义的两种主要形式:柏拉图式实在论和康德理性主义。他还提到神圣命令理论,但没有多加讨论就直接把它打发了。柏拉图和康德对客观性的说法代表了价值的普遍性权威来源的两种突出观点。对于柏拉图而言,价值是不可能与人类“意志”相关的,而只是特定的一种实体或属性,是世界之中的形而上学陈设的一部分,它有待人们去发现(Z,I 15)。而康德的

---

① 自尼采的时代起,就已有一系列理论得到发展,根据这些理论,认为只要善约束所有的存在者,并且以人们意志的偶然内容为条件,善就是客观的。例如,功利主义的一般形式认为,只要能够在理想的认知条件下(充分的信息和完美的理性),让自己当下的偶然倾向经得起审查,善就是建立在当事人所欲望的对象之上的。一些建构主义的版本把善描述为一个具有特定但偶然的欲求的行为人的社群,在特定的慎思条件下所能同意的东西。毫不奇怪,尼采没有考虑这些观点,但是值得注意的是,在这些理论中,价值的客观性并不依赖于形而上的独立性——这种独立性摆脱了人类意志的偶然内容,因此并不蕴含理性的必然性。

② 译注:译文参考尼采,《朝霞》,田立年译,华东师范大学出版社 2007 年,第 114 页。

观点刚好相反，他认为价值反映的是植根于意志之中的承诺。不过，我已经指出，康德把意志看作是纯粹实践理性，为所有理性存在者所共有，并且是独立存在于尼采意义上的意志之外的。后者是由人们的偶然欲求、倾向和其他癖好所构成的，而前者好似可以从外部对后者进行统治管理（TI，VI 3；WP 387）。只要是基于康德式的意志的观点，价值之为客观的，恰恰是因为它们是约束所有理性存在者的规范（GS 335）。

二、对描述的客观主义的批判

尼采否认价值是客观事实或物自身的属性："根据它的性质，在我们的世界里，有**价值**的东西本身并没有价值——本性总是没
58 有价值的，它的价值是在某个时候，像礼物一样被**赠予的**——而正是**我们**赋予了它价值。正是我们创造了**这个与人相关的世界**！——但我们缺乏的正是这种知识，偶尔灵光一闪，我们抓住了它，却又总是转瞬忘却"（GS 301；参见 Z，I 15）。当我们评估价值的时候，"真的是在不断**创造**那些以前并不存在的东西"（引文出处同上）。他还否认存在理性必然性，因此也否认具有普遍约束力的承诺（BGE 5；A 12；WP 254，387）。我们的价值评估是"诠释"（BGE 108；WP 254），是"投影"（WP 12），而不是对世界如其自身的反映。我们发现我们的最高价值缺乏客观性，并且从偏颇和偶然的视角暴露了其"平庸根源"："**真诚性**"，他写到，"最终是要反对道德的，发现其目的论，其偏颇的视角"（WP 5）。这个观点就是尼采式的**视角主义**，它被应用到价值判断上。

遗憾的是，尼采不太清楚视角主义在反对客观价值的论证中所起的作用。在我前面引用的程序性段落（WP 7）中，他暗示摒弃客观主义是视角主义的结果，但是，我们不清楚宣称我们的价值判断的根源是在特定个体的偶然"意志"之中，这如何能推断出客观

价值不存在。最多可能得出这样一个怀疑论断定，我们不知道是否存在客观价值或者它们是什么。在其他地方（WP 15），尼采似乎认为视角主义反而是反客观主义的一个结果。如果不存在客观价值，那么不管我们有什么样的价值，它们都必然会多多少少沾有一些我们视角的主观色彩。我相信这是尼采的策略。那么，我们必须问，他凭什么否认客观价值的存在？

遗憾的是，在明确反对柏拉图和康德客观主义的这条道路上，尼采所说不多。他最多是做了一些含混的暗示，或只是提到前人创立的论证。这一节我要勾勒出反对柏拉图和康德式客观主义的论证，这些论证尼采可能已经熟悉，并且在某些时候表达了他的赞同。

1. 摒弃柏拉图主义

请注意柏拉图式的描述客观主义是这样一种观点，他认为存在某种特殊类别的事实，即“道德事实”，或者非自然种类的属性，其最为人所知的版本就是柏拉图式的“善自身”的理念（BGE 前言）。确定什么是有价值的，就是要发现这样一些事实。尼采直截了当地否认**存在**这种道德事实：例如，他站在智者派一边反对柏拉 59
图，认为“‘道德自身’，‘善自身’的真理并不存在。在这个领域里谈论‘真理’就是招摇撞骗”（WP 428；参见 GS 301；Z，II 20）。道德判断不应以其“真理性”，即与道德事实相符合的关系来评定，因为根本就没有这样的事实。

为支持这个断言，尼采把第一个不那么有说服力的论证归之于智者派。我们可以将其称为**分歧论证**。

> 这是一个非常值得注意的时刻，智者们接近于是第一次**批判道德**的人，他们率先**洞察**了道德的本性：——他们罗列出道德价值判断的复杂性（地理上的相对性）——他们让世人知道每一个道德判断都可以被辩证地论证为正当；他们窥测到

> 所有为道德提供理由的尝试都必然是*强词夺理*的——后来，这就是古代的哲学家，从柏拉图起（一直到康德）所广泛证明的一个命题——他们假定“道德自身”，“善自身”这类第一真理并不存在，在这一领域谈论“真理”就是招摇撞骗。（WP 428）

各种各样经常相互冲突的善的概念一直以来被冒充为道德，这种令人困惑的多样性被智者派援引来得出这样的结论：没有道德事实。这个推理当然是无效的。道德善概念的多样性，不过是表明一直有许多关于道德的*虚假*观点。或许他们指出这种多样性来说明，我们没有能力在相互冲突的道德概念中作出评判这一点表明不存在我们可以在此基础上进行评判的事实。但是也得不出如下观点：我们无法在众多冲突中作出评判，并不必然说明没有道德事实，只是这些事实目前为止不为我们所知。如尼采所理解的那样，这个论证自称要证明没有“道德真理”，因为它假定这个陈述的道德判断的真理性的制造者——也就是理应与这个道德判断对应的道德事实——是*客观*事实。在本章中，当我说到道德事实时，也是指客观的规范事实。

幸运的是，尼采自己似乎倾向于一种更加微妙和更有前途的论证。这个论证质疑这样一种说法，即道德事实必然是我们道德信念的最好解释，如同物理事实必然是我们关于世界的信念的最
60 好解释。[①] 大部分情况下，我们对世界的信念的最好解释就是其真理，也就是说，世界如我们相信的那般实际*存在着*，是一事实，并

---

① Harman（1977）给出了这一论证路径的一个经典表述（pp. 6ff）。Mackie 由酷儿理论出发的论证添加了如下论点：规范性事实将无法胜任它们打算进行的解释实践判断的工作。理性或者实践的性质必定与那些涉及身心因果关系的性质完全不同：例如，承诺应当被遵守这一“事实”，在这方面与太阳正在照耀这一事实是不同的。所以，“酷儿”事实如何因果性地影响了头脑并且解释与之相关信念，这些探究得不出什么确切的含义，参见 Harman（1977），pp. 38—41。

且我们与此世界有着特定的因果联系，也是一事实。因为它们之于我们世界信念的最好解释是必不可少的，所以我们有理由将物理事实安置于此信念之中。

在不需要考虑存在道德事实的情况下，尼采不断地对道德作出解释，他是要说明这些事实对于道德信仰的最佳解释完全是不必要的。一种用主观心理学术语进行的自然主义解释看起来同样可行。比如说，我认为某个事态是好的，是因为它满足了我的需求或意愿，或是因为它让我感到愉悦。具体来说，尼采自己对道德的内容和驱动力的解释更加复杂。下面是简要的概述。

按照尼采所说，任何道德都是为了确保群体的存续，为此，它要求个体成员遵从特定的规则（有时称作“习俗”）：“我们不论在何处面临某种道德，总发现人们会对人的冲动和行为作出评估并划分等级。这些评估和等级划分是群体和人群的需求的表达”（GS 116；参见 HH 96；D 9）。尽管这种诉诸群体的需求解释了道德价值的内容，但它并不足以解释他们奇特的动机权威。尼采观察到“如果一行动之发生*不是*传统使然，而是出于别的动机，比如对个人有用的动机，甚至哪怕是出自那些从前的传统认可的动机，它就应该被称为不道德，而行动者自己也觉得他不道德”（D 9）。道德要求无条件的服从：它赋予自己这样一种权威，超越于被它约束的个体的利益或倾向之上。

但是，为什么道德要求这种无条件的服从呢？尼采说，为抵御外部危险，存续群体，就要求培养（至少在它的一些成员中）“某些特定的强健而危险的欲求，比如创业的雄心，疯狂的胆量，复仇欲，奸猾，劫掠成性，统治欲”，当外部敌人被平息或征服时，这些欲求就会威胁群体的内部稳定（BGE 201）。诉诸群体稳定性带来的个人利益，还不足以驾驭这些欲求，因为那些利益自身就是不同欲求的表达，因而不具有任何更高的规范性地位。所以，确保群体内部 61
稳定性的价值权威，必须要看上去能够超越欲求（D 108）。

这个建议带来了更多的问题：如果道德不是从个体自身利益出发来评判群体的有用性，那么它从哪里去找动机资源来强制执行它所要求的无条件服从呢？尼采注意到，群体的内部稳定性之所以受到威胁，不是因为其武士阶层的不受约束的冲动，而是因为弱者阶层对前者的怨恨。群体或群氓的存续，也要求采取措施“反对群氓内部的无政府状态和随时发生的自行瓦解，那种最危险的爆破性材料，怨恨，在群氓里持续地积聚”（GM，III 15）。尼采论证说，当怨恨转身朝向那些自身充满怨恨的人的时候，包含怨恨的动机资源的事实上就是怨恨自身（引文出处同上）。[①] 这证明是最经济的解决方案，因为与怨恨相关的情绪被宣泄，而群体的完整性保留了。尼采还使用升华的机制来解释怨恨是如何激发人们采纳了同情和邻人之爱的道德的（GM，I 8）。

我不准备去考察尼采对我们的道德信念的自然主义解释的经验证明，而是直接假定它已经好到足以能够与其他诉诸道德事实的非自然主义解释相颉颃的地步。构成一个足以相抗衡的解释，这个单一事实并不足以证明它更好。为表明这一点，我们需要援引其他考虑。尼采对道德现象的自然主义解释的偏爱，可能被认为是基于如下两点考虑。第一点是存在论省略（HH，I 136）。采纳道德信念的心理学解释，我们就不用承认奇特的、非自然的道德事实的存在。可以认为这一点是可取的，因为它减少了我们在关于世界的看法（例如，相信道德事实存在，而其实它并不存在）上出错的可能性。第二点是一种解释的极简主义。相较于那些使用独家定制的术语来解释它们应当说明的道德现象的解释，解释的极简主义倾向于这样一种特定种类的现象（比如道德信念）的解释：其术语也要适用于
62 解释更大范围内的其他种类的现象。因此，尼采用社会需求的运作和怨恨的内在化来解释道德信念会更胜一筹，正是因为这些机制能

① 尼采这里的说法与弗洛伊德的著名理论（1930）有明显的相似性。

够解释更大范围内的现象，而不仅仅限于道德事实。[①]

2. 摒弃康德主义

按照康德的描述的客观主义的版本，确定什么是有价值的，不是在世界之中去寻找特定事实，而是按照我们自身意志的本性，来确定我们认同什么。价值判断是命令式的——它们要求“无条件的”服从——如果它们基于“纯粹理性”，或约束所有理性存在者的理性。尼采自己并没有给出反对康德式客观主义的论证，但他显然同意叔本华对纯粹实践理性观点的批判。尼采把康德的“绝对命令”看作不过是“经过抽象和筛选的内心欲望”（BGE 5），并且断定所谓的实践理性的纯粹性是“自我欺骗的谎言”，是被设计来保护道德避免批判性调查的干扰。（A 12；参见 D，前言 3）

叔本华对康德的批判直接针对纯粹理性这一根本观点。这种理性的观点是任何一个理性存在者仅凭他是理性的存在这一点就具有的，而与他偶然的欲望和倾向无关。纯粹理性表达的是一个无条件或绝对的责任。在一个著名的段落中，叔本华否认了绝对责任这一概念的自洽性：“绝对责任，确确实实是一种自相矛盾的说法。一个命令的声音，不论他发自内部或来自外部，只可能被想象为一种威胁或指望，因此服从这种视情况不同而可能是聪明或愚蠢的命令，总还是受自私自利驱动的，所以道德上并无价值”[②]（BM 4，第 55 页）。

一个责任的观念，如果认为它的命令性的力量不是植根于我们的倾向，我们对之将无法理解。所有的责任，包括道德责任，它

① “极简主义”这个词我借自 Williams（1994），Leiter（2001）提供了详细讨论支持和反对道德实在论的最佳解释论证，其中特别引用了尼采。他认为自然主义的解释是可取的，因为相比与之对抗的非自然主义解释，它们具有更大程度的一致性（我称之为“解释的极简主义”）和简单性（包含我所说的“存在论省略”）的优点。他还指出简单性只有当不以牺牲一致性为代价的时候才是一个优点。其中一些讨论在他对尼采方法论自然主义概念的处理中得到了再现（2002，第一章）。

② 译注：译文参考叔本华，《伦理学的两个基本问题》，任立、孟庆时译，商务印书馆 1996 年，第 145 页。

们的激励意义源自于它们与此责任者的一些先在的经验品格（欲望、倾向）的关系，所以叔本华宣称，“就像每一个驱使动机的意志一样……道德鼓舞或动机不得不是经验的”（BM 6，第 75 页；参见 WWR，I 65；第 360 页）。然而，就如叔本华所熟知的那样，康德并不仅仅指出无条件责任概念是我们前理论道德概念的一部分。他
63 还论证了对无条件原则的肯定是植入进理性存在的观念之中的。叔本华在《作为意志和表象的世界》冗长的附录（题为“康德哲学批判”）中所攻击的恰恰是这种观点。

叔本华如此轻巧地抛弃了无条件责任的概念，并且将其视为十诫“神学道德”的假冒伪劣版本（BM，5，第 56 页），但他似乎也认为这个概念初步认定是足够可疑了，要让康德为此列举出一个实例可真是为难他了。既然缺乏一个说得过去的实例，那么我们就有理由否认它。这对柏拉图式的“善自身”概念，我们可以假定也是同样的情况（BGE 前言；WP 428）。这个不利于柏拉图实在论和康德理性主义的推定，解释了为什么尼采把否定有利于他们的主要论证，看作是否决这些观点自身的充足理由。

康德论证说，对于实质的无条件原则的肯定，根植于理性存在自身的看法之中，因为这样一些无条件原则的存在是理性慎思的可能性的必然条件。当然，这并没有告诉我们这些原则是什么。康德相信单单从根据无条件原则行动的理念，他就可以演绎出确定这些原则具体为何的程序。这个程序是普遍化的程序，并且它的公式是绝对命令。仅靠根据无条件原则来行动的理念推导出绝对命令，我们怀疑康德曾否成功地做到这一点，但是叔本华对这个论证的早期阶段充满忧虑。① 他对康德的这一主张提出了质疑：采用慎思的观点或理性代理的观点，会使我们遵循无条件的原则。

在对道德的合理性进行论证的过程中，康德在他的《道德形而

---

① Kerstein（2002）对绝对命令的起源进行了迄今为止最全面的研究。

上的基础》这本著作最后一章的开头几页发展了他的关于无条件原则的论证。这个特定的论证的目的不是说服**规范的怀疑论者**（怀疑我们有**任何**理由去行动），而是只针对**道德怀疑论者**（认为自己有理由行动，但怀疑有理由**合乎道德地**行动）。康德的论证策略在于证明任何认为自己有理由行动，并且采纳了慎思的看法的人，由此已经承认无条件理性或原则，因而承认了绝对命令。 64

叔本华的批判聚焦在这个论证最关键的开始阶段。康德认为，理性存在者“从实践观点来看”是消极自由的，或者说，他们必须“按照自由的理念”去行动（GW，第 448 页）。宣称理性存在者“从实践观点看”是自由的，康德并没有引用一个自由的特殊概念，而是在存在者是自由的这一看法上添加一层限制。只要我们“实践地”看待自己，也就是说，作为慎思要做什么的**存在者**，那么我们必须把自己看作是自由的。而当我们“理论地”思考自身的时候，我们就不享有同样的这份权利，而只是作为世界之中的**事物**。

在慎思中，我下定决心，或者如康德的后继者喜欢说的那样，我基于理性“决定自身”。没有慎思，没有自我决断的地方，就没有自由。认为我的意志是自由的，是由我决定的，是慎思的观点的**组成部分**。 且我对我的意志采取一种理论的“旁观者立场”，从该立场来看，它就完全是由外部的因果要素所决定的，我就离开了慎思的立场。因为被动地思考我的各种欲望纷争高下，并不是在慎思要去做什么；仅仅承认任一欲望最终获胜，并不是一种自我决定的行为。①

① 康德的这个重要观点不好定义，下面是一个大概的说明。我不能按照一个规范，被因果地决定而去行动，因为规范与我行动之间的关系不是因果性的，而是逻辑性的。规范使我的行动有意义，或为它给出了正当理由，但规范不为它提供因果决定要件。我可以按照一个规范行动，同时并不承认该规范的权威，但如果不这样做，我就不能按规范行事。把一个特定的缘由当作规范，以此决定自己的行为，就已经不再把它当作是因果联系里面的一个杠杆，而它能够对我的行为施以确切而可预见的影响。并且，这相应地意味着，也不能把自己看成这因果网络中的一个要素，我的行为也不受此规范的因果决定的影响。可以说，这相当于将我自己视为是自由的。

现在,让我们来考察一下康德的这个论证,即理性的思考意味着承认纯粹理性的观点。下面是对这个论证的简化表述,我相信叔本华已经理解了这个论证:①

> 1. 作为一个理性存在者,意味着对于要做什么会慎思。
>
> 2. 慎思要做什么,我必须将我的意志看作是自由的。
>
> 3. 将我的意志看作是自由的是说,它尤其不应当被看作是由我兴之所至的欲求和倾向所决定。
>
> 4. 因此,我慎思的看法与那些欲求和倾向无关。
>
> 5. 任何慎思,就其要被付诸实施而言(我决定要追求哪种欲求和倾向),都需求规范性原则。
>
> 6. 从慎思的角度来说,可用的标准必须是自身独立于那
> 65 些偶然的欲求和倾向的——换言之,它们必是无条件的或客观的原则("纯粹理性"),为所有理性存在者公认——只要他们是理性的。

这是叔本华对此论证的反驳:

> 原来决定我们(行为)的不仅是直接的动机,而且还有抽象的动机(这句话),乃是康德所从出发的那一命题;他是这样表述这个命题的:"决定人的意欲的不仅是引起刺激的东西,亦即不仅是直接使官能有所感受的东西,而是我们有一种能力,能以距离较远间接的有利或有害之物的表象来战胜我们官能欲求能力上的那些印象。这种慎思,就我们的整个情况

---

① 这个论证的表述被简化了,因为它省略了康德根据"消极"和"积极"自由来对自由概念所作的分析。这个省略不影响我们对叔本华反驳康德的论证的理解。此论证的详细展开可见 Hill(1992)。

> 考虑什么是值得欲求的，亦即良好和有益的东西，乃是基于理性的。”（完全正确，但愿他经常是这样合乎理性地来谈“理性”！）“因此（！）这一理性也产生了一些法则，这些法则就是（道德）命令，亦即自由在客观方面的规律，并且说出了什么是应该发生的，尽管这也许是绝不会发生的。”——！就是这样，再没有其他证明文件，这绝对命令就闯进世界里来用它那无条件的应然在此发号施令了。① （WWR，I 康德哲学批判，第523页）

叔本华首先指出，根据康德所说，我们的慎思行为具有这样一种能力：从我们当下的感性倾向中抽离出来，从一个独立于它们的看法来决定什么是最“值得欲求的”。然后，康德的论证就在于从这最初的“命题”开始推理，即慎思的看法意味着对“客观法则”或“绝对命令”的存在的承认。叔本华反对说，这个推理是错误的：有个“因此夹在相互绝不相干而没有任何联系的两个命题中间，只为把它们作为理由和结论联结起来”（引文出处同上）。要理解这个推理为什么是谬误的，我们就得搞清楚是什么使这个观点最初看上去如此诱人。

请记住，理性存在者必须把自己视为对如下观点的占据：他是独立于他的感性欲望和倾向的。对康德来说，这意味着慎思的看法必须是一个无条件的看法。慎思者似乎在他的欲望和倾向之外占据着一个位置，而且既然他的慎思目的是要确定什么是“值得欲求的”，那么他作出决定的理由似乎应该是独立于这些欲望和倾向的，所以它们必须是无条件的理由，或仅仅因为是一个理性存在者而具有的理性。康德把这些无条件理由称作“客观法则”，或阐明

---

① 译注：译文参考叔本华，《作为意志和表象的世界》，石冲白译，商务印书馆1982年，第707页。

它们的原则。相应的，只要你将自己看作一个理性存在者，你也必
66 须把自己看作是被客观法则所约束的。

叔本华质疑这个推理的4—6环节。他在两个基本点上向康德做了让步。一是，慎思包括放弃自己的欲望和倾向，并为此去采纳一种在某种意义上独立于它们的观念的能力。二是，慎思应该要决定什么是“值得欲求的”，但他否认康德了的推论，即审慎的观点因此必须在无条件的原则之上运作，或否定了康德的独立于行为主体倾向的原则。康德的推论似乎是基于一种困惑，即慎思需要独立于倾向之外。它要求慎思者的倾向不可**因果性地决定**自己的意志，但它并不要求他的倾向，也不能**理性地决定**自己的意志，或者说，这个人不把自己的倾向性视为决定如何行动的原因。

如此，只要那个慎思者仍“在自由的理念下”行动，那么仅仅是审慎的推理（何者是有用的）就满足了实践的慎思的要求。但是，它并不诉诸无条件的理由。这个审慎的个体，按其定义，必然能够抵制他当下的感官冲动所导致的意志的决定，但他未必需要求助那些无条件的理由，或康德所说的“客观法则”。在某种意义上，他确实决定了什么是“值得欲求的”，因为审慎的态度表明，有些欲望应该得到满足，而另一些欲望应该被抑制。不过，审慎的当事人仍然有可能通过参考他的其他欲望的方式，来决定某个给定的欲望是否值得追求。

3. 虚无主义

尼采接着注意到，把规范的客观主义和对描述的客观主义的摒弃放在一起，必然导致虚无主义。“虚无主义的极端形式是这样的观点：**一切**信仰，一切视以为真，都必然是假的，因为压根儿就没有一个**真实的世界**。也就是说，这是一个**视角主义的假象**，其根源就在我们自身中（只要我们一直需求一个狭隘的、压缩的、简化的世界）。”（WP 15）为领会尼采在这段文本中所说的虚无主义是什么意思，我将先把视角主义的两个可能版本的区别描画出来。视

角主义的弱版本类似于彻头彻尾的*怀疑论*。我们无可挽回地被限制在一个“其根源在我们自身中的*视角主义的假象*”之内。按照这种观点，错的不是那个被认为真的“事情”（命题），而是视以为真本身，它被理解为人们自以为有好的理由来“视以为真”。如果我没有好的理由来坚持一个命题（比如，关于价值的命题）为真，那么这种视以为真就是假的。怀疑主义是苦恼的渊薮，因为关于人生应 67
该如何度过，或许有一个真相，但我们拥有的可供选择的价值判断，在此却不是可靠的引导。有些事可能真的很重要，但我们不知道它们是什么。

如我之前指出的那样，尼采倾向于视角主义的强版本。他认可我们的价值观缺乏客观地位，因为没有关于价值的客观事实：“一切信仰……必然是假的，因为压根儿就没有*真实的世界*。”（引文出处同上）他的观点是摒弃描述的客观主义。尼采式的虚无主义有时就是要指明这种否认，即世界之中没有客观价值。但尼采最终担心的虚无主义的形式，却指明了一种困境，这种困境应是来自于对描述的客观主义的拒绝，以及对规范的客观主义的认可。他不仅用我们的最高价值已经被贬黜这一事实，而且还用它的令人困扰的结果来定义虚无主义：“缺乏目标，没有对‘为何之故’的回答”（WP 2）。对于虚无主义者而言，没有什么事情是真正重要的，并且这种规范引导的缺失成为一种失落的体验，一种迷失。

就如我在本章开头所推测的那样，尼采质疑所有价值的客观地位，包括虚无主义者的最高价值，以克服这些价值无法实现所带来的绝望。这个策略看来碰到了严重的困境：他用一种虚无主义形式（绝望）换来另外一种虚无主义（迷失）。尼采坚持认为不是这样，因为虚无主义迷失“仅仅是一个*过渡阶段*”。确实，“虚无主义代表了一个病理学的过渡阶段（何为病理学是一个巨大的概括，即认为意义根本不存在的推理）”（WP 13）。换言之，他发现从反客观主义推出虚无主义，根本是不合逻辑的，并且虚无主义——相信没有什么事情是重要的观点，是一个过于仓促、即便可能是“心理学上必然的”(WP 55)结论。

下面的段落清晰地表明了尼采自己的立场：“真的，人类将其一切善恶馈赠予自己。真的，人类并没有取得一切善与恶，也没有发现一切善与恶，善恶非为天意而降之于他们。人类为自我保护而把价值投入事物，为万物创造了意义，一种人类的意义。因此，他自称为‘人’，即评价者。评价就是创造：听着，你们这些创造者！评价本身便是一切被评价事物中最值得珍视之瑰宝。只有通过评
68 价才有价值，没有评价，存在之坚果便只是空壳”(Z，I 15；参见 WP 36)。一方面，尼采宣称摒弃描述的客观主义：价值不是被发现的，而是被“发明的”，但另一方面，他坚持表明“存在之坚果是空壳”，并不必然引出虚无主义。如此，他肯定认为，从摒弃描述客观主义推导出虚无主义，是做了某种错误的假定。当我们试图确定这个假定究竟为何时，在尼采著作中，我们找到了两种完全不同方案的蛛丝马迹。第一个方案，把规范的客观主义本身或价值的规范性权威取决于它的客观地位的假定这二者，视为错误的假定。因此，我把这种方案称之为**规范的主观主义**。相反，第二个方案并不摒弃规范的客观主义，而只是声称那些被发现并不存在的客观价值可以被客观价值的虚构拟像所代替。我把这第二个方案称作**规范的虚构主义**。尽管这二者存在差异，但两个方案都遵循同样的总体策略，根本上在于要再次考察估价意味着什么——“估价行为自身到底是何意义？”(WP 254)现在，我来讨论尼采对此根本问题的两个不同版本的回答。

三、规范的主观主义

许多评论者都同意尼采摒弃价值的描述的客观主义，且下结论认为，尼采必然最终否认自己的评估立场有任何客观证明，该立

场只不过是他独特的估价品味和感触的表现。[①] 然而，除非尼采也摒弃规范的客观主义，否则这种观点甚至还会削弱他自己对这些价值的信心，而且这会令他可能受到如下攻击：他所宣称要克服的虚无主义迷失恰恰是他的罪责。不过，这个问题很少有评论者明确地考虑过。

哈罗德·朗萨姆，当他主张一种主观主义的形式的时候，做的恰恰是这个事情。[②] 规范的主观主义根本上是对规范的客观主义的否定：我们价值的价值并不基于它们的客观地位。特别是，我们的价值是根植在由我们的“需求”和“情绪”，或者甚至“主流判断的独特精神层面”（可以假定尼采这里指的是占主导地位的意识形态）所构成的偶然视角之中的（WP 254；参见 HH，I 225），这一事实并没有削弱它们的规范性权威。 69

在朗萨姆看来，尼采的论证分为两步。第一步是指出规范的客观主义自身代表了一种价值判断，只有当它是客观的时候才是合法的。鉴于虚无主义者自己否决了客观价值的存在，可以得出他自己的规范的客观主义是非法的。如果描述的客观主义是假的，那么我们所有的价值不过是主观的臆造，包括我们价值的合法性建立在它们的客观性之上这个观点也是。然而，这并不意味着我们应当接受规范的主观主义，即主观价值是合法的观点。所以，尼采一定要找到一个办法来说服虚无主义者采纳规范的主观主义，特别是承认被发明出来的价值的价值。因为没有他可以用来说服虚无主义者的客观规范事实，这就不可能是一个展示的事情，而只能是一个诱导的事情。因此，尼采努力地描绘了一张价值创造的图景，尤其是在《查拉图斯特拉如是说》中，该图景是如此具有

① 此观点的两个最重要（尽管非常不同）的版本是由 Nehamas（1985）和 Leiter（2002）提出的。

② Langsam（1997）。有关此策略的变体，亦可参见 Havas（1995）。

诱惑力以至于能将虚无主义者说服。

可是,这个聪明的看法面临一个巨大的问题,因为和朗萨姆的假定相反,规范的客观主义并不只是众多价值判断中的一个。特别是在康德的传统中,它被看作是一种肯定,一般而言,是建立在作出价值判断的行为中。按朗萨姆的解读,尼采的论证忽略了这一重要事实,所以看来是有点儿急于求成了。因此,我们必须更加仔细地考虑和评估规范的客观主义在康德式元伦理学那里的理由。

在康德那里,有两个基本的相关观念支持规范的客观主义,一个是关于慎思的特定图景,另一个是何为行为之完全正当性的特定概念。宽泛地说,康德坚持认为不诉诸客观规范,我们就没办法慎思并且给出一个完备的实践辩护。在后康德的元伦理学时代,特别是在叔本华的著作中,这两个观点遭到了严厉的批评,而尼采似乎接受和继承了这些批评。

康德式无条件责任("纯粹理性"或"客观法则")的概念,被看作是解释慎思的一些鲜明特征之所必备。按照这种观点,当我慎思时,我从我特定的倾向中抽离出来,决定是否要赞成它们中的一部分,并且允许它们驱使我展开行动。因此,在慎思中,我必须把我的*自我*看作是外在并且超越于这些倾向之上的某种东西,对它们拥有控制权并且有自己的规范议程,可以这么说,在此基础上可
70 以对它们进行监管。因为这个自我是独立于偶然倾向的规范的来源,所以它只能是"纯粹理性"。由此,康德宣称,一个行为主体的"真实自我(das eigentliche Selbst)",正是他的"理性自我(Intelligenz)"(GW,p. 446)。①

与康德的这幅图景截然相反,叔本华建议把行为主体看作不

① "当你慎思时,好似有某种超越和俯视你欲望的东西,这种东西就是你,它选择它想要的某种东西来奉行。这意味着你决定你行为的原则或法则,是那个你认为表达了你自己的东西"(Korsgaard[1996],p. 100)。

过是偶然倾向的消极容器，任由它们按照各自力量驱使他时而往东，时而往西：

> 慎思的能力……在现实中所制造的，常常只不过是动机的痛苦冲突，这些动机被优柔寡断所支配，把人的整个身心和意识当作其战场。这种冲突使动机反复地、相互对立地试验它们在意志上的效力。这将意志置于与身体相同的处境下，不同的力量在身体上向相反的方向作用，直到最终，决定性的最强烈的动机将其他力量逐出战场，并决定意志。这样的结局就叫作决定，它是在完全必然的情况下，作为斗争的结果而发生的。(FW，p. 37)

作为慎思的一种论述，这种观点把康德式论述恰恰想要回避的困难展示了出来。它消除了仅仅发现自己在做这个或那个的主体和真正选择做这个或那个的主体之间的任何有意义的区分。尽管叔本华继续谈论“决定”，现在这个词仅仅指行为主体自身发现的最强烈的冲动。

对康德主义者来说，这种说法与其说是解释了慎思的行为，不如说是消解了这种行为。现在行为主体完全是被动的容器或动机斗争的“战场”。一个真正的决定要求行为主体这一方的积极参与，在仅仅承认某个动机战胜另外一个动机的说法中，这一点并不存在。在这一方面，康德式的图景对于慎思现象学来说似乎更加真实一些。当我慎思时，各种各样的倾向向我展示它们自身，是由我来挑选它们和赞成它们。如果我有权力来接受或否决它们中的任何一个，并且由此对它们施加某种控制，那么我自身必然是外在和超越于它们的某种东西。

作为一种慎思的解释，叔本华的图景还不够好，因为它保留了康德式图景的一个关键方面。他依然把一个行为主体的自我看作

某种他的偶然倾向之外的东西，这些倾向对它而言根本上还是外
71 来的或陌生的。以此假定为背景，这些倾向最终决定了行为主体的意志这个观点导致了一个有问题的说法，即我们不过是各种外部力量在其中起作用的被动的容器，或者是他们互相争夺的惰性领地。把对自我的管理留给这些倾向，由此看来注定是异化或者是丧失自我控制。

尼采自己关于在行为主体身上起作用的积极自我控制和自我决定的观点，把叔本华对康德的反对意见又向前推进了重要的一步，这一点在来自题为“自我控制”这一节的如下段落中极为明显。

> 毫无疑问，在上述所有方法中，我们的理智只是**另外一种冲动**的盲目工具，此冲动实际是那其强度使我们不堪忍受的冲动的**竞争对手**：或是一种渴望安宁的冲动，或是一种对耻辱和其他坏结果的恐惧的冲动，或是一种爱的冲动。当“我们”以为是我们自己在抱怨某种冲动的亢进时，实际上却是**一种冲动在抱怨另一种冲动**；也就是说，我们之所以能够意识到某种冲动**亢进**的痛苦，是因为另外一种同样亢进甚至更为亢进的冲动存在，是因为一场**战争**已经在即，而我们的心灵不得不选择立场。(D 109)

把理智视为一种“工具”之后，尼采声称他将不得不“选择立场”，他并不是说，理智将在相互竞逐的欲求之间作出裁决，从而代替康德的纯粹理性。可以推测，他只是说理智确实在某种意义上必须决定站在哪一方，但是并不诉诸它自己独立的标准。这个段落的内涵很丰富，但是就我们目前的目的而言，需要指出的是尼采将自我(“我们”指第一人称代词)与这些欲求自身视为等同，就理智服务于这些欲求而言，尼采也将自我与之相等同。

如此，宣称行为主体的自我就是由他的偶然倾向或他刚好有

的“欲求”所构成的，这排除了行为主体是被动的这样的担忧，当这些倾向为控制他的人生方向而斗争，并最终决定他的人生的方向时。尼采明确否认理性意志的存在，理性意志这里被理解为一个单独的实体，它外在和超越于行为主体恰好有的倾向，而康德用此来定义行为主体的同一性。尼采认为“意志”绝不是独立于倾向或“欲求”的，实际上，它什么都不是，而只是倾向或欲望的配置（WP 46）。在这一点上，尼采喜爱政治的类比：“所有意志都无一例外地关系到命令和服从，其基础，如前所述，则是某种由多个‘灵魂’组 72
成的群体结构”（BGE 19）。如果自我是一个“社会结构”或各种欲求的“共同体”（引文出处同上），那么，当这些不同的欲求争夺在其方向上的控制权时，它就不再是被动的，正如涉及不同利益的政治结构（例如议会）在辩论法律时也不再是被动的一样。①

康德式图景之所以有吸引力，是因为在解释慎思现象学的一个核心面向的时候，它似乎是必需的。当我慎思时，我从我的欲求中抽离出来，决定是否赞成或摒弃它们。这似乎意味着我是某种外在和超越于这些欲求之外的东西，我对它们有某种程度的控制。这种控制在我决定否决我的某个欲求的情况下特别明显。不过，康德式图景并不是唯一解释慎思这一面向的途径。尼采给出了一个别样的解释：“克服一种情感的意志，最终其实只是另外一种或更多种情感的意志”（BGE 117）。我的慎思可能促使我去克服某一特定情感动机影响的意志。但是，没有理由认为，我的慎思一定是从一个完全不受我的情感影响的观点出发的。相反，我可以（对

---

① Blackburn（1998）正是利用这一类比来论证同样的一般性观点，在此，我把这种观点归之于尼采：“当我们的关注点在争夺对我们方向的控制权时，自我不再是被动的，就像议会讨论法条的时候也不被动一样。只有根据这种阻止欲望和倾向（无论多么小心、谨慎和文雅）的任何一部分构成自我的模型，我们在这些欲望和倾向面前才显得是被动的”（p. 251）。尼采更深入地研究了这个政治类比，将之发展成一种性格学，一种自我的类型学。不同种类的政治结构（“无政府”，“暴政”，“控制”等等）对应于不同种类的自我（参考我关于此观点的著作[2003b]）。

尼采而言，我是这样认为的）出于“另外一种或几种其他情感”的看法，决定否决一个给定情感的动机压力。慎思，根据尼采的别样图景，总是零碎的。当我慎思时，我一次考虑一个特定的欲望，因此我的考虑所形成的看法不用独立于我的所有欲望。

当然，之前引用的段落，以及其他段落可能被认为是在宣扬一种实践理性的简约化解释。在我们看来，慎思和自我抉择事实上不过是我们欲求的演出。[①] 不过，只要它被用来致力于避免虚无主义的迷失，这种极简主义的图景就不会奏效，因为它反而会加强虚无主义。此外，尼采关于实践理性的一些主张强烈地表明，与其说他是在打压理性，不如说他是在重塑理性。因此，按照他的观点，实践理性的康德式理论是对此的一个“误解”，并且他对这个理论的摒弃，不是把实践理性本身抛弃了，而是敦请我们重新思考它：“对激情和理性的错误认识，就仿佛理性是一个独立的实体，而不是各种不同激情和愿望的关系的体系；就好像每一种激情没有一定量的理性成分一样”（WP 387）。

73 除了重申否认康德关于理性是独立于“欲望和激情”的（作为“纯粹的”）实体的概念外，这段话还提出了对于这些欲求和激情的规范角色的激进修订。它们每一个都有“一定量的理性成分”，并且理性总体上是“一个各种激情和欲望关系的系统”。这个观点在已出版的著作中也有呼应。例如，《善恶的彼岸》一书描述了一个个体的“道德”，这里应理解为他的价值系统，“他本性中那些最内在的欲望彼此处在怎样一个等级序列上”（BGE 6）。[②]

我们考虑一下叔本华观点中一个更深入的特征（很重要，也很容易被忽略），就会对尼采这别样的实践理性概念有更坚实的把

---

① 此类说法特别清晰的一个版本，参见 Leiter (2002)，特别是第三章。

② 再一次地，很容易把这个片段理解为一种道德规范的极简主义解释：它们不过是各种欲求的表达。然而，尼采使用等级序列这个概念，是将其作为显然的规范性概念（HH，前言 7），这就使极简主义解读问题多多。

握。在康德的图景中，慎思似乎是关于我的偶然倾向，而不是关于由这些倾向所决定的立场来看待的世界。如果慎思是关于我的偶然倾向，那么对康德式图景而言，慎思就无需从倾向出发来进行，而必然是从一个独立于它们的看法出发来进行的。

相反，对叔本华而言，慎思是关于"动机"的。而动机对他而言，不是我们的倾向本身，而是世界的决定性特征，它根据构成我们"性格"的独特倾向来驱动我们。性格在叔本华那里是一个具有特殊含义的术语：我的性格解释了事件如何（情感上）驱动我。例如，他人的痛苦对我是一个动机，也就是说，它以一种特定的方式影响了我，因为同情是我性格的一部分。没有这种性格特点，这一同样的痛苦根本不会影响我，或不会以同样的方式影响我。①

令慎思围绕动机，叔本华把它的焦点从形成行为主体性格的倾向转向世界。当我考虑是否应当去帮助处在困苦中的他者时，我把焦点放在他的痛苦上，而不是放在我想去帮人的倾向上。他的困苦在我的慎思当中可能凸显出来，恰恰是因为我具有助人的倾向。不过，我慎思的对象是他的困苦，而不是我的倾向。相反，首先是我的倾向形成了我能够慎思的看法。如果我没有这些倾向，在康德式图景中，我将没有慎思的对象；而在叔本华的图景中，我将没有慎思的出发点。②

① "动机"，叔本华写到，"是经过认知的因果联系"（FW, p. 32）。这个定义正是为了把动机和其他的因果联系区分开来，因为它让我们注意到动机的因果力的行使要求行为主体意识到它。然而，正如任何一种因果关系一样，原因和结果之间的关系——也就是说，使原因产生结果的东西——就是"性格"。因此，如下观点毫无疑问是真的，即如果我对他人的痛苦毫无觉察，那么我就不会被触动而去帮助他人。但如果我只是觉察到那种痛苦而没有同情的性格，这也不会触动我。

② 当然，有时候，我们似乎可能会把我们的欲望和关切当作慎思的对象。例如，我们可能会问，"我应不应该对财富有所欲求？"但是稍加反省，就会发现这不过是一种让行为主体对其欲望的对象给予更多关注的方式。当我追问我是否应（转下页注）

在使倾向成为慎思的对象的过程中,康德也认为它们缺乏规
74 范性权威。它们是等待独立的理性权威批准的消极冲动。这也是康德式的解释在偶然倾向之外,去寻求规范性权威的另一个原因,比如,在纯粹理性之中。一旦我们抛弃了这幅慎思的图景,认定是偶然的倾向形成了视角,慎思根本上就是从这个视角出发来运作的,那么我们会承认它们本身就具有规范性意义,无需在它们之外去寻求规范性来源。

可能这就是尼采心中所想,当他宣称我的“各种激情和欲求”,每一个都拥有“一定分量的理性”时。当然,这些激情和欲求可能会相互冲突,所以我最终有理由去做的事情就是它们之间的“关系”的功能。后面我会再回到这个观点上来,但现在我想指出的是,在这一点上,尼采站在叔本华一边,明确反对康德:“价值评估本身意味着什么呢?它会返回或者下降到另一个形而上学世界吗?就像康德还在相信的那样,他属于伟大的历史运动**之前**。简言之,它是起源的吗?或者,它没有起源?答案是:道德的价值评估,乃是一种**诠释**(Auslegung),一种解释方式,这种解释本身乃是特定生理状态的征兆,同样也是主流判断的某个特定精神水准的征兆:谁来解释呢?我们的情感”(WP 254;参见 BGE 187)。尼采否认我们的价值判断“返回或者下降到一个形而上学世界”。引文里提到了康德,表明尼采否认的正是那种从纯粹实践理性立场(尼采经常使用这个术语来宽泛地指称形而上学)所作出的判断。相反,他认为道德判断是从我们“情感”的立场作出的。具体来说,

---

(接上页注)当真正地去欲求财富时,我所追问的实际上是财富自身到底有何吸引或诱人之处,而不是我是否应该有此种欲望。当然,在一些特殊情况下,问题关注更多的不是欲望的对象,而是我为何会有某个欲望,不管它的对象什么。比如说,如果我能够形成搬去纽约布法罗的欲望,有人可能会给我一大笔钱。我可以考虑我是否应当有这个欲望,而完全无需考虑它的对象。但这些特殊的情况是例外,而不是规则。

它们是从那个立场对世界所作的“解释”。如果我是一个富有同情心的人，我就会把他人的苦难看成无法忍受的。如果我是一个残忍的人，相反，我就会以完全不同的方式来解释这些苦难，并且赋予它们完全不同的价值。

当尼采宣称每一个价值判断都是“特定生理条件的一个征兆”时，他的讲法看来引入了更多的复杂性。我们首先要问的是这个宣称意味着什么，其次这些生理条件与我们的情感之间有什么联系。征兆显示了一个特定的生理条件，因为它们的呈现能让人推断出这一条件的出现。尼采建议以如下方式来理解价值评估的症候群：“我把‘道德’理解为一个价值评估体系，它部分地与人的生 75
存条件（Lebensbedingungen）相吻合”（WP 256；参见 715）。尼采所说生存条件的意思是，那种生命形式的繁荣所必需的条件（其“保存与壮大的条件”）。只要特定的“生存条件”被满足，那么在特定“生物条件（Zustand）”下的个体就能够繁荣。价值评估体系是个体生存境遇的一部分，因为他们将采纳那些有益于他们特定的兴旺或繁荣的价值判断。

他们这样做的最明显的方式是，遵从这些价值判断会促进特定类型的个体的保存与壮大：“在一个社群（家庭、种族、兽群，部落）的本能中就存在着这样的东西，感受到那些令自身保存的条件和欲望自身就是有价值的，比如，服从、互惠、考虑周到、适度、同情”（WP 216）。价值判断有所裨益于特定种类的“保存与壮大”，可能还不只这种明显的方式。因此，广泛赞同和遵从这些判断（特别是由*他人*作出的判断）所造成的道德气氛（EH，II 2—3），对这类人的保存和壮大也是必不可少的。例如，“弱”者在一个崇尚仁爱的道德氛围里就可能旺盛生长，恰恰是因为他们很可能得益于他者的仁爱（GS 21）。因此，价值判断是特定生理条件的“征兆”，以至于“它们统治的结果”有利于那些呈现这些条件的个体（WP 254）。

尼采明显以为在“情感”与“生理条件”之间存在着紧密的联系。很可能情感只是反映或显示特定的生理条件。例如，愤怒是一些核心需求受挫之后的反应，这会促使当事人更强烈地寻求其满足，而爱是对满足这些需求的对象的回应，这促使个体与这些对象联系起来，或直接占有它们。个体从其情感的角度来评估这个世界，建立起与之的联系，这将促进他们的“（保存）与壮大”。如此，当生理上的弱者宣扬同情心是好的，他实际上（虽然这并不一定是他对自己所做事情的理解）指出的是这样一个事实，即一个富有同情心的世界对于他这样生理条件的个体的兴旺是有益的。因
76 此，尼采如此总结他的“洞察”：“所有评价都是出于一个确切的视角：为了个体的保存，维护社群，延续种族，护卫国家，保存教会、信仰和文化”（WP 259）。

我之前说过康德的规范客观主义并不仅仅基于其慎思行为的图景。第二个观点实际上是其原初动机，和它对行为的正当性概念的涉及。[①] 他相信，对“纯粹”或“无条件”理由的需求，也就是说，对独立于行为主体的偶然倾向的理由的需求，植根于我们正当性的观念之中。具体地说，实践价值判断的辩护，只有当它是建基于纯粹理性之上，才是完备的。他的推理大致如下：实践反思旨在决定我们有理由做什么事，什么样的目的选择或行为路径是正当的。换言之，它根据特定的规范性原则来评价目的或行为路径。规范性原则是当应用于某一特定情况时，判断在该情况下应该做什么的原则。其根本实质是，实践反思引发了一个向终极原则不断回退的活动。因为自然地就会产生如下问题，行为主体在此场景下使用的是否是正确的原则？它们自身是否是正当的？只有当我们获得那个无需再进一步论证的原则时，这个辩护才是完备的。我们把这个终极的原则称作**充足理由**。

---

① 这个观点是由 Reath（1989）提出的，我对他的研究表示感谢。

康德认为,只有**无条件**的理由才是充足的。不过,他的无条件理由的概念存在细微的歧义。一方面,当理由的规范性力量不以其他事物为条件时,它是无条件的。在这个意义上,康德区分了理由或原则不再是无条件的两种含义。一个原则在两种不同的方式上是有条件的,因为它必须满足两种主要不同的条件,才能获得其规范性力量,至于这两种条件,我建议分别称之为**促成条件**和**限制条件**。

促成条件是那些行为主体实际上有理由选择一个目的或行动路径时所必须满足的条件。例如,假如我考虑参加一个健身计划,我知道这样做对我的健康有益,但如果我赋予健康的次要的、并且是从属于其他目的(如感觉舒服)的价值,那么只有在我具有后一目的时,我才有理由选择前一目的。在这种情况下,我赋予这一进 77
一步目的(感觉舒服)的价值,是我的下述行为的规范性力量的促成条件:以我的健康状况为理由来证明参加健身计划的合理性。因为如果我认为感觉舒服没有价值,那么对健康的考虑对我就不带有同样的理性力量:从字面上讲,最终目的的价值为工具目的提供了规范性的力量。

相反,限制条件是这样一些必须满足的条件,当事人已经有一独立的理由来选择一个目的或行动路径,但仅当此理由所支持的目的或行动没有违反其他规范的优先性时,此理由才具有合法权威。例如,假设我重视感觉良好本身(将之视为最终目的)。仍存在这样一个问题,即有没有其他规范的优先性会因为我朝向此最终目的的行为而受到违反呢?比如,我可能还有其他目的,它们的实现对我来说更重要,或者对我自身福利的追求可能违反我的一些道德准则。这样的条件只是限制的条件,因为它们不能使我必须以某种方式行动(比如,追求感觉良好的目的)的理由的规范性力量成为可能,或对之作出积极贡献,但是它们通过对它施加一定的限制来影响它。我们可能会说它们仅关乎这一目的或行为路径的许可性,并且确保对某一特定目的或行为路径的选择是许可的——这一点自身并没有给当事人任何理由去选择它。

显然,充足理由或结束辩护倒退的理由,必定像我刚刚描述的那样,在一般意义上是无条件的,亦即它们不再依赖于后续的促成条件或限制条件。但是,康德也把在理性上具有必然性的理由称为"无条件的",也就是说,任何不接受这些理由的当事人就是非理性的。在此意义上,当理由的规范力量不依赖于一些非理性条件(我的意思是指这种条件,当事人可能无法满足它,但他仍然是理性的),那么这种理由就是无条件的。当理由是基于欲望和倾向,或特定的利益和关切,它们是理性地偶然的。因为它们只对那些有类似愿望和倾向,或有共同利益和关切的当事人具有约束力。有这些并不是一个理性要求。

康德的正当性概念的特色,不在于宣称充足理由在第一个意义上必须是无条件的(它们不基于进一步的促成或限制条件),而在于它包括了进一步的断言:充足理由在我界定的第二种意义上
78 也必须是无条件的(它们是理性地必然的)。换言之,当康德声称实践的正当性本质包含对"无条件"的要求时,"无条件"不仅代表一种不需要进一步证明的原则或考虑,而且也代表一种在理性上必然的原则。叔本华直截了当地否决了这个观点:"所以充足根据或理由律永远只要求最近或下一个条件的完整,而绝不要求一个系列的完整…… 充足理由律的要求在每一个给定的充分理由或根据中得到完全满足……在这里就是,理性的核心本质绝不在于要求一个无条件者,因为只要理性加以充分的考量,它本身必然会发现无条件者是一个不存在的实体(ein Unding)"(WWR,I 康德哲学批判,第 482—483 页)。这段话关注的是被理解为理论能力的理性,它产生的是解释;这里关注的不是被理解为实践能力的理性,它产生的是正当性的论证。不过,因为理论理性和实践理性对康德来说在结构上是类似的(引文出处同上,第 514 页),所以我们

可以把此处关于理论理性的断言，稍加修改，沿用到实践理性上。①

在理论领域，“无条件”代表着一个解释性原则，它自身不再需要更进一步的解释（例如，上帝或者没有原因的第一因）。叔本华的主张并不好理解，但它显然就是这个意思。理性对解释的要求并不导致“无条件”概念，或者一终级的解释原则，因为“充足理由律的要求在每一个给定的充分理由或根据中已完全满足而消失了。不过，一旦这理由或根据又被看成结果时，这种要求就随即又重新开始，但绝不是直接要求一系列的理由或根据”（引文出处同上，第 483 页）。在这里，我不打算对这些论证做全面的考察，而只是引出我希望能用来适应实践理性的特点。这里的要点是，如果我想知道为什么一个给定事件会发生，那么给出“最近或前一个（因果）条件”的事件，就成为前者的一个充分解释。我可能也想知道为什么另一事件也发生了，但这是完全不同的问题，当我要求解释第一个事件时，并没有蕴含这个问题。

现在，让我把叔本华对理论理性的看法应用到实践理性。我
们首先　定要问的是“无条件者”在实践领域中代表的是什么。因 79
为叔本华明确区分了“充足理由”与“无条件”理由，我们应当假定后者必然指“纯粹”的理由，或独立于偶然倾向因而是理性地必然的。并且，叔本华宣称，就如理论理性无需调用超感官实体就能满足解释的目的，实践理性也一样无需诉诸纯粹理性就可以产生一个完备或充足的论证。

就像我提议的那样，此论证的核心思想是：一旦我们援引某一特定缘由来证明一个价值判断为正当，此缘由的正当性问题没有

① Korsgaard（1996）简明扼要地描述了康德实践理性和理论理性的并行关系：“合理性论证——为目的和行为提供实践的理由——在某种意义上与解释一样，都受到同样命运的支配——为事件提供理论上的理由。理性寻求‘无条件者’以作为某个提供了充足理由的论述（正当性论证和解释）的基础”（p. 117）。

出现,除非我们有确凿的理由对之提出质疑。我们理性能力的本性并不必然包含对无条件原则的追索,这一宣称无异于说,事实上,这样的追索并不必然是理性的。怎么会这样呢?

一个完备的论证必然结束于充足理由,或其规范性力不再基于其他理由的缘由。这貌似不错。康德的论点是,只有理性上必然的理由才是充足的。否认这个论点相当于是说,一个辩护,尽管它最终并不诉诸于“无条件”原则,也可以是完备的。换言之,人们用来证实一行为正当的原则,就算不是必然的,也可能是充足的理由,因为它自身并不需要更进一步的辩护。

此论证的第一步是承认康德可能会趋向如下观点:充分的论证必须诉诸纯粹理性,部分是因为倾向没有纯粹理性的批准就没有足够的规范性力量这一假定。但我认为叔本华会假定,一个人在慎思中援引的偶然倾向拥有初步的足够的规范性力量。把初步足够的规范性力量归给一个考量的重要性在于,正当性论证要求我只有在我确实有实质性理由质疑它时,才能对它的规范的充分性提出质疑。没有怀疑的理由,这个考量就构成了一个充足的理由,而且这个论证是完备的,即便此考量在理性上不是必然的。简而言之,他对康德的反驳是:如果考量是偶然地理性的,那么它的正当性问题就可能会出现,但这种正当性是不需要的,因为不存在它应该具有的理性上的必然性。换言之,偶然性并不必然削弱其
80 规范力。

例如,假定我考虑要参加一项健身计划,并且想搞清楚自己是否有理由去做这事。我最初的回答是赞同,因为定期锻炼会让我身体强健。这是一个初步认定的充足理由。现在,假定我对健康的允诺因为我的其他允诺而受到限制或挑战,诸如对我家庭幸福的允诺,对高层次智力成就的允诺。这些相互竞争的允诺给我理由去追问,对我的健康所带来的益处是否足以证明我参加这个项目是正当的?毕竟,花在锻炼上的时间和精力会限制我在家庭或

工作上的相应支出。现在，我把自己想要感觉良好的渴望作为理由。可以说，这种渴望迎合了我对家庭幸福和高水平智力成就的允诺，因为，让我们假设，对这两项承诺的珍视要求我在理性上感觉良好。如果我感觉不舒服的话，我很可能会在确保家庭幸福或产出高层次智力成果上不那么有成效。渴望感觉舒服也是一个初步认定的充足理由。只要其他与之相竞争的允诺没有出现，就根本没有理由去追问其正当性。这样做不是一个理性的要求，因为这将包括对一种愿望提出质疑，而我没有理由提出这个质疑。

要求一个判断的正当性，实际上就是认为它是可疑的。只有一个判断确实有确凿的理由值得怀疑的时候（也就是说，除了未经证实的、笼统怀疑它是错误的假设之外，还有其他理由），以这种方式质疑这个判断才是理性的。鉴于这些理由是根植在当事人恰好有的其他允诺中，那么这个当事人实际上是否有这些理由是纯粹偶然的，因此一个给定价值判断是否完全正当，也是纯粹偶然的。①

尼采坚持认为评价最终根植于主体的"激情和欲望"，根植于他的"情感"，或"主流判断的特定精神层面"，他的本意是要揭示价值判断的偶然性。"视角"说法自身显然是旨在强调这些判断的偶然性。尽管尼采经常强调视角的心理成分，诸如"欲求、需求、情绪、激情与欲望"，他还提出视角也有历史或意识形态的成分，诸如"主流判断的特定精神层次"（WP 254；参见 HH，I 225；BGE 20，186）。历史或意识形态的"传统"不是由野蛮的冲动构成的，而是 81
由信念和价值的复杂系统构成，并且它们在对当事人的视角塑造上，与欲望和激情相比，不遑多让。尼采评论说，客观主义者对"纯粹理性"的要求正证实了"他们缺乏历史感，他们甚至痛恨生成的

① 这个观点 Larmore（1996）曾讨论过，特别是在第 55—64 页。然而，Larmore 不会同意这是尼采的观点（第 79—88 页）。

观念,他们的埃及主义”(TI III 1)。“他们认为”,他继续说,“当他们非历史地从永恒的观点看待某事物,当他们制造该事物的木乃伊,他们是在向此事物致敬”。这一辩护所诉诸的权威定然也是独立于当事人的历史困境的,而此历史困境是由当事人的特定“传统”或“主流意识形态”构成的。①

偶然性引起的担忧如下。假设一个给定的判断在特定的视角下是合理的,貌似仍有余地追问,出于什么理由我必须采纳这种视角,而不是其他视角。换言之,我可能被诱使运用视角的这种偶然性作为理据来质疑它的规范性权威。因为我可能发现自己有一个不同的视角,为什么我就应当遵从这个特定的视角呢?关于视角自身的正当性问题似乎注定要出现。

一方面,我们可以退一步说,视角可以被质疑,只要这个追究基本上是以零敲碎打的方式进行的。我可以对视角的某些方面提出质疑,并援引该视角的其他方面来回应这些质疑。这个情况下的正当性问题依然是在该视角之内的。所以,它与下述观点是可以相容的,即视角自身就可以为我提供追问某一特定观点正当与否的条件。另一方面,我们不可以对某个视角的正当性提出全盘的质疑。我不可能聚拢我的视角的所有构件,然后从它自身所是之外来追问,首先我是否应当赞同它们。这个问题是不自洽的,因为对于那可以算作它的答案的东西,我无法把握了。一旦我离开

① 理性的偶然性可以很好地解释为什么尼采对于视角应当是什么说得如此隐晦,而且对它们如何能被个体化说得非常少。视角主义是对“纯粹理性”观点的一个反驳:这意味着不存在这样的理性——仅仅由于是理性存在者,每一个理性存在者就必然承诺接受它,并且无视他或她的偶然性视角。相应地,没有先天的办法来决定一个主体可能有什么样的理由,例如,对于某一特定方式的行为,没有先天的方法来确定决定行为主体慎思的观点或视角的内容。就其可能的程度而言,视角的个体化只能通过对主体行为的观察来完成:行为模式,明确的宣称,诸如此类。因为这个经验观察的过程必然是开放的,确定一个视角界限的任何过程也是如此。我在 Reginster(2000a)中讨论了这个和其他相关主题。

了我的视角，我就剥夺了自己——不仅是回答，甚至是提出——问题的正当性的条件。

尼采似乎在许多段落里都指出了这一观点。其中最重要的一段——有些令人迷惑的一段——来自《偶像的黄昏》："活着的人对生命进行判决，终究不过是一种特定类型的生命的征兆：至于这种判决是公正的抑或不公正的问题，则根本没有提出。人们必须置身于生命*之外*……只有这样才可能被允许触及生命*价值*的问题。理解这一点的充足理由是，对我们来说，这个问题是一个遥不可及的问题。当我们谈论价值的时候，我们是在生命的激励之下、通过生命的视角来进行的：*当*我们制定价值的时候，是生命本身通过我们进行评价"（TI，IV 5；参见 II 2）。这段话以我们已经讨论过的 82
两个观点开始，在尼采看来，那是关于价值评估是什么的问题。首先，除非从一个"确定的视角"出发，否则人们就根本不能作价值评估；其次，此一视角（至少部分地）是由反映特定"生理条件"的情感所塑造的。这两个观点在此结合在一起，宣称所有的价值评估必然是从"生命的视角"产生的。

"生命视角"为价值评估的这样一种可能性提供条件；站在"生命*之外*"是剥夺了人自身作任何价值判断的方式。因为这个原因，人们无法评估生命本身。要理解这个断言，一定要记住，其价值无法评判的"生命"此处代表的是视角，由此*视角*出发，价值评估才是可能的；而不是作为*事件与经验的序列*的生命，后者当然总能是价值评估的适当对象。关于生命价值的判断此处应理解为是关于生命作为视角的判断。这样的判断要求踏"出"这个视角，这就使价值评估完全不可能。尼采因此正确地说"这些判断自身就是愚蠢的"（TI II 2），人们在任何情况下，都无法提出它们的正当性问题（它们是否是"正当的或不正当的"）。

尼采有时候采用"精神天命"的说法来同时表示视角的偶然性和无可逃避性："但在我们的根基里，在真正的'深处'，有一些东西当然是不可知悉的，一些精神**天命**的花岗岩，它们是对天意甄选出的问题作出命中注定的决断和回答。在每一个重大问题上，都能听到一个始终不渝的声音‘这就是我’在说话；例如，关于男人和女人，一个思考者不能重新学习，而只能完成学习——最终只是发现，这是如何‘深植于他’的”（BGE 231；参见 20）。规范的客观主义定会发现，偶然视角之无法逃脱**令人迷失**，因为这否定了人可以建立起任何价值的客观地位的观点。

尼采拒绝这样一种迷失的图景，因为它预设了我们真正的自我是理性的、慎思的主体，它超越于这些偶然视角之上。相反，在他眼中，我们的偶然“道德偏见”是无可逃脱的，因为它们塑造了我们实践的身份：

> “有关道德偏见的想法”，如果它们不是超越偏见的偏见，以**外在于**道德的某个立足点为前提，这个点即善与恶的彼岸，为达这一彼岸，人必须站起、攀爬或飞翔——在当前情况下，至少是**我们的**善与恶的彼岸，是超越任何“欧洲的”东西的自
> 83 由，这里，我意指的是所有那些已经成为我们血肉一部分的专横跋扈的价值判断。人们偏偏**要**朝那彼岸进发、攀升，这或许是一种小小的魔怔，一种独特的不理智的“你定要”——因为我们求知者也有“不自由”的怪癖——问题是人们**真的**能登上那里吗？[①]（GS 380；参见 BGE 6）

尼采敦请我们要非常严肃地对待这个问题。在这一节的剩余部分，他确乎回复说人们**能够**超越自己的道德。但是，当他得出结论说，要超越“他的”善与恶，个人必须克服的“不仅是他的时代，还

① 译注：译文参考尼采，《快乐的科学》，黄明嘉译，华东师范大学出版社 2007 年，第 390 页。

有他先前对这个时代的厌恶和矛盾”时，他对这个答案进行了重要的限定。他进而提出，一个人只有通过从内在推理出一条出路，摒弃单纯地反驳道德并试图完全跳出道德的非理性疯狂，才有希望达到“外在”于自己道德的立足点。宣称塑造我们视角的“道德偏见”已经“成为我们血肉一部分”，这是说我们已经与之同一。然而，从某种意义上说，我们并没有那么认同他们，我们以某种方式与它们分离，并通过一些激进（非理性的）选择的行为来认同它们。相反，我们发现自己对这些道德偏见进行回应，是因为我们就是这样的：“我们”不过是对这些特定价值观加以回应和以此进行推理的主体。

视角是不可避免的，但这种不可避免性可以在一种激进的意义上理解为超越的：它们是可能性之条件，而不是界限。它们提供了我们形成判断的概念，还有我们据以推理的标准。我们无法摆脱我们的视角，恰恰是因为它们提供了我们赖以思考与推理的条件：“当我们在语言的束缚下拒绝如此做的时候，我们就会停止思考；我们几乎达不到将这种界限视为一种界限的怀疑。理性的思考是按照一个我们无法摆脱的图式去解读的”（WP 522）。出离于这些条件之外或超越“所有那些已经成为我们血肉一部分的专横跋扈的价值判断”来追问它们的正当性，这就是“魔怔”，因为它完全踏出了理性思考的条件之外。尼采还说这是“毫无意义的”，因为这样做我们会失去对正当性这一根本概念的牢固把握。[1] 根据这种观点，除了能够符合我们的视角的标准之外，没有任何可以理

① 在这方面，就视角是先验的而言，这比康德认为他的知性范畴和感性形式是先验的更为激进。正是通过把这些东西限制在现象界的做法，它们使得知识对我们而言成为可能，但是，我们（可能）保留了知识的某种可理解的、有内容的概念，这种知识不被限制于现象界且代表物自身。和康德相反，尼采否认我们有关于世界或善（作为其自身）的非视角知识的一个可理解的、有内容的概念（GM，III 12，BGE，前言），并且他得出结论认为，视角是受限制的这一观点也是不自洽的（TI VI）。参见 Clark（1990）在理论判断的事例中对这一论证的解释。

84 解的正当性概念。追问我们的视角自身是否是正当的,就必须不再根据符合它们的标准来思考正当性,因为它们现在被要求来做这个回答。我们由此清空了我们的正当性概念的内容,并且不再汲汲于客观主义者对我们视角自身合法性的担忧。事实上,要求一个我们的视角自身的正当性论证,就如客观主义者要求的那样,是无意义的,因为我们必须先承认我们视角的权威,以便首先发现这一要求是可以理解的。① 我们只能在我们视角的框架之内,才能够有意义地提出和回答那些特定判断的疑问,但我们无法对这个框架本身提出质疑并进行解答。

如果我们对非视角的价值判断没有清晰概念,也就无法识别下述二者的差异:从我们视角出发所作的判断,和从外在于我们视角——如果我们能到达"这样一个出发点"——出发所作的判断。其结果是,我们也无法理解虚无主义者的视角受限的观点——这一点尼采被认为可能会赞赏,不管会有多么迟疑不决,当他承认说"把这种界限看作界限这样的疑惑,我们几乎达不到"时。在尼采看来,规范的客观主义者孜孜矻矻于如此幻象:只要我们能够将视角加诸判断的偶然"条件"提取出来,就可以得到一个不被歪曲的、纯粹完全的"善本身"的表象。然而,尼采的规范主观主义蕴含的则是,这样一来,我们将完全没有评估性的判断。

四、规范的虚构主义

避免虚无主义迷失的虚构主义的路径,与主观主义路径的不同之处在于它不否认规范的客观主义:价值的价值依然基于其客

---

① Havas(1995)捍卫相似的观点,这与尼采对苏格拉底主义的攻击尤其相关:"根据尼采的观点,有意义的言说……需要我们心甘情愿地服从苏格拉底试图让我们与之相分离的那种条件。在这个意义上,如果我们要进行理性的批判,我们肯定不能像苏格拉底主义所设想的那样站在文化之外"(p. 10)。

观性。因为尼采否认客观价值的存在,虚无主义迷失似乎不可避免。他建议,我们假装相信客观价值或想象存在这样的价值,来规避虚无主义的迷失。这就是规范的虚构主义,它是最近由纳迪姆·侯赛因(Nadeem Hussain)重新提起的一种对尼采元伦理学的解读。①

价值的虚构主义通常将价值判断的语义学、价值形而上学、价
值评估的功能角色结合起来。虚构主义假定了价值判断的认知主
义语义学——它们具有关于假定的客观事实的报告的语义学外
观,以及反实在论的价值形而上学——不存在客观价值。最近,一 85
些学者论证,尼采(还有他的同时代人)主要关注的是价值形而上
学,对于价值判断的语义学没有明确的观点。② 然而,虚构主义要
求尼采对这两件事都要有自己的看法:特别是一定要认同价值判
断的认知主义语义学。尼采确实没有对价值判断的语义学做过明
确的断言,然而,我们还是应该认为,他可能含蓄地认同这种观点
的其中之一。

关于价值的形而上学的地位,他的观点非常鲜明:它们不是客观事实。这 形而上学断言旨在批评主流的价值观点。相应的,他必须假定价值实际上往往被看作是客观事实,这一点又揭示出关于它们的判断必须要被看作是对信念的表达,或者是以真实性为导向的命题态度。当然,他会把这些价值判断的语义学概念看作一个简单的错误,它是由更深层次的关于价值本质的形而上学错误导致的。只要后者的错误被揭示出来,很容易会搞明白,这些判断完全不是信念的表达,而只不过是口味、情感和其他评价态度的表达。但是,尼采的其他考虑表明,虚构主义所预

① Hussain(即将出版)。尽管对尼采的虚构主义解读最初是由 Vaihinger(1924, pp. 341–362)提出来的,我更多的得益于 Hussain 对尼采虚构主义的细致研究。与 Hussain 不同的是,我认为尼采的反实在论仅仅是对客观价值的一个否定。

② Leiter (2000).

设的认知主义语义学,可能不仅仅是一种容易被消解的表象。一方面,他坚持形而上学的假定通常是由语言学实践产生的,所以关于价值的实在论,很可能是一个由如下事实得出的幼稚而仓促的推断:价值判断具有关于客观事实报告的语义学表象。那么,形而上学将会是这种语义学的后果,后者的合理性不依赖于前者。另一方面,尼采有时候暗示,价值判断的激励力量可能是基于如下事实:它们被视为关于客观规范的事实的报告(WP 461)。这是一个重要的观点,对此,我会在本节中再次谈到。如果说激励力量是价值判断的一个重要特征,那么我们必须假定它的语义学表象是认知主义的。

反实在论的形而上学和认知主义语义学结合在一起形成了一种**将错就错理论**。价值判断是"虚假的投射"(WP 12),因为他们把只是主观发明的东西当作客观事实:"我们,同时思考着和感知着的人,正是要实实在在创造并且不断**创造**此前不存在的东西:创
86 造整个永恒而无止境的世界,包含种种评估,色彩,口音,视角,比例,肯定,否定的世界。……但我们缺乏的正是这一认识,有时刚刚抓住这一认识,总是转瞬间又把它忘记了"(GS 301)。价值评估就是给世界涂上颜色,而世界自身,从评估意义上说,是没有颜色的。根据评价的述谓被"投射"或"强加"到一个本质上没有价值的世界的做法,尼采描述了这种上色的活动:"我们再三考虑后得出结论,不存在什么自身即是善美崇高恶的东西,而是有种种心境,在这些心境之中,我们把上述词汇强加到我们身内和身外的事物上"(D 210;参见 GS 301;参见 HH,I 16;WP 12)。

在一些场合,他建议说,这些评价性的投射是由我们的情感所引领的。对于事态,我们形成特定的情感反应,进而又将其视为一种事态的客观属性。例如,一种引起厌恶或其他某种"反对态度"的事态,被认为是错误的或邪恶的。我们的价值评估,在此被我们的情感所引领。他们不过是在较弱意义上的一种创造(D 119;WP

254)。在另外一些场合,尼采考虑一种不同的模型。按照这种模型,我们的评价投射不再是由情感所引领,它们是完全的创造,并事实上塑造了我们的情感。“评价由何而来?他们的基础是一个牢固的标准——愉悦和烦恼?但是在无数个案例中,我们首先赋予一个事物以价值来**使**它令人痛苦……我们已经赋予事物目的和价值……如此,没有什么东西是因其自身而有价值的”(WP 260;参见 D 35)。所有的情感都与烦恼或愉悦的感受联系起来。在被我们的情感所引导的过程中,我们的评价最终会被“快乐”或“烦恼”的感觉所引导。不过,尼采在此处说,价值评估实际上在“无数的情形中”决定了什么是愉悦的或烦恼的。

对于这个将错就错理论,他还有进一步的说法,尽管价值评估是假的,它仍然起着重要的功能性作用:“然而,‘你应当’一类命令的价值根本上仍是独立于并迥异于这一类道德见解的,也是独立于并迥异于其错误似杂草丛生的道德的,就好像一种药物对于病人的价值,完全不取决于病人是否有科学头脑,或如老妪对药物一无所知一样。即便一种道德从一种错误中产生,真有此事也不会触及其价值的问题”[1](GS 345)。我们的价值的价值在于其功能,也就是说,它们满足特定的需求:“**虚假价值的必要性**——人们可以证明一个判断的条件性来否定它:留存它的需要并不因此消失” 87
(WP 262)。价值判断把自己视为所谓客观或“无条件”事实的报告。表明没有这样的事实,而且价值判断因此是“有条件地”与特定生理条件下的视角相联系,确实“否定”了这些判断。不过,这些判断的有用性独立于它们的真,所以必须用真之外的标准来加以衡量。因此,尼采援用它们在促进(人类)种族的“保存和壮大”方面的有用性,来作为这些判断的价值的理由:“对我们来说,一个判断之为假还不必然是反对它的借口,在这里,我们的新语言听起来

① 译注:译文参考尼采,《快乐的科学》,黄明嘉译,第 329 页。

也许最怪异，问题在于，这个判断在何种程度上能促进生命、保存生命、保存种族，甚至培育种族”(BGE 4)。

关键的是要注意到，对尼采而言，虽然价值判断的有用性不取决于它的真实性，但它实际上取决于我们**视**之为真：“道德行为的标准是什么？(1)其无关利害性，(2)其普遍有效性，等等。但这是无用的说教。我们必须研究人们，看看他们在不同情况下采用的是什么标准，这些标准表达了什么：相信这样的行为模式（例如，汝不应偷盗）是我们生存的首要条件之一。不道德意味着‘带来毁灭’。现在所有那些发现这些命题的社群都已经消失了”（WP 261)。一旦一个社群意识到其价值观不是客观的，而只是生存的偶然条件的反映，它们就会失去有用性，而社群就会消失。换句话说，价值的价值似乎在于它们作为生活条件的有效性，但这种有效性恰恰取决于对这一事实的无知！意识到我的道德判断是虚假的，会因此有效地削弱它们对我的保存和壮大的贡献能力：“必须有大量的**信念**；可以大胆地作出判断；对所有本质性的价值的怀疑**付之阙如**——这就是一切有生命的事物及其生命的前提条件。因此，需要的是某些东西必须被当作真，而**不是**它们**是**真的”（WP 507)。

换句话说，我们对于道德命令俯首帖耳，其终极正当性很可能是因为它们在我的自我保存上所发挥的作用，但它不可能是**激发**这种俯首帖耳的东西。这种观点令人费解。为什么我就不可以不再因为我的价值判断是真的，而是因为它们是有用的而来认同它们呢？的确，这样做，我可能恰好会注意到尼采在反对道德运动的
88 早期阶段所做的一项劝告。在承认“错误”构成了“所有道德判断的基础”之后，他补充了一个重要的条件：“不用说——除非我是一个傻瓜——我不否认许多被称为不道德的行为应该加以避免或抵制，或许多被称为道德的行为应该加以实施或受到鼓励，但我认为，当我们鼓励一些行为而避免另外一些行为时，我们的理由应该

与迄今为止所给出的理由截然不同”[①](D 103)。我不再这样劝告自己和他人，比如，因为这是上帝的命令，所以应该遵从偷盗是错误的这样的判断；而是说，比如，因为这样的顺从，能够有利于确保我们的社会秩序，而我们都可从中受益。

在我看来，尼采反对这种简单的实用主义，因为在他看来，有用的并不仅仅是那些政策自身(例如，“汝不可偷盗”)，还有这样的信念：它们代表客观规范的要求，而这种要求的权威不受偶然的倾向、需求和利益的制约。这就解释了为什么将这些因素与它们的关系暴露于众，将必然削弱它们作为生命条件的有效性。接下来，我们需要理解，为什么把我们的价值当作客观的，对它们履行自我保存的功能性角色是必要的。从尼采的著作中可以收集到两种别具一格的方案，每一种方案都为之提出了一个独特的理由。

根据第一个，亦即狭义的方案，只有那些尼采称之为弱者的人才会将他们的价值观看作是客观的。比如，他们必须相信仁慈是一个客观的道德要求，它独立于偶然的感觉和倾向或者当事人所拥有的价值的偶然信念。他们必然要坚持这样的元伦理学信念，因为他们需要说服他人——特别是那些强者——对自己良善，因为他们往往过于软弱，无法抵御强者，或者无法满足他们自身的一些基本需求。可以设想，除非他们把仁慈看作一种要求，这种要求的权威超越和压倒强者的感觉和倾向，还有他们关于价值的信念(这里面可能并不包含仁慈的倾向和对仁慈的评价)，否则他们将无法说服强者(GS 21)。这种教条主义是尼采所抨击的主流“奴隶道德”的特征：“道德今日在欧洲是群氓道德，也就是说，正如我们对它的理解，它只是人类道德的一个种类，在它旁边，在它之前，和在它之后，可能或本该可能还有许多其他道德，尤其是更高级的道
德。然而，这种道德却在尽一切力量反对那样一种‘可能’，反对那 89

① 译注：译文参考尼采，《朝霞》，田立年译，第 139 页。

种‘本该’：它顽固不化且喋喋不休地说，‘我就是道德本身，此外没有道德’”（BGE 202；参见 WP275）。另外，尼采坚持认为弱者自身需要相信道德要求的客观性。理由是他认为弱者是不健全的，他们的内在欲求毫无秩序，相互冲突（WP 46）。他们没有能力“为自己设定目标”，需要“外在戒条来约束和稳固他们”（A 54），就如处在失控的激情、冲动或耽溺的苦厄下的人们，只有降服于更高的权力才能重获一点主体的尊严。客观的“无条件”的规范要求，代表的是一种相关的外在戒条（WP 20）。[①]

与此相反，根据第二个，也即广义的方案，只要所有的主体想要让他们的价值有用，就必须把它们当作是客观的。这个方案基于如下观点：价值的源初功用是使生命有意义。当构成主体的生命的各种活动、经历和事件形成一个连贯而有价值的整体时，他才会认为自己的生命是有意义的（Z，I 15）。例如，如果主体能把生命看作是服务于一个他们认为好的目的，那么他们就会认为自己的生活是有意义的。就如尼采所承认的那样，存在的意义或正当性问题的提出，当它涵盖无边无际的痛苦时，就具有了特别的深刻性（GM，III 28）。这种极端的情形鲜明地揭示了为什么主体必须把他的价值视作客观的。假如你以痛苦是对原罪的救赎，或是心理洞察的源泉为理由来解释它的正当性，然后，再假如你认识到原罪的故事或心理洞察的价值不是客观事实，而只是主观态度的表达，你还能在这样一种考量中为你的痛苦找到意义吗？人们很容易不这么想，也很容易同意这样一种观点，即一种价值为生命做辩护，并赋予生命以意义的能力，取决于生命的主体认为这种价值是客观的或真实的这一事实。

---

① 我在我的文章《何为自由精神》（2003b）中详细展开了这一观点，文中用了如下类比：为了克服那些真的能把个体撕裂的强迫性冲动（例如酗酒），康复计划通常会让他们把自己置于一个更高权力的手中。

人类需要他们的生命有意义。由于没有什么东西是真正（客观地）有价值的，人们被虚无主义的幻灭所威胁。虚构主义者提出，规避虚无主义只需“创造”价值即可，而且尼采在虚构的艺术实践中找到了这种创造的范式：

> **我们对艺术的最终感激**——假定我们没有迎来艺术并发明此种对虚构的崇拜，那么看透普遍的虚伪和欺骗——现在科学已经给了我们这种洞见的可能——……将是绝对无法忍受的。**诚实**可能导致厌恶和自杀，但现在有一种相反的力量 90
> 反对我们的诚实，这帮助我们避免这样的结果：艺术是追求表象的**良好**意愿……作为审美现象，存在对于我们来说还是**可以忍受的**。艺术为我们提供了眼睛和手，最重要的是让我们有了良好的良知，使我们**能够**把自己变成这样一种现象。（GS 107；参见 GS，前言 5；299；GM，III 25）

要达到这个效果，价值的创造要求搁置怀疑，还要克制“追求真理的意志”。因为认识到没有客观价值，是“‘真诚性’的培养的结果”（WP 3）。由于我们需要客观价值来使我们的生命有意义，这种认识可能会“导致厌恶和自杀”。在客观价值上求助于艺术虚构，是尼采所建议的对虚无主义的救治，而艺术虚构的有效性确实需要我们克制追求真理的意志，正如那些过度浸润于其中者非常清楚的那样：

> 对于某些事情，我们知道得太过于确切了，我们知道：哦，身为艺术家，我们要学会善于忘却，善于**一无所知**。至于将来，人们将很难在那些埃及青年出行的道路上找到我们了，那些青年夜间大闹神庙，拥抱塑像，竭尽全力撕开、发现那些应当被掩藏起来的东西，将之曝露于光天化日之下。不要这样，这样糟糕的风气，这种追求真理的意志，不惜一切代价寻求真

> 理的意志，这种青年人热爱真理的疯狂实在使我们败兴。……哦，那些希腊人啊，他们善于生活。为了生活，他们必须勇敢地停留在表面，在褶皱和皮肤上，崇拜表象，相信形式、色调、世界、整座表象的奥林匹克斯山！这些希腊人浮在表层，从深处浮到表面。① (GS 前言 4)

这个观点有大量的文献佐证，但也面临同样大量的困难。第一个是由尼采自己的坚持所产生的，尽管他对“不惜一切代价也要追求真理”(GS 344)持臭名昭著的保留态度，但我们应该保持“诚实”或“真诚”。比如说，他痛斥基督教，恰恰是因为他们缺少真诚性，特别是在他们的价值立场上面(A 50—55)。要解决这个明显的冲突，我们必须诉诸这样一个自从《悲剧的诞生》以来就贯穿他的著作的主题，亦即艺术的虚幻，只要它们是“诚实的”或“有意识的”，就是可以接受的。

遗憾的是，这个解决方案，貌似解决了一个诠释问题，却换来一个哲学难题。如果我们知道它们是幻象，幻象还能起作用吗？它们能够迷惑我们、激发我们，并且实现它们预期的功能吗？难道这个
91 知识不是正好削弱了它们吗？尼采经常提到艺术的虚构(GS 299)和儿童发明的游戏(Z,I 1；BGE 94)，大概是想告诉我们，自我意识幻象实际上是可以迷住人的。哲学上的困难在于解释它们是怎么做到这点的。尼采对“虚假”信念或“崇拜虚幻的东西”的有用性的谈论，可以解读为对自我欺骗或对虚构主义者的那种故意的无知的要求。侯赛因注意到存在不同种类或不同程度的自我欺骗。光谱的一端是彻头彻尾的欺骗，这里行为主体完全相信他的价值判断，按照认知主义者的说法照单全收，完全忘了他相信的这些价值是他自己捏造出来的幻象。尼采明确反对这种不诚实的谎言，并将其与

① 译注：译文参考尼采，《快乐的科学》，黄明嘉译，第 41 页。

艺术区分开来，“在这种艺术中，**谎言**使自己神圣化，**求欺骗的意志**有一个好良心”(GM,III 25)。因此，他心中所想的可能是一种更加温和的欺骗，即只是刻意的让自己的注意力不去关注那些自相矛盾的证据。希腊人“浮在表层”是非常刻意的。这种形式的自我欺骗，并不要求行为主体完全忘却价值是他自己的发明，而且允许他在头脑里存留这个事实，不过只存留在他意识的周边，而不是其中心。因为如果他持续地琢磨这个事实，确实几乎不可能让他心理上继续保留这样的幻象。以这种较温和的形式进行自我欺骗的当事人，从而就会被他明知是幻象的那些幻象所迷惑。

侯赛因的方案并非没有困难。一者，是我们仍然需要理解为什么尼采坚持认为我们**应当知道**我们的价值是幻象——为什么他不断地要求我们要真诚。他没有明确地回答过这个问题，但是他自己宣称道德要求对真诚性的狂热培养是虚无主义的来源，这指明了答案。当求真的意志不受约束地展开，无差别地应用到所有信念上，虚无主义的幻灭就开始了。为了规避虚无主义，我们必须要更加小心，细致分辨我们的真诚性。特别是我们应当在价值判断中对它加以约束。一旦我们忘记了价值判断是幻象，它们就会成为真诚的人们“严苛怀疑”(GS,前言 4)的嘲弄对象，这些真诚者决意要揭露它们的虚假。在这样做的过程中，这种批判性探究的意志不可避免会把他的注意力集中在这种虚假上，这又恰好肯定削弱了它们迷惑他的能力。因此，我们需要保留对我们价值判断是幻象的(一定层次 92
的)清醒认识，恰恰是为了保护它们不要受到侵入性的探究所损害，这种探究是由不受约束的求真意志所发动的。换言之，我们需牢记，我们的虚构掩盖的是那“应当被掩藏起来的东西”(GS,前言 4)。

因此，虚构主义者必须与他的价值保持一种特有的暧昧关系。他必须严肃地对待它们，与此同时，牢记它们是他自己想象的造物。然而，正是这一点，可能被认为对侯赛因的方案造成了另外一个困难。信念似乎并不是那种听命于我们的直接控制的态度。对应于发现的具有说服力的证据，我们形成了信念。在缺乏令人信服的证据的情况下，更不用说在存在相互矛盾的证据的情况下，我们不能简单地**决定**去相信事情就是这样。这不是说，我们不能忽视或压制相互冲突的证据。但是，尼采要求我们多少保留对那些与我们道德信念相左的证据的觉察，并且对它们的虚假性的觉察似乎使保留这些信念都不太可能。“深处”是使我们“浮在表层”的原因，因为我们必须知道真理以培养虚构或欺骗。换言之，我们必须记住真理为什么应该被隐藏起来的“好的理由”（引文出处同上）。认为这种觉察并没有真正威胁到信念，因为它只存留在周边，这种说法是根本没有说服力的，特别是有鉴于它在对求真意志的制约上应当起的重要作用。

解决这一困难的一个可能的办法，是在相信和不同的命题态度（它以一种类似于相信的方式进行**想象**）之间进行区分。[1] 以类似于相信的方式想象和以普通的方式相信有显著的相似之处，但也有一个重要方面的区别。相似的地方在于，就像相信一样，它可以激发情感，诱导动机（也许当它与其他态度结合在一起时，比如欲望，包括普通欲望想象的对应物）。在能与其他想象（甚至其他信念）结合在一起产生推理方面，它们也是相似的。想象和动机的关系至关重要，因为我对存在客观价值的想象并不能抵御虚无主义的迷失，如果它不能提供我某种东西去“意愿”，以此为我的生活注入一种使命感。关于想象和动机之间的联系，还有很多东西需
93 要说，但经验证据表明这种关系是成立的。[2]

---

① 关于这个建议，我要感谢 Jonathan Ichikawa。

② 关于这个话题，参见 Currie(2002)。Szaba Gendler(2003)也讨论过这个话题，并且报告了针对儿童和成人的、基于假装的动机的富有启发性的实证研究。例如：“在 Rozin 和 Nemeroff 所做的一项被广泛报道的研究中，给成人两个瓶子，让他们往里面放糖。然后要求测试者在一个瓶子上贴上‘糖’的标签，另一个则贴上‘氰化钠’的标签。尽管测试者很乐意报告两个瓶子里面装的同一样东西，即都是糖，也很乐意报告标签的选择纯粹是随意的，然而，许多测试者从那个标有‘氰化钠’的瓶子中取糖吃的时候，仍然显露出很不情愿的表情。”

以类似于相信的方式想象和相信这两者的区别好像主要在于，前一种态度不涉及对其内容真实性的真正承认。“想象”，如尼采有时所称呼的那样（TI，VII 1），并不直接就是假，或是对非存在的实在的信念。一个全神贯注于其游戏的小孩，可能想象自己是一个特洛伊战士，并且这种想象可能引发他角色的假装行动和情感：他认同了武士的伦理准则并且对英雄赫克托尔之死哀惋不已。如果他的兄长取笑他把自己想象成一个特洛伊战士，他很可能会觉得难堪，但这不是因为持有一个虚假的信念，他肯定知道自己不是特洛伊战士，而只是假装相信他是。他也可能是为其他原因感到难堪，比如，让自己在幻想的世界里短暂停留，在那里，他具有自己在现实中所不具有、也不可能具有的特征。在这种情况下，受嘲笑的对象是幻想，而不是欺骗或无知。

归根到底，想象出来的信念不容易被真实的冲突证据所打败。按照这种观点，虚构主义可以依旧安然地意识到真的不存在客观价值，因为他对这些价值的相信不是真的相信，而只是类似相信的想象。

这个方案让我们对尼采所描述的对“虚构的崇拜”的立场有了一个新的认知。它通常被理解为这样一种观点：认为被欺骗或无知是可以接受的，或者认为错误的或未经充分论证的信念是正确的。按照这种观点，虚构主义者有一个真正的信念，即存在客观价值，但是这个信念是假的。除非当事人立刻觉察到此信念是假的，但并不因此觉察而困扰，否则就不可能有对“虚构”的真正的崇拜。不过，我们说这是一个过高的要求。与此相反，在替代方案中，对“虚构的崇拜”不是对欺骗的崇拜，而是对幻想的崇拜，或者说，是对我们可以创造虚构的世界，并在一定程度上可以生活于其中的想象能力的崇拜。如果想象的信念能像真实的信念一样激发动机和关怀，那么尼采式的虚构主义者就无需真实的信念来为人生提供意义。同时，他也完全无需被欺骗，只要他能够充分地意识到他的价值是虚构,或“外观”。在《悲剧的诞生》的序言中,外观概念并不等同于虚假的信念或者欺骗,而是幻象。幻象能够导致虚假的信念或者欺骗,但是它们不需要这样做。关于外观是虚构这点,人们可以毫无疑问地知道就是如此,这正是因为人们从来没打算把它们当作真理或知识。

按照这种观点,要获得对不真实的崇拜所要求的“对外观的**良**
94 **好**意愿”,就必须挑战这种“道德”观点,即至少让我们人生的某些部分生活在虚构的世界或“外观的”世界中,这是不可接受的。如此,尼采所反对的真实性就不仅仅是要求知道真实,而且还要求在其中**生活**。道德家们相信,允许某人沉湎于幻想或假装,这其中定有可受谴责之处,或许是令人讨厌的软弱或纵容,或许是可疑的逃避现实。换句话说,他们认为人们应当代之以直面现实,不管现实有多么可怕,对我们的需求和抱负可能有多么的不友好,而“外观”(或虚构)总是应当被毫不妥协的诚实所消除。

不管怎么说,虚构主义被视为一种独特的立场,它对价值采取了一种奇特的暧昧态度,尼采对此有一个非常优雅的表述:

> 正因为我们在内心深处觉得自己是忧郁和严肃的……我们需要一切傲慢、飘飞、舞蹈、揶揄、孩子气和极乐的艺术,以不致失去**超尘拔俗的自由**,这自由是我们的理想要求于我们的。倘若我们因过于诚实而完全陷入道学观念,并给自己提出过苛的道德要求,沦为道德怪物和稻草人,那么这对于我们无疑是一种倒退。我们本**可以**超越道德,不仅是立于道德**之上**——尽管时刻担心跌落,故姿态有些胆怯和僵硬——而且还可以在道德上空**飘飞**和**嬉戏**。(GS 107)①

① 译注:译文参考尼采,《快乐的科学》,黄明嘉译,第188页。

此处描述的对道德的虚构主义立场与一些后现代思想家所宣扬的**反讽**在一个重要的方面有所不同。对于反讽者而言，承认当前价值的偶然性是一个解放的机遇：由于不是客观的，它们失去了被认真对待的权利，并可能被人们自己创造的新价值所取代。不过，尼采所说的“教条主义”的诱惑依然存在：给予新的价值一种权威，就如他们所剥夺的旧的价值的权威一样，并且再次屈服于“负重的精神”(Z,I 1)。因此，“反讽者理论的**这个**问题”，也是尼采为这一理论所提出的问题，“是如何克服权威而不要求权威的问题”。①

尼采所宣扬的虚构主义立场有所不同。**它的**问题与其说是教条主义的诱惑(虽然尼采肯定关注这一点：他不断要求的真诚性，在这种情况下是要确保我们不会最终把虚构当成真实)，不如说是由于拒绝描述的客观主义而受到威胁的虚无主义。事实上，尼采的虚构主义所试图要**保留**的，恰恰正是后现代主义者试图要消解的那点儿严肃性。因为没有一点儿“严肃性”参与进来，我们的道 95
德虚构将无法促进保存和壮大：“人的成熟——意味着重新发现严肃，那种在孩提时、在游戏中曾经拥有的严肃”(BGE 94)。

虚构主义者就像游戏中的参与者，他们像任何一个优秀的参与者那样，认真对待游戏的规则和目标，能够全身心地投入其中，从而变得容易受到各种适当的情绪和动机状态的影响。对他而言，成功地达成游戏的目标非常重要，当他人破坏规则时，他会愤愤不平，而如果破坏规则的是他自己，他也会十分愧疚，如此等等。不过，他可绝对不是一个傻瓜，因为他不把他的想象当成是真实，并且始终知道这只不过是一场游戏。

正是对这种反省立场的使用带来了一个根本性问题：为什么我们应该沉迷于这种估价事实的幻象之中，或者说，根本上，我们

---

① Rorty(1989)，第 105 页，亦可参见 Nehamas(1985)。

为什么要“玩这个规范性游戏”？尼采的答案看来是，玩这个游戏是保存和壮大的一个条件：“人为自我保存而置价值于万物，他为万物创造了意义，一种人的意义”（Z，I 15）。然而，这不过是引发了进一步的问题：这种保存的价值又是什么？虚构主义者能够打断自己对评价性假装游戏的投入，必定就在于他首先能够问：这是不是一场值得玩的游戏（尤其是，它是否有遏制“追求真理的意愿”的正当理由，以便让这种幻象继续存在）。

那么，虚构主义者拥有什么样的规范性资源来回答这个问题呢？他承认所有的价值是他自己发明出来的虚构。其结果是，当他从所参与的规范性假装游戏中退出来，并且追问这个游戏是否值得玩时，他似乎没有什么规范性资源可调用，因为他需要诉诸一个自身不是虚构的价值，而它是用来决定他是否应该首先允许自己被这种虚构所吸引的。

尼采看来知晓这种困难。他认为价值的创造只是回应了人类的一个关键需求，而虚无主义只是这种需求受挫所导致的不满。不过，他也注意到，这种解释并不等于为创造的价值辩护，因为它没有回答这样一个问题：对意义的需要的存在是否构成了一个理
96 由（也就是说，给了我们权利）来进行评估性的虚构：

> 哲学虚无主义者笃信所有发生的一切是无意义的、徒劳的；并且就不应该有任何无意义的、徒劳的东西。但这样的说法源自何处：不应该有？人们从哪里得到**这个**意义、**这个**标准呢？实际上，虚无主义者认为这样一种黯淡无用的存在的光景，令哲学家感到**不满**，悲观，绝望。这样一种洞察和哲学家细致入微的敏感性是相左的。它等同于是这样一个荒谬的价值评估：为了拥有权利存在，存在的特征**就必须让哲学家愉悦**。（WP 36）

尼采对此困难有一个解决方案吗？我们必须首先指出，一个人是否应该玩规范的假装游戏的问题是模糊不清的。它可以被理解为一个形而上学问题：就是否应当或不应当玩这个游戏而言，存在与之相关的重要的事实吗？对这个问题的回答当然是否定的。然而，虚构主义者既不会因为这个版本的问题，也不会也因为其否定的答案而感到困扰，因为他从一开始就否认了所有价值的形而上的实在。结论是，前述问题只有被理解为一个规范性问题的时候，看起来才对虚构主义构成一种挑战：我应该做什么？玩还是不玩这个游戏？但是，这个版本的问题也不应该让虚构主义者担心，因为如果所有规范都是虚构的，那么对我们是否应该让自己被这些规范所吸引的这个（规范的）问题，就只能在这些规范所准确构建的语境中才能理解。首先，我们必须把一些规范性的假装当作理所当然，才能发现这个问题的意义所在。身处在此游戏之中，我们可以问一些关于此游戏这个或那个方面的价值的零碎问题，但是我们没有办法自洽地在整体上追问是否根本上应该玩这个游戏。因为我们已经用提出这个问题的这一事实来回答了这个问题。尼采指出，只有当他让查拉图斯特拉故意做出这个令人困惑的宣告时，评价的假装的价值的问题才会在其中出现："评价就是创造：听着，你们这些创造者！评价本身便是一切被评价事物之珍宝"（Z，I 15）。只有从"被评价事物"的立场出发，最初赋予它们价值的评估行为才能够成为"可评估的"。 97

五、元伦理学的局限

1. 规范性的本质

作为迷失的虚无主义，来自于对规范的客观主义的认同（价值的规范权威基于其客观立场）和对描述的客观主义的拒斥（没有客观价值）。尼采打算用重新提出问题的方式来规避虚无主义的迷失，"评价行为本身的意义何在？"（WP 254）。评价意味着什么？

价值是什么东西?

根据虚构主义,价值评估不是简单地发现特别种类的对象或属性,而是在于创造这些对象的虚构,然后按照"好像"它们真的存在那样来行动。一个虚构主义者对于价值评估的解释开始于关于价值存在的宣称。因此,尼采反对描述的客观主义的论点——尽管充其量只是暗示——表明像解释性的极简主义和本体论省略那样的考虑,定会把我们导向客观价值不存在的结论。然而,关于价值的虚构主义,也欠我们一个关于价值本质的说法。毕竟,为了能够按照"好像"有这样的价值一样去行事,我们对于客观价值必须有点概念——如果客观价值真的存在,它会是什么样的东西。遗憾的是,尼采在客观价值的本质上语焉不详。

他避免虚无主义迷失的策略的主观主义版本提出了一种价值本质的解释,其中价值不再被认为是客观的事实。根本上,他认为我们的价值,是从我们的"情感"或"激情和欲求"的视角所作出的"诠释"。在这方面,看来他又一次紧密地跟从了叔本华。叔本华对于善的定义如下:

> 我们现在要把善这一概念还原为它本来的意义,这是很容易做到的。这个概念本质上是相对的,它表示客体对意志的任何明确努力的适应性或合适性。因此,在意志的任何一种表现形式中,凡是符合意志的,并且实现了意志目的的,也不管这些东西在其他方面是如何的不同,就都用善这一概念来思维。……总而言之,是把一切恰如我们所愿的都叫作善。……至于和这相反的概念,……就用坏这个字来标志,比较少用而更抽象的是邪恶一词,因此,在每一种情况下,它都表示一切不符合意志的努力的东西。(WWR,I 65,p. 360)[1]

[1] 译注:译文参考叔本华,《作为意志和表象的世界》,石冲白译,第65节,第491页。

对于评价，即说某物是好的或坏意味着什么，叔本华在此作出
了一个论断。他认为如果某事有助于我们欲望的满足就是好的，98
反之就是坏的。要向当事人证明“X 是好的”这个判断是正确的，只需要确定当事人是否有一个可以由 X 来满足的欲望。因此，评价的源头是在当事人现有欲望中找到的。

第一眼看上去，这种解释有其自身的困难。用欲望来定义价值，与其说它解释了价值的规范性，不如说它的解释消除了这种规范性，因为它似乎抹去了以下两者之间的任何有意义的区分：只是倾向一个目标的感觉与认为我们应该追求它。尼采在宣称我们的“欲望和激情”已经具有“一定分量的理性”时，暗示了解决方案的线索。遗憾的是，他没有详细地把这个暗示说清楚，问题依旧云山雾罩。只要我对某一目的的欲求关乎我相信它在某一方面是有价值的，而这一价值是独立于我欲求它这一事实的，那么欲望就能具有“一定分量的理性”。换言之，我对此目标欲求是以对它的价值的信念为前提的，如果我失去了这种信念，那么欲望也会消失。这种欲望的规范性意义的观点，显然不是尼采的观点，至少在他追随叔本华的过程中是这样，叔本华坚持认为一个目的的价值最终取决于它被欲求的这一事实。

如果只要一个对象能够满足某个欲望就是好的，那么欲望，因其自身和就其自身，就是理由。欲望并不直接将我们的注意力导向理由以确保获取其对象，这些对象是独立于欲望自身的，而是欲望自身**构成**了追求这些对象的理由。

这个观点把规范的意义归之于欲望自身。因此，我们就不再需要解释价值和欲望之间有何区别，而当我们认为价值独立于欲望时则不得不这样做。但是，我们现在需要对动机冲突有一个新的解释，对此冲突我们倾向于描述为在价值和“单纯”的欲望或激情之间的冲突。当尼采建议欲望可以根据它和我的其他“欲望和激情”之间的“关系”“划分等级”（WP 387）的时候，尼采提供了一

些关于这种解释的提示。遗憾的是,他没有详述他心中所想的关系是怎样的。[①] 不过,与它们相冲突的其他欲望相比,具有更好关系的欲望将具有更高的规范性等级,因此,它们会站在它们的一边,就像我应该做的事情与我"只是"有倾向去做的事情是相悖的。尽管尼采几乎没有展开过这类解释,但我后面会进一步依赖这个
99 解释。

2. 元伦理学和绝望

因此,尼采关于元伦理学的观点依然模糊不清,对于这个话题,我将在第四章多讲一点,但是现在,我想阐明这些观点(它们是为他

---

① White(1991),第七章以这样的方式阐述了实践理性的模型。White 和我都受益于 Akeel Bilgrami 关于此想法的讨论。与欲求的规范性等级相关的关系种类是"加强"关系。加强的方式有几种。最常见的加强关系或许是这样一种关系,即两个(或两个以上)特别容易一起去追求的欲望之间的关系。相互之间具有这种关系的欲望可以称作是互补的。互补性一定要和单纯的兼容性区别开来。当一个欲望的满足并不阻碍或影响另一欲望的满足,这两个欲望就是兼容的。互补性给兼容性增加了这样的考虑,即一种欲望的追求如何以及在多大程度上影响到满足另一种欲望的前景。因此,如果两个欲望特别容易一起去追求,或者如果一个的追求促进了另外一个的追求,那么它们是互补的。

因此,必须将互补性同欲望之间的一些其他可能的关系,即矛盾、紧张和冷漠等进行比较。就如我们将要看到的那样,这些关系具有的共同点是,一种欲望的追求实际上并不促进另一种欲望的追求。这一点在矛盾的关系中最为清楚:两个矛盾欲望根本就不能同时获得满足(例如,我想要在缅因州消暑的欲望和我想在加利福尼亚州消暑的欲望)。欲望之间并不矛盾,但在彼此之间处于一种紧张关系的情况下,这一点也是清楚的。例如,考虑一下我对积极社交生活的渴望和我对高水平学术成就的渴望。很容易就能想象到,一种欲望的追求如何很快就会干扰到另外一种欲望的追求,或同时兼顾这两种欲望将怎样变得举步维艰。最后,我们也能想象有一对欲望,其中一个的追求既不促进,也不妨碍另一个的追求(例如,定期锻炼的欲望和培养音乐鉴赏能力的欲望)。

在欲望互补的情况下,追求或满足一个欲望,在某种程度上会推动或促进另一个欲望的满足。这种情况发生的一个明显途径是当满足一个欲望的结果促进了另一个欲望的满足(例如,定期锻炼会缓解压力,增强体能,从而促进高水平学术成就的追求)。这种情况发生的另一途径是,当一个人在追求两种欲望的过程中,最耗神费力的活动同时有助于二者(例如,写这本书的渴望和锻炼我的才智的渴望)。

的克服虚无主义的绝望的计划而被提出来的）的一个重要含义，它表明了这些观点的局限，并说明了我们为什么不需要解决它们的模糊性。尼采相信他已经找到了办法来避免虚无主义的迷失，不管他是通过主观主义还是虚构主义的方法，但这种对迷失的克服把绝望问题又带了回来。因为如果我们的价值的价值不再建立在它们实际拥有的客观地位之上，那么我们最高价值的价值也是一样。而且，这个世界对它们的实现根本不友好，这再次成为绝望的根源。

主观主义路径避免虚无主义的迷失的办法是否认规范的客观主义：即我们的价值的价值不基于其客观地位。这对那些否定生命的价值也是一样的，而后者的逻辑结论是虚无主义的绝望。故而，表明这些价值不是客观的，而是主观态度的反映，这点并没有真正令它们贬黜，因此，这并不能使我们摆脱它们必然要引起的绝望。

虚构主义策略并不拒斥规范的客观主义，但它仍然否认实际上存在客观价值。它通过提倡一种假装相信客观价值的实践来避免迷失。假如所有道德都是假装相信的游戏，那看起来谁都不比谁差。如果道德的功能　　尼采称之为“价值”——是给予我们的人生以目标感和方向感，那么例如陈旧的基督教道德，就和其他道德一样适用。实际上，尼采也承认，长期以来，旧基督教道德正发挥了那样的作用（GM，III 28；WP 55）。只是虚构的特征，并不能解释他为什么坚持旧基督教价值是有害的，为什么我们应该抛弃它们，并且采用新的价值来替代它们。

主观主义和虚构主义可能各自提供了一条规避虚无主义的迷失的道路，但是它们没能帮助我们对抗虚无主义的绝望。为了克服绝望，我们需要对最高的否定生命的价值进行完全不同的重估，这种价值不再是**元伦理的**，而是**实质性的**，因为它批判性地涉及否定生命价值的实际内容。因此，本书的其余部分致力于讨论尼采的实质伦理思想。

用尼采的元伦理观点来理解他的重估计划是有局限的,但这
100 种局限性不应该使我们得出这样的结论,即我们对它们的考察是多余的绕弯路。我将在后面指出,他对否定生命的价值的实质性重估,必须从某种评估原则的立场来进行。这个原则就是权力意志。除非我们相信权力意志的价值,否则根据它来进行的重估是没有分量的。元伦理学绕的弯路已经给予了我们一些重要的线索,让我们知道权力意志是好的这个论断的理由是什么。如果任何这样的理由都会被找到,那我们现在知道去哪里找到它了。

例如,主观主义蕴含的是,我们不可能先天地确定一个给定的价值判断是否正当。要做到这一点,我们必须研究那个视角的内容,因为正当性是从该视角那里被要求的。举例来说,为确立尼采所说的权力意志的价值,我们只需要表明它是一个我们拥有的欲望,并且它和我们的评估视角的其他要素具有相关和支撑的关系。

虚构主义中权力价值的正当性论证,看起来更复杂一些。从某种观点来看,它很可能与主观主义的观点大同小异。请记住,要有意义地质疑一个给定虚构价值的规范资格,我们必须援引其他同样虚构的价值。换言之,旧价值的重估是规范的假装游戏的一部分,只能在其**内部**发生。也就是说,这是一个旧游戏里面的新玩法,必须以它的规范为基础。和主观主义唯一不同的不是这些规范是**什么**,也不是它们怎么被用来确立权力的价值,而是仅仅在于它们被想象为具有客观地位。

另外一种观点是,从虚构主义立场出发的价值重估不只是的一个旧游戏的新玩法,而是发明一个完全不同的新游戏。“创造价值”不是简单地将评估性谓词施用于新对象,而是引进新的评估性谓词。尼采有时通过指出价值应该反映的生活条件的变化,解释了对这种激进变化的需要:“关于价值的感受总是落后于时代;它们表达的是早已逝去的年代保存和壮大的条件;他们抵制新的生存条件,因为他们无法应付而且必然会误解这些条件”(WP 110)。

特殊的个体可能会出现,并创造出更适合这些新生活条件的新价
值。对于新的价值的需求和它们的有效性是用生活条件来解释
的,但生活条件不能证明其正当性。按照这种观点,价值重估的成 101
功并不取决于重估得以进行时所根据的原则(权力意志)是否已被
证明,而在于它是否成功地吸引或诱惑了尼采的目标受众。而这
反过来似乎又取决于它是否适合新的生活条件。[①]

不管我们最终把什么样的策略归之于尼采的价值重估,它需
要说服自己的受众相信权力意志的价值,而方法是利用与这种受
众有关的偶然事实——这些事实的丰富多样,可能就如他的评估
品位和感受性,他的情感和需求,他的欲望和激情,他的生活条件,
或者他的意识形态视角一样多。不管尼采是怎样进行的,他一定
会诉诸这些事实,并且我们对他元伦理学观点的探究唯一尚未解
决的问题是,这个诉诸是有规范力的呢,还是只有诱惑力? 102

---

① 这也许就是为什么 Pippin(2005)认为不可能给如下问题提供一个原则性的答案:为什么有些新价值得到采纳,而其他的则不,而且为什么成功的价值创造者一定会对那些可能无法把握的生活条件具有一种敏锐的觉察力。

第三章 权力意志

我必须成为斗争，成为生成和目的，成为目的之对立面，可谁猜到了我的意志，也就一定能猜到，他必须走上何种曲折的道路。

无论我创造什么，无论我怎样爱它，我必须很快成为它的对手以及我的爱的对手，我的意志意愿这样。①

——《查拉图斯特拉如是说》Ⅱ12

尼采后期的大多数作品都明确地与其"重估一切价值"的计划有关。例如，《道德的谱系》一书为这个"重估"提供了三个"初步的研究"(EH，Ⅲ"道德的谱系")，而《敌基督者》则是它的第一部分(EH，Ⅲ"偶像的黄昏"，3)。在尼采创作生涯的最后两年，他的笔记为一本致力于这个计划的主要作品提供了大量或详或略的草案。如果我们打算相信尼采给我们留下的执行这个计划的各种方案以及他实际已经完成的部分，那么，重估计划应该在权力意志的支持之下进行。因此，尼采晚期作品的计划，其标题常常叫作"《权

① 译注：译文参见尼采，《查拉图斯特拉如是说》，孙周兴译，商务印书馆2010年，第二部分，第12节。

力意志：重估一切价值的尝试》”（GM，Ⅲ 27；参见 WP 69n）。其中一些关于这本书的规划方案将权力意志视为重估的“原则”或者“标准”（例如，KSA 7[64]；WP，391；参见前言 4，674），而认真承担这一计划的《敌基督者》，以对传统幸福观的否认为开头，并认为善是“一切提升人之中的权力感、权力意志、权力自身的东西”（A 2）。本章的主要目的就是为权力意志学说提供一个解释。

在尼采的思想中，几乎没有比它更受人诋毁的了。近来，最明显的不满涉及它的理论地位和适用范围。宣称权力意志是客观的 103 “生命的本质”（BEG 259；GM，II 12；A 6），甚至是“世界”的客观本质，这似乎作出了一个关于世界“本身”是什么的断言。这赋予该学说一个特殊的地位，从而使得它与他的视角主义和经验主义的局限性相冲突。一方面，如果所有知识都是视角性的，那么它就是片面的，并且带有无法消除的主观性色彩，因此也就没有任何理论能够宣称要去把握世界的客观的、全部的“本质”。另一方面，尼采也坚持任何关于知识的合法性主张都必须建立在感觉证据之上，但权力意志学说的普遍性和抽象程度却冒着消解与经验证据相关联的所有可能性的风险，这样就剥夺了它在认知上的合理性。为了解决这些显而易见的冲突，人们已经提出了各种各样的建议。①

尼采也经常给予这个学说一个包罗万象的形而上学的范围。他把权力意志看作“生命的本质”，并曾经宣称“**这个世界就是权力意志——除此之外，别无他物！**”（WP 1067）。除了招致拟人论的责难之外，这种形式的学说似乎也只是 19 世纪德国形而上学中常见的另一种狂妄的推测，根本不值得重视。为了平息此类不满，一些学者提出将权力意志看作一种关于人类动机的学说，此类研究

① Kofman（1972）第 133—145 页和 Nehamas（1985）第三章，两者都试图使权力意志享有特权的本体论地位和尼采的视角主义相协调。尽管还有带有推测性，Anderson（1994）提出了一个优良的方案，来解决这个学说的普遍性和抽象性与尼采经验主义之间存在的明显冲突。

属于经验心理学(BGE 23)。[1]

然而，即使它的地位已经与视角主义和经验主义相和解，并且适用范围被局限在人类心理学这里，但对该学说深远持久不满的根源，还在影响着人们对它的理解。这个不满的根源，是由对权力的一种特别具有吸引力的解释所导致的，那就是根据控制，或支配来解释权力(如“代理人有处置某人或某事的权力”这一例中所示)。在这一解释中，意愿权力，就是去寻求控制或支配。事实证明，这一解释的含义(比如，纳粹的扩张主义是权力意志的一种形式)让那些原本倾向于尼采观点的学者感到非常尴尬。[2]

然而，这种解释，若只作为一种描述性的心理学，它把支配的欲望看作人类最基本的动机，则并不使人尴尬。例如，对于那些想要相信人类有真诚的同情能力的人来说，这种观点确实让人不安，但对于尼采主义者来说，这并不使人为难。毕竟，它具有坚韧的现实主义的诱人色彩。这种观点之所以令人为难，是因为尼采还宣
104 称在权力意志中找到了新伦理观的“原则”，而且这种伦理观确实高于流行的基督教道德。在这种解释中，纳粹的扩张主义不仅是尼采可以预见的一种现象，而且也是一种他会认同的现象之一。

正是这种尴尬处境已经使得一些学者，如卡尔・洛维特对尼采哲学作出了一种全面的阐释，以表明即使完全不考虑权力意志

---

① 参见 Kaufmann(1974)，第 204 页；Clark(1990)，第 209 页。Clark 承认尼采通常把权力意志看作生物乃至本体论的基本原则(例如，GS 349；Z，II 7，12；BEG 13，36，257；A 6；WP 1067)。不过，她在其他地方(2000)详细地论述说，我们应该“解读那些言论，它们好像使得这些断言是在表达他的价值观，而不是他对实在的本质的信念”(第 119—135 页)。她也主张对尼采来讲，权力意志是“最重要的二级欲求，也是我们作为主体的意识和经验所必需的”(引文出处同上)，它的研究属于心理学，即“权力意志发展的学说”(BEG 23)。我同意克拉克的如下观点：尼采关于“权力意志就是生命的本质”断言，“从他的价值观那里为我们勾画了一幅生命的图景”(参见第四章)，但我不明白这为什么不也适用于人类心理学。稍后，我在本章会回到这个问题。

② Stern(1979)对这种解释作了有代表性的说明(尤其是第 114—125 页)。

的概念，尼采哲学也是自洽的和令人信服的。[1] 其他人虽然保留了这个学说，但却通过轻描淡写或抑制其令人不安的特征的方式，试图对其进行无害化处理。比如，沃尔特·考夫曼同意权力意志是一种想要控制的意愿，但他指出，尼采主张的控制主要是自我控制。[2] 约翰·理查森也赞同权力是支配的观点，但对此作了重要的限定。例如，他认为支配和被支配的实体不是人，而是冲动，并且他认为尼采青睐的支配形式是“掌控”（mastery），而不是“专横”（tyranny）。前者排除了让人感到不安的强迫和压制，后者则没有。[3]

其他人，像莫迪玛丽·克拉克一样，则完全遵循不同的策略。他们建议把权力的概念主要理解为能力（就像“在一个行为主体身上有达到某种目的的能力一样”），而不是控制和支配。因此，追求权力就是想要取得或发展某种能力。克拉克提议将权力意志理解为想获得满足一级欲望的能力的二级欲望。这种能力也许涉及各种不同的控制和支配形式，但本质上并非由这两者组成。[4]

所有这些解释显然都是基于尼采关于权力意志的声明，但它们都犯了一个基本的错误。它们把对权力意志的追求所引起的一个共同的、事实上可能是不可避免的副产品或后果，当作了权力意志本身的内容。在我看来，对这一事实的恰当领会，不仅可以让我们更加深入地理解这一关键的思想，也将有助于解释尼采是如何在权力意志中有根据地看到其重估所有价值的原则的。

权力意志的概念不是凭空而来的。它是在叔本华哲学的背景下形成的：尼采将他的权力意志的观念视为叔本华的“生存意志”的观念的替代品（Z，Ⅱ 12；WP 1067）。尼采在生命意志中发现了

---

① Löwith（1997）。

② Kaufmann（1974），第 213—216 页。

③ Richardson（1996），尤其是第 28—35 页。

④ Clark（1990），第 221 页及以下几页。

典型的虚无主义的范例，由此设计出权力意志这一药方，以此生存
105 意志的概念反而成为叔本华悲观主义的试金石。我相信，将权力意志的观念和对虚无主义的整体批判置于对叔本华的悲观主义进行回应这一背景中，将会是成效显著的。因此，我从对悲观主义的研究开始。

一、叔本华的悲观主义

1. 哲学与经验

如果没有理解它们的方法，我们就不可能领会叔本华对生命的本质所作的那些形而上推测的意义。他明确将这种方法的概念与形而上学是一门先天学科的观点进行了对比："人们一直事先认为，形而上学和先天知识是等同的，……我认为，世界之谜的解答，必定来自于对世界本身的理解，因此形而上学的任务不是对世界存在的经验避而不谈，而是要彻底去理解它"（WWR I"康德哲学批判"，第 427—428 页）。①

形而上学寻求"理解经验"。虽然叔本华对此说得并不是十分明确，他似乎是在相对广泛的意义上使用"经验"这个概念的。当然，它包含不同类型的经验知识，例如不仅包含处于时空中的事物的外部经验，也包含"意志"的内部经验——它表现在某人自己身体的某种体验上，但不能在时空中被感知。它还可以表示人们在漫长的一生中获得的那种经验。第一种意义上的经验表示我们对比较混乱的大量知觉数据的熟悉。相反，第二种意义上的经验不是大量的第一种经验的简单堆积，而是对它的精炼概括，以普遍观

① 正如叔本华所理解的那样，先天知识不仅包括康德所反对的那种形而上学（超感觉的科学），也包括他接受的那种形而上学（经验可能性条件的先验考察）。关于在反对后者的过程中叔本华的方法所起作用的论述，参见 Guyer（1999），第 93—137 页。

察的形式对之进行了分类整理。①

基于若干理由，我倾向于把第二种经验和第一种经验的概念都归给叔本华。首先，他为支持自己的形而上学推测而引用的许多观察都具有非常普遍的性质：比如，对幸福的观察，大体而言，幸福在此生是遥不可及的。这类观察的要求，不止限于只熟悉时间和空间中的物体，或是只了解到我的身体是一种意愿。此外，不同于大多数哲学家，叔本华还特意在世界文献的丰富资源中为他的形而上观点寻求确证或支持，在那里，人们记录自己的经历，106
即我正在考虑的那种意义上的经验。最后，形而上学本身的普遍性要求经验要被“彻底地”理解：一个人对于世界的知识越宽广，拥有越多的“经验”，他关于这个世界的形而上的推测就越会受到支持。

这种把形而上学建立在经验之上的方法论，是基于这个根本的假定，即物自身在现象世界中“显示它自身[sich darstellt]”，尽管可能是以一种模糊的方式。这个假定为叔本华哲学方法的观念奠定了基础：“在我们的意义上，哲学现在试图更接近物自身。达到此的方法，部分是将我们外部和内部的经验汇集起来，部分是通过发现现象的意义和联系而达到对其总体的理解——类似于阅读迄今为止未知作品中的神秘人物。沿着这条路，哲学从表面的现象进展到进行显现的事物，再到隐藏在现象背后的东西；然后达到超出物理世界的东西（τὰ μετὰ τὰ φυσικὰ [ta meta ta physika]）”（PP 21；第 18—19 页）。通过收集对生命的一般观察，形而上学家开始研究生命的本质。他用这样的观察去揭示那种本质的现象和表现。然后开始询问生命的本质必然是什么样的，因为它呈现

① 这些观察是用归纳概括的说法来表述的，类似于所谓的大众智慧中所包含的东西（比如，“每天一个苹果，让我们远离医生”或“金钱买不到幸福”）。在哲学上诉诸这些经验并不新鲜。比如，亚里士多德有时就被认为也依赖于这样的经验。

出这样的现象，或用这样的方式表现出来。有点儿意外的是，叔本华的形而上学的概念表明它很容易遭受经验上的批判。如果有人提出令人信服的经验证据，而该证据与他的形而上学推测所建立于其上的一般观察相矛盾的话，这个推测就失去了可信度。这也许就是叔本华为何要如此挑剔地写出一页又一页经验性观察，而且还要从世界文献（不仅包括哲学，也包括小说、诗歌、论文、宗教文本等等）那里寻找证据的原因之一。这些资源旨在夯实他形而上学的经验基础。然而，即使我们接受叔本华的一般观察，但对其解释的不认同依然会出现。因此，尼采虽然接受了很多叔本华的一般观察，但正如我主张的那样，事实上，他将会对叔本华为它们提供的解释提出挑战。

2. 悲观主义

叔本华的悲观主义认为幸福是不可能的："生活中的一切都表
107 明，尘世的幸福注定要遭受挫败，或被认识到是一个幻觉。这一切正好就植根在事物的本性之中"（WWR，Ⅱ，第四十六章，第573页）。因此，悲观主义建立在两个基本的主张上：一是关于幸福本性的伦理，二是关于"事物本性"的形而上学的主张，后者被认为解释了幸福为什么是不可能的。

让我们先考虑悲观主义的伦理基础。表面上，叔本华是按照欲望的满足来定义幸福的：幸福是"意志的最终满足，之后再也不会有新的意愿……意志的永恒的满足[eine finale Befriedigund des Willens, nach welcher kein neues Wollen einträte …… ein unzerstörbares Genügen des Willens]"，"一种永久的实现，它完全地并永远地满足了意志的渴求"，或"一种永远不会再受到干扰的满足[Zufriedenheit……, die nicht wieder gesört werden kann]"（WWR，Ⅰ65，第362页）。

哲学家们通常区分了两种幸福概念。一种幸福概念是根据欲望的满足来定义的，另一种是享乐主义的幸福概念。根据这两种概念，幸福就是愉快或没有烦恼(pain)。[1] 根据第一种观点，得到我们想要的东西就会让我们感到幸福，即使这种东西只是给我们提供少许愉快，或没有提供任何愉快。并且，即便我们能够从得到我们所想要的东西这一单一的事实中获得愉快，这种愉快对于幸福而言也是偶然的和非本质的。根据第二种概念，可以说，我们想要的一切就是愉快。虽然叔本华表面上是根据欲望的满足来描述幸福的，但他的幸福概念最终是享乐主义的：幸福就是愉快，或者至少是永远没有烦恼。

叔本华相信幸福——被理解为没有烦恼——包括了所有欲望的满足，这种看法源自于他关于烦恼和欲望之间的关系的观念。他似乎特别认同关于烦恼和欲望的两个主张。第一个且也是最为明确的主张认为欲望就意味着烦恼。如果只要欲望出现，就内在地包含烦恼，那么幸福，即所谓的没有烦恼，就要求所有欲望都得到满足。不过，这只是表明欲望的满足是无烦恼的必要条件，而非充分条件。因为可能存在与我们的任何欲望都没有关系的烦恼。但是，尽管不是那么明确，叔本华也认同烦恼意味着欲望的观点：不存在没有欲望的烦恼。而且，这种认同解释了他为什么要认为所有欲望的满足，不仅是达到没有烦恼的必要条件，而且也是充分条件。让我们更加切近地考察这两种主张，那就先从第二种主张
开始吧。 108

3. 烦恼与欲望

我认为叔本华认同第二种主张，即便仅仅是含蓄地，那就是**烦恼意味着欲望**。因为他的两种观点认为烦恼不仅仅是某种经历所具有的特殊性质。第一，他认为欲望的满足对于达到无烦恼的状态不仅是必要的，而且是充分的。他自己并没有为这一观点提供

---

① 译注：在本书中，作者对 pain 和 suffering 进行了区分，所以我们将前者译为“烦恼”，后者译为“痛苦”。

明确的理由。但是，最吸引人和最令人信服的原因，恰恰是观察到，烦恼并不是所有烦恼的经历都会具有的一种特殊的现象的性质（phenomenal quality）。比如，比较一下以下这些烦恼的经历：失去孩子、消化不良、考试不及格。我们将很难找到一种独特的、为这些经历所共有的显著的现象的性质。然而，由于它们都让人感到烦恼，所以它们之间必然会有一些共同的特征。这种特征最明显的就是它们与我们的欲望的关系：所有烦恼被人们经历时，都被看作是多余的。比如，饥饿是烦恼，不仅仅因为它是一种特别的感觉，更因为它本质上还包括想消除这种感觉的欲望。

第二，叔本华认同佛教教义中有关终止欲望的一些说法，或者，就像他自己所称呼的，“意志的否定”，或“彻底的死心断念”。根据这一学说，我们可以从烦恼中解脱出来，而不必改变烦恼经历中被感觉到的性质，只要压制带来烦恼经历的欲望即可，这欲望是烦恼的基本组成部分。比方说，你能够消除饥饿的烦恼，但不是通过吃饭的方式，而是借助苦行和禁欲来压制导致本身就是烦恼的基本组成部分的欲望。在这种情况下，与饥饿相关的感觉仍存在，但它们不再让人感到烦恼。

叔本华也明确认为欲望意味着烦恼：“欲望就其本身而言就是烦恼[der Wunsch ist，seiner Natur nach Schmerz]”（WWR，Ⅰ57，第313—314页）。我们可以假设，从一开始，只要欲望没有得到满足，它就是烦恼的根源。叔本华为下面这段话中的这种观念提供了一个简单的论证：“然而，一切欲求的基础，是需要，缺乏，因此是烦恼，而且由于它的本性和起源，它注定了就是烦恼”（WWR，Ⅰ57，第312页；参见38，第196页）。并且又说：“这种强烈的欲求本身直接就是痛苦（suffering）的持续来源，首先是因为这样的一切欲求都源自于缺乏，因此也源自于痛苦”（WWR，Ⅰ65，第363
109 页）。

所有欲望都产生于需求或缺乏。在叔本华所举的口渴和饥饿这两个有代表性的例子这里，我们想象有机体需要水和食物，通过产生烦恼体验的方式，它向意识发出了这种需要的信号。烦恼是一种特别的信号，它的功能是让有机体采取行动去满足这种需要。这种特别的功能就反映在烦恼的结构中：它包括某种感觉及其想要消除这种感觉的欲望。这种感觉让某种需要显示出来，想要消除这种感觉的欲望则引起人们去满足这种需要。

我把这种论证叫作*起源的论证*，因为它建立在关于一切欲望的起源的看法上。这是因为它在某个需求上有它的起源，该需求以烦恼的形式在意识中表现出来，这样一来，欲望就意味着烦恼。这种观点的主要缺点是，“所有欲望都源自于烦恼”这种断言令人难以置信。比如，一些欲望可以从愉快中产生，或者从对对象的内在价值的承认那里产生。

叔本华否认对象具有内在的价值：“简言之，一切满足我们心愿的东西，我就叫作善的。……与之对立的东西的概念……我们用*坏的*这个词来表达，偶尔用更加抽象的‘恶的’这个词来表达，因此，它指的是在每一种情况下，都与意志的努力背道而驰的事物”（WWR，Ⅰ65，第360页）。如果 件东西因为被需要而变得美好，那么它的价值就取决于欲望，而且不能引起它。

然而，欲望似乎可以从愉快中产生，就像它们可以从痛苦中产生一样。就像痛苦的经验本质上包含结束它的欲望一样，愉快的体验包含了希望它能重复和持久的欲望。十分明显，我的想要结束烦恼体验的（未被满足的）欲望，是痛苦的根源：烦恼的感觉仍在继续。与此相反，同样也非常明显的是，我想要让愉快的体验再次发生或一直持续的（未被满足的）欲望，就好像不是烦恼的根源。因为这种欲望的受挫只能表明愉快的体验已经结束，不一定表示烦恼的体验取代了愉快。这大概是一种既不愉快也不痛苦的状态。

为了解决这个困难，我们必须诉诸愉快本质上是“消极”的这一叔本华的颇有争议的主张:即是说,它只是缺乏痛苦的经验:“一切满足[Befriedigung],或者通常被称之为幸福的东西,在本质上的确总是消极的,从来就不是积极的。这不是一种本具的
110 [ursprünglich]自来的[von selbst]适意[Beglückung],相反,它必
然总是某个欲望[Wunsch]的满足。”(WWR,Ⅰ 58,第319页;参见67,第375页)。只有当已有的欲望得到满足时,愉快才会来到,愉快就是消除痛苦后的感觉:本质上,它就是**解脱**。如果愉快是没有痛苦的体验,那么,追求愉快就是希望没有痛苦。就欲望是建立在愉快的体验中而言,这是一种持续从痛苦中解脱出来的欲望,而不是一种让积极的新的体验持续下去或重复再来的欲望。

对这种观点来说,这种关于愉快的消极的概念可能是一种缺点。因为在某些已有的欲望得到满足时,愉快才发生,这好像不合理。愉快可以在不经意间出现,比如,当看到预想不到的美景,我就会感到高兴。叔本华承认这种不经意间的愉快确实会发生,但他仍然认为,即便是这种愉快,也是消极的。审美的愉快,就像我刚刚提到的那种高兴,不是产生于已有欲望的满足,但也只不过是欲望的**终止**。审美沉思的愉快之处不在于某一特定的欲望得到了满足,而是个体哪怕只有一瞬间,从通常的欲望中脱离出来,不再被这些欲望鼓动和折磨。叔本华这样描述了审美的愉悦:“激情的风暴、欲望和恐惧的压力及其所有欲求的灾难都立刻以神奇的方式冷静和平息下来,因为在摆脱意志束缚的那个时刻,我们失去自我,进入一种纯粹的、没有意志的认知中,也就是说,我们进入到另外一个世界,在那里,煽动我们意志的,因而粗暴地鼓动我们的一切,都不再存在”(WWR,Ⅰ38,第197页)。

起源的论证建立在所有欲望都源自于需求的,因而都源自于烦恼的主张之上。毫无疑问,这是叔本华关于“欲望意味着烦恼”这一论断的正式论证。不过,值得注意的是,有时,他似乎也倾向另外一种不同形式的论证,我把它称为**情感失调的论证**。这种论

证不是建立在愉快的消极概念之上，而是出现在如下段落中："所有源自于匮乏、源自于对自己状态不满[aus Mangel, aus Unzufriedenheit mit seinem Zustand]的追求，只要它没有达到目标，就是一种痛苦。"（WWR，Ⅰ56，第309页）

我从与这段话有关的三个观察开始论述。一方面，"追求"表
示某个欲望的实际追求，不是欲望本身。就其特殊性而言，追求并 111
不仅仅是欲望：它是行动，而不只是行动的倾向。此外，虽然追求不是欲望的一个实例，但它是被欲望所引起的，欲望可以被视为它的根源或"基础"。由于叔本华明确宣称追求源自"缺乏"，所以可以合理地推想，他认为欲望和缺乏之间是紧密相关的。这将我导向了有关"缺乏"概念的最后考察。我在某种东西那里体验到缺乏，不仅仅是当我没有它的时候，而且也是因为它的缺乏实际上是我的"不满"和"烦恼"的根源之一。这促使我们去问，某种东西在我这里的缺乏凭什么成了烦恼的根源。答案目前好像是显而易见的：某种东西在我这里的缺乏之所以是烦恼的根源，是因为我想要它。缺少某样东西，就是在我的实际状态（我认为我没有某样东西）和可能状态（我有某种东西）之间体验到一种矛盾。我或许根本不会将这种对比体验为差异（实际上，我可能完全不会体验到这种对比），除非我想达到相关目的。

关键的思想是，单单只是欲望的出现，不管它源自哪里，都是烦恼的根源，因为它使我将实际的处境体验为令人不满的和有欠缺的。欲望的出现因此就产生了一种情感失调，一种心理上的紧张，为此，我与自己的处境之间格格不入，而且只要该欲望没有得到满足，这种紧张就会继续存在，就会是烦恼或悲伤的根源。[1]

设想一种愉快的经历，在我这里引起一种想让其重复和持续

---

① Cartwright(1998)简要讨论和批判了有关欲望的烦恼的这种论述（尤其是第57—58页）。

的欲望,并且我无法满足它。根据情感失调的论证,没有得到满足的欲望将是烦恼的根源。但是,想让一段愉快的经历持续下去的欲望,在没有如愿以偿的情况下,仅仅表示那段愉快的经历已经结束,未必意味着它已经被烦恼取而代之。因此,由于欲望遭受挫败而导致的烦恼,不可能是导致了想排除它的欲望的那个烦恼的重复,就像起源论证中的情况一样。现在,烦恼仅仅是由欲望的出现而导致的,而不用管它的起源。

这个观点不可否认是令人感到奇怪的,但它并不是没有一点合理性。它从某些精致的伦理享乐主义那里得到了意想不到的支持。它们主张节制,尤其是在追求新的愉快的时候。新的愉快给他们带来想让这些愉快回头再来或持续下去的新的欲望,因此也
112 带来了受挫的新的可能。我不能重复新的愉快的体验,将会让我的生活因失去它而显得是“有欠缺的”和“令人不满的”。相比之下,不为我所知的愉快,就是不会失去的愉快。对此,叔本华提供了相关的考察:“当享受和愉快成比例地增加,对它们的敏感性也就相应地减弱。对于我们已经习惯了的享受和愉快,我们就不再会感到愉快。然而,也正是通过这样的方式,感受痛苦的能力得到了增强;因为那些习以为常的愉快和享受的中断,让我们感到烦恼。因此,对什么是必要的东西的衡量,通过占有而有所增加,从而感受痛苦的能力也增强了”(WWR,Ⅱ 第四十六章,第 575 页)。

当我们考虑烦恼的情况时,更严重的困难出现了。设想我经历一种烦恼的状态,这意味着(鉴于叔本华认同烦恼意味着欲望的观点)我有想结束这种状态的欲望。在目前看来,这个欲望遭受挫折是烦恼的,不只是因为它表示我想要消除的烦恼状态还在持续,同时也是因为这个欲望本身带来了一种新的不快。

不考虑欲望的来源,就说欲望本身乃是不愉快的根源之一,这是什么意思呢?这表示单单是欲望的挫折就是不快的原因,与行为主体在此过程中被剥夺了什么东西没有关联。根据起源的论

证，欲望的挫败是烦恼的根源，因为这意味着引起烦恼的需要，本身就会引起欲望，而它仍然没有得到满足。根据情感失调的论证，这种挫败本身就是不快的根源之一。

叔本华没有明确区分这两种论证，因为他认为所有欲望都来自烦恼，因此以消除它为目标。然而，他好像又坚持两种不快的区分。设想我经历烦恼，这表示我有想要结束那个烦恼的欲望，而那个欲望的挫败产生了两种不快。我想要消除的烦恼依然存在，此其一；但是，还有第二种烦恼，我因得不到自己想要的东西而感到挫败，不管那个东西是什么。比如，从烧伤的疼痛那里，**以及**从我摆脱疼痛的愿望没有实现那里，我都感受到了烦恼。

他倾向于把仅由欲望引起的挫败叫作"痛苦"(suffering)［Leiden］，"一切痛苦不是别的，只是意志不满足和挫败而已"(WWR，Ⅰ65，第363页)。用烦恼(pain)这个词，他倾向于指那种不请自来的不快，这是在它不是由某种已有欲望的挫败所引起的意义上来讲的，但它本质上包含了一个新的欲望。其他类型的不 113
快可以理解为源自已有的欲望，也可以理解为只是本质上包含了一个欲望。就像我们马上会看到的那样，叔本华认为"无聊"是一种痛苦。

痛苦源自于满足已有的欲望时遇到的阻碍，因而，它只是其他各种不快中的一种。然而，叔本华给了它一个特殊的地位：他对幸福的定义(幸福就是要求消除所有的不快)与痛苦形成了鲜明的对比——："我们称它的［意志的］阻碍为'痛苦'［Leiden］，这阻碍是它与它的临时性的目标之间的障碍。另一方面，它的目标的达成，我们叫作满足［Befriedigung］，安康，幸福"(WWR，Ⅰ56，第309页，参见65，第363页)。这并不奇怪：尽管痛苦一般来讲不能等同于不快，但痛苦的消除却意味着不快的消除。因为痛苦的消除意味着所有欲望的满足，除非有的欲望还没有得到满足，否则就不会有任何不快。

4. 幸福的消极特征

悲观主义是这样的观点,被理解为永远没有痛苦的那种幸福,是不可能存在的。因此,它必须建立在形而上的基础之上,而不能仅仅是建立在经验的基础之上,经验最多能够告诉我们,获得幸福的可能性非常小。因此,引用大量的不幸福的"确切"的事例还不够,像"这样的描述很容易被看作是对人类苦难的一种简单说教……,这样一来,它可能会被指控为偏颇,因为它是从特定的事实出发的"(WWR,Ⅰ59,第 323 页)。基于这个原因,叔本华要在"生命本性的基础之上"为悲观主义寻找"哲学的证明"。

他特别发现,在人类意志的本质中,存在着悲观主义的两种主要论证的要素。每一个论证遵循的是截然不同的策略。第一种论证,我将会在这一节进行讨论。这个论证并不否认我们所有的欲望都能得到满足,但它旨在表明,我们从这种满足得到的愉快不能持久。第二种论证,我会在后面一节进行讨论。它表明我们所有欲望的满足实际上是不可能的。此外,每一个论证都利用了人类欲求的一个重要特征。

第一个论证建立在被叔本华称为愉快或幸福的"消极"特征之
114 上:"所有的幸福都只具有消极的性质,而不具有积极的性质,而且……**由于这个原因**,它不可能让人长久地感到满足和开心,通常只能把我们从痛苦或缺乏中解救出来"(WWR,Ⅰ58,第 320 页,着重号是我加的)。要理解这个论证,我们必须从两个开放性的观察开始。

第一个观察关注满足[Befriedigung]概念的模糊性。一方面,满足仅仅表示获得欲望中的对象。另一方面,是从对这个对象的占有中获得愉快(在这种情况下,叔本华倾向于使用"适意"[Beglückung]或者"幸福"[glück]或者"满意"[Zufriedenheit,Genügen]等术语)。这把我们引向了第二个观察,幸福对叔本华来讲显然就是一种经验,因此必须包含第二种意义上的满足,它是从占有所欲望的对象那里获得的愉悦。这个区分有一个重要的含义。在第一个论证中否认幸福的可能性时，叔本华实际上并没有否认我们能够得到自己想要的对象，但他不承认这种得到能给我们带来*持久的*愉快和适意。要恰当地领会他的关于幸福不可能的第一个论证，这个假定非常关键——它否认了永久适意的可能性。让我们考察一下他是如何从愉快或幸福的消极特征那里得出这个断言的。

幸福在如下意义上是消极的："所有的满足，或者通常称之为幸福的东西，实际上和本质上总是消极的，从来就不是积极的。对我们来说，这不是某种本具[ursprünglich]和自来的[von selbst]适意[Beglückung]，但它必然总是某一欲望的满足"（WWR，Ⅰ58，第 319 页；参见 67，第 375 页）。鉴于我刚刚提到的满足概念的模糊性，这个断言有两种可能的解释。如果我把满足定义为得到自己想要的对象，就获得对象仅仅是"从痛苦中，从需求中（对这个对象的）解救出来"这点而言，满足是消极的。获得这个对象除了消除对它的需要之外，没有任何"积极的"好处。相比之下，如果我们把满足定义为*适意*，就它没有被直接和"自行"地体验到，而仅仅是没有痛苦而言，那么它就是消极的。只要加上必要的修正，这对"积极"的满足同样适用。第一种意义上的满足将是积极的，就获得某个人所想要的对象的意义是基于对象本身（它本身所固有的价值），而不是因为它消除了某个需求这点而言。而且，第二种 115
意义上的满足是积极的，是因为对拥有一件具有内在价值的物品的享受是"本具和自来的"：它不需要产生于已有痛苦的消除。

既然叔本华是根据愉快或适意来界定幸福的，因此，我们应该理解他的所有的满足都只是消极的说法。为了清晰起见，我将限定自己对"*满足*（satisfaction）"这个词语的使用，只用它来表示对一个欲望对象的占有，而用"适意（gratification）"这个词来表示从那种占有中得到的享受。有了这些定义和区别，我们现在可以转向叔本华的如下推论:从幸福的消极特征得出幸福是不可能的观点。

适意不能够持久,是因为它只包含没有烦恼的经验:“那就是说,对欲望来讲,缺乏是获得任何愉快的前提条件。但是,随着满足的到来,欲望以及愉快就结束了。因此,满足或适意除了是从痛苦和需求中解脱出来之外,就什么也不是”(WWR,Ⅰ58,第319页)。这个论证看起来非常简单:欲望是有可能获得适意的一个条件。只要欲望得到了满足,它就消失了,随之消逝的还有适意本身。因此,包含这样一种适意的幸福,充其量是转瞬即逝的。这整个论证取决于欲望(还有烦恼)是“任何愉快的前提条件”这个说法。起初,叔本华依赖于自己提出的口渴和饥饿的类比。比如,饮水决不会“自行地”产生愉快,只有当某人感到口渴的时候,才会如此。只要口渴的问题解决了,饮水就不再会带来任何愉快。[①] 因此,口渴是我们从饮水中获得愉快的条件。

然而,对这种说法,渴的例子仅仅提供了一种在直观上有说服力的说明,而不是对它的解释。叔本华最终认识到了这个困难,并提出了下面的解释:

> 我们感觉到烦恼、担忧、恐惧,而对没有烦恼、摆脱担忧、完全和安稳则没感觉。我们感到自己的欲望,就像我们感到饥饿和口渴。但是只要欲望得了满足,它就犹如一口被吃掉的食物。在食物被吞下的那个时刻,对我们的感觉来讲,欲望也就停止了它的存在。我们烦恼地感受到愉快和享受的失去,一旦它们没有出现。但是,即使烦恼是存在了很长一段时

① 至少,我假设(就像叔本华所做的那样)在“正常”情况下是这样的。我应该把以下事实会产生的复杂性搁置起来:至少对人类而言,美食和吃美食开始扮演各种象征角色,这表明甚至对那些肚子不饿的人来说,吃美食也会带来好心情。

> 间之后才停止的，我们也不会直接感受到它们的缺席，最多可
> 以通过反思而有意去想到它们。因为只有烦恼和缺乏才能被 116
> 积极地感觉到，因而宣告他们自己[kündigen daher selbst
> an]。与此相反，幸福仅仅是消极的。（WWR，Ⅱ，第四十六章，第 575 页；参见 PP，149，第 291—292 页）

在这段话里，叔本华试图根据在愉快经验与烦恼经验之间存在的奇特的不对称，来说明自己的道理。鉴于烦恼——从它这里，我们的欲望生长出来——被人们直接和“积极”地感受到（“他们宣告他们自己”），而作为烦恼的消除或缺席，愉快只能被“消极”地感受到。因此，只有当幸福消逝，烦恼再次袭来，或是想起幸福之前的烦恼的时候，我们才会对自己的幸福有所意识。由于这个原因，适意不能成为“直接感受”的对象，而只是一种“想法”，也就是说，是一种我们没有处于痛苦中的“反思性”认知。愉快经验的这种奇特性质，被叔本华称之为它的“消极”特征，因而解释了为什么烦恼是它得以可能的前提条件。此外，它也解释了为什么持久的适意和满意的那种幸福，是可望而不可即的。愉快的经验确实是建立在烦恼如今被消除了的记忆上。随着幸福时光的流逝，这种记忆一定会消退，它所依赖的适意的体验也会一起消退。这种经验因而不可能是恒久的，相反，为了让其有可能，它必须一次又一次被打断。

对于这种论证，很自然就会出现两种反对意见。第一，考虑到烦恼和愉快的相对性，我们可能会反对说，这种不对称反过来也是同样合理的：愉快是“积极的”感觉，而烦恼只是“否定的”感觉。但是，这种观点会带来一些棘手的问题。如果我们认为烦恼是相对于愉快而言的，就像叔本华认为愉快是相对于烦恼而言的那样，那么，随着它否定的愉快记忆的消退，烦恼大概也会以同样的速度消退。这种反对意见似乎是让人难以置信的：烦恼，用叔

本华的话来讲,如果愉快的记忆已经完全消失,它也会继续“宣告自己”。此外,在现在考虑的这种替代性观点这里,烦恼将不是直接感觉的对象,而只是反思地理解的对象,也就是认识到愉快不能被感觉到。但是,这也是不合理的,因为烦恼似乎是直接感受的范例。[1]

第二种对叔本华的论述的反驳就在于否定愉快和烦恼的相对性。它们都可以是直接感受的对象,二者彼此独立,都能被“积极
117 地”体验。愉快不能被“积极地”体验这点,对叔本华的理论非常关键。再次考虑一下就算没有明显的烦恼被驱除,人们也体验到了愉快的这种情况。美丽的景色、可口的饭菜、消遣的药物都会让我感到惊喜,即使这些体验没有消除已有的烦恼。

在这些情况下,我们也许会这样回答:这种愉快给人们的烦恼带来了明显的缓解,而他们对此烦恼只有微弱的意识。这种愉快的感觉使得人们承认他们的存在的不幸,而且这种感觉是通过与这种不幸对比才得到解释的。我意外地欣赏到美丽的风景,无非是意识到我错过了什么。这个回答看起来非常古怪,但它很适合叔本华的审美愉快观念。审美愉快可以在不经意间出现,倘若它们不是源自于某些已有欲望的满足。但是,它们仍然构成了从欲望那里得到的某种解脱,一般而言,它在此包含对欲望的一种超脱(WWR,Ⅰ38)。

5. 人类欲求的本质

对于叔本华的人类意志的形而上学,悲观主义的第一个论证给了我们一些重要的线索。根据他的方法,我们必须问下面的问题:必须赋予人类意志什么样的特征,这样它才能解释适意本质上

---

① 这是有争议的。比如,人们能够如此习惯于某些长期的不适,以致失去了对它们的意识,而且只有这种不适被消除,他们才会重新意识到它们。不过,要注意,应该说只有在不适比较轻微的情况下,这才是可能的。

的消极特征以及由此导致的幸福的不可能？要理解叔本华在幸福的消极概念中所预设的人类意志的概念，我们需要对两种欲望作出区分：**基于对象**的欲望建立在对象具有内在的可取性的认识之上；**基于需求**的欲望建立在内生（endogenous）需要的基础上——它们不取决于对象的可取性，相反，它们取决于自己。幸福的消极概念以所有欲望都是基于需求为先决条件。叔本华把口渴和饥饿当作人类欲望的范例。与其说，我感到口渴，不是因为我认识到喝水本身就是令人向往的，不如说，喝水变得令人向往，只是因为我感到口渴了。

这种区别表明这两种欲望对象的可取性不同。只有当它被需要的时候，基于需求的欲望的对象才是可取的，而以对象为基础所激发出来的那个欲望的对象，其本身就是可取的。因此，基于需求的欲望的对象的可取性，和与之相关的需求的出现有关（比如，如
果我没感到口渴，喝水就没有什么吸引力），但是，对基于对象的欲 118
望的对象来说，就算我们得到了它，它本身依然是可取的（拥有并享受一件具有内在价值的物品并不会降低它的吸引力）。

最后，两种欲望的区别意味着另一个差异，这与满足他们的条件有关，这点对叔本华的意图非常关键。既然某个基于需求的欲望的对象的可取性完全只在于它被欲求，那么对基于需求的欲望的追求，其目的就只在于消除与之相关的烦恼，而不是为了占有对象本身。因为除了消除那个烦恼之外，占有这个对象再无其他意义。这种含义至关重要，因为它开启了消除烦恼的可能性，而这正是基于需求的欲望所追求的最终目标。这样一来，我们就可以通过其他方式，而不是通过占有它们的对象来消除欲望。因此，叔本华就会主张（参见第四章），**使自己挣脱**欲望不仅能够成功地消除与之相关的烦恼，事实上，这也是一劳永逸地消除烦恼的唯一方式。如果我可以设法解除欲望来消灭烦恼，那么，既然烦恼意味着欲望，烦恼就会随之消失。然而，同样的做法对基于对象的欲望并

不适用:既然我们想要这些对象,是因为它们本身就是可取的,那么,在追求它们的过程中,除了获取它们之外,就没有其他方法能够让我们得到自己所想要的东西。换言之,对于基于对象的欲望来说,没有可以接受的其他选择来使之得到满足。

叔本华指出了基于需求的欲望的最后一个特征,当他注意到它们的满足只是消极的,或是"从烦恼、从缺乏那里被解救出来"的时候。与此相反,基于对象的欲望的观念,则将表明满足的一种"积极的"概念。既然欲望的对象有独立于被主体所欲望的价值,得到它就会让这个主体感到适意,不管他之前是否对它有欲望。

叔本华相信,规定人类生命的"欲求与追求"应该根据"渴"或"饿"的模式来理解,也就是说,被看作基于需求的欲望。他赞同这样一种观念,不是因为他相信这是对我们的欲望观念的正确分析,而是因为他相信,这个分析可以用来解释愉快体验的消极特征,并
119 能解释为何持久的幸福最终是不可能的。①

6. 无聊的论证

我们现在转向叔本华为悲观主义所作的第二个论证,这个论证遵循了不同的策略。第一个论证本质上认为,就算承认所有的欲望都能够得到满足,我们依然不能从那里得到持久的适意。因为得到适意的可能性依赖于烦恼的周期性发作。第二个论证反对第一论证所作出的让步,并认为幸福之所以不可能,是因为满足我们所有的欲望是不现实的。这一论证的要点在下面的段落中得到了概述:

---

① 对叔本华关于意志的解释及其与他的悲观主义的关系,有一些标准化的反对意见,参见 Janaway(1999),第 318—343 页。一旦我们注意到叔本华的形而上学旨在理解经验所带来的一般教训,我认为这些反对意见的力量至少会有所减弱。

> 欲求与追求是(生命的)全部本质,可以把它们完全地比作不能止住的干渴。然而,所有欲求的基础是需求、缺乏,因此就是烦恼,根据它的本性和来源,它注定了就是烦恼。另一方面,如果它缺乏意愿的目标(因为只要它轻易地心满意足了,目标马上就被剥夺了),一种可怕的空虚和厌倦就会降临在它之上。换言之,它的存在本身对它而言,成了一种无法忍受的负担。因此,它的生活就像一个在痛苦和厌倦之间来回摆动的钟摆,这二者事实上就是它最终的组成部分。有一种说法很奇特地道破了这一点:当人们把所有痛苦和折磨都放进地狱之后,留给天堂的除了无聊,就别无所有了。(WWR,Ⅰ57;第312页;参见38;第196页)

叔本华首先注意到人类有各种各样的欲望,只要它们没有得到满足,就会让人感到烦恼。显然,他认为这是毫无争议的。该论证的关键在于第二个主张,那就是人类容易感到无聊,而与此相关的观点是,人类的生活就"像钟摆一样在烦恼和无聊之间来回摆动"。要理解这个主张的意义,我们就必须问无聊是何种状态,我们对它的敏感又告诉了我们什么。①

叔本华对无聊的分析,是从三个重要的观察开始的。他首先观察到,当我们目前所有特定的欲望都得到了满足,并且没有新的欲望"登场"时,无聊就会到来(WWW,Ⅰ57;第314页)。第二,他认为,无聊是一种不可理喻的让人不高兴的状态,我们对之要竭尽全力去逃避:"无聊绝不是一件可以随便看待的坏事,最终,它描绘了面容上的真正绝望"(WWR,Ⅰ57;第313页)。第三,他指出,

① 对无聊在叔本华哲学中的重要性的更多研究,参见 Raymond(1979)。Young(1987)也简单提到了无聊在为悲观主义作论证中的重要性,但他没有进一步阐述这一观点(尤其是第59页)。

当我们无聊的时候，我们经验到的那种特殊的不愉快其实是一种
120 沮丧：我们觉得好像缺了点什么，或者还想要点什么。[①] 为此，他把无聊描述为一种“空洞的渴求[leeres Sehnen]”（WWR，Ⅰ58；第320页），用此表示一种“没有明确目标的渴求[Sehnen ohne bestimmtes Objekt]”（WWR，Ⅰ29；第164页），或者是“没有明确动机的意志本身的压力[der Willensdrang selbst，auch ohne erkanntes Motive]”（WWR，Ⅰ65；第364页）。

这最后的观察限定了有关无聊的分析必须面对的主要困难。如果无聊是在这个时候乘虚而入的：我们当下所有特定的欲望都得了满足，而新的欲望还没有产生并要求得到满足。它所特有的不愉快是怎样由于欲望的挫折而产生的呢？正如叔本华所描述的那样，无聊是一种状态，在那里，行为主体达到了某个特定的目标，但还在继续意愿，此时却没有任何明确的意向。这就好像那特定的欲望所获得的满足不知为何让人还觉得不太满意，这就引出了下面的问题：为什么一个特定目的的达成还不足以让意志得到满足，以致意志停留在一种“空洞的渴求”中？对此，他给出了如下答案：“目的只是很表面的东西，达到它，它也就失去了魅力”（WWR，Ⅰ57；第313—314页）。目的的达到不令人满意，并给我们带来无聊，因为它“只是很表面”的东西。这个珍贵的答案显得模棱两可。因此，我们应该从比较它的两种可能的解释开始。

---

① 我应该指出，叔本华在他后来的一部作品中对无聊的论述似乎有所不同，依据那里的论述，无聊是认识到我们欲求的对象缺乏内在的价值：“它们（需要和想要）的满足很难达到，并且这种满足给他带来的只是一种没有痛苦的状态，而他们依然沉溺在无聊之中。因此，这就是存在本身没有价值的有力证明；因为无聊就是体验到它的空虚”（PP146，第287页）。我们所欲求的对象的价值是外在的，因为它在于能够消除欲求它们时所固有的痛苦。一旦欲望被消除，它们就会相应地失去价值。这就是为什么我们一旦得到了它们，就对它们没有兴趣了的原因。但更难理解的是，根据这个论述，为什么我们应该把接踵而来的丧失兴趣体验为无聊，这是一种使人感到不愉快的状态，除非我们像叔本华在他更早的论述中那样假定，我们的确想对什么感兴趣。

比如，我可能相信我确实想获得医学学位，但是当我实际上达到了那个目的，随后却会感到一种弥漫的不满或空虚。对这种感觉的一种自然而复杂的解释如下：获得医学学位终究不是我真正想要的，它不是我"真正的"目的。让我们假设一下，我真正的目的是得到父母的尊重，而这个目的是无意识的。比如，我不会对自己承认这一点，因为这意味着要面对如下不幸的事实：我**还**没有得到父母的尊重。正是对这种尊重的强烈需求使得我避免去做那样的承认。如果获得医学学位让我的父母无动于衷，我将找不到任何满足感。因为是我父母的尊重，而不是学位本身，才是我真正的目的。但是，由于我没有觉察这是我真正的目的，我的不满依然会弥漫开来，并让我感到莫名其妙。

这种解读受到两个缺点的困扰。第一，它没有排除某个目的是真正的目的的可能性（在上面的例子中，得到我父母的尊重是我真正的目的）。如果某些目的在这个意义上是真正的目的，那么人们就能得到与不无聊相随的那种适意，而这种可能性被叔本华否定了。第二，更重要的是，把这个例子中所描述的"空虚"感叫作无 121
聊是不合理的。我认为这两种状态明显不同。当我获得医学学位而没有得到父母的尊重时，我体验到的弥漫的不满包含这样一种感觉：仍然缺失某种东西，某种尽管我不知道是什么，但有其**特定**性质的东西。与此不同的是，无聊时，我已经得到我确实想要的所有对象，尽管这时我也有仍然缺失某种东西的感觉，但不是某种特定的东西还在缺失的那种意义上的感觉。

要对无聊进行充分的说明，那么，就必须解释缺失某种**不明确的**东西的这种感觉。叔本华提出了如下建议："意志根本就没有最终的目的和对象，它总在欲求，因为欲求就是它唯一的本性，对它而言，达到任何目的都无法结束这种欲求。因此，这种欲求无法获得最终的满足；它只会被障碍所阻拦，但本质上它永远在继续"（WWR，Ⅰ56；第308页）。意志继续逼迫人们，即使一个特定的目的已经达到,因为它根本就没有目的,因此没有任何特定的目的可以让它满足。特定目的的实现“只是表面的”,不是因为另外一个特定的目的是其真正的目的,而是因为其根本就没有目的。

不过,我认为这个观点是误导人的,因为它与叔本华的如下主张是相冲突的:人类的欲求(或欲望)本质上是有意向的状态,因此需要一个意向中的对象。事实上,没有目的的欲求这种说法于理不通:“当一个人欲求时,他是在欲求某物;他的意志总是朝向某个对象,只有与一个对象相联系,才能设想他的意志”(FW,第 14 页;参见 WWR,Ⅰ29,第 163 页)。但是,我们现在怎么理解“没有目的的欲求”这种观点呢(WWR,Ⅰ29,第 164 页)?考虑到叔本华用来描述这盲目的、无目的欲求的概念是“生存意志”,那这个概念值得重视。因为你会想起叔本华是用欲求来定义生命的:“欲求和追求是它的全部本质”(WWR,Ⅰ57,第 312 页)。因此,生存意志是对意愿的意愿。这一想法也在我目前正在思考的那段话中有所暗示,宣称意志“不断追求,是因为追求就是它唯一的本质”,叔本华表明意志只是想欲求——可以说,它是对欲望的欲望。无聊就源自于这种奇特的欲望所遭受的挫败。叔本华实际上是宣称,当“缺乏欲求的目标”时,我们就会感到无聊。当感到无聊时,我们缺乏的不是特定欲望的特定目标,而是
122 缺乏可以去追求的目标。

无聊的这种说明被这种状态的独特现象学所证实。一个无聊的个体将会抱怨“他无所事事”。显然,他的意思不是他没有义务去做任何事:这将是安逸,而不是无聊。他表达的是他没有倾向或欲望去做任何事。什么都提不起他的兴趣,什么都吸引不了他。就像叔本华所说的,他“缺乏追求的目标”。此外,感到无聊的个人,任何特定的东西都不想要:他只是想有某种东西来追求,但没有特别地想要什么,任何一个新的欲望都可以。无聊是寻找某个目标的欲望,再次有欲望的欲望:这就是为什么只有当眼下特定的

欲望得到了满足，它才会出现。

对这些特定的欲望对象的占有，让它们丧失了魅力。根据这种观点，不是因为这些对象不适合用来满足那些欲望，而是因为对它们的占有消除了欲望。换言之，特定欲望的对象的吸引力有两种不同的来源：它之所以具有吸引力，是因为它有能力满足某种需求；它之所以也具有吸引力，是因为它能唤起欲望。在后面这种情形中，我们会说它之所以吸引人是因为它本身具有吸引力。一旦我们得到了它，该对象并没有失去它最初的吸引力——它继续满足某种特定的需要，但在满足这种需要的过程中，它消除了欲望，从而失去了第二种吸引力。①

从叔本华对无聊的敏感的反思这里，出现了人类欲求的如下图景："人类明显有许多面向特定目的的一级欲望"（例如，荣誉、财富、食物和居所等等）。对无聊的敏感显示他们也有一个二级欲望，该欲望的目的就是（或包括）欲望。② 有一级和二级欲望的人类欲求的结构表明，为何所有欲望（幸福）不可能得到最终和完全的满足。追求特定对象的一级欲望的满足，消除了寻常的痛苦，必然意味着二级欲望的挫败——它是对欲望的欲望，或是追求一级欲望的欲望——同时也意味着无聊，反之亦然。（事实上，对欲望的欲望是一种对痛苦和沮丧的欲望。对欲望的欲望是对烦恼的欲望，因为所有欲望来自于烦恼。此外，对欲望的欲望也是一种对满足的障碍的欲望，因为只要欲望得到了满足，它必然就会消失）。既然两种欲望绝不可能一起得到满足，人类的生活就像"钟摆那样，在痛苦和无聊之间来回摇摆"。 123

① 我把这一区别归功于乔治·费尔南德斯（Jorge Fernandez）。总的来讲，我对叔本华的源于无聊的论证的解释，从我与费尔南德斯的对话那里受益良多。

② Migotti（1995）根据"经验的"和"先验"的欲求（Willing），描述了叔本华那里的两种欲求概念，但他没有具体指出这种区别意味着什么，也没有说明这两种欲求之间有什么关系（尤其是第 647 页）。

二、何为权力意志

1. 对叔本华的批判

尼采明确地用权力意志的概念来代替生存意志。他发现后者是不合理的："以'求生存的意志'这种说辞射向真理者，当然击不中真理：这样一种意志——是没有的！因为：不存在的东西是不可能意愿的；但在生存中的东西，如何还可能意愿生存呢！但凡有生命的地方，就有意志：但不是求生命的意志，而是——我要如是教导你——求权力的意志"(Z，II 12)。[①] 初看之下，这一反对过于温和，显得没有说服力。当然，被尼采批判的生存意志并不表示：不存在的东西想要自己能够存在，而是表示已经存在的东西想要继续存在，想要自我保存。因此，尼采用权力意志来代替求生存意志的提议，似乎还不成熟。

这段话的第二部分提出了另外一种完全符合要求的反驳。尼采挑战了这样一种成见：一切有生命的存在物，包括人类，活着的目标在于保存自己，让自己永远不死。为此，他引用如下经验事实：至少有些时候，人类似乎将某些东西看得比他们的生命(包括他们的物种的生命)重要，比如，他们"为了权力"甘冒生命危险。因此，他说："自我保存的愿望是一种痛苦状态的症状，是一种对旨在扩大权力的真正的基本生命本能的限制，而对权力的向往通常会让自我保存处于危险的境地，甚至会牺牲这种本能"(GS 349；参见 WP 688)。[②]

---

① 译注：译文参考尼采，《查拉图斯特拉如是说》，孙周兴译，第二部分，第 12 节。

② 在别的地方，尼采提供了更加有力的论据来反对自我保存的学说："生理学家在把自我保存的本能看作有机体的主要本能之前，应该先想一想。生命体想做的首先是释放它的力量——生命本身就是权力意志"，自我保存只是它间接的和最常见的后果之一。简言之，在这里和其他地方一样，让我们谨防多余的目的 (转下页注)

这些段落及其提到的“生存意志”概念与叔本华是否有关，我们还不清楚。把它们理解为是对某种版本的斯宾诺莎主义的批判(BGE 13)，或是对达尔文主义的一种(误导的)解释同样也是合理的(TI，IX 14)。在达尔文主义那里，生物的驱动力就是自我保存的本能。在我看来，叔本华的“生存意志”和尼采的“权力意志”之间更紧密的关联可以在其他地方找到。

根据二级欲望来描述的生存意志的概念，叔本华只是给出了一个轮廓。正是尼采本人在采用叔本华思想的过程中，使这个二级的结构完全清楚了。因此，对于世界的描述，尼采用的恰好是叔 124
本华的措辞：“作为生成，它不知道满足、不知道嫌恶、不知道疲惫”，他宣称：“这就是我的永远在自我创造、永远在自我毁灭的**狄奥尼索斯**的世界……没有目标，除非循环的乐趣就是它的目标；没有意愿，只有对作为圆环的自我感觉良好——你想给这个世界取一个**名字**吗？它的谜底是什么——**这个世界就是权力意志**——**此外什么都不是**！”(WP 1067)。尽管尼采最终没有采用这则笔记，但这还是为理解他如何吸收叔本华的意志概念提供了关键的线

(接上页注)论原则——其中之一就是自我保存的本能(我们将其归功于斯宾诺莎的前后不一)。因此，在本质上必须遵从经济原则的方法需要它”(BEG 13)。

在这段话的第一部分，尼采援用先前提到的经验事实来支持他的生命就是权力意志，而不是自我保存的主张。既然某物力量的“释放”(权力的表现或“行使”)通常会加强它在环境中的地位，并提高它的生存机会，这也会让它容易成为它有意去这样做时所导致的错误的牺牲品。换言之，这是一个“把原因误认为结果的错误”的例子(TI，V 1)。假如自我保存的基本意志就属于这样的一个错误，尼采认为是由于两个理由。其中一个理由不是那么明显，它重新提到了《查拉图斯特拉如是说》中的论证。自我保存看起来之所以是基本的，是因为它是权力意志的一个常见但并非不可避免的结果：经验表明，人类至少在某些时会冒着自我保存的危险去做事情。另一个原因本质上是方法论上的，它与第一个原因可能有关。鉴于自我保存好像不是人类行为的唯一动力，我们会想，为什么我们不能基于**解释经济**的理由，青睐一个按照权力意志进行的解释：这一原则不仅能解释迄今为止用“自我保存的本能”来解释的现象，而且还能解释那些无法被这样解释的现象。对此的一个讨论和其他反对自我保存的首要性的论证，参见 Schacht (1983)，第 239—242 页和 Anderson(1994)。

索。尼采告诉我们,它“没有目标,**除非循环的乐趣就是它的目标**”:如果循环的观念指的是欲望和满足的循环,最终,权力意志的“目标”就是意愿自身(Z,III 12[19])。换言之,它具有二级欲望的基本结构。

此外,尼采还在关键方面发展和完善了对欲望的二级欲望的思想,虽然他没有用自己的权力意志概念来解释无聊,但通过回到无聊这个概念,我们对尼采主张的完善会得到一些最初的把握。首先,只是想有欲望的欲望——叔本华的解释依赖于这种欲望——尚不足以解释我们为何容易感到无聊。就算有特定的欲望,我们还是会感到无聊:比如,当被关在监狱里时,尽管我们非常想出去,也会感到无聊。无聊的时候,抱怨的不是没什么可欲,而是没什么可**做**。它的挫败会带来无聊的那种欲望,因此,更具体地说,不仅仅是一种想有欲望的欲望,而且是一种**追求**欲望的欲望。换言之,想要欲望,是因为欲望让我们有事可做。而想要走出监狱的愿望恰恰无法让我们束手无策,因为我们无法做任何事情来满足它。

此外,即使处在追求欲望的状态中,我们也会感到无聊,也就是说,当那些追求只包含一些没有什么挑战性的活动的时候。因此,在追求特定欲望的时候,那种欲望(对无聊的敏感取决于它)是想要面对挑战或阻碍的欲望。可以说,要是我们没有真正地拥有那些它们的满足被障碍或阻力所妨碍的欲望的话,单是障碍或阻力的出现,还不足以驱散无聊。因此,我们必须真正拥有其满足具有挑战性的那些欲望。

125 对于这些限定,尼采又增加了最后一条,它虽与对无聊的解释不再有关,但却至关重要。虽然有时我们会想要一些没有能力满足的欲求,最为常见的是我们不仅要求面对阻碍,而且要求**克服**它。因为权力是我们在成功地克服阻碍的过程中体验到的东西,因此,在追求特定欲望的过程中,克服阻碍的这种欲望被尼采称为

"权力意志"。

2. 权力意志的本质

那么,何为权力意志呢?在其出版的著作中,尼采故意用挑衅的言辞来描述它:"就其本质而言,生命本身就是占有、伤害、征服异类和弱者;是压制、磨砺、强加,是侵吞,以最温和的措辞来表达,至少也是剥削——但为什么人们总要使用这些字眼,尽管它们自古以来就带有恶意污蔑的烙印?……'剥削'不属于腐败、不完善、原始的社会。而是属于生命本质,是有机体的基本功能,它是真正的权力意志即生命意志的结果。"[①](BGE 259)。首先要注意的是,"占有、伤害、征服异类和弱者"等等在此被描述为追求权力意志的结果,这表明它们也许不属于这种追求的内容。事实上,为了解释他的笔记中的这些术语,尼采明确地强调了克服阻碍的思想,这被他看成它们共同的本质特征:"不过,所有的扩张、侵吞、增长都是同阻碍进行的抗争;运动本质上乃是与痛苦相联系的状态;在此,驱动力在每一种情况下追求的都是其他东西(而不是幸福),如果它就是以这样的方式追求痛苦,并且不断地追求痛苦。——"(WP 704)"扩张、侵吞、增长",尼采表示,"是同阻碍进行的抗争"。权力意志因而是"同阻碍进行抗争"的意志。既然抗争是进行克服的努力,我们可以说,权力意志就是想去克服阻碍的那种意志。

在最后一段,尼采明确地区分了求权力的意志与追求幸福的意志。这表明,所要克服的阻碍,就是反对欲望得到满足的阻碍。权力意志不是想要这种**状态**的意志:**在那里,阻碍已经被克服**(在那里,欲望得到了满足的状态),这就是叔本华的悲观主义所预设的那种意义上的"幸福"。此外,权力意志不仅仅是求**阻碍**的意志, 126
不仅仅是想要这样一种状况:由于阻碍或困难的缘故,某些特定的

① 译注:译文参考尼采,《善恶的彼岸》,魏育青译,华东师范大学出版社 2016 年,第 259 节。

欲望永远得不到实现。如果抗争最终没有成功，就不会有“扩张、侵吞、增长”。总而言之，权力意志就是克服阻碍的活动的意志，——“意志向前推进，并一次又一次地成为阻碍它前进的力量的主人”（WP 696），或是“阻碍和胜利的游戏”，它包括“征服了一种小障碍之后，立即又出现了另一种被征服的小障碍”（WP 699）。

基于这个最初的描述，我们可以开始厘清尼采权力意志概念的复杂性了。有两个重要的想法需要说出来。其一，权力意志“欲求不快”的自相矛盾的主张。要搞懂这个思想，我们必须更加细致地考察权力意志的结构。在考虑它与其他欲望和冲动的关系之后，权力意志的独特结构就会清晰地显露出来。我会从考察关于这种关系的五种不同看法开始，它们最终都不能让人满意。然后，我再提出自己的观点。

第一，尼采声称权力意志是生命的“本质”，对一些人而言，这好像表明这个学说应该被理解为一种还原主义。依据它，人们的一切欲求[①]都可以还原为权力意志的形式。他的一些作品也鼓励还原主义的解读。比如，他把性冲动描绘成“占有的渴望”（GS 14），把饥饿描绘成“原始意志想要变得更强的应用”（WP 702）。我们还被告知，“所谓的求知欲可以回溯到占有和征服的欲望”（WP 423），或是“占有外物”（BGE 230）。这种还原意味着权力意志不能与其他欲求区分开来，既然它们最终都是它自己的表现（WP 675）。

不过，尼采确实对权力意志和其他欲求作了区分。比如，他将其描绘为希腊人“最强烈的本能”（TI，X 3），或是“最强烈的、最肯定生命的欲求”（GM，Ⅲ 18），而且经常把“渴求权力”说成是众多欲望之一（HH，I 142；EH，IV 4）。这体现了第二种观点，即认为

---

① 对尼采而言，不是所有的欲望都是“欲求”（drives）。倒不如说，欲求是一种普遍的欲望（generic desires），比如对事物、性、知识等等的欲望。对普遍欲望的追求，比如，求知欲，通常会产生具体的欲望，比如读某本特定的书的欲望。但这些特定的欲望不适合被称为“欲求”。

权力意志是众多欲求之一。然而，由于尼采认为权力意志是人类的基本动机，这种观点不攻自破。如此一来，就产生了这样的问题：权力意志如何可能是众多欲求之一的同时，又在人类心理中占有特殊地位呢？ 127

第三种观点是由莫迪玛丽·克拉克提出来的。她建议我们回答这个问题的时候，要把权力意志设想为“二级的欲望，它是希望能够满足人们的其他欲望或一级欲望的欲望”。① 如果它是一种二级的欲望，那么求权力的意志就需要存在其他的、一级的欲望，以便寻求权力。这很好地解释了权力意志相较于其他欲求的特殊地位。不同的人有不同的欲求，但由于他们都有欲求，故而都会有求权力的意志。这是因为，某个欲望一出现，自然就会催生出对权力的追求，这样才能让该欲望得到满足。

克拉克的提议显然说得通，但是准确而言，这可能已经被认为构成一个注释性的弱点。如果权力意志只是能去满足自己（一级）欲望的（二级）欲望，那就很难理解，尼采怎么会认为这个概念具有不一般的重要性和独创性。这个提议还被其他更为严重的问题所困扰。比如，它不能让尼采的如下主张言之有理：就其本质而言，权力意志是没有限定的追求，或是持久的增长或自我克服（WP 125，689，1067）。在需要权力的过程中，如果想要的一切就是满足我们欲望的能力，原则上，我们能够达到这点，在此，求权力的意志得到充分满足。也就是说，这时，我们确实有足够的手段来满足给定的欲望。当然，某些欲望的满足可能需要对权力进行无限的追求。但是，不确定性仅仅是权力追求的一个偶然特征，是它所服务的特定欲望的一个功能，而非如尼采明确表示的那样，是它的本质特征。此外，根据这种工具性的解释，很难理解权力意志怎么能够给一种新的伦理提供原则或核心价值（A 2）。如果欲望的那些对

① Clark(1990)，第 221 页。

象本身不具有独立的价值的话,满足人们欲望的能力将不会有任何价值。因此,分派给这种能力的价值,源自于那些对象被赋予的价值。事实上,尼采说了这么多,无非就是想说明,一旦权力意志仅仅被视为达到其他东西的"手段",那就被"贬低"了(WP 707;参见 751)。①

第四种可能的关于权力意志和欲求关系的观点,可能只是对我刚刚讨论过的那种工具性关系的颠倒。每一种欲求都有自己独特的目标,这规定了它作为特殊欲求的是其所是。权力不再是达
128 到某个欲求的特定目的的必要手段,现在,它是每一个欲求的类(generic)目的,对它而言,特定目的的达成仅仅是手段而已。例如,知识不是权力的一种形式,权力不仅是获得知识的能力,但知识可以是获取权力的一种手段。

在这种观点看来,权力是一个特定的目的,对它的刻画无需借助于任何欲求的具体目的。比如,知识的获取只是它的一个手段。在此,权力或许可以被视为在支配的代理和被支配的代理之间得到的一种关系。当某个代理的具体目标和活动要么被支配的代理压制,要么从属于支配的代理的时候,它就处于被支配状态。不过,对权力的这种描述仍然是纯形式的,在此还存在以下问题:对其来讲,知识的追求或任何其他欲望的具体目的都仅仅是手段,这样的权力究竟是什么?知识可以是获取权力的一个手段,这点好像显而易见:在知识会让我对你的行为所有影响的意义上而言,我关于你的知识可能会赋予我一些支配你的权力。不过,在这里,通过知识获得的权力的受体是什么呢?这一权力又包括什么呢?想

① 值得注意的是,在克拉克(Clark)的解释那里,撇开权力与任何特定一级欲望的关系,这样去追求权力似乎是可能的,就像我们设法增强自己控制环境的能力的时候,通常也发展了我们的能力。但是,她的解释依然是"工具性"的,因为这种解释认为,在一般情况下,如果我们撇开权力的欲望与一级欲望的关系而对之进行思考,这是于理不通的。

象它是我的另一种欲求，这是说得通的。比如，引诱的冲动，对你的性格有所了解的话，这会让我得手更快。然而，根据假设，权力不能被描述为成功的引诱。因为就像任何其他欲求的具体目标那样，引诱只是权力的一种手段，而权力本身处于这样一种情况：在对引诱没有任何参照的情况下，其决定性的内容必须是可描述的。因此，如果不参照其他欲求和它们的具体目标，就很难看出权力是如何被描述的。

正是这一困难激发了权力及其与其他欲望的关系的最后一种解释，我想在此对这一解释进行探讨。我们把这一解释归给约翰·理查森。在最近出版的文献中，他为权力意志提供了最具有参考性和启发性的解释。根据这种解释，每一种特殊的欲求都有自己的具体目标，而且每一种欲求也想要权力。然而，求权力的意志不是让自己成为每一种欲求的组成部分的倾向，以通过这样的方式来获得达到其特定目的的必要手段。它也不是每一个欲求的根本动机，不是每一个欲求在追求其特定目的的过程中的最终目的。不如说，对于每一个欲求如何追求自己具体目的的方式，权力意志倒是提供了一些指导。[1] 它对一个欲求来讲意味着什么？比如，就拿求知欲来说，对权力的追求与对它自己目的的追求是联系在一起的？理查森对这个问题的两种可能的答案作出了区分。一种 129
欲求要么把权力视作其特定目的的**最大成就**来意愿，要么视作这一目的的**发展**来意愿（还可以视作追求该目的所涉及的特定活动模式的发展来意愿）。

当求知欲旨在获取尽可能多的知识时，即是旨在取得最大的成就。理查森拒绝将权力的概念视为某个欲求的特定目的的最大成就，显然是因为它假定可能有成就的最终状态，而且权力意志就会因此得到最终的满足，而尼采明确否认这一点。尼采认为，权力

① Richardson(1996)，第211页及以下几页。

意志的追求具有无限增长的形式（WP 125，689）。因此，理查森认同把权力视为发展的思想。

某个欲求的特定目的和独特活动的发展，本质上包括着它对其他欲求的**掌控**（BGE 6；WP 481）。掌控的主要特征（与另外一种尼采叫作“专横”的控制的形式相对比）乃是，掌控的欲求不会剥夺被掌控欲求的目的和活动，而是将它们整合到自己目的的追求中来。此外，由于这种整合是如此进行的，掌控的欲求会与被掌控欲求的目的一起变得丰富和完善起来，这样一来，前者也会得到相应的调整。例如，诱惑的欲望可能会介入理解的欲望和甘于为其目标服务的欲望，于是，它有可能不再仅仅是一个诱惑的目标，而是通过智慧和审美的吸引力而变成的诱惑的目标。单纯的引诱，由于不包含探究和艺术创作的活动，将会失去它的吸引力。顺着这个思路，尼采认为欲求的特定目的会以更为深远的方式得到“升华”或“精神化”（BGE 189；GM，I 8；TI，V 1；WP 312）。

理查森的解释非常有建设性，但也不是没有它的缺点。尤其是它忽视了尼采对权力意志明确和反复地强调过的一个主张，而我的诠释对此做了强调，那就是权力意志**寻求**阻碍。例如，他认为对于那些有力量满足它的人来说，权力意志表现为“克服的欲望，颠覆的欲望，主宰的欲望，对**敌人**、对**阻碍**和对胜利的**渴望**”（GM，I 13；参见 WP 656，702—704；着重号是我加的）。这一遗漏有着微妙而又重要的含义。

理查森认为，一个欲求“想要成为主人”，只是一种发展其独特活动或特定目的的倾向，而这包括掌控其他欲求。对这种掌控的
130 追求可能会遭遇阻力。事实上，由于其他欲求也想成为主人，它就必然会遇到阻力。它的权力意志于是迫使这个欲求去克服阻碍，但在这里，克服这种阻碍只是发展的一个工具性的要求。在不需要克服那种阻碍的情况下，如果欲求也能得到更高水平的发展，那么它的权力意志就会得到同样的满足。然而，权力意志是对阻碍

的“渴求”这一尼采的主张清晰地表明，除非遇到和克服阻碍，否则权力意志就不会满足。理查森的说法解释了为实现更高水平的发展，它的权力意志为何要求欲求（和欲求的主体）要做好直面和克服阻碍的准备，但是却没有解释为何它实际上会诱导欲求（或主体）去“渴求”那样的阻碍，以便面对和克服它。换言之，理查森在“想要成为主人的欲望”的概念中，没有注意到其关键的含混之处。它可以表示一种欲望，克服阻碍是满足这种欲望的必要手段。或者它可以表示另外一种欲望，这种欲望想要的就是克服阻碍本身。在第一种情形下，理查森的观点是，对欲望的追求需要我们不管遇到什么样的阻碍，都要做好去克服的准备，但肯定不会刻意去寻找阻碍。在第二种情形下，我认为这是我们将会认同的观点：对欲望的追求，实际上需要我们想方设法去寻找阻碍来克服。

此外，在文本中，几乎没有任何清晰的证据表明尼采所谈到的“权力”、“增长”或“侵吞”等可以用理查森的“发展”概念来进行解释。例如，不清楚的是，他所理解的“掌控”和“侵吞”本身是否就是终极目的，而不是比专横和镇压更有效的单纯支配手段。与此相比，非常清楚的是，他是用克服阻碍来描述权力的。我不否认某个欲求，或某个主体可能会经历理查森所说的那种发展，但它可能只是一种副产品，或是克服阻碍的活动所产生的一种结果，而权力的本质最终就存在于这种活动中。最后，值得注意的是，当尼采把权力意志作为他重估否定生命价值的基础提出时，他非常清楚地采用的有关权力的定义正是对阻碍的克服（A 2）。我们将在后面看到，声称这种特别的权力概念是人类的一种重要愿望的目标，这给他提供了克服虚无主义绝望的关键。

那么，在我看来，权力意志就是克服阻碍的意志。该定义规定 131
了它与其他欲求之间的一种独特关系。如此被界定的权力的概念，就其本身而言，缺乏**任何决定性的内容**。它只能在与其他特定的欲望或冲动的关联中获得特定的内容。只有在与人们想要实现的特定目的的关联中，某件事才会成为阻碍。例如，对于想要理解的欲望来说，一个难解的谜就构成了障碍；对于一颗想获胜的心来说，对手的力量就是阻力。因此，除非行为主体追求的不是权力，而是其他，否则求权力的意志就不会获得满足。这是我所认同的观点。因此，权力意志具有二级**欲望**的结构：它是其对象包括了其他（一级欲望）欲望的欲望。它是这样一种特殊的欲望：在追求其他特定的一级欲望的过程中克服阻碍的欲望。

这一概念解释了权力意志为何不是唯一的欲求，但却没能澄清为何它是生命的本质，或至少是人类心理的基本成分（就如克拉克的解释那样）。就像我在本章开头说过的那样，克拉克的观点相当复杂。一方面，她认为，就任何一级的特定欲望都会引起想要通过权力来满足它的二级的欲望而言，权力意志是人类心理的基本成分。另一方面，她也很好地论证了尼采关于“生命”或“世界”本质上是权力意志的主张，肯定是他的价值观的表达，而不是他关于实在的本质的表述。但是，她没有具体说明为什么这后一个主张不能同样也用在尼采对人类心理的看法上。也就是说，他的权力意志是人类的基本动机的主张本身，为何不是“从价值的角度所看到的人生图景”？[①] 这可能要归因于如下事实：她对权力意志的分析，是为了给它在人类心理中的中心地位提供一个合理的解释。由于我恰好不同意这样分析，所以倾向于提出如下限定。

尼采当然认为权力意志是一个重要的动机，对于理解人类特有的一系列重要的心理现象，它是必不可少的。我已经表明，这个概念如何能解释对无聊的敏感。在本章的末尾，我还会展示，对于解释人类行为中的残忍、禁欲主义及其各种各样让人惊讶的表现，它也是必不可少的。我想表明的是，当他把权力意志看作**基本的**
132 人类动机时——规定了什么是人的那种动机——尼采实际上把心

① Clark(2000)，第 119 页。

理学转变成了他的价值观的表达。因此,人类需要权力,这是一个心理上的事实,而需要权力对他们来讲是最重要的("基本的"),这属于伦理的观点。

3. 权力意志的悖论

现在,让我转向权力意志"追求不愉快"或"痛苦"(suffering)这种自相矛盾的说法。① 要理解这种奇怪的观点,以叔本华用满足的阻碍来表示的痛苦的概念作为背景来思考,会有所帮助:"我把(意志的)阻碍称之为痛苦(Leiden),它是通过被置于它和它的临时性目标之间的障碍而造成的"(WWR,I 56,第 309 页)。正如我们对叔本华的悲观主义的考察所揭示的那样,对幸福的向往根本上相当于排除所有痛苦的渴望。正是在这里,尼采彻底背离了叔本华:"人类不寻求快乐,也不避免痛苦……人类乃至任何一个最小的有机体想要的,是权力的增长;在这一意志的驱使下,他们寻找阻碍,需要反对的力量——作为他们的权力意志障碍的不愉快,因而属于正常的事实……;人们不需要避免不愉快,而是不断地需要它……"(WP 702;参见 656)。就它是克服阻力的意志而言,权力意志必然也会想要阻碍来克服。既然痛苦是根据阻碍来界定的,那么权力意志的确"想要不愉快"。

权力意志的满足要求不满足的说法,我们可以在尼采的作品中找到两种可能的理由。最常见的是,由于是对权力的欲望,权力意志包括对阻碍的欲求,它积极地要求寻找阻碍来克服。但在某些场合,尼采也表示权力意志包括对阻碍的欲求,只是因为它是二级的欲望,或者是对欲望的欲望。根据这种观点,权力意志在某种程度上是被其他欲望所煽动和激发起来的欲望,而它要被激发出来,就要求后面的欲望至少在一定时间内是未被满足的。换言之,

① 尼采在用词上好像没有叔本华那么严谨:我假设在本讨论的其余部分,他对不愉快[Unlust]和痛苦[Leiden]的使用是可以互换的。

拥有欲望并感受到它的吸引力,要求对它的满足遇到障碍,因为正如尼采所说的那样:“想要的总是以拥有而告终。”(GS 363)

然而,不管是哪种情况,人们不禁会想,不满足不一定会引起不愉快或不满的感觉。例如,克尔凯郭尔的诱惑者只想享受他对
133 科迪莉亚的欲望所带来的灵魂激荡,但并不特别在意这个欲望的满足。实际上,他尽可能推迟该欲望的满足,当这个欲望不能再被推迟的时候,他好像非常失望。因此,该诱惑者似乎能够满足其对欲望的欲望,并且能从中得到彻底的满足。[①]

对诱惑者状态的这种表面的解释使人困惑。因为它假定只想拥有欲望,而不希望被驱使去追求它们的特定目标是可能的。这种困惑与欲望的本质有关。有一个欲望就是被驱使去满足他。我无法在对某个特定的对象有欲望时,却对能否得到它毫不关心。换言之,我对某个特定的对象有欲望,而在该欲望落空之后又不感到沮丧,这是不可能的。因此,对欲望的欲望没有引起行为主体明显的不愉快的话,就不可能被满足,因为它的满足要求行为主体具有一个未被满足的欲望。

尼采喜欢用简短的、格言式的表述引出一些艰深的思想。他要求自己的读者要“慢慢地”阅读这些格言,并反复“咀嚼”它们(D,前言5;GM,前言8),为的是希望他们去思考这些格言表层意思之下可能被隐藏的更深刻、也更复杂的思想。例如,在这样一句格言中,尼采宣称:“最终,人们喜欢的是他们的欲望,而非他们所欲求的对象”(BGE 175)。表面上,这个陈述非常直接:我们最终想要的是欲望带来的激荡,而不是欲望所想要的对象。经进一步反思,严格来讲,这个说法好像不可能是真的。拥有欲望的欲望

① Kierkegaard(1987),第301页及以下几页。诱惑者的爱的理念与中世纪的“典雅之爱”(courtly love)的理想非常相似(参见Hunt[1994],第131—144页)。我们也能在尼采对浪漫之爱的某些沉思中找到明显的共鸣。

（对欲望的"爱"）是被某种欲望所激起的欲望。但是，如果真的不在意（人们可能说"爱"）它的特定目标，人们是不可能被某个欲望激发起来的。因此，人们不可能只"爱自己的欲望"，却不爱"欲望的那个对象"。

我正在描述的权力意志的两个特征——它的满足要求行为主体欲求权力之外的其他东西；还有，它的满足要求有不愉快——加在一起赋予了它一个确实复杂而又自相矛盾的结构，对此，尼采敏锐地意识到了。权力意志是克服阻碍的意志。既然阻碍总是在与特定目的的关联中被界定，那么除非行为主体也想要这些特定的目的，否则想要克服障碍的欲望就不会得到满足。如果他实际上不想要这些目的，对于该行为主体而言，达到这些目的的困难就不能算作阻碍，从而也就不会让他痛苦。然而，想要权力的话，他肯定也会想要它们得到实现的阻碍。因此，追求权力的行为主体必 134
然**既**想要特定的目的，**也**想要实现它们的阻碍："我必须成为斗争，成为生成和**目的，成为目的的对立面**[①]——啊，谁猜到了我的意志，也就会猜到，它必须走上何种**曲折的**道路！不管我创造了什么，不管我如何喜欢它——我必须成为它，以及我的爱的对手：我的意志如此意愿"（Z，II 12；第一个着重号是我加的）。

尼采笔记中的一段话对这种自相矛盾做了更加激进的表达，而且也委婉地反对了叔本华："意志的满足[die Befriedigung des Willens]不是愉快的原因（我要反对这种肤浅的理论——最新近

① 这里使用的"矛盾"（Widerspruch）一词通常表示概念上或理性上的矛盾。因此，它不同于"反抗、抵抗"一词（Widerstand），尼采用后者来表示实现目的的阻碍。在当前这一段话中，尼采好像认为对权力的追求意味着认同一个目的的同时又反对它——而不是既想要目的又想要实现它的障碍。然而，要注意，既想要目的又想要实现它的障碍相当于认同一个目的的同时又反对它，因为人们不能没有矛盾地认同一个目的而又不想实现它。因此，以一个竞争性游戏为例，我想赢得这场游戏，但与此同时，我也想要对我赢得这场比赛有威胁的强劲对手，而后一种需要与第一种好像是矛盾的。

的事物在心理学上的最拙劣的伪造），而是意志向前推进，并且始终主宰其前进的障碍。愉快感就在于意志的不满，就在于意志如果没有对手和反抗，就不会有满足感”（WP 696；参见 656；GS 56）。

如果我们认为尼采像叔本华一样，是根据欲望的满足来定义愉快的，①那么我相信这段话的中心观点非常清楚：倘若意志不感到不满足（“如果它没有对手和反抗”），它就不会得到满足。换言之，这个主张就是意志的满足蕴含着不满足。在试图阐明这一悖论的意义的过程中，我们应该谨慎行事。我们应该从区分两种不同版本的悖论开始。在较弱的版本这里，这种主张是，对权力意志的满足蕴含着行为主体的**某种**不满（尽管未必是权力意志本身的不满）。在较强的版本这里，这个主张是，意志的满足蕴含**它自己的**不满。

先考察这个悖论的较弱的那个版本：权力意志的满足意味着**某种**不满。这源自于我之前讨论过的有关权力意志的定义——想要克服阻碍的意志。追求权力意味着想有特定的目的**和**满足它们的障碍。因此，当行为主体有未被满足的特定欲望时（当存在反对它们的满足的阻碍时），他求权力的意志就得到了满足。根据这种解读，只要我们假设对立的术语有不同的所指，包含在“意志的满

---

① 尼采有时提议根据“权力感”来重新定义愉快，并认为愉快和不愉快不是对立的：“‘愉快’——作为一种权力感（以不愉快作为先决条件）”（WP 657；参见 661，699，1023）。这个定义与叔本华用欲望的满足来表示愉快的概念相一致。比如，因为我口渴，所以我饮水时感到愉快。然而，一旦渴的问题解决了，我饮水就无享受可言。在这个意义上，愉快的感觉要“以不愉快为先决条件”。此外，正如我在此所下的定义那样，权力是对满足某些特定欲望的阻碍的克服。当我口渴的时候饮水，就是对满足那个欲望的阻碍（不管有多少）的克服，因此把愉快与权力感联系在一起是言之成理的。然而，尼采观点的这个方面还是古怪的：与叔本华不同，他认为愉快所包括的不是对不愉快的消除，而是在成功地消除不快的过程中感到自己的权力。这种观点当然是有争议的，但我对权力意志学说的运用不以它为基础。

足蕴含着不满足”这个主张中的悖论就被解决了。因而，我们假定，在第一种情况下，得到满足的是追求特定的一级欲望的二级欲望（权力意志），而在第二种情况下，感到不满足的是某种特定的一级欲望。虽然这种较弱的解读方式在尼采的其他文本那里得到了 135
支持，当前这段话明显希望我们采取较强的解读方式：权力意志的满足意味着它**自己的**不满。我们如何才能理解这种较强版本的悖论呢？

为此，我们必须记住，权力意志不纯粹是对欲望的欲望，即相当于对某种特定目的以及实现这种目的的**阻碍**的欲望。可以说，权力意志是在追求某一特定目的的过程中，对**克服**阻碍的欲望。除非具备以下三个条件，不然权力意志不会得到满足：有某个特定目的的一级欲望，这个特定目的的实现有阻碍，而且成功地克服了这个阻碍。不过，权力意志得到满足的条件确实意味着它的不满。阻碍的克服排除了不满，但是，这种阻碍的存在又是权力意志获得满足的必要条件。因此，就它必然会引起这种不满而言，权力意志的满足蕴含它自己的不满。

我可以换一种方式来表达同样的观点。对尼采而言，权力不是一种状态或条件，而是一种活动，一种遭遇和克服阻碍的活动。现在，在追求特定目的的**活动**的欲望与追求那个活动的**特定目的**的欲望之间，我们可以作出区分。尼采显然相信，如果真诚地投身于某项活动，对它的特定目的能否实现，人们肯定会在意。为此，对该活动的欲望，至少部分是对它所欲求的目的的欲望。因此，对活动的欲望只有在以下情况才能得到满足：行为主体被想实现该项活动的目的的欲望所驱动。这意味着行为主体将会努力去达到这个目的，直到该目的被达到才会感到满足。但是，目的的实现也导致了活动的结束。因此，对活动欲望的追求意味着对这一活动目的的追求，而这一活动一旦成功，就会使活动告一段落，从而令最初激发这一活动的欲望遭遇挫折。

尼采喜欢的一些用来描述权力追求的比喻，很好地说明了这种对权力追求的独特性质。这些比喻包括最为人所知的希腊人的“agon”(竞赛)(KSA，I pp. 783—792；参见 D 38；TI，II 8，IX 23)和“战争”(Z，I 10；TI，IX 38；EH，I 7；A 2)。现在想想尼采对那些在战争中追求权力的人的敦促：“你们应当热爱和平，以之作为新战争的手段——而且应当热爱短期的和平甚于长期的和平。……让你们的劳作成为一场战争，让你们的和平就是一场胜利！”[①](Z，I
136 10)。[②] 让我们用与竞争性游戏的更一般的类比来解释这种说法，这对两种比喻是相同的。[③]

在我刚引用过的那段文字中，尼采指出了一个对参加竞争性游戏有影响的奇特悖论。为了弄清这个悖论，我们可以想象尼采会赞同奥林匹克的这句格言：“重要的不是胜利，而是参与。”然而，假如我们把这句格言看成尼采的格言之一，那它的表层意思之下还隐藏了另外一层意思。表面上看，它表达的意思直截了当：真正重要的，或应该受重视的，是参与，是上场。然而，从另外一种观点来看，这种说法是成问题的。因为如果不想获胜，人们就不可能真正地“参与”或进行比赛，也就是说，除非胜利对他们很重要。尼采的追求权力的观点因而需要另眼相看。对于考虑参加比赛的人来说，真正重要的很可能就是参与。不过，对于投身比赛的人而言，胜利肯定重要。因为拥有这种核心的关切正是他参与游戏的原因。如果没有竭尽全力去争取胜利，竞赛的主角就没有真正地参与比赛。但是，在获胜的过程中，他们自己会因此少了一项比赛的

---

① 译注：译文参见尼采，《查拉图斯特拉如是说》，孙周兴译，第一部分，第 10 节。

② 值得注意的是，正如这一节其余部分所阐明的那样，尼采想到的是为思想和知识而进行的战争，或是为精神而进行的战争，而不是这个词通常所让人想起的“屠杀”。

③ Hatab(1998)认识到与竞技体育相类比的价值，但似乎是从工具的角度(比如，它增强有用的技能)来考虑竞争(比如，追求权力)的价值。

乐趣，从而也挫伤了比赛的欲望：“唉，谁没有在自己的胜利中被击败呢？”（Z，III 12[30]）。因此，既然那些想比赛的人肯定关心获胜，他们应该也希望自己的胜利是短暂的，并且能够成为他们参加新的比赛的契机。

对于权力的追求来说，这个全面的悖论意味什么呢？对此，尼采是这样描述的：“不管我创造了什么，不管我如何喜欢它——我必须立刻就成为它，以及我的爱的对手：我的意志如此意愿”（Z，II 12）。他也把对权力的追求描述为“创造”和“毁灭”的永恒循环（Z，I 17，II 2，III 12；WP 1067）。严格来说，追求权力的人必定不会捣毁它所创造的东西，或是憎恨他所热爱的东西。不如说，他必须“克服”他所热爱或创造的东西。他的权力意志很快就会让他发现：某个特定欲望的任何已有的伟大成就，任何已经达到的目的，不再令人满意，不再让人觉得知足。可以说，追求权力的当事人不是**追求成就**，而是追求**实现**。不过，他不能简单地撤销自己已经做过的事情，然后再做一次：既然完成它的障碍已经被克服，再一次战胜它将不再被视为真正的成就。按照权力意志去生活，不是去过西西弗斯的那种生活。他真正需要的乃是从未面对过的、新的或者更大的挑战，而这就解释了对权力的追求为何表现为**增长**和 137
自我克服。尼采反复告诉我们，生命就是权力意志。关于生命，他是这么说的：“得到并想得到更多，简言之，**增长**，就是生命的本质”（WP 125；参见 704）。他让查拉图斯特拉这样宣称：“生命本身向我说出了这个秘密，它曾说：看呐，我是**一个必须永远克服自身的东西**”（Z，II 12）。[①]

① Heidegger（1998）也强调了权力意志的这个特征，亦可参见 Granier（1966）对海德格尔解释的发展。Granier 的功劳在于，他特别强调过，权力的意志不应被理解为支配的意志，而应被理解为“自我克服”的意志（参见第 389 页及以下几页）。不过，他的陈述还只是对尼采文本的一个改写，而非解释。他把自我克服看作权力意志追求的目标，而我认为这是这种追求必须要表现出来的形式。

不妨考虑一下尼采最常见的一个例子:与求知欲相关的权力意志。就像在实际解决问题和发现新大陆中那样,它要求我们克服知识和理解上的障碍,但是,这样的成就最终会让权力意志不满意,并且寻找更多阻碍来克服。很显然,重温已经得到解决的问题,在已发现的世界里再走一趟,不会满足人们的权力意志。不如说,它需要的是有待解决的新问题和有待发现的新世界。因此,追求知识的过程中,对权力意志的满足必然会让知识得到持续的**增长**,这也是一种永恒的"自我克服"。自我克服在此不能理解为对自己的克服,[①]而要理解为对**克服本身**的克服,理解为个人在追求权力的过程中,达到一定水平的成就后,就会超越自己。

主张权力意志满足的条件带来它的不满足,尼采并不是说权力意志的追求是自我挫败和自我伤害。满足权力意志显然是可能的——人们只需要成功地克服障碍。我所称的权力意志的强大悖论,意在揭示它最显著的特征之一,即它不允许**持久的**(一劳永逸)的满足。相反,对它的追求必然表现为不受限定的、不断更新的奋斗(GS 310)。不可满足是权力意志的本质特征之一。

我刚刚进行的分析解释了为何无论是根据**控制**或**支配**,还是根据**能力**或**才能**来界定权力都是有吸引力的,尽管这样的解释令人误解。不断增强的控制或支配,不断发展的能力或才能,是追求权力的自然而又惯常的**结果**。为了获得成功,克服阻碍的追求就会要求更加突出的能力和才能,而一旦获得成功,就会引起某种控
138 制或支配的增长。不过,就像我论证的那样,要从这些常见的和必然的结果中看出权力意志的本质,那就错了。

4. 权力意志的心理学:两个案例的探究

表面上看,《道德的谱系》是一本致力于揭示现代道德心理起

① Kaufmann对自我克服的一种温和的道德主义解释,即对不受约束的激情的克制,就是这种解释的一个例子,参见Kaufmann(1974),第213—216页。

源的书。尼采专门展示了主要的道德现象——善与恶，内疚和禁欲主义的区分——都是植根于权力意志的。如果它们让人信服，尼采所称的这些“心理学研究”（EH，III“道德的谱系”）将会为如下观点提供支持：正如我在这里所描述的那样，权力意志是人类的一种重要动机。对尼采关于善与恶的区别的起源的论述，我会在第六章进行讨论，在此，我关注的是其他两个研究，它们分别考察了残忍和禁欲主义。① 我认为，这些研究中的每一项，都可以认为是对叔本华关于这些现象所做诠释的富有成效的批判和改进，并且尼采用来解释这些现象的权力意志的概念，正好就是我在上一节里已经分析的那个。

通过展示权力意志对于解释一些明显边缘的心理现象（如残忍和禁欲主义）是必不可少的方式，尼采尝试确立权力意志作为人类动机的重要性，这种做法恐怕是让人困惑的。但是，他又不知疲倦地指出，残忍和禁欲主义实际上不是边缘现象。相反，对于心理生活来说，它们远比我们那脆弱的神经所愿意承认的更加重要，而且它们会采取让人意想不到的伪装。只举一个有名的例子，尼采将求知欲描述为残忍的一种形式：“事实上，任何对深度和彻底性的坚持都是一种违背，一种伤害精神的基本意志的欲望，这种精神不断地追求明显和表面的东西——在所有求知欲中都有一点残忍”（BGE 230；参见 231）。

（1）残忍。残忍现象，以及从别人的痛苦中获得愉快的相似经历（复仇，幸灾乐祸[对他人的不幸感到恶意的愉快]，等等）对叔

---

① Soll（1994）认为尼采在《道德的谱系》第二和第三篇论文中对残忍和禁欲主义的分析，可以被认为是证明心理享乐主义的缺点和权力意志心理学的优势的尝试。我同意 Soll 的观点的消极部分：如果尼采的分析是合理的，那心理享乐主义必然是错误的，因为不是人类的所有动机都可以还原为趋乐避苦。与索尔相反，我把尼采的分析放在他对叔本华进行批判的这个特殊背景中，我用它们来说明权力意志在动机上的重要性，这里的权力意志概念是在本章得到特别阐明的那个。

本华式的心理享乐主义提出了质疑。根据叔本华的那种观点,人类所有行为的最终动机都是为了避免烦恼。不过,乍看之下,很难理解把痛苦强加于别人这种做法,是如何被避免自身的烦恼这种
139 欲望所激发出来的。叔本华承认,使别人遭受痛苦可能是达到特定目的的必要手段;例如,为了从别人那里得到我想要的某种东西,我可能不得不折磨他们。不过,叔本华认为这些不是残忍的例子,因为在一个人的残忍行为中,“别人的痛苦不再是达到他自己意志的目的的手段,而就是目的本身”(WWR,I 65,第 363 页;参见 BM 14,第 136,145 页)。因此,残忍及其与之相关的现象,对心理享乐主义的解释的充分性提出了挑战。叔本华试图用以下观点来面对这个挑战:“因为人是被最清晰的认识所照明的意志的表现,所以他总是拿实际的、他的意志所感到的满足去和‘认识’给他指出的、仅仅只是可能的满足较量长短。由此就产生妒忌:自己的每一缺陷[Entbehrung]都会由于别人的享受而显得无限地加强,相反,由于知道别人也忍受着同样的缺陷,则自己的又将为之减轻。……回忆起那些比我们自己的痛苦更大的痛苦会有止痛的作用,看到别人的痛苦则会减轻我们的痛苦”(WWR,I 65,第 363—364 页)。[1] 根据这一观点,心理享乐主义可以借助以下观察来容纳残忍和其他类似的心理现象:把“现实的、他的意志所感到的满足”与“认识给他指出的、仅仅是可能的满足”作反思性的对比之后,前者会受后者的影响。因此,看到他人的幸福之后,作为缺陷而被体验到的痛苦会被加重。相反,把我们的缺陷与别人的更大的缺陷作对比,就可能会减轻我们的痛苦。总而言之,痛苦就是缺陷。就我们所认为的我们可以拥有的而言,我们感到被剥夺了,所以缺陷部分是由“知识”所导致的。因此,想到他人相对的更大的痛苦就会减轻自己的痛苦,因为它能让我们少一些被剥夺的感觉。

① 译注:译文参考叔本华,《作为意志和表象的世界》,石冲白译,第 496 页。

这个解释对于诸如幸灾乐祸一类的现象已经足够，但对于复仇和残忍之类的事情，却不是那么具有说服力，这主要是基于以下两个原因。第一，复仇和残忍不像幸灾乐祸那样，仅仅是**想到**别人的痛苦，而是把痛苦**强加**在他们身上（BM 14，第 136 页）。也许世界上已经有足够多的不幸，所以总能找到比我们更加不幸的人。这样做的时候，并不需要我们亲自去把别人带向悲惨的境地。当然，也有很多人比我们状况更好，这可能会让我们痛苦地回忆起自己的缺陷。因此，我们可能会想让他们也感到痛苦。不过，就算这样的观察也不够，因为叔本华本人也说，在那些境遇比别人好得多 140
的人那里，残忍也不少见（"在尼禄和图密善那里，在非洲总督那里，在罗伯斯庇尔那里等"［WWR，I 65，第 364 页］）。因此，通过把自己的痛苦与别人的（更大的）痛苦作比较而减轻自己痛苦的这种经验，不能充分地解释我们从**让**别人受苦的活动中获得的独特愉快，因为我们可能会忍不住残酷地去对待那些处境比我们糟糕得多的人。

叔本华的观点是，残忍是"对他人的痛苦感到的一种喜悦，这种痛苦并非源于利己主义，而是漠不关心的"。他认为残忍事实上与同情类似，这是就它"也没有自身利益"而言的。不同于同情的地方在于，它是以造成"其他人的**痛苦**为最终目标"，而不是以他人的幸福为目标（BM 16，第 145 页）。很明显，他相信醉心于残忍行为的人，会故意**损害**自己的利益，去过一种悲惨的生活，其目的就是为了让他人受苦。尽管我们觉得这种观点具有合理性，叔本华对它的接受反而更加削弱了他的心理享乐主义的解释力度。残忍的个人把痛苦强加于人时，如果对自己准备去忍受的痛苦的量不作任何限制，那就很难理解，他的残忍行为是如何被减轻自己痛苦的那种欲望所激发出来的，而这种欲望是通过将自己的痛苦与别人的痛苦相比较而获得满足的。

叔本华本人从未承认过这些困难。但是，他对残忍的解释已经委婉地承认了他自己的享乐主义的缺点。残忍的个人,他写到,“对于不能直接缓解的痛苦,他就寻求间接的解决办法,换言之,他试图通过观看别人的痛苦来减轻自己的痛苦,同时还认识到这是他权力的表现”(WWR,I 65,第 364 页)。不能通过满足自己欲望的方式来“直接地”减轻自己的痛苦,残忍的个体就想通过把更大的痛苦强加于别人的方式,“间接地”达到目的。不过,虽然叔本华感到需要用一个推测来补充这个解释,但他自己没有让这个推测得到彰显。尼采根据这个推测得出了正确的解释:残忍的个体最终是被权力意志所驱动的。

尼采对残忍的最透彻的分析是在他对惩罚的概念进行考察时展开的。他认为,开始的时候,惩罚的想法被理解为补偿,与还债
141 类似。因此,给罪犯施加痛苦,是对受害者的一种补偿。他对这个观点的奇特之处感到惊奇:“让我们弄清楚这种补偿形式的逻辑:这个逻辑是非常奇特的。等价偿还的实现,不是通过财物来直接赔偿损失(不是用金钱、地产或其他财产来补偿),而是让债权人得到某种快感作为弥补,——这种快感就是债权人可以肆无忌惮向失去权力的人行使权力,这种淫欲就是‘de faire le mal pour le plaisir de le faire’(为了作恶的愉快而作恶),就是在强暴中获得的享受。……所谓补偿就存在于残酷的保证和权利之中”(GM,II 5;参见 6)。这表明在惩罚的观念中有两个奇怪的特征。其一,每一种损失都有等价物,且都能得到实际的偿还,就算只能通过罪犯的痛苦(GM,II 4)。[①] 换言之,任何损失和补偿都可以转换为由痛苦与愉快组合而成的通用货币。如此一来,财产的损失,失去所爱之人等,都有它们的等价物。这种等价物就是我们从让罪犯遭受痛苦那里所得到的相应数量的愉悦。

关于尼采最迫切地想考察的残忍的这个奇特的特征,叔本华

① 译注:译文参见尼采,《道德的谱系》,梁锡江译,第 114 页。

的心理享乐主义正好不能对之进行充分的解释:我们可以在“制造痛苦”(GM,II 6)的行为中获得愉快的想法。跟随叔本华无意中提供的建议,尼采提出的设想是,使别人受苦,而不是仅仅去思考他们的痛苦,会增加权力的感觉。为了加固残忍和权力意志的联系,尼采提出了两个有趣的观察。第一,他说:“债权人所处社会地位越是低下和卑贱,他就越会重视这样的满足,很容易把它看作可口的点心,看作是对上等人生活的预先体味。通过‘惩罚’债务人,债权人就获得了分享主人权利的机会:他终于也体验到了那种高贵的感觉,可以蔑视和蹂躏一个‘低于自己’的人”(GM,II 5)。[1]已经足够强大的人在让别人受苦的时候由于得不到什么愉悦,反而会表现出仁慈的倾向:“不用说,仁慈一向都是最强者的特权”(GM,II 10)。这两个现象在这个假定这里都得到了最佳的解释:从“制造痛苦”中获得愉快本质上是权力感的增长。对于权力比他们使之受苦的那些人更小的人来说,这种权力感的增长更大,而对于那些(或感觉)更加强大的,倾向于仁慈的人来 说,这种权力的增长更小,甚至根本就没有增长。 142

因此,残忍让人感到心满意足,恰恰不是因为我们考虑到他人的痛苦,而是因为我们使他痛苦,并在此过程中感觉到权力的增长:“实施残忍的行为是为了享受拥有权力的感觉所带来的最大的惬意”(D 18)。关于残忍的这种解释与根据控制或支配来理解的权力观念,依然是协调的。残忍的一个微妙特征表明我们为什么应该排除它。为什么他做了我们想让他做的事情(没有施加痛苦),还不足以加固我们对他的权力感呢?我认为,问题的答案可以在前一节中我对权力概念进行分析的地方找到。

对尼采而言,权力表明了一个克服阻碍的过程,而不仅仅是一个我们的意志没有遭遇阻力的状态。使他人受苦是权力意志的一

[1] 译注:译文参见尼采,《道德的谱系》,梁锡江译,第 114 页。

种形式，因为这必然涉及到对这种抵抗的克服：这些受害人的意志必然会反对受苦的前景。如果他人做了我们想让他们做的事情，是因为他们自己碰巧也想做同样的事情，那么他们不会反抗，我们也不会体验到权力感的增加。与之相反，残忍允诺了这种增长，因为它承诺有需要克服的阻碍。也就是说，他人的意志必然会反对强加给它的痛苦。[①] 这就有助于解释强者残忍时（例如尼禄、图密善等），他们的残暴为何总是周期性地爆发：由于已经很强大，他们必须用更大的痛苦来威胁别人，从而在别人身上制造更大的阻力，目的是为了从强加这种痛苦的行为中，获得权力增长的感觉。

（2）禁欲主义。对叔本华式的心理享乐主义的观点而言，残忍现象只是很难解释。而禁欲主义，即自愿对自己施加痛苦的现象，就完全是不可理喻的了。要理解使**他人**遭受痛苦这种行为，是如何被避免或减轻自己痛苦的欲望所激发出来的，已经够困难了，但要说使**自己**受苦也是被同样的欲望所激发的，这就绝对说不通了。把更多的痛苦施加在自己身上，人们怎么会因此而摆脱自己的痛苦呢？

叔本华在其“否定生存意志”和死心断念的学说中，把禁欲主义置于突出的地位。然而，这个角色有什么样的性质，目前还不清
143 楚。就像我们将在下一章将会看到的，死心断念是这样一种状态，

① 尼采在下面这段话中似乎预料到了这一点：“帮助和伤害他人是我们把力量施加在别人身上的方式，在这些情形中，这就是人们想要的一切。伤害别人，是为了让他们感觉到我们的力量，因为与愉快相比，烦恼是**达到此目的有效得多的方式**。烦恼总是引发关于其来源的问题，而愉快倾向于自我停止，不会回首”（GS 13，着重号是我加的）。与愉快相比，烦恼更有可能让遭受它的人试图去确定它的来源，这大概是因为烦恼在本质上是**违背人的意志**的某种东西。然而，这个早期的观察并不构成尼采最终的观点，这也许是因为它受两个问题困扰。第一，体验到愉快的人没有理由去确定它的来源，恰恰是因为他的意愿得到了**满足**，这点不是显而易见的。第二，为何他人的承认对我享受权力感的增强是不可或缺的，这点还不清楚。因为幕后操纵者也能享受这种权力感的增强，而这大概是没有他人的承认的。

在那里，意欲本身已经被放弃，体现它的具体欲望的满足已经成为一件无关紧要的事情。相比之下，禁欲主义是一种自愿的剥夺，或者是有意拒绝满足自己的基本需要。一方面，禁欲主义是“这种[死心断念]变得明显的现象”（WWR，I 68，第380页），但另一方面，“自愿的和完全的节欲”之类的实践构成了“禁欲主义或否定生命意志的第一步”（同上）。因此，禁欲主义现在是死心断念的一种表现，或者甚至就是死心断念本身，而且也是通向死心断念的一种准备。

在下一章，我将论证，在对叔本华观点的最有说服力的解释中，死心断念是对“本质的虚空”和“生存意志”的矛盾的充分把握而直接导致的一种状态：对于一个人来说，似乎不可能在相信意志的虚空和矛盾的性质之后，还会继续有意愿。在这种解释背景中，我刚刚区分出来的两种禁欲主义的观点没有多大意义。禁欲主义不可能是死心断念本身，或是死心断念的表现。因为苦行者还在关心拒绝满足欲望这件事情，而那些完全放下的个人对此则是完全无动于衷。很难理解自愿的剥夺怎么会导致死心断念：如果我自己要对这些欲望的不断挫折负责，那怎么才能确信满足我的欲望是不可能的呢？用叔本华的方式来解释禁欲主义已经很困难了。

不过，在《人性的，太人性的》一书中，尼采给禁欲主义提供了一个“科学的”解释，这个解释仍然从叔本华的心理享乐主义那里借用了术语。苦行者使自己遭受“自我折磨”，其目的绝对不是否定生存意志，而是一个手段，借此这些人克服了生存意志（他们的神经）的普遍衰弱：“他们采取了最痛苦的刺激和最残忍的行为，是为了让自己至少能够一度从无聊和麻木中摆脱出来”（HH，I 140；参见142）。然而，他在那里的讨论已经对一种特殊动机做了暗示——一种潜藏在禁欲主义之下的“对权力的渴望”。例如，他这样写道：“苦行者和圣人最常用的手段就是时不时发动战争，并让

胜败轮流上阵，这样做的目的是为了使生活有点滋味并值得忍受
下去。为了这一目的，他需要对手，并在他所谓的‘内在敌人’那里
发现自己。在试图把生命看作不断的战斗，并把自己看作一个战
144 场的过程中，他专门利用了自己的虚荣心、对荣誉的渴望和支配
欲，还有他的感性欲望”（HH，I 141；参见 138，142）。

要解释这场“无休止的战争”是如何让人避开无聊，并提供了某种愉悦和享受的，尼采引入了“对情感**本身**感到愉悦”这个奇特的观念（HH，I 140）。显然，他相信强烈的情感体验，无论其特定内容是什么，都是某种享受的源泉。他把这种愉悦与个人的“无聊”进行了对比，对这种人来说，“衰竭”已经让他不能被大多数“兴奋剂”激发并有所行动：面对这种死气沉沉的无聊，就连痛苦的情感最终看起来也是有吸引力的。换言之，我们可以从痛苦的情感那里获得“愉悦”，原因就在于它们让我们摆脱了无聊所带来的郁郁不乐。

“对情感本身感到愉悦”的心理假设并不让人满意，因为它仍然解释不了**禁欲主义**。通过强烈的情感来尽力避开无聊，并不要求这些情感是痛苦的类型，比如与禁欲主义的自我否定相关的那种情感：受伤的虚荣心、耻辱，以及与感性欲望的挫败相关的情感。很明显，那样做只会用一种痛苦去取代另一种，而且叔本华的心理享乐主义似乎排除了这种特殊的策略：如果我们想通过强烈的情感体验来摆脱无聊的折磨，享乐主义只允许我们采用那些让人开心的情感。如果禁欲主义的自我否定的情感将形成一种可行的、避免无聊的策略，我们肯定会认为那样的情感实际上是**令人愉快的**。那任务就变成为这些自我否定的情感提供解释：

尽管在它们让人痛苦这一点上是无可否认的，但为何仍然具有吸引力？

最后，尼采认识到冲突的制造，实际上应被理解为增强**权力**感的途径，而开始的时候却被他理解为产生强烈情感的手段。苦行

者对痛苦的情感感到愉快，既不是因为它们是情感，很明显，也不是因为它们让人感到烦恼，而是因为在让他自己屈从于这些情感的过程中，苦行者克服了自己身上的某种阻碍，并增强了他的权力感。

尼采和叔本华都将**禁欲**的自我否定与**工具性**的自我否定进行了严格的对比。在后一种情况下，自愿的自我剥夺只是实现另一些更长远的目标的手段，而在前者那里，剥夺就是目的本身（WWR，I 68，第380—381页和GM，III 8—11）。 145

尼采强调了禁欲的自我否定的非常矛盾的特性：

> 禁欲主义的生命就是一种自相矛盾：支配这里的是一种独一无二的怨恨，这怨恨乃是一种不知餍足的本能和强权意志的体现，它不是想要统治生命中的某种东西，而是想要统治生命本身，统治属于生命的最深刻、最强健、最基本的条件；这里进行的是这样一种尝试，即用力量去堵住力量本身的源泉；在这里，阴险和毒辣的目光瞄准了生理上的茁壮繁荣，尤其是瞄准了这种茁壮繁荣的标志：美与愉悦；然而，他们又在失败、萎缩、疼痛、突发事故、丑陋、人为的损失、自我丧失、自我谴责和自我牺牲等一类东西上感受并**寻找**一种愉悦感。这一切都是最极端的自相矛盾：我们在这里面对着一种不协调，一种自愿的不协调，它就在这种痛苦中**自得其乐**（GM，III 10；参见TI，V 3）。①

就像残忍对别人痛苦的寻求不是作为手段，而是作为目的本身一样，禁欲主义对自己痛苦的寻求也不是作为手段，而是作为目的本身。剥夺自己某种东西，把它作为得到其他东西的手段，这里

① 译注：译文参见尼采，《道德的谱系》，梁锡江译，第183页。

没有任何矛盾。但是,为了剥夺的目的而剥夺,有些东西是“最极端的自相矛盾”。

尼采表示,禁欲主义是“对[自己]的残忍”(GM,III 10)。他为它的吸引力了提供理由,这理由与他为残忍的吸引力提供的是一样的。苦行者不是从他施加给自己的痛苦那里获得乐趣,而是从施加行为本身那里获得。禁欲之所以具有吸引力,就在于它允诺了**权力感的增长**——但是,这次不是通过克服他人意志的阻碍的方式,而是通过克服自己意志的阻碍的方式。在所有“**反对自己**的残忍”的形式那里,关键的是什么?对此,尼采宣称,是“增长,简言之——或者,更准确地说,是增长的**感觉**,权力增长的感觉”(BGE 230;参见D 113)。苦行者并不把他施加给自己的痛苦作为痛苦来享受,而是作为打败自己的胜利来享受。

残忍和禁欲主义都在克服阻碍的欲望这里得到了最好的解释,但这阻碍是达到什么具体目的的成就的阻碍呢?在《道德的谱系》中,尼采对以下两种权力概念并没有作出清楚的区分:形式的权力概念与实质的权力概念。前者是对阻碍的克服,后者是对他人的支配。人们可以把支配他人作为自己特定的目的,也可以在追求这个目的的过程中欲求阻碍的克服。对我当下的意图重要的是,残忍(因此还有禁欲主义)不能只是通过支配他人的欲望这点来进行解释。这种欲望在没有**使他人受苦**的情况下,也能合理地
146 得到满足。比如,给他人提供面包和游戏,我就可以确立起自己对他们的支配地位。**使**别人受苦就是要确保他们会反对和抵抗我征服他们的欲望。因此,残忍的行为是在追求支配地位的过程中,被想有障碍来克服的欲望所激发出来的。既然在没有让自己受苦的情况下,我也有可能实现自我控制,那么对禁欲主义来说,也同样
147 如此。

第四章　克服绝望

什么是好？好就是所有能增强人的权力感、权力意志和权力本身的东西。

——敌基督者，第 2 节

表面上看，重估一切价值的计划显然是自相矛盾的。重估要以它所依据的价值为前提，但好像如果要重估所有的（或者，就像尼采有时说的，“最高的”）价值，我们恰恰就剥夺了自己让重估得以进行的一切条件。当所有的价值都受到质疑时，我们似乎就没有价值来支持这种重估了。因此，任何对尼采哲学的重估的充分诠释，必须包括这一悖论的解决措施。

尼采宣称价值重估的“原则”（Prinzip）或“标准”（Maβstab）是权力意志，具体而言，它是“决定道德评价的价值的标准”（WP 391），在这里“道德”价值正是产生了虚无主义的主导价值。如此一来，直到创作生涯结束之前，尼采常常把自己打算写的那本书命名为“权力意志——重估一切价值的尝试”，这就不足为奇了（GM，III 27；参见 WP 69n）。《敌基督者》被尼采认为是执行这个计划的第一部分（EH，III“偶像的黄昏”），该书以对传统幸福观念的拒斥为开始，并断言好是“所有能增强人的权力感、权力意志和权力本身的东西”(A 2,参见 6)。此外,非常明确的是,正如我在第一章所指出的那样,借助尼采所谓的权力意志,“未来的人”将能够重估虚无主义必然会从其中生长出来的理想:“从先前的理想及必然由此发展出的事物、从极大的厌恶、从追求虚无的意志那里把我们拯救出来的这个未来的人”必须是强大的,并且具有“一种当
148 前这个时代不可能会出现的不同的精神:通过战争和胜利得到加强的精神,对他们而言,征服、冒险、危险和痛苦已经成为一种需要”(GM,II 24)。因此,要正确理解重估的计划,就必须解释清楚它与权力意志学说的关系。

这一章试图面对这两个挑战。在第一部分,我会考察几个旨在解决重估所有价值的悖论的方案,并进而提出一种观点,该观点借鉴了我在第二章对尼采元伦理学的探究。在第二部分,我认为从叔本华那里借鉴了他要进行重估的流行的价值和理想之后,尼采表明他重估的焦点是对痛苦的谴责。权力意志的观念是进行这种重估的原则,因为它彻底改变了我们对人类生活中痛苦的地位和意义的理解。在第三部分,我会描述尼采对重估计划的实际实施——关注他对“同情的道德”以及“满足”或“死心断念”的幸福的观念的批判,同时也关注他对人类伟大理想的阐述。在第四部分,我会考察谱系研究对价值重估的作用。

一、论重估一切价值的可能性

尼采把他的计划称之为“重估一切价值”。这在两个方面是令人困惑的。首先,我们可能会想,尼采为什么要重估一切价值,因为正如我所说的,他真正感兴趣的是对“最高价值”,特别是对所谓道德价值进行重估,虚无主义的绝望就是这种道德价值的逻辑结论。他指出,对最高价值的重估实际上就等于对所有价值的重估:“到现在为止,道德价值一直是最高价值:会有人对此提出质疑

吗？——如果将这些价值从这个位置移开，我们就改变了所有价值：迄今为止，他们的等级秩序的原则如此一来就被推翻了”（WP 1006）。记住，其他所有价值的价值，都是由最高价值决定的。这是从这个意义上来讲的：除非最高价值本身得到了实现，否则那些较低价值的实现是没有价值的。如果最高价值被推翻了，那么事实上所有价值的价值或者它们在我们的价值层次中的“等级”，也就相应地被改变了。

重估一切价值的计划在另一方面也令人困惑：它的可能性本身就成问题。重估要以它所依据的价值为前提：尼采认为重估的 149
“原则”是权力意志。但如果要重估所有的价值，我们似乎完全剥夺了自己所有可能的重估条件。尤其是，我们似乎剥夺了自己确立权力的价值的手段。[①]总而言之，问题如下：重估要以让其得以进行的原则为先决条件。该原则不能是任何现有的（“旧的”）价值，因为它们都要被重新估价。尼采声称重估的原则是权力。如果权力不是现有价值之一，那么它是从何而来的呢？

对于这个困难，一个可能的解决方法是假设尼采用“一切价值”这种说法，实际上只是表示所有（第一级）的实质性价值（substantive values），或是与该如何度过人生直接相关的价值。于是，权力的价值就可以在一切现有的实质性价值之外被树立起来。把（第二级的）元伦理的思考（这些思考关注价值的规范性权威的来源）和相关描述性思考结合起来，权力的价值就可以树立起来。学术文献为这一策略的四个变体（variants）提供了要素。

我把第一个变体称为伦理唯意志主义（ethical voluntarism）。它所依据的元伦理思考是对尼采视角主义的某种解释，根据该解释，对于该正当地选择或不选择什么价值，“道德事实”的缺失让我们摆脱了一切合理的约束。伦理唯意志主义不仅主张价值是任意

① 例如，这是 Sleinis（1994）对这个问题的描述（第 xiii—xxi 页）。

的选择,而且还认为这些价值的规范性权威在于它们是由其价值所在的主体所意愿的。这种唯意志主义将纵容尼采把权力宣告(“创造”)为一种价值,并根据它去重估所有(传统的)价值。① 例如,在其著作的一节,尼采反对“普遍的(实践的)法则”的思想,并以下面的劝告作为结尾:“让我们仅限于净化我们的意见和价值评估,仅限于我们**所创造的关于什么是好的新的匾牌**,不再考虑‘**我们行为的道德价值**’!”(GS 335)。创造新价值的人“打破匾牌和旧价值”(Z,III 12[26])。

第二个变体是**伦理虚构主义**(ethical fictionalism)。虚构主义也包括了主导价值不具有客观地位,而是主观创造的主张。它们是我们自己发明的一个精心设计的伪装游戏中的核心元素。因此,我们不会因客观事实或实践理性的要求而受那些价值约束,而
150 且,我们可以自由地改变它们,也就是说,改变这个游戏的规则,或者干脆去玩另外一个游戏。与唯意志主义不同,虚构主义反对规范性权威在行为主体的意志中有其来源的主张。它们的规范性权威在此取决于我们认为它们所具有的(现在是虚构的)的客观地位。

第三个变体是**伦理自然主义**(ethical naturalism),它具有独特的元伦理原则:人类应该如何生活(人类的善)的观念源于他们是什么(人类的本性)的观念。根据权力意志,尼采得出了自己关于人类本性的独特观念,而从这个观念身上,尼采推出了对人而言善就是权力的主张。这种善的观点反过来支持了对所有当前占主导地位的(基督教的)价值的重估,这些价值很可能是以某种形式的伦理自然主义为基础的,只不过是建立在有关人类本性的错误

① Larmore(1996)为这种观点提供了特别清楚的陈述(第 79—88 页)。这种观点的某些受限定的版本也可以在 Langsam(1997)和 Nehamas(1985)(尤其是第七章)那里发现。

观念之上。

第四个变体是(休谟的)动机内在主义(motivational internalism)的一种版本。内在主义的元伦理的核心是这样的观点,只有在这种情况下,行为主体才有理由去行动:它有某个在它如此去行动时会得到满足或推进的欲望。这一原则加上人类确实渴望权力的主张,将会得出权力是一种善的结论。那么,尼采就必须证明权力是一种等级高到可以作为重估其他价值的原则的价值,就像占主导地位的基督教价值那样。

第三和第四个变体似乎都建立在同样的元伦理原则之上,也就是说,当X与A关心或可能关心的任何事情都没有关系时,行为“X对行为主体A是有价值的”这种说法不可能是正确的。但是,“X对A是有价值的”这个陈述是模棱两可的。在动机内在主义这里,该陈述可以改写如下:“A有理由接受‘X是有价值的’这一判断。”根据动机内在主义,如果X不能满足或推进A先前已有的欲望,A就没有理由去接受“X是有价值的”。相比之下,在伦理自然主义这里,该陈述可以改写如下:“X是A的最大利益,或是有利于A的幸福或繁荣。”根据这个提议,除非X与A的本性表现出适当的关系,否则X就不能表示A的最大利益,或是促进A的幸福或繁荣。这样一来,X有可能在伦理自然主义的意义上对A有利,而在动机内在主义的意义上对A不利。比如,当行为主体不想满足自己本性的一些要求时,就是如此。

在尼采这里,这种区分很容易被忽视,这恰恰是因为,他好像 151
是根据某种欲望,也即权力意志,来规定人的本性的。不过,我们应该牢记这一区分。权力对人类有好处,要么是因为某个对实践理性有约束的观点(除非行为主体想要权力,否则他没有理由去追求权力),要么是因为某个对人类的善的解释进行限制的观点(对行为主体而言,只有当权力与他的本性表现出适当的关系时,它才是善的)。换言之,动机内在主义关注的是价值判断的正当性,对它们的内容没有施加实质性的约束,而伦理自然主义关注的是价值判断的内容,对其施加了实质性的约束。当然,后者也关心这些判断的正当性,因为人们可以借助于人类本性的事实去评价关于人类的善的观念。

我现在打算更加细致地考察每一个变体。那我就从伦理唯意志主义论开始,这种观点持续地吸引着尼采的许多读者。重要的是要注意,伦理唯意志主义包括两个独特的主张。首先,伦理唯意志主义者认为价值是"被创造"出来的,这既构成了他们关于形而上学立场的主张——价值是任意的发明;也构成了他们关于规范性权威的主张——价值源于行为主体自己的(任意的)意志。合在一起,这两个主张纵容尼采随意去创建和捣毁价值,并因此去否定"道德"价值,理由只在于他拒绝认可它们。

下面是伦理唯意志主义的一个有代表性的陈述:"尼采哲学中的'价值'这一术语……蕴涵'价值'就是我们的创造物的思想,它们之所以为价值,最终依赖于我们的认同。但是,说它们最终依赖于我们的认同,即是说,它们的出现最终是源自于激进的选择,这是一个不以任何理由为基础的选择。因为在一个选择是有理有据的意义上来讲,只能说那些价值之所以具有合理性,是因为人们这样认为,而非基于它们本身。"①唯意志主义的主要困难在哲学和规范性权威方面。与其说它提供了规范性权威,不如说它消解了它。因为规范性权威的思想包括为意志和它的心血来潮提供合理约束的见解。然而,如果某个价值的权威仅仅取决于我们想要它

① Taylor(1982),第118页。尼采有时会招致价值是任意的,或是激进(无根据)的选择结果的这种解释。"真正的哲学家",他写到,"是指挥官和立法者:他们说,'它应该如此!'是他们首先确定[bestimmen]了人类走向何方,为何目的"(BEG 211;参见260;Z,I 1)。在确定"人类走向何方,为何目的"的过程中,哲学家们或许也会首先确定做某事的理由是什么。因此,这种确定本身不是建立在理性的基础之上:它只能是激进的选择。

的这一事实，那就没有什么可以合理地约束我们的意志了，因为任何想要反对它的要求都丧失了权威。

第二变体，也即伦理虚构主义，正好避免了这种困难。虚构主
义者接受了唯意志主义者关于我们价值的形而上学立场的主张： 152
它们是我们自己的发明。不过，他不接受其关于规范性权威的主张。相反，有必要相信价值具有客观性，从而使它们在我们的心理经济(psychological economy)中发挥规范性的作用，是植根于这样一种假设：价值的规范性权威不能以我们的主观意志为源头。

唯意志论者和虚构主义的方案把价值，不论新旧，都视为任意的发明，最终都是“不以任何原因为基础的选择”的产物。如果价值是任意的发明，那么，对现有价值的重估和这些价值本身一样，也是任意的。换言之，对于尼采为什么用权力的价值来取代道德的价值，或者，就他为什么要用任何一种新的价值来取代旧价值而言，唯意志论者和虚构主义者都说不出任何理由。他们只能把这想象为一种随意转换。然而，就像我们本章后面将会表明的那样，尼采对价值的重估好像并不只是伦理观点的任意转换。

些评论家通过归给尼采一种伦理自然主义的方式，来避免任意性问题。根据这一观点，人的类**应该怎样生活**(人类的善)是由他们的**所是**(人类的本性)决定的。[①] 这种观点认为，描述性的形而上学为规范的伦理提供了基础：由于权力与人类的本性相关，它的价值就得到了证明。有时，尼采似乎持有这样一种观点：“假如生命本身就是权力意志，那么除了权力的高低，对其而言，什么

① 在基督教的传统里，托马斯·阿奎那采纳了这种在本质上属于亚里士多德哲学的观点，并进行了重大的拓展。对阿奎那的伦理自然主义的有益介绍和辩护，参见Stump和Kretzmann(1991)，他们把阿奎那的立场总结如下：人类的善，像任何其他适合于某个物种的善一样，是在进行只适合该物种各种特定的行动中获得的，在人类这里是对理性力量的合理运用。……对一物来讲善的东西就是对它自然的东西，对一物来讲不自然的东西就是对它坏的东西。因此，他说善就是符合自然的东西，恶就是违背自然的东西。”(第103—104页)

都没有价值”(WP 55)。这个提议的核心是：*善*的观念必须根据某个功能的实现而被*功能地*定义。

通过根据功能来定义善的做法，这个提议避开了伦理自然主义可能会面对的两个基本异议。首先，自然主义容易遭受把差别性的评价排除在外的指责。如果某事物是善的，只是由于它是其所是，那么任何事物都是善的，因为它必然要成为它所是的。但是，功能容许有不同程度的实现，因此，区分价值的高低是有可能的。人们可能没有实现某个功能，或者可以或多或少地擅长实现它。其次，伦理自然主义也容易遭受自然主义谬误的指责，那就是从纯粹的描述性的前提中得到规范性的结论。然而，如果人类的
153 本性是根据某种特定的功能而被界定的(对权力的追求)，那么善就可以根据那个功能的完成情况来界定。如此一来，价值已经渗入存在，从后者到前者自然就没有鸿沟需要去填补。正如一位评论家直截了当地说的那样：“对尼采而言，这个‘是’已然意味着‘应该’，严格来讲，问他如何从前者派生出后者是没有意义的。”[①]

这个提议的主要问题大家是耳熟能详的，其问题在于对善的功能性描述。我认为这是一个*标准*要求：任何事物之所以为善的评判标准是它促进“保存和增长”(WP 258)(或权力)。如果这就是善的标准，那么保存和增长本身是否是好的、是否值得促进等进一步的追问就毫无意义。然而，事实并非如此。假使所有的存在者本质上都追求权力，那么对如下问题的追问是非常有意义的：首先是否应该有擅长获取权力的人存在。因此，善的这种功能性的定义是不充分的。

道德自然主义的一个修正版看起来更有希望。它不依赖于善的功能性定义，而是依赖于这个实质性的主张：对人类而言，任何

---

① Richardson(1996)，第152页。Schacht(1983)也把一种伦理自然主义归给尼采(第348—349页和第398—399页)。

适当的善的概念都应该对他们的本性作出回应。比如，回应他们的最基本的需要和欲望。[①] 由于这个原因，忽视人性要求的人类的善的概念是不合理的。当他哀叹“迄今为止，所有的评价和理想要么是建立在对物理学的一无所知之上，要么是建立在对它的反对之上”(GS 335)[②]时，尼采主张的似乎就是这一版本的自然主义。他认为某些人类的善的概念之所以让人有异议，是因为它们没有把(人类的)本性(“自然”)纳入考虑。这种观点也被认为是奠定了尼采道德批判的基础：“反自然的道德，实际上就是迄今为止被教导、尊重和宣扬的道德，它与生命的本能正好是背道而驰(TI，IV 4)。”

由于声称价值渗入自然本性，这一版本的伦理自然主义没有回避自然主义谬误的指责。倒不如说，对一个关于人类的本性是什么(它本质上是权力意志)的纯粹的描述性的前提来讲，它增加了一个独特的规范性前提，即有关人类的善应顺应他们的本性(比如他们的基本需要和欲望)的主张。它不容易遭受自然主义谬误的指责，乃是因为它不是从纯粹描述性的前提那里得到规范性结论的。

然而，即使是这一归给尼采的伦理自然主义的修订版也会遭 154
到致命的反对。尼采本人就深深怀疑，有关人性的任何一个概念能否为人类的善的概念奠定基础。比如，在下面这段话中，他直接反对斯多葛学派认为他们的伦理是“遵循自然”的主张：

> 真实情况并非如此，你们假装心醉神迷地阅读着你们自然法则的圣典，其实有着完全相反的目的。你们这些出神入化的

---

① Soll(1994)也为尼采提出了类似的建议，当他认为：“对我们来讲，有真正价值的只能是符合我们最深层和最真实的需要的东西，以及最终能满足我们最普遍和必不可少的欲望的东西”(第 170 页)。

② 如果我们认为“物理学”是研究自然界的，而且自然界是唯一存在的世界(与形而上学相对立)，那么尼采实际上要求我们的价值和理想要能够回应我们的“自然”。

戏子,自欺欺人的家伙!你们甚至骄傲地试图以自己的道德、自己的理想来规定自然、吞食自然,你们连自然都不放过。你们要求自然成为"遵循廊下派"的自然,要求万物按照你们的形象存在——并且永远盛赞廊下派、让廊下派涵盖万有!……

不过,这故事由来已久了:当年在廊下派身上发生的,今天仍然在发生,一旦哲学开始自信,这故事就没完没了。哲学总是按照自己的形象创造世界,它不可能不这样。哲学就是一种暴虐的欲望,最具有精神性的权力意志,"创造世界"的意志,追求第一因的意志。(BGE 9;参见 GS 301)[①]

当然,我们会认为这段话只是表明斯多葛学派误解了人性。但尼采认为他们的故事"由来已久",直到今天仍在继续发生,而且这可能也包括他自己在"权力意志"那里发现了人类本性的主张。因此,他们关于人类本性的观念,完全不能作为价值判断的基础,相反,那归根到底不过是他们的自我表白罢了(BGE 5,6,22)。[②]如果把这个道理运用到他的伦理观上,我们将会得出如下结论:尼采重视对权力的追求,并非因为权力意志乃是人类本性的本质特征之一;而是他之所以根据权力意志来描述人的本性,是因为他已经重视权力意志在先。因此,根据最后的分析,这个版本的伦理自然主义回答不了我们的基本问题:我们为什么要重视权力意志?

如此一来,我们就只剩下内在主义的重估策略了。这种策略特有的元伦理原则通常被称为动机内在主义:除非行为主体会关

---

① 译注:译文参考尼采,《善恶的彼岸》,魏育青译,第 9 节。

② 请再次参见 Clark 为这个观点提供的详细案例(1990,特别是第七章;2000)。在攻击被他(错误地)认为是达尔文主义的"生存斗争"的观念时,尼采也强调了自然和规范的分歧:"然而,假设这种斗争存在——而且它实际发生——那么它产生的结果与达尔文学派所期望的相反、与人们或许和他们一样期望的相反:即强者、特权者和幸运的例外者的失败。物种没有变得更完善"(TI,Ⅸ 14)。

心或渴望某样东西，否则这种东西对于他就不会有价值。因此，价值判断的规范性权威取决于其涉及的行为主体的偶然的心理特征，比如，他的需要和欲望，他的情感反应模式，以及他所继承的“道德偏见”（GS 380）或“流行判断特有的精神水准”（WP 254），所有这些就构成了他的评价视角。 155

要把作为重估原则的权力的合法性建立起来，必须表明人类确实渴望权力。尼采就经常作出这样的断言：就连那些表面上*否认*权力价值的人也渴望权力（Z，II 12；GS 349；BGE 13，259；GM，II 12），但这还不够，因为如果权力意志只是人类的众多欲望之一，在规范性方面，它还没有足够的砝码来使自己成为重估的合理原则。出于这个原因，就像一些学者已经做过的那样，我们也会忍不住认为：对尼采而言，归根到底，人类想要的就*只是*权力。不过，这种观点面临两个非常大的困难。首先，我已经指出，尼采认为权力意志就是“生命的本质”，这更像是一个隐性的评价主张，而不像是一个描述性的主张。因此，该主张不能用作内在主义论证的描述性的基础。其次，尼采本人也指出，权力意志只是众多欲望之一而已，它有时甚至还会缺席（A 6；EH，IV 4）。①

然而，就算权力不是人类唯一在意或想要的东西，它也可能拥有人们所要求的规范性方面的砝码。尼采当然相信，求权力的意志毋庸置疑乃是人类最常见的一种动机，或许是因为它经常会采用令人惊奇和意想不到的伪装。他需要说明的是，当与其他欲望对比时，权力意志占着足够高的规范性等级。权力意志的等级可能是其在人类心理活动中占有突出地位的一种功能。尼采不断努力地揭示出权力意志在人类活动中无所不在的运作，而它的突出

① Leiter（2000）对内在主义的论证进行了详细的讨论和批判。与 Leiter 不同，我不相信这个论证的成功取决于尼采对这个“强描述性论点”的支持：“只有权力才是人们唯一追求和渴望的东西”（第 284 页）。

地位就是这样被建立起来的。他还认为欲望的等级是它与其他激情和欲望的“关系”的一种功能。因此,一个欲望与其他欲望的关系越紧密,它的等级就越高。[①] 按照这种观点,赋予权力的价值的特权将取决于它得到支持的观点,正如对占主导地位的否定生命的价值的重新估价,归根到底相当于重新考察它们在它们似乎处于主导地位的观点中的地位。

这个相关的观点就是尼采有时所说的“我们的”观点,也就是说,在这个观点中,基督教的和柏拉图式的价值似乎具有主导性,而且其中蕴含着虚无主义的威胁(GS 344)。这一重估策略的可能性依赖于这一假定:我们的评价观点并不完全一致,而是仍然充满着冲突。当尼采在《道德的谱系》中提供了一个与所谓主人道德和
156 奴隶道德相关的及时提醒时,含蓄地承认了这一境况:“在一些地方,斗争仍然悬而未决”(GM,I 16)。换言之,“主人道德”的独特价值——在那里,权力和差别显得尤为重要——并没有完全失去其对我们的控制,在重估占主导地位的否定生命的“奴隶”价值(比如,同情和被认为没有痛苦的幸福)的努力中,它们依然可以被援引。由于这些主导价值非常敌视尼采的权力的新伦理,为了证明他的观点,他求助了我们的评价情感(evaluative sensibilities)的组成部分,对此,我们当然不会感到惊讶。评价情感的影响虽然不可否认,但却是意想不到的和未被认可的。[②]

我部分同意对尼采的策略进行内在主义的解释,因为它符合规范性的主观主义,就像我在第二章所展示的那样,尼采有时似乎

---

① 对关系的一个可能相关概念(我把它称为“强化关系”)的阐述,参见本书第 122 页,注释①。

② Foot(1973)可能被认为把这种策略归给了尼采,当她如此宣称时:“认为我们重视强者和特殊的个体是言之成理的……。我们确实发现了对特殊人物的反应模式,这让我们看到了一种评价方式,它与以审美为基础来评价的那种方式非常相似,尽管我们还没有为这种评价方式找到专门的名称。我想到的是兴趣和钦佩,这是对精神超常独立和意志坚强的杰出人物的共同态度。”

倾向于此。我赞同它，还因为当尼采描述超越善恶意味着什么的时候，他明确提到了该策略的一个变体。考虑到价值的传统对立——比如，自私和无私的对立——是重估时要去重新审视的问题，尼采宣称：

> 人们可以怀疑：首先，是否真的有对立存在，其次，这些世俗的价值判断和价值对立，即形而上学家们盖上印章担保无误的东西，是否只是肤浅的判断，只是瞬间的景象？也许还只是一隅之见，是自下而上的坐井观天，借用画家的术语来表达，就是青蛙的视角。即使不妨将许多价值归于真实、真诚和无私，但也许还是会有这样的情况：对一切生命来说都要来得更高尚和更基本的另一种价值，可以划到表象、欺骗欲望、自私和贪婪的名下去。**甚至还可能是这样，那些好的，受人尊敬的事物的价值，恰恰在于这些事物与坏的、表面上与之格格不入的事物之间令人尴尬的关联、纠缠、勾连，也许两者甚至在本质上是一致的。也许！**（BGE 2；着重号是我加的）①

这种重估的策略是内在主义的，因为它建议用“形而上学家”自己的关于什么是善的概念来作为挑战他们的关于什么是恶的概念的基础。内在主义策略的这个变体不同于我上面考虑的那个，因为它没有提出它们的观点的各个方面来支持对其主导价值的重估。相反，它试图表明，对所谓“善”的东西（比如，无私）作出积极评价的那些想法，实际上也可以用来证明对所谓“恶”的东西（自私）作出积极的评价是合理的。② 这段话值得重视，因为它是尼采 157

① 译注：译文参考尼采，《善恶的彼岸》，魏育青译，第 2 节。

② 我已经尝试展示尼采是如何执行内在主义策略的这个变体的，这与 Reginster (2000a, 2000b)那里的利己主义和利他主义的对立相关。

在其中为这个重估计划明确地阐明了一个策略的极少数段落之一，而且该策略显然同样也是内在主义的。

到目前为止，我考察过的所有观点都试图确立权力的价值的规范性特权，尼采想根据它来开展否定生命的价值的重估工作。但是，布莱恩·莱特(Brian Leiter)近来认为："相对于尼采要重估的道德而言，他并不相信自己的评价观点享有任何特权。"[①]他对权力的评估只是表达了自己独特的评价口味，而口味问题无可争议，因此，他的重估所朝向的目标受众——他已经尽其所能去确定它们的范围——只能是那些与他志趣相投的人，因为也只有他们才可能会被他对权力的赞美所征服。

毫无疑问，即使是在我描述的内在主义中，如果基督教-柏拉图式的观点(在这里，虚无主义的否定生命的价值观盛行)完全不同于尼采自己的评价观点(在这里，权力占据了最重要的位置)，那么对前者的重估除了是对后者的执着表达之外，就什么也不是。但是，我已经表明，尼采不认为自己的评价观点，或是他的目标受众的观点，与基督教-柏拉图式的观点是完全排斥的。事实上，他认为自己的重估对于把他所预期的对话者从基督教的道德中解救出来是必不可少的。这一事实表明，他相信他们会对自己的重估作出回应。正如他有时提到的那样，"我们的"观点是由基督教的道德所主导的，但其中也有其他动机的因素，它们与基督教的道德未必相容，但却不断给我们带来通常未被认可的影响(GM，I 16)。

因此，尼采不能把基督教价值只是作为与他的对话者的评价情感相抵触的某种东西而排斥在外。在这方面，有理由怀疑这种评价情感只是对情感反应模式的表达，而情感反应模式本身是由人"固定的心理-身体结构"所决定的。[②] 尽管他经常认为我们的

---

① Leiter(2000)，第 291 页。

② 这好像是从 Leiter(2002)归给尼采的"类型理论"那里得到的观点(第 8 页)。

价值判断是由我们的情感组成（affective make-up）所决定的（WP 254），他也承认前者有时也可以决定后者：“评价源自哪里？它们的基础是一个牢固的准则，‘愉快’和‘痛苦’吗？但在无数的情形中，我们是在对一件事情进行评价之后，才使这件事情让人感到痛苦。”（WP 260；参见 D 35）价值判断能够“变成本能”（A 29），因此，158
我们应该想得到，两千年来的基督教的道德判断，就算是对那些尼采进行过伦理规劝的人的情感组成，也会产生影响，甚至对尼采的情感组成亦是如此。

故而，虽然他可以合理地希望，对权力的充满活力和诱惑的赞颂，将在某些方面吸引他的对话者的评价情感（evaluative sensibility），但他不能期望这足以超过基督教的价值观给他们的持续影响。这些价值或许已经成为他们的评价观点的一部分，就像权力的价值一样，所以他需要向自己的对话者表明，后者的地位在他们的评价观中就是这样的，故而它可以支持人们对前者的批判。换言之，他必须沿着所我描述的内在主义的方向，拿出一个实际的挑战基督教道德价值的论据。如果他成功地拿出了这样一个论据，就没有理由不相信他自己的权力的伦理应该具有某种规范性的特权，他的言论就经常表明他认同这种规范性的特权。至少在一个晚期现代欧洲人的评价观点那里，这种特权是没有问题的。因为对这个欧洲人而言，虚无主义已经成为一种真正的威胁。

在继续探讨尼采的重估本身之前，我们应该记住它需要完成什么，不需要完成什么。

根据本书的论证，重估是克服虚无主义的一个策略。虚无主义不只是认同否定生命的价值的一个结果，而是这些价值被视为最高价值的一个结果。那么，要成功地克服虚无主义，对这些价值的重估不需要论证它们根本就不是价值，而只需要表明它们不是最高价值。

二、痛苦的问题

尼采重估价值的第一次尝试——我在第二章讨论的贬值类型——被恰当地称为*元伦理*的重估，因为它不要求我们说明受重估的价值的*内容*。与之相反，我提出来的要在本章进行考察的重估策略，应该叫作*实质性*的，因为它针对的是价值本身的*内容*。要理解尼采对虚无主义者的最高价值的重估，我们现在必须找出这些价值是什么。

159 尼采把构成虚无主义规范核心的“伟大价值和理想”的体系称为“道德”：“道德价值迄今为止是最高的价值”（WP 1006）。然而，他也用*道德*这个词来表示一般的行为准则：比如，把“主人道德”称之为与他批判的“道德”相对立的价值体系（BGE 260；GM，I）。除非有另外的说明，我将只用*道德*一词来表示他发动攻击的价值体系。这种道德不表示某些历史或理论上的特定的道德（比如基督教的道德或功利主义）。相反，它指的是与实质的规范性的核心相同的一系列观点，涵盖了各种历史上和理论上的特定的道德，比如，古代享乐主义的“幸福主义”，“基督教的道德”，功利主义或佛教伦理等，这里只是提到了最重要的一些。

提议重估道德价值，尼采并不是在问，比如，同情是不是一种真正的道德要求。相反，他认为对道德要求的某种解释是正确的。倒不如说，他首先要问的是，道德赋予同情以价值的基本原则是否可以接受。他不是在问，同情在道德上是不是善的，而是在问，同情是否由于在道德上是善的，那它就是善的。这个基本原则（或一系列原则）被认为形成了道德规范的核心，它才是尼采重估道德的关键。

尼采认为叔本华认识到了上帝之死的虚无主义后果：“当我们就这样拒斥基督教的解释，像对待假币那样谴责基督教的教义时，叔本华提出的那个问题便令人惊悚地冲着我们来了：存在到底有没有意义？……至于叔本华本人的答案，请原谅我这么说，是稍嫌草率和幼稚的，是不得已的妥协，依然困在基督教禁欲主义道德观的窠臼之内。但在这种道德观里，人们已经放弃了信仰和对上帝的信仰。可贵的是，叔本华毕竟提出了问题……”(GS 357；参见 WP 17)[①]。

在认为对“基督教解释”的拒斥会让我们面对“叔本华的问题”时，尼采表明自己理解了那个问题的关键之所在：痛苦在人类生存中的地位和意义。在叔本华看来，痛苦问题是人类最深切和最持久的关怀。实际上，它就是哲学本身的推动力：“毫无疑问，是死亡的知识，以及对生命的苦难和悲惨状况的思考，给了哲学反思和对世界的形而上学解释最强劲的推动。”(WWR，II，第十七章) 160

对“基督教解释”的拒斥有“可怕的”的含义，只是因为这种解释给痛苦的问题提供了一个答案——它给予痛苦一个意义：“虚无主义就出现在这一点上：不是存在的痛苦变得比以往更多了，而是因为人们不再信任痛苦中——事实上就是存在中——的任何意义。一个解释已经崩溃，但由于它被认为就是*那个*解释本身，存在如今看来好像不再具有任何意义，一切好像都是徒劳”(WP 55；参见 GM，III 28)。只要是从“上帝的仁慈和统治”(GS 357)的立场来看待痛苦，基督徒认为它就能够得到辩护：它是一种补偿，是人们从痛苦中解脱出来的一种准备，是“通往另外一种存在方式的桥梁”(GM，III 11)。一旦这种解释名声扫地，比如遭到叔本华的“无条件和真诚的无神论”的质疑，生命意义的问题就会再次侵袭我们。

然而，叔本华本人为这个问题提供的悲观主义的答案，“仍然困在”基督教的道德观中，因为尽管他否认了神圣的基督教的上帝的存在，但他仍然认同基督教的如下观点：痛苦是糟糕的，人生的理想是摆脱痛苦。因此，从痛苦中摆脱出来的来生的希望破灭之后，此世的不可逃避的痛苦对他来说：“足以确立一个可以用不同

---

① 译注：译文参考尼采，《快乐的知识》，黄明嘉译，第 357 节。

方式表达出来的真理……也就是说，我们对世界的存在不是感到高兴，而是感到遗憾；它的不存在胜于它的存在；它是某种压根就不应该存在的东西”（WWR，II 第四十六章，第 576 页；参见 WP 35，701）。换言之，叔本华拒斥的是“基督教的教条”（上帝和另一个世界的存在），而不是“基督教的道德”（GM，III 27）。

因此，他对痛苦的谴责既塑造了他的以同情为根据的独特的道德观（BM 15），也塑造了他的没有痛苦的“幸福”和“最高的善”的概念（WWR，I65）。虽然尼采不是只根据叔本华的道德和幸福概念来设想虚无主义者的否定生命的价值的，但我相信他在前者那里发现了后者的范例。因此，他对道德的批判专门针对的是“同
161 情的道德”（GM，前言 5），他习惯地用来与自己的幸福概念相对比的幸福概念是“死心断念”（A 1；Z，III 5［2］）。因此，更加熟悉叔本华对于这些问题的看法的话，对我们应该会有所帮助。

1. 同情的道德

康德对道德的本质作了影响深远的解释，而叔本华的道德理论就源自于对这一解释的批判。该解释建立在以下两个基本观察之上：首先，道德观点具有普遍的约束性；其次，行为的道德价值取决于它的动机（GW，第 389—390 页）。根据这两个观察，康德声称能够推导出“最高的道德原则”，即“绝对命令”。叔本华接受了康德的这两个初始的观察，但否定了建立在它们之上的理论，反而认为道德的最高原则是同情（BM 16）。[①]

同情是对别人的痛苦感到难受的倾向，因此，要避免给他们造

---

① 英语的怜悯（pity）和同情（compassion）在内涵上有重要区别：怜悯引起对受苦者的一种屈尊，而同情强调与受苦者同心。这两个词被用来翻译同一个德文词，即“Mitleid”。尽管叔本华只是在同情的受限定的意义上来使用这个词，尼采有时想在两种意义上使用它，包括与叔本华相关的时候也是如此。由于我在这里只关注他对叔本华所理解的同情进行的批判，我总是把“Mitleid”译为同情。至于其他的尼采哲学对同情和怜悯的批判，参见 Nussbaum（1994）。

成痛苦，并尽可能去减轻他们的痛苦。使同情成为美德，事实上等于宣称痛苦是某种可悲和应该消除的东西。因此，叔本华的道德观念表达了这样一个信念，即痛苦是恶的。当尼采主张流行的“同情的道德”归根到底取决于对痛苦的彻底批判时，无论如何，这都非常清楚地表明他是像叔本华那样来理解同情的：“如果你们把痛苦和不快视为邪恶的、可憎的、该死的和存在的缺陷，那么清楚的是，除了你们的同情宗教而外，在你们的心中可能还怀有另一种宗教，它有可能就是同情宗教之母：**舒适的宗教**。你们这些舒坦和善良的人啊，你们对人类的幸福所知寥寥。因为幸福与不幸乃是姐妹，甚至还是一对孪生子，他们要么一起长大，要么就像在你们那里一样，**怎么都长不大**”(GS 338；参见 D 174；BGE 202)。

此外，正是基于对痛苦的这种谴责，“同情的道德”本质上是否定生命的，并最终是虚无主义的：“人们胆敢把同情称为道德……有人更进一步地让它成为道德**本身**，成为所有道德的起源和基础。当然，这只是从虚无主义哲学的观点来看才是如此，这种哲学在它的饰有纹章的盾牌上，镌刻着**否定生命**这四个字，这是一个我们必须时刻牢记的事实。叔本华在这件事情上拥有他的权利：生命被否定了，在同情面前，生命**更加没有价值**——同情**践行**的就是虚无主义。……同情说服我们走向**虚无**。叔本华仇视生命，**因而**同情对他 162
而言成了一种道德”(A 7；参见 GM，序言 5；TI，V 4)。这有点让人不解，因为对同情的评价未必需要我们彻底谴责痛苦。毕竟，把同情视为道德，只需要承认**他人**的痛苦应该得到减轻，不一定是要减轻自己的痛苦。然而，叔本华对道德的这一解释所进行的独特阐述实际上建立在对**所有**痛苦的谴责之上，因为他所支持的同情的观点，预先假定了人们认为自己的痛苦与其他人的痛苦一样可悲。①

---

① 值得注意的是，尼采有时不仅谈到同情的道德，还谈到“共同的同情道德”，这明显是想强调：这种道德观念通常是被对痛苦的极端仇恨所激出发的。

实际上,他认为对他人痛苦的关心,就是关心自己痛苦的一种延伸。同情之所以可能,就在于认识到别人的痛苦与自己的是一样的:

> 他人的幸福和悲痛怎么能够那么快就打动我的意志呢?也就是说,打动我的方式,怎么会与我被自己的幸福和悲痛所激动时完全一样呢?很显然,这只有通过以下方式才可能:我是我的意志的终极目标,我能以同样的方式让他人也成为这种目标;我能直接希望他人过得幸福,而不是痛苦地活着,就像我想要自己幸福一样。但这必须建立在以下前提之上:在他处于这种痛苦的情形下,我对他的痛苦感同身受,立即就能感受到他的痛苦,就像我平常对自己痛苦的感受那样……但这要求我在某种程度上认同他。换言之,把我看得与他人完全不一样,这是利己主义的基础,而在同情面前,这种利己主义就至少在一定程度上被消除了。(BM 16,第 143—144 页)

只是认同的话,还不能给行为主体提供关心他人痛苦的理由。事实上,承认别人的痛苦在某种意义上是我自己的痛苦,这一事实如何给了我关注它的理由呢?除了认同之外,还有其他真实的原因让我有动机去关心我所认同的他人的痛苦吗?大概是由于我必定也会认为自己的痛苦是值得关心的。这是因为,我认为自己的痛苦是值得减轻的,那么承认别人的痛苦在某种意义上是“我自己的”这点也让它同样值得减轻。

反过来,对别人的认同之所以可能,是因为我自己和他人之间的差异只是表面的。可以这么说,在“我们自己”之中,我们同为一体,彼此没有分别。叔本华采纳了康德的如下观点:空间和时间(由于它们,事物如我们所知的那样被个体化)乃是主观的认识形式,它们只适用于现象世界,对物自身并不适用。“因此,如果复多和分离只属于现象，如果在所有芸芸众生中显现出来的只是同样一个本质，那么消除自我和他人之间的差异的那种观点就不是荒谬的，恰恰相反，与此对立的观点才肯定是错误的。……事实上，同情就是对这种观点恰如其分的表达。因此，它就是伦理的形而上的基础，它就包含在一个个体在他人身上又认出自己，认出他自己真正的内在的本质这件事情上”（BM 22，第 209—210 页）。 163

由于把同情建立在这种形而上的一元论之上，叔本华设法保住了道德的普遍有效性。他假定每个人都想避免痛苦，并把这种审慎的利己主义和我与他人本质上没有区别的形而上的洞见结合在一起，这样就得出了他们的痛苦也是我的痛苦的结论。我必须减轻我的痛苦的任何理由本身就是减轻他们痛苦的理由。叔本华谴责利己主义，不是因为它想方设法逃避痛苦，而是因为它犯了形而上的盲目性的错误，这使得它最终难以自圆其说。利己主义者没有认识到，把个人与他人相分开的那些界限只是表面现象。对别人的痛苦不管不顾，更过分的是给别人带来痛苦，这说明他根本就没有认识到，他自己本人也是那种痛苦的受害者（见 WWR，I 65，第 365 页及以下几页）。

叔本华把道德建立在谴责痛苦的基础之上的主张，绝不是没有争议的。尤其是，它偏离了康德的占主导地位的道德观。根据康德的道德观，真正的道德价值的显著标记不是对痛苦的谴责，而是尊重自己和他人的理性行为（rational agency）的价值。对康德而言，这种尊重表现为注意不要在自己的行为准则中，让自己成为例外。康德把他的道德理论看作是对我们的“关于道德的日常理性认识”的提炼（GW，第 393 页）。他认为自己的理论优于其他理论的地方在于，它能够解释我们的先于理论而存在的道德直觉。叔本华反对的正好就是这一点：康德的道德理论无法正确对待我们的关于道德的一些基本的前理论的信念。

康德认为我们的道德信念和实践是由理性行为的价值所驱动

的。因此,绝对命令,作为这种价值的实际表现,是“道德的最高原则”。他为这个命令提供了几种公式,但宣称行为主体“在道德判断上如果遵循严格的方法,并且把绝对命令的普遍公式作为基础
164 的话”,他会做得更好:要根据同时也能够使自己成为一种普遍法则的那种准则去行动(GW,第436—437页)。因为出于对理性行为的尊重而采取行动,就意味着在一生的行为中,永远不要让自己成为例外,这正就是这个公式想表达的一个要求。其他公式旨在“确保道德律为人所接受”,方法是让道德律“更加接近直觉”(引文出处同上)。

普遍法则的公式提供了一个适用于行为的准则,并能决定它们的道德地位的程序。要理解叔本华对康德的批判,我们必须注意这个程序的一些细节。普遍法则公式的精确表述如下:

“只根据那种同时你也想要它成为一种普遍法则的准则去行事”(GW,第421页)。康德特别指出,当普遍法则被用到一个不仁慈的准则上时(比如,为了免除我自己的不便而不帮助需要帮助的他人的准则),我是否“能够意愿”一个准则成为普遍法则的检验乃是对意志的一致性的检验:我能否*始终如一地向往一个*每个人都能按照那个准则行动的世界?他认为不仁慈的准则并不总是可以何时何地都适用。在一个求助的需要得不到保证的世界里,我发现,当我的目标的实现需要帮助时,可能就丧失了获得帮助的机会。向往这样一个世界的时候,至少有一些达到我的目的的必要的手段就与我无缘了,因此,我在实践中就会犯自相矛盾的过错。根据这个程序,任何不能普遍化的准则在道德上都是受禁止的,它的对立面才符合道德的要求。康德由此得出仁慈是一种道德责任的结论。[①]

---

① 关于仁慈程序的运用的这种解释的略有不同的版本,参见O’Neil(1989),第81—104页和Korsgaard(1996),第77—105页。

叔本华同意帮助有需要的人，以及一般而言减轻他人的痛苦就是典型的道德活动本身。因此，任何一种有价值的道德理论都必须能够适应这种前理论的直觉。康德的理论，尤其需要证明不仁慈的准则是不能通过前后一致的普遍性检验的。但是，叔本华认为康德的理论恰好在这一点上是不成功的。考察一下他一开始的讨论：

> 因此，据说我能够意愿所有人都据它而行动的那个准则，就是名副其实的道德原则。我能够意愿是特定的命令或指令能够运转的关键。但哪些东西我能真正地意愿，哪些不能呢？要决定我能在以上方面意愿什么，很明显，我又需要一个规则……现在，去哪里寻找这条规则呢？当然是在我的利己主义那里，否则就无处寻找……因此，康德寻找的真正道德原则 165
> 的最高规则所包含的方向是建立在一个默认的假设之上，即我只会意愿那对我最为有利的东西。现在，要确定一个能得到普遍遵守的准则，我必须不仅把自己看作总是积极主动的那一方，而且有时也要把自己看作可能是被动的那一方。从这个观点来看，我的自我主义为正义和仁慈作出决定，不是因为它想实践这些美德，而是因为它想感受这些所美德带来的好处。(BM 7,89)

很明显，叔本华利用了康德的这个想法：我不能自始至终地意愿一个人们根据不仁慈的准则行动的世界，因为在那样一个世界里，我自己的目的在实现的过程中将会受阻。他似乎得出了遵守绝对命令是一个简单的审慎问题的结论。这样一来，道德就被简化成一种康德竭力想要与之彻底区别开来的那种审慎。

然而，按照这种解释，这一异议严重误解了康德的立场。对之进行直截了当的解读，即使绝对命令的运用要求诉诸审慎，也不能就此得出遵循绝对命令本身只是一个审慎的选择的结论。这一点至少在两个方面是成立的。首先,想象这样一个行为主体:他想根据不仁慈的准则去行动,并且只关心这是不是一个审慎的行动方针这个问题。那么,他想问的一切是,如果他在自己所处的实际环境中没有给别人提供帮助——结果会对他有利,还是不利?他不需要这样问:如果每个人都根据同样的方式行动,那将会发生什么?这是一个与他的审慎的算计完全无关的问题。因此,在这个普遍化的程序中,诉诸审慎发挥了作用这一点可能不会有什么疑问,但是,行为主体在让他的准则服从于程序的过程中,他首先必须考虑的不仅仅是审慎,他还必须考虑道德。

这一点在另外一个方面同样也成立。叔本华似乎认为我之所以想要一个人人都根据仁慈的准则而行动的世界,是因为我将受益于这种普遍的仁慈。毫无疑问,在一个不仁慈的准则得以普遍化的世界中,我将会受到伤害。但是,由此肯定不能得出,只根据仁慈的准则行动的话,我就会远离伤害——比如,得到一个无论何时只要需要、我就能得到别人切实帮助的世界。

166 那么,根据刚刚的分析,叔本华的反对意见完全站不住脚。但在讨论的最后,叔本华表示他的反对意见实际上是完全不同的一种,同时也更加深刻和具有破坏性。下面是与此相关的结论性段落:

> 根据这个解释,非常清楚的是,康德不断声张的基本原则不是绝对命令,而实际上只是一个假言命令。因为我的行为所必须遵守的法则,是一种潜在的条件,既然我把这个法则提升为普遍适用的,那么它也成了我痛苦的法则。根据这个条件,作为可能的被动的一方,我肯定不会要求不正义和不仁慈。但如果我去掉这个条件,而且对自己强大的精神和身体力量充满信心,认为自己永远都是主动的一方,绝不是被动的

> 一方，再加上这一被选为普遍适用的准则。那么，假定除了康德的，再也没有其他道德基础的话，我很可能会选择不正义和不仁慈作为普遍的准则，并这样来统治世界："根据简单的计划/谁拥有权力，谁就拿走/谁有能力，谁就占有"（华兹华斯）。（BM 7,91）

根据这一版本的反对意见，诉诸审慎是有问题的，因为根据它，普遍化的程序无法保证其运用结果的普遍有效性。因而，它传达的将不是绝对命令，而只是假言命令。这是为何？通过确定行为主体能否一以贯之地意愿一个在那里准则得到普遍化的世界的方式，普遍化的程序是被设计来确定行为的准则在道德上是否可以接受。因此，关于道德许可和义务的声明中的程序问题，应该是普遍有效的。如果仁慈是一种道德义务，那么情况将会如下：没有任何理性主体会一以贯之地向往一个不仁慈的准则得到普遍化的世界。但是，叔本华反对的恰恰就是这种情况。

考虑这样一个不仁慈的准则：它的普遍化产生了这样一个世界，在那里，需要帮助的人至少有些时候没有得到帮助。对于那些他们目标的实现可能需要其他人帮助的人来说，这就产生了矛盾。但反对意见就是从这里产生的：不是所有的人都必然会有那种其实现需要他人帮助的目标。就像叔本华所说的，一些人可能具有"出众的精神和身体力量"，这样他们将永远无求于人。对于这些人而言，向往一个每个人都根据不仁慈的准则而行动的世界，在实践上就没有所谓的前后不一。而且对于这些人，不仁慈就是允许 167
的。那么，下面的情况就不是真实的：其一，对于任何人而言，要求一个普遍化的不仁慈准则是自相矛盾的；其二，对每个人来讲，不仁慈都是不允许的。

因为仁慈只是对那些可能需要他人帮助的人才具有约束性，它的命令因而将是"假言性的"。对此，我们或许会试着回应说，人的力量是有限的，因此为了实现自己的目标，人类至少在某些时候是需要别人帮助的。然而，这无济于事。一方面，叔本华可以修正他起初的建议，并认为，比如，一些人可以决定提前放弃所有需要他人的帮助才可以实现的目标，他们的理由是，从不仁慈的原则那里获得的好处大于失去那些目标。另一方面，康德认为道德义务对**所有**理性的存在者都具有约束性，而不仅是对人如此。但似乎至少有某些理性存在者可以一以贯之地意愿一个没有人帮助任何其他人的世界。比如，上帝要想实现自己的目标，就永远都不需要帮助。综上所述，意愿不仁慈的准则所带来的实践上的前后不一，最终是取决于某种经验上的考虑，比如有限的力量和达到目标的能力。这就使得仁慈的责任成了“假言性的”，因为它被揭示出要受“人类被放置于其中的世界的环境”所制约，而康德认为真正的道德义务应该是不依赖于这种环境的（GW，第 289 页）。叔本华就此认为康德的道德理论完全是不充分的，因为它解释不了仁慈的道德价值，而仁慈被他视为典型的道德职责。

在《论道德的基础》（*On the Basis of Morality*）后面的一章中，叔本华还额外提出了关于道德的前理论的直觉的问题，康德的道德理论对此似乎解释不了。它们旨在表明，我们的道德信念和实践不是被康德所信以为然的基本的恶的观点所推动——在行为方式上让自己成为例外，而是被痛苦是恶的这一观点所驱使。叔本华在这方面的三个观察值得简单地提一下。第一是在道德上对特别恶毒或残忍的行为的描述感到恐惧。叔本华指出，对那些行为的恐惧，通常是以这个问题的形式表达出来：“怎么可能会做那样的事？”他进而对这种寻常反应的内容作了如下分析：“这个问题
168 的意思是什么？是不是：对未来生活的惩罚怎么可能一点都不恐惧？不可能是这样。或者是：根据一个对所有理性存在者而言绝对不适合成为普遍法则的准则去行事，这怎么可能？当然不是。……这个问题的意思肯定只能是这样：怎么会完全丧失同情

心呢？因此，最缺乏同情心的行为，标志着最深重的道德败坏和暴行。因此，同情是真正的道德动机。”（BM 19，第 169—170 页）。当我们经历一些事情，尤其是堕落行为时，激起我们道德恐惧感的，不是有人让自己成为例外，而是对痛苦的谴责。

叔本华强调了同样的这一点，当他注意到对于诓骗富人和穷人同样数额的一笔钱的恶，我们作了**道德上**的区分。我们发现欺骗穷人**在道德**上比欺骗富人**更加恶劣**。然而，根据康德的道德理论，这两种行为的恶劣程度是一样的。因为每一种行为都是建立在道德上不允许的虚假承诺的准则之上的，因此都同样违背了道德法则。在叔本华看来，有一个行为之所以在道德上比另外一个更坏，是因为它带来了更大的痛苦。所以，他总结道：“我们看到，自我谴责和他人指责的材料不是直接由违反法则的行为提供的，而是主要是由由此给他人带来的痛苦提供的。”（BM 19，173）

最后，毫无疑问更有争议的是，叔本华还认为对动物的残忍在道德上也是错误的。而康德的理论，是把道德建立在理性行为之上，就算它真的最终能解释我们的道德直觉，但要做到这一点也不容易。无论如何，动物不应该得到我们给了理性主体的那种道德上的考虑（BM 19，第 175 页及以下几页）。不过，如果我们把对所有受苦者的同情视为道德的基础，那么，即便是动物也成了道德上要进行考虑的适当的对象，因为它们对痛苦同样敏感。

2. 死心断念的幸福

尼采蔑视跟对痛苦的谴责联系在一起的幸福。因此，他旗帜鲜明地批判了享乐主义和功利主义（BEG 225），基督教的摆脱痛苦的来生美梦，以及《查拉图斯特拉如是说》中的“末人”的道德：他们拒绝“爱”、“创造”和“渴望”，却认同“可怜的满足感，‘最大多数人的幸福’”（Z，IV 13）。他最终选择了叔本华的禁欲的死心断念概念来对比自己的幸福概念。（A 1；参见 Z，III 5 [2]）。把禁欲主 169
义的幸福观念与享乐主义、功利主义或基督教的幸福观念归为同一类,这好像会让人觉得奇怪,更不要说将其视为谴责痛苦的典型事例了。毕竟,禁欲主义的生活被叔本华描述为一种"自愿受苦的生活"。认真考察他的死心断念学说之后,疑云就会再次被驱散。

叔本华悲观主义的核心看法是:人类的生命本质上是一种"无法止住的干渴",一种无法满足的缺乏。这带来了一幅异常凄凉的图景:

> 在欲求已经获得的对象中,没有一个能够提供持久的、不再衰退的满足,而是这种获得的对象永远只是像丢给乞丐的施舍一样,今天维系了乞丐的生命以便在明天又延长他的痛苦。因此,只要我们的意识还是为我们的欲求所充满;只要我们还在听从各种欲望的摆布,加上欲望中持续的希望和恐惧;只要我们还是欲求的主体;那么我们就永远得不到持久的幸福,也得不到安宁。……这样欲求的主体就好比是永远躺在伊克西翁[1]的风火轮上,好比永远是以妲娜伊德[2]的穿底桶在汲水,好比是水深齐肩而永远喝不到一滴的坦达努斯[3](WWR,I 38,第 196 页)。[4]

人类生活的本质就是"欲求和努力",而且"在这个世界上,没有一种满足可以平息它的渴望,给它的要求设定最终的目标,填满它心中的无底洞"(WWR,I 65,第 362 页;参见第四十六章,第 573 页)。

然而,这段话表明,"只要我们的意识还是为我们的欲求所充满;只要我们还在听从各种欲望的摆布",持久的幸福就会避开我

---

① 译注:希腊神话中的人物。
② 同上。
③ 同上。
④ 译注:译文参考叔本华,《作为意志和表象的世界》,石冲白译,第 38 节,第 272 页。

们。换言之，只要我们是根据欲望的**满足**来设想幸福的，就注定无法得到它。这表明幸福仍然还是可以实现的，虽然要通过完全不同的途径。记住，幸福是一种我们一劳永逸地摆脱了痛苦的状况，是一种“不再会被中断的满足”。这段话暗示我们可以通过脱离欲望的方式来获得从痛苦中摆脱出来的持续自由。换言之，它指向了叔本华所说的“生命意志的否定”。

意志的否定不在于它的最终满足，而是与之脱离。叔本华称之为“死心断念”，这是一个我们要仔细考察的概念。通常来讲，死心断念并不表示我不再欲求某个对象，而只是接受它遥不可及的现实，并因而放弃对它的**追求**。与此不同，在叔本华那里，死心断
念不仅要求我放弃追求一个欲望，而且要求我对它的满足或不满 170
足都能无动于衷，这等于放弃**欲望**本身。叔本华有时把后者叫作“彻底的死心断念”(complete resignation)，并把它描述成一种“无欲无求”的状态。如果将死心断念的个体对他们的欲望得到意外满足时的反应作一下对比的话，我们对这种区别会把握得更牢固。通常情况下，欲望的这种意外满足仍然会受到欢迎，但在“彻底死心断念”的情况下，我们对这种满足就会无动于衷。

如果死心断念提供了另一种形式的幸福，这种幸福让我们永远摆脱了痛苦，那么叔本华就必然会将其描述为“意志的否定”。切记！痛苦的本质自始至终就包含了要将它自己止住的欲望。然而，仅仅放弃对欲望的追求做不到这一点，因为这不是放弃欲望本身，确信欲望得不到满足只会让它对人的折磨更加严重。与此相反，如果我们设法放弃欲望本身，痛苦很快就会消失。人们如何才能达到这种“彻底的死心断念呢”？

叔本华敏锐地观察到，死心断念不是通过“有意的或有计划”的方式取得的：“**意志的自我压制**(selbstaufhebung des willens)源自于知识，但一切这样的知识和洞察与人的自由选择没有关系，欲求的否定，也就是进入自由，不是根据意图和计划可以强行达到

的,而是从人心中的认识和欲求的最内在关系那里产生,因此它好像是突然不知从哪里降临的(wie von aussen angeflogen)”(WWR,I 70,第 404 页)。否定意志不是人们有意促进的事情——比如,是人们认识到完全和永久的满足不可能达到之后的结果。不如说,它只是这种认识直接导致的一种状态:“它来自人心中的认识和欲求的最内在的关系。”知识可以直接影响意志:比如,一个目标的实现没有希望达到,这本身就会让我们放弃追求它。确实,我们有时候会故意地放弃对某种欲望的追求。但是,在这些情形下,我们认识到,其中涉及的困难会让我们把精力和资源从其他追求中抽离出来。这样的话,放弃就只是一种审慎的选择,还没有达到死心断念的程度。当放弃不是被审慎所引发,而只是我们的欲望不可能得到满足的确信所导致的结果时,它很可能就会以这里所描述的方式出现。

171 目前为止,我只是在通常意义上来谈论死心断念。要产生“彻底的死心断念”或“意志本身的否定”,我们需要另一种类型的知识。世界的环境对我们欲望的满足是不友好的,对这点的确信虽然会导致行为主体放弃自己的追求,但很难理解这怎么会让他也放弃欲望本身。要达到这种彻底的放弃,行为主体就必须认识到,不只是世界的环境有问题,意志(他的欲望)本身也有问题:“生命意志的否定与所谓的彻底的死心断念和神圣是同一回事,它总是出自意志的清净。这就是对它的内在冲突和本质上的虚空的认识,这些冲突和虚空就在所有生命的苦难中表现自己”(WWR,I 68,第 397 页)。

由于意志本身的结构,它的满足注定不能带来长久的幸福:“它的内在冲突和本质上的虚空”:“他知道整体,理解它内在的性质,发现它所包含的只是不断的逝去,徒劳的努力,内心的冲突和持续的痛苦”(WWR,I 68,第 397 页)。一旦我们充分领会了意志本质上的虚空和自我矛盾,它就会导致“生命意志的否定,这与叫作彻底的死心断念的那种东西是一样的”。根据我提出的解释，意志的“内在冲突”源自于它是由一级和二级欲望构成的，而它们各自的追求直接相互冲突。如果我相信我的意志被一个不配合的世界所挫败，我将被迫放弃它的追求，然后就一直诅咒违逆它的世界。然而，如果我相信我的挫折是由于意志本身的性质，那么这将使我放弃意志本身(或许会在某种意义上与世界和解，它不再需要为我的痛苦继续背黑锅)。

如果对人类意志无望消除的矛盾结构的认识能让生命意志镇静下来或否认它，与之相比，那些依然肯定生命的人，肯定是由于无知才会如此。换言之，否定生命的人知道或理解某些东西，而那些肯定生命的人对此一无所知：“一个人……没有通过自己的经验或更深的洞察力来认识到，持续的痛苦是所有生命的本质；他在生活中找到满足感，对之万般欢喜。尽管经过冷静的反复思考，他还是希望，到现在为止，他所经历的生命历程会不断地持续下去，或会反复地重来；他面对生活的勇气是如此巨大，以致为了换取生活的愉悦，他会心甘情愿地忍受所遭受的一切艰难困苦和悲惨下场……。这就是对完全的肯定生命意志的观点的认识”(WWR，I 172
54，第283—284页)。[①] 因此，叔本华认为对生命意志的否定，事实上不可能是自杀。因为自杀者没有弄懂他的不幸的真正来源。

---

① 我应该注意到，对生命的肯定必然是建立在对它的本质的无知的观点之上，这并不是叔本华完全始终如一地主张的观点。在我前面引用的那个段话中，叔本华说，“生命意志的否定……总是源自于……它内在的矛盾和本质上的空虚”。然而，“总是”的确切含义是什么，在这段话中是模糊不清的：它有没有表明，否定总是源自知识是因为后者是前者的充分条件或只是一个必要条件？如果知识只是否定的一个必要条件，那么，尽管有这样的知识，肯定生命仍是可能的。在下面的这段话中，叔本华似乎就是那样认为的：“意志肯定自身；这意味着，在它的客观性中，也就是说，在世界和生活中，它自己内在的本质完全并清楚地在表象中显露出来，这种知识不会以任何方式阻碍它的欲求。……与此相反，当欲求由于有这种知识而终止时，生命意志的否定就显现出来了，这种知识于是成了意志的镇静剂，因而意志就能自由地废除自己”(WWR，I 54，第285页)。

他依然被对痛苦的敏感所推动,仍然想活下去:“自杀者依然想活下去,只是对他自己所处的条件不满”(WWR,I 69,第 398 页)。相反,已经否定生命意志的人,没有任何理由自杀,因为他对生活的痛苦已经彻底无动于衷,对欲求的挫败也是如此,这种挫败是意志本身的本质所致。

即使死心断念是以这样一种方式降临到我们身上的状态:“好像不知从哪里降临的。”就算如此,还是会出现这样的问题:处在那种状态中,感觉好不好?我们应该欢迎这种状态,还是应该为我们对它的敏感感到悲哀?叔本华显然相信死心断念是一种让人喜欢的状态。我们应该从他对善的概念的分析开始:

> 这个概念本质上是相对的,是指**一客体对意志的任一明确要求的相适性**。因此,一切的一切,只要是迎合不管以哪一种形式表现出来的意志,只要满足意志的目的,就都用善这一概念来思维……;总而言之,我们是把一切恰如我们所愿的都叫作善。因此,一个东西可能对某个人是善的,对于另外一个人又可以恰好相反。……因此,绝对的善是自相矛盾的:最高善,**至善**也是如此,也就是意味着意志的最终满足,此后再无新的欲求出现;意味着最后的动机,实现了这一动机就会给意志一种永不衰退的满足(WWR,I 65,第 360 页)。①

这段话的意思并非一清二楚。叔本华似乎赞成这样一个关于善的定义:善是相对于意志的“明确的”努力而言的,根据这个定

---

① 叔本华把善的概念的这个分析看作他的一切欲望都是基于需求的观点的直接结果:“一个人首先要知道什么是善的,接下来才会想要它,而不是首先想要它,然后才把它称为**善的**,根据我整个的基本观点,所有这些都是对真实关系的颠倒”(WWR,I 55,第 292 页)。译注:译文参考叔本华,《作为意志和表象的世界》,石冲白译,第 491—493 页。

义，他认为善就意味着对特定目标的追求。因此，对一个人而言是善的东西，很难说对另外一个人也是如此，善还是不善，取决于每个人追求的特定目标是什么。说**绝对的善**的想法是自相矛盾的，只是在说，没有任何一个东西对每个人来讲都是善的。善的概念与意志的关联性也排除了**最高**善的想法，叔本华把最高善定义为“最终的满足”。然而，不仅仅是善的概念与意志的关联性排除了最高的满足，而是如我所论证的那样，是善与本质上**自相矛盾**的意志的关联性排除了这种满足。因此，为什么没有最高善的理由与为什么没有绝对的善的理由不是同一个。这两个概念在他剩下的讨论中的合二为一就此成了令人困惑的根源。 173

叔本华通过限定自己所拒绝的绝对或最高的善的概念，让事情更加复杂了：

> 然而，如果我们想把一个“荣誉的职位”授予一个使用成习而不想完全丢掉的古老说法，我们可以譬喻地、比兴地把意志的完全自我取消和否定，真正的无欲无求称为绝对善、至善，唯有这才使意志冲动永远静默安宁下来，唯有这才提供那种不可能再有破坏的安宁，……绝对善、至善，我们可以把它们看作唯一根治沉疴的良药，而一切其他的“善”，比如所有愿望的实现，所有幸福的达到，都只是些治标的减轻剂、止痛剂（WWR，I 65，第 360 页）。[①]

很难看出只是比喻地使用绝对善或最高善的概念会带来什么不同。在使用善的概念的时候做这样的限定，我认为是为了解决下面的困难。叔本华对善的最初的描述，很明显与他对死心断念的认同相冲突。如果善是满足意志的特定目标的东西，那么放弃

① 译注：译文参考叔本华，《作为意志和表象的世界》，石冲白译，第 65 节，第 494 页。

所有意愿,还有意愿的一切特定目标的死心断念,就不可能是善。目前我们正在讨论的这段话隐含了解决这个困难的一种方法。

概括而言,叔本华认为意志“真正地”努力争取的东西不是任何一种特殊的目标,而是摆脱痛苦,这是一个通过达成特殊目标的方式无法完成的任务。这是因为,意志本身的最终目标是摆脱痛苦,而无所意愿能有效地消除痛苦,“使欲求的压力永远平静下来”。根据这种观点,死心断念将是绝对的善,不是在它与意志的目标无关的这个意义来讲,而是因为它告诉我们,**一切**特殊欲望所真正追求的就是消除欲望,这对每个人都是好的。

要理解这个提议背后的动机,我们必须回想一下叔本华关于人类欲望或以需求为基础的“欲望”概念的核心特征。记住,在这个概念里,以需求为基础的欲望的目标之所以具有吸引力,是因为对它的占有能够满足某种需求,而它本身缺乏内在的价值。比如,喝的吸引力源自于它能够让我摆脱难受的干渴,而不是源自喝本身的内在价值。因此,我的渴指向的对象不可能是“真正地”去占

174 有和消耗水,而是消除渴所带来的痛苦。

这个观察可以引导我们区分出欲望的满足怎么会令人满意的两种理解方式:其一,它之所以令人满意,是**因为**我们得到了我们想要的**对象**;其二,它之所以令人满意,是**因为它消除**了与那个欲望联系在一起的**痛苦**。如果一个对象的价值在于它被需求,那它是没有内在价值的。如果欲望的对象没有内在价值,那么得到它之所以让人满意,只是因为它消除与对它的需求联系在一起的痛苦,而不是因为它自己的价值。因此,根据叔本华的观念,欲望的满足之所以让人满意,只是就它消除了痛苦而言的。既然**任何**欲望都是这样,痛苦的消除就是名副其实的一种“绝对的善”。

此外,人类所有欲望都是基于需求的特征使得叔本华可以区分两种可以说是让它们得到满足的方式。一种要么是**满足**欲望

（得到它想要的目标），一种要么是**否定**欲望（从它那里摆脱出来）。只要欲望的对象具有内在价值，后一种选择就行不通：在这种情况下，除非行为主体得到了他想要的对象，否则他的欲望就得不到满足。鉴于意志的相互冲突的结构，叔本华认为意志的满足不可能让人最终摆脱烦恼：比如，对明确的欲望的目标的占有，不能够消除“意愿”的压力（Willensgrang），这种压力以无聊的形式表现出来。既然意愿和努力的目标是消除烦恼，而欲望的满足对此无能为力，所剩的唯一的选择就是否定意志。这种否定等于从欲望中摆脱出来。当欲望的满足或不满足对行为主体变得无关紧要的时候，他就摆脱了自己的欲望。

在我考察的这段话里，叔本华明确地比较了意志的满足和对它的否定，暗示二者都是为追求同样的最终目标而制定的策略——彻底从痛苦中摆脱出来——并宣称后者比前者更容易让人达到目的。否定意志是一种“治疗”，而欲望的满足最多只是“减轻剂、止痛剂”。基于这种解释，最后，他对否定生命意志的赞同就只是一件实践理性的事情。意志本质上是以需求为基础的，这意味着一切欲望所追求的真正目标在于消除与之相关的烦恼。什么是服务于意志这个目标的，什么就是善的。由于意志的结构就是如此，所以欲望的满足消除不了烦恼；死心断念是消除痛苦的最佳良药，故而它就是最高的善。[1] 175

[1] 叔本华的死心断念学说存在一些重要的问题。首先，我已经提到把这个学说与禁欲主义（即自愿受苦的实践）连结起来的困难（参见第三章）。其次，死心断念怎么会是对悲观主义的充分回应，这点还不清楚。在此存在几个问题。第一，它取决于一切欲望都是以需求为基础的主张，这种观点充其量是有争议的。第二，既然“欲求和追求”构成“生命的本质”，对它们的放弃很可能就是一种彻底的灭绝：“拒绝和放弃所有的欲求，这样，我们就从一个整个存在都以苦难的形式呈现在我们面前的世界中获得了解脱，在我们看来，这似乎是一种进入**虚无**的过渡”（WWR，I 71，第408—409页）。叔本华急忙补充说，必须相对而不是绝对地理解虚无的概念——作为**缺失的无**而不是**消极的无**。只有站在迷恋世界（以及生存 （转下页注）

三、权力的伦理

将痛苦的价值确立为尼采价值重估的焦点,就像我在此建议的那样,在解释上会带来很大的优势。除了能够说明尼采在其作品中一开始就普遍关注的痛苦问题之外,还为他那著名的道德批判提供了一个明确的目标。就像尼采所理解的那样,以对痛苦的彻底谴责为基础是流行道德的特点:"无论是享乐主义或悲观主义,功利主义或幸福论,所有这些衡量事物价值的思维方式,根据的都是苦与乐……你们想要,如果有可能——再也没有比这个'如果可能'更神志不清的了——消灭痛苦"(BGE 225;参见 GS 338;WP 957)。

然而,把注意力集中在痛苦的价值上,对尼采实际关注的问题的复杂性可能也会有不少遗漏。众所周知,他对平等主义、安宁、社会福利、本能的根除、民主等等都发动了持续的攻击。所有这些攻击真的都可以简化为关于痛苦价值的问题吗?我相信,至少在某种程度上,尼采是这样想的。我认为尼采是这样来理解痛苦这个概念的,它是渴求或欲望没有得到满足的体验。上面提到的尼

(接上页注)意志)的立场上,死心断念看起来才是灭绝。一旦我们摆脱了这种迷恋,世界本身看起来就是"无"。不过,他只是认为,对我们本质的否定并不需要我们的彻底毁灭,而只需要一种彻底的转变。对于这种转变,他从神秘的传统那里借来了习语,称之为"超越的转变"(transcendental transformation)。然而,他在为之提供一个清晰的描述时所遇到的明显困难引起了怀疑:这种转变如此改变了人性,以至于它不仅不再是人们似曾相识的人,而且也不再是人们似曾相似的任何东西。这也许可以解释尼采为什么忽视了这两种无的差别,并继续认为死心断念的学说与基督教对另外一个世界的幻想没有不同,只不过前者是在不同的伪装之下出现的。它仍然只是一种试图把自己当作某种东西的"无"。最后,或许也是最明确地,叔本华认为幸福是一种经验,即没有痛苦的经验。但是,这种经验在本质上的消极特征表明它是不可能持续的。这个问题或许也会影响到死心断念,从而证实它不是叔本华所认为是的那种"治疗方法"。

采所攻击的那些目标，共同关注的就是要不惜一切代价来避免这种体验。这对安宁和本能的根除而言相当明显，这二者可能都与叔本华的彻底的死心断念的情况相类似。这点对平等主义、民主和社会福利这些理想没那么明显。不过，也有这样一些看法：尼采同样也把消除痛苦的愿望视为这些理想的可能灵感之一。比如，他曾经用以下言辞谴责过社会主义者的"完美国家"（在那里，社会福利大概达到了最大化的水平）的梦想："社会主义者想要创造一种尽可能舒适的生活方式。如果这种舒适生活的永恒家园，也即完美国家，真的达到了，那么伟大的天才和强大的个人所生长的土壤一般而言就会遭到这种舒适生活的破坏"（HH，I 235）。我不再继续讨论这个问题了，但我希望本书其余部分的后续讨论对于确立痛苦问题在尼采重估中的中心地位会有所推进，即使他的其他一些关注随着其发展，不能总是可以整齐划一地被视为它的表现或分支。

聚焦尼采对痛苦价值的重估还有另外一个重要的解释上的优 176
势。它有助于解释为什么尼采在权力意志中看到了重估的指导原则。[1] 权力意志学说彻底改变了我们关于痛苦在人类生存中的地位和意义的观念。尤其是当我们把权力——阻碍的克服——视为一种价值的时候，我们就能轻易地理解，它怎么会成为重估痛苦背后的那个原则。确实，如果我们重视对阻碍的克服，那么我们必定也会重视作为其组成部分的阻碍。痛苦既然是用阻碍来定义的，那么我们也必须重视痛苦。

于是，尼采宣称权力是好的，并且用它来重估人类生活中痛苦的地位和意义，尤其是用它来重估它与人类的幸福的关系。

---

① 权力意志是价值重估的基础的想法当然不是新的。例如，参见 Schacht（1983），尤其是第六章。我填写这些轮廓的方式与 Schacht 有实质上的不同，特别在有关权力意志的性质和它在价值的重估中发挥的精确作用上。

> 什么是好？——一切提高人类的权力感、权力意志、权力本身的东西。
>
> 什么是坏？一切源于软弱的东西。
>
> 什么是幸福？——感到权力在增长，感到一种阻碍被克服。
>
> 不是满足，而是更多权力；根本不是和平，而是战争；不是德性，而是卓越（文艺复兴风格的德性，virtù，非道德的德性）。（A 2）①

事实上，他明确地把根据阻碍的克服来理解权力的观念作为回应悲观主义的核心：我们的欲求的正常的不满，比如，对饥饿、性冲动、运动欲的不满，其中决不包含让人沮丧的东西；不如说，不满会搅动生命的感觉，因为每一种小而痛苦的节奏都在强化它（不管悲观主义者会怎样说）。这种不满不是让人厌恶生活，它反而是生命强大的兴奋剂（WP 697）。

然而，权力的价值是什么呢？尼采进行了如下描述："每个民族都把一块好的牌匾悬于自身之上。看吧，这是他们所克服的东西的牌匾；看吧，这是他们的权力意志所发出的声音。值得赞扬的是对一个民族显得困难的一切东西；看起来不可缺少和困难的一切事情都被称为好的；一切从最深切、最稀有、最困难的需要中释放出来的东西，他们称之为神圣"（Z，I 15）。尼采注意到，我们是根据成就的难度来赋予它价值的。他声称，这就是我们认同克服阻力的价值的含义。在它的核心，权力的伦理旨在反映我们赋予困难的事物的价值，或者就像我们更喜欢的说法那样，旨在反映我们赋予具有挑战性的事物的价值。

177　一个简短的观察应能初步说明对困难价值的认同如何影响了

---

① 译注：译文参考尼采，《敌基督者》，余明锋译，商务印书馆 2016 年，第 2 节，第 4 页。

我们的伦理情感的某些方面。令人惊讶的是，这么多的尼采读者轻易地接受了他这个臭名昭著的主张："一切平常的东西都是没有价值的"(BGE 43)。如果我们认为"平常"意味着容易得到，那为什么有些东西会仅仅由于容易得到就价值更少呢？权力的伦理提供了一个直截了当的答案：它几乎不包含需要克服的阻碍，因而没有什么挑战性。

尼采的权力伦理学产生了一系列问题。即使他自己也没有明确地解决其中的一些，我打算简单考察其中最明显的一些。当转向从权力伦理的立场来实际地开展价值重估的时候，这会使我们预见并消除一些必定会出现的困难。

1. 权力、强大和软弱

这是我们应该考虑的第一个问题：对某个成就的价值有贡献的困难是绝对的，还是相对的？具体而言，那个困难是特定行为主体身上强大或软弱特性的一个功能，或不是？对于一些相对弱小的人来说，困难的事情对他们的成就有价值吗？如果这些事情对其他人而言不困难(或是没那么困难)，他们就是相对的强者？既然一个成就的困难就在于对它的抵抗程度，那么这里的问题就只是作为阻力的一方与强大和软弱的另一方之间的关系。关于这种关系，我们可能倾向于接受以下两种说法。第一(A)，阻碍是相对于行为主体的强大或软弱而言的——换言之，对软弱的行为主体来说，构成强大阻碍的东西，在强大的行为主体那里只是比较小的阻碍。第二(B)，强大和软弱表明了行为主体克服阻碍的能力。

放在一起的话，这两个说法有一个很成问题的含义，即没有任何成就是真正伟大的。任何成功的成就都证明行为主体有能力去克服它的阻碍。根据 B，这表示行为主体是强大的。根据 A，现在这也表示，这个成就的阻碍比较小，因为阻碍的大小是相对行为主体克服它的能力而言的。任何一个没有困难的成就都不是伟大的成就——根据用权力来定义的伟大而言。因此，没有什么成就是伟大的。

178 很显然，由于尼采的确相信有一些成就是伟大的，他必然会发现这种含义是不可接受的，因而，要么拒绝 A 主张，要么拒绝 B 主张。尼采敦促我们拒绝 A 主张，因为它本身有一个令人无法接受的含义，即同样的成就既伟大，又渺小。根据 A 主张，对弱者构成强大阻碍的东西，对强者来说却算不上什么。因此，同样的成就对弱者来说是伟大的（就他们为了这个成就必须克服更大的障碍而言），对强者来说却没有什么了不起。再说一次，尼采最可能会拒绝的就是这种含义，因为他的伦理精英主义众所周知。此外，B 主张非常合理，因为如果不是根据克服阻碍的能力来界定强与弱的话，就很难理解它们到底是什么："进攻者的力量可以用他们所要求的对手的情况来进行衡量"（EH，I 7）。因此，我们必须得出这样的结论：阻碍不是个体强和弱的一种功能，而是独立于他们而被界定的。

2. 两种阻碍

权力的伦理学产生的第二个重要问题如下：什么样的困难与价值有关？是只有对成就的本质而言内在的那些困难才有关呢？还是那些外在的困难也有关？**内在阻碍**，我认为是有以下两个特征的阻碍。第一，就它是由人们追求的目标所产生的具体要求这点而言，它是**相关的**（pertinent）。第二，就它是每个致力于追求这个目标的人，不管身处什么样的环境都必须面对的阻碍这一点而言，它是**必不可少的**。比如，贝多芬的音乐成就所要克服的内在阻碍就包括：和传统和谐决裂，发展音乐表现的新形式，努力去阐述新的复杂的音乐理念，等等。这些困难都是相关的，因为它们都属于音乐创新的本质要求，而且都是必不可少的，因为任何从事音乐创作的人都必须面对它们。

说到外在阻碍，我想到了两种类型的障碍。第一，一些障碍**不是必不可少的**，但仍然与特定目标的追求**相关**。比如，贝多芬的耳聋构成了他创作音乐的能力的一个障碍，这种障碍就是相关的，因为它是被音乐创作的要求所产生的(比如，耳聋对数学家的影响相对来说就没那么大)。第二，对于某些特定目标的追求而言，一些障碍既不是相关的，也不是必不可少的。这种障碍包括贝多芬不稳定的财政状况，他的孤立无助，保守的公众对他的创新的抵制， 179
或是与他创作音乐的欲望相冲突的愿望的对抗。

这两种阻碍对于一个成就的价值可能会有不同的贡献。要理解这种差异，考虑一下下面的例子。假设两个科学家取得了同样的发现，但其中一个花费了一生的时间去做研究，而另一个是偶然发现了它，那么在某种意义上，这个发现对前者而言比对后者更加困难。这会对他们各自成就的价值造成什么不同吗？尽管他们所成就的东西是一样的，但我们对前者的敬佩会多过对后者吗？我倾向于认为我们在这点上有两种意见。一方面，我们认为他们的成就一样大。不过，这并不(必然)表示成就的困难对它的价值没有贡献。它只是表示，只有内在的困难得到了考虑，对二者来讲，这方面的困难没有区别。[①] 另一方面，相比第二个科学家，我们可能也倾向于更加敬佩第一个科学家，因为他还需

---

① 如果一个成就的内在困难对两个个体而言是不同的，那么在我看来，我们就会倾向于把不同的成就归功于他们。因此，对贝多芬来说，创作他自己的那种音乐(例如，鉴于他的媒介的技术发展，那个时代的音乐敏感性，等等)肯定是一个更伟大的成就，这是相对于今天那些创作出与贝多芬一样音乐的人来说的(这可以解释为什么我们会把单纯的模仿视为艺术作品的缺陷，就算技巧娴熟也是如此)。这意味着我们所认为的成就不只包括最终的产品(例如，一段特别的音乐)，而且还包括产生它的环境中的某些东西。对科学发现而言，大概也是如此：尽管已经没人相信，但由于托勒密那时必须克服的内在困难的水平，他的体系仍不失为一个伟大的科学成就，因此，一个成就的内在困难可能是相对的，但不是相对个别成就者的强大和软弱来说的。

至于外在的困难究竟是否属于与成就的价值相关的环境，这个问题就更困难了。如果它们确实属于那里，它们的贡献无论如何也要受到所克服的内在困难的量的影响。因此，如果贝多芬的音乐本来不是那样(内在地)伟大，可以说，知道他所必须克服的外在困难之后，对我们评价它的价值要么影响甚微，要么毫无影响。

要克服*外在的*困难。因此，当得知贝多芬的耳聋和孤独之后，我们会更加敬佩他。

我们仍然想确切地知道，对外在阻碍的克服会给一个成就的价值造成什么不同。它不可能使之成为一个更大的成就。因此，如果贝多芬不是聋子，也不孤独的话，他的音乐是不是就不会那么伟大了呢？或者如果第一科学家是偶然和轻易地得到了自己的发现，在知识进步的过程中，他的发现就会成为不那么重要的一步？在此更有希望解决此问题的是这个建议：我们应该在伟大的*成就*和伟大的*个人*之间作出区分。因而，不同于第二个科学家，第一个科学家必须表现某些品质，比如纪律和毅力。在这些品质会让他取得进一步发现的意义上来讲，它们使他成为一个伟大的科学家。第二个科学家也可以是一个伟大的科学家，但在目前的情况下，也就是从他获得那个发现的单一事实那里，我们还没有理由去这样认为，因为他不需要展示为他的进一步发现做好准备的品质。要成为伟大的科学家，不能没有伟大的科学成就，但这点还不够。某些品质的呈现好像也是需要的，因为它能使我们获得的成就不仅是幸运使然。

3. 困难的价值

180 我们还必须确定困难对成就的价值作出的贡献的性质。尼采的权力伦理学所产生的第三个问题由此出现了：对一个成就的价值而言，困难是*充分*条件呢，还只是*必要*条件？非常明显的是，某个活动包括了困难这一单一的事实并不会让它有价值。一顿饭吃25块馅饼不容易，但这不可能使之成为一个有价值的成就，更别说成为伟大的成就了。因而，事情应该是这样的：活动的内容具有明确的价值，这与它涉及阻碍的克服这一事实没有关系。因此，什么样的成就才能成为伟大的候选者这点必须有所限制。尼采没有说这些限制是什么，只是说它们不一定符合（我们所认为的）*道德*约束。

对这件事情缺乏具体的说明，似乎很可能是尼采伦理思想的一个重大缺陷。尤其是它表明了，大多数学者对他的权力伦理学感到尴尬是有理有据的。记住，这个尴尬是基于如下观点：如果权力是一种价值，那么，纳粹的扩张主义，尽管让人感到恐怖，但将依然是善的。就算是根据我在前一章提出的对权力意志的概念作出的新的解释，纳粹的扩张主义仍旧是权力意志的一种形式，因为它肯定包含了很多对阻碍的克服。

我想用两个评论来结束这一问题。首先，要注意的是，在我的解释里，纳粹的扩张主义不再仅仅是权力意志，而是被用来支配和控制他人的特定的一级欲望的权力意志。这表明纳粹的扩张主义遭人反对不是（至少不仅仅）因为它是**权力意志**，而是因为它源自于某个特定的一级欲望。在与这个欲望的关联中，权力意志得到了实施。①

要排除纳粹扩张主义的价值，尼采必须指明，什么样的一级欲望可以用来作为追求权力的契机。尤其是，他必须表明，在纳粹的意识形态那里处于核心地位的控制和支配人的那种欲望，不是那样一个受欢迎的契机。正如我之前承认的，尼采没有做这样的事。根据他更广阔的哲学目标，这一遗漏可以得到解释且情有可原。他重估的目标是对痛苦所做的否定生命的谴责，以及这一目标在同情的道德和满足或死心断念的幸福观念中的呈现。对于这种对痛苦在人类生存中的作用和意义的总体重估，把权力的价值确立起来就足够了。进一步的问题，即我们如何确定与可以用来追求权力的契机相关的那些目标，毫无疑问也是重要的。不过，这不是 181
尼采克服虚无主义的总计划需要去回答的，极有可能这就是他对

① 可能会有这样的情况，在其中，权力意志和某个特定欲望的结合令人反对。例如，当人们对于每一样东西都是就其本身而去获取的时候，无论是对财富的欲求，还是对克服阻碍的渴望，都不是令人反感的。然而，当它们结合成让人无法满足的贪婪时，很可能就会让人反对。

这个问题没有什么兴趣的原因。[①]

4. *权力本身就是目的。*然而，在一些场合，尼采似乎给这个问题提供了答案。他表示，为权力提供机会决定了一个特定目标的价值："你说是良好的事业把战争神圣化了？我却告诉你们：是良好的战争把一切事业神圣化了"（Z，I 10）。他甚至更加明确地宣称："衡量价值的客观标准是什么？不是别的，就是得到增强和组织的权力的量"（WP 674；参见 855）。这是以权力就本身而言就是目的为先决条件的。在第三章，我认为权力总是在与特定目的的关联中被追求。不同于权力的地方在于，该目的赋予阻碍以明确的内容。根据这种观点，权力是一个目的，但它总是依附在对另外一个目的的追求之上。如果我不想要任何权力之外的其他东西，那么我也无法追求权力。在此，我想提出的问题是这样的：与权力的追求相关的特定目的只是克服阻碍的一个机会，权力因此就被证明为一个自足的目的吗？或者权力从来就不是一个自足的目的，只有在与某个其他特定目的相关时，它才是权力（比如，知识的权力，或艺术创作的权力，等等）？

比如，我能在追求知识的过程中寻求阻碍，但真正关心的不是知识，而是关心通过克服它的阻碍来确立我的权力吗？如果这能够成立，权力就不是一个依附性的目的，那些特定的目的则成了一种选择性的、机会主义的、纯粹工具性的目的。比如，我可能会着手去写一本开创性的哲学著作，不是因为我在意哲学，而是因为我想确立自己在知识上的权力。显然，我为了什么去克服阻碍并不重要，重要的只是我克服了阻碍。我要克服阻碍的欲望

① 这个观察说明尼采哲学在一个意义上是系统的，在另一个意义上则不是。在这个意义上，它不是系统的：一个体系需要为所有可能的哲学问题，至少要为有所与哲学研究领域相关的问题提供答案，而哲学研究领域被认为是系统的。然而，在这个意义上，尼采哲学则是系统的：它的哲学观点不是杂乱无章的，而是围绕一个特定的问题或计划（即克服虚无主义的计划）组织起来的。

会促使我去挑选一些特定的目标,但它们只是我用来克服阻碍的借口。

有人可能还提出这样的异议:我仍然需要解释我为什么要在**这个**特殊的方面确立权力(比如,知识方面的权力),而不是其他方面。这种异议几乎没有什么说服力,因为对此人们可以这样回应:既然权力是一种形式上的目的,人们就需要挑出某个与之相关的特定目的,这样才能寻求权力——任何这样的目的或许都行。根据这种观点,与其说我不把知识难题当作阻碍去经历,是因为我在意知识;不如说我之所以在意知识,是因为它让我可以确定某些阻 182
碍来反抗。

我能找出两个理由来挑战这个观点。第一,如果特定目的的性质不重要,那我们就不能排除那些无聊的、令人厌恶的,或只是让人啼笑皆非的那些成就,比如一顿饭吃 25 块馅饼。要避免这样的含义,在选择与权力的追求相关的特定目的时,应该要有限制。我们会认为其他目的更好,比如追求知识,原因只在于它们以某种方式为阻碍的克服提供了更大的机会。不过,我怀疑这种论证的说服力。因此,我们必须假定,不同于权力价值的标准必须被引进来指导特定目的的挑选。因此,人们必须**切实**关心这些目的,而不只是权力。

第二,在我考察的观点那里,对权力的追求并不要求一个人除了权力本身之外,真正地去渴望任何特定的目的。果真如此吗?我能不真正地关心哲学真理,但却享受寻找它的过程,只因为它是一个挑战吗?很显然,尼采相信我之所以参加某项活动,条件是我在意它的特定的目的。因此,当我**思考**一项活动时,我可能只关心这项活动本身,而不关心它的目的,但全身心地**参与**这项活动则要求我关注它的目的。现在,让我只关心出自意志的任意行为的**任何**特定目的,这在心理上恐怕不容易,实际上也不可能。因此,我之所以能够参加某项活动,这很可能取决于我已经单独地关心它的目的了。[1]

5. 珍惜敌人。尼采总是不厌其烦地强调他的权力伦理的一个重要特征:"它在于深刻地认识到拥有敌人的价值"(TI,V 3)。如果权力在于阻碍的克服,那么对权力价值的认同意味着我们必须主动寻找阻碍。在一个最具挑衅性的比喻那里,他让查拉图斯特拉如此宣告——我们应该把自己视为主动寻找敌人的"战士":"我不想被我们的最好的敌人所饶恕,也不想被我们打心眼里热爱的人所保护。那么就让我告诉你们真理吧!……你们应该有一双总是在寻找敌人的眼睛"(Z,I 10)。[2]

然而,即使这样也还不够。认同权力的价值也表示我们必须选择提供最大挑战的那类阻碍,或者,就像查拉图斯特拉那样敦促
183 他的弟子,你们必须寻找有价值的敌人:"我热爱勇士,但仅仅挥舞大刀是不够的,人们必须知道要反对的人是谁。更大的勇敢往往在于,一个人克制自己并走了过去,只是为了把自己留给更有价值的敌人。你们应该拥有用来憎恨的敌人,而不是拥有用来蔑视的敌人:你们必须以你们的敌人为自豪;这我之前已经教导过了"(Z,III 12[21])。

然而,尼采承认,即使最强的人也有自己的极限。没有人能参加所有的战斗。因此,他的权力伦理学建议人们选择战斗时要特别谨慎。这种谨慎并不是那些"低等人"的"使人变小"的美德,他们把不惜任何代价避免战斗视为美德(Z,III 5[2],IV 13)。相反,它与这种谨慎水火不容,它寻找的不只是战斗,而是精彩的战斗。例如,查拉图斯特拉经常劝告他的弟子去发动的战争,本质上是针

---

① 值得注意的是,有时尼采也把被另一个欲望引起或激发的欲望看作权力意志的一个基本方面(GM,III 28;EH,III,"悲剧的诞生"1,论"对需要的需要"或"对渴望的渴望")。如果确实如此,那么除非我是被某种东西而不是被权力所激发,否则求权力的意志就不会获得满足。

② 译注:译文参考尼采,《查拉图斯特拉如是说》,孙周兴译,第一部分,第10节。

对知识的战争:“你们应该为自己的思想而发动战争”(Z,I 10)。在发动这种战争的过程中,他敦促他们不要把精力浪费在没有价值的对手身上,这种对手只会对他们的新奇想法提出一些愚蠢和站不住脚的反对意见:“我的朋友们,你们应该把自己留给更有价值的敌人;因此之故,你们必须放过很多事情,——尤其是要放过大量的流氓痞子,他们在你们的耳边鼓噪民众和民族。让你们的眼睛丝毫不沾染他们的赞成和反对!那里有许多公正和不公正:谁看了都难免愤怒。在这里观看和打斗没有区别,因此快快离开,遁入森林,让你们的宝剑安睡吧”(Z,III 12[21])。[①]

敌人越有价值,就越伟大——或者正如尼采所喜欢说的,“越高贵”——战胜他的成就:“一个高贵的人对他的敌人是多么的尊重!……因为他想要敌人成为他与众不同的标记;他所能忍受的敌人只有一个,那就是一个没有什么可鄙视的、非常值得尊敬的人”(GM,I 10;参见 III 7;EH,I 7;WP 770)。[②] 查拉图斯特拉进一步发挥了这个思想。如果友谊促进幸福,而幸福在于阻碍的克服,那么,定义友谊的关系很可能是矛盾的:“在朋友那里,人们应该拥有最好的敌人。当你抵抗他的时候,你要全心全意与他保持最亲密的关系”(Z,I 14)。事实上,这种态度也延伸到自己与自己的关系上:“我们对自己‘内在的敌人’采取同样的态度”(TI,V 3),这

① 译注:译文参考尼采,《查拉图斯特拉如是说》,孙周兴译,第三部分,第 12 节,第 21 次小节。

② 我对这段话的解释不同于 Pippin(1997)。Pippin 用主人对敌人的渴望来表示对他人认可的关心,这种关心在他看来具有“现代性”的特征。现代主义也是虚无主义,Pippin 对其大概是根据我在本书之中称为“迷失”的东西来理解的。我认为迷失是规范性客观主义的结果,这种观点认为价值只有在具有普遍约束的时候,才是正当的。根据 Pippin 的观点,对认可的渴望明显属于规范性客观主义范畴下的欲求动机。尼采对认可的持续关心表明它对“虚无主义”的立场是模棱两可的,他对虚无主义的克服也是不彻底的(第 346 页及以下几页)。我从尼采的新的权力伦理的视角来解释这段话:对敌人的爱是权力意志的结果。我也认为尼采虚无主义的主要形式是一种哲学上的绝望,而借助权力伦理就应该能成功地克服它。

是一个尼采已经在禁欲主义的核心那里发现的策略(HH,I 141;
184 GM,III 10)。

四、重估一切价值

如果到目前为止,我对尼采重估计划进行的解释是正确的,那么更进一步地审视他对这个计划的实际执行,应该可以确认两项核心主张。第一,重估的最终目标乃是人类生存中的痛苦的作用与意义;第二,重估是被权力伦理学所推动的。事实上,正如我现在要说的那样,通过赋予权力意志以价值的方式,尼采对同情的道德和满足的幸福的理想(或死心断念)的反对,还有他对人类伟大理想的阐述,构成了对痛苦的重估。

1. 对同情的重估

尼采对同情的道德提出了各种各样的批判。例如,他反对叔本华版本的形而上学的一元论,因为同情就建立在上面(GS 99;参见 D 133)。[①] 但是,在《快乐的科学》第 338 节中,他阐述了反对同情的道德的两个最基本的异议:同情对被同情的对象和同情者本人都不好。让我从第一个异议开始。虽然一些学者还在坚持尼采对同情的重估就是对它的全盘否定,但这种解释不再站得住脚。一方面,我们再也不能忽视尼采明确提倡某些形式的同情和仁慈。比如,在正在考察的这一节中,他明显是根据利他主义的理由来攻击同情的道德的:它对**那些受苦的人**不利(EH,I 4)。在其他地方,他也认为同情具有价值,但它的价值取决于同情者本人的品格:"有的人天生就是**主人**,当这样的人有同情心的时候,**这种**同情

① Simmel(1907/1986,第三章)详细讨论了这个问题。他指出,叔本华的一元论是建立在一个错误的推论之上的,即从空间和时间的先天性(它解释了个体化和多样性),到自在物不受时空分化影响的观点。

就有价值！但那些受苦者的同情有什么好处啊！或者那些**宣扬**同情的人，他们的同情只会更糟糕！”(BGE 293)。

尼采对同情的价值的评估因而是受到高度限定的，但这种限定的确切性质仍旧是困惑之源。[1] 在我看来，把对同情的重估放进对痛苦的重估的更宽广的背景中，会让我们对这个问题有更好的理解。首先，思考一下尼采为什么会认为同情对被同情的个人来讲是有害的：“我们亲爱的有同情心的朋友……他只想**帮助**别人，却根本想不到，世间的存在不幸对个人来说是完全必要的，虽 185
然恐惧、匮乏、贫困、午夜、冒险、危险、失误等对我们和对你们都是必要的，就像它们的对立面也是必要的一样。说得神秘一点，他们根本就想不到，通往天堂的道路总是要经过自己地狱的放纵”(GS 338)。[2]

换言之，当同情忽略了痛苦对行为主体所具有的价值的时候，他就反对它。他进而认为，同情注定是如此无知，当它认为“痛苦和不悦是邪恶的、可恨的、值得毁灭的，而且还是存在的缺陷”。同理，他担心同情可能也会削弱一个人成就“伟大”的能力：有时候，同情之手会以彻底破坏的方式干涉伟大的命运(EH，I 4)。正如我马上就要讨论的那样，尼采是根据权力，或对阻碍的克服来定义伟大的，所以，没有苦难，就不可能有伟大。因而，不加区别就想消除所有痛苦的同情，注定会毁坏伟大的前景。

然而，尼采没有简单地否定同情的所有价值，而是主张要对其进行彻底的重估。他明确地将其与普通的同情概念进行对比：

> 无论是享乐主义还是悲观主义，功利主义还是幸福论，所

---

① Foot(1973/1986，第三章)注意到尼采只是称赞“强大”或“上升生命”的利己主义，但他承认自己对这意味着什么感到困惑。

② 译注：译文参考尼采，《快乐的科学》，黄明嘉译，中央编译出版社 2007 年，第 338 节。

> 有这些思维方式都是根据苦与乐来衡量事物的价值……是一些肤浅而天真的思维方式，它们在每个意识到塑造的力量以及艺术家的良知的人那里会遭到半讽半怜的鄙视。同情你们——这当然不是你们所知的同情……我们怀抱的是一种更高瞻远瞩的同情：我们看到人们是如何妄自菲薄的，还有你们是如何贬低人的！——有时候，我们忧心忡忡地注视你们的同情，抗拒这种同情——觉得你们表现出的严肃比任何轻浮举动更加危险。你们也许想——没有比这“也许”更绝的了——消除痛苦。那我们呢？好像我们想让这痛苦变得比以往任何时候都更沉重、更强烈！你们理解的幸福安康——那里没有目标，在我们看来，这似乎就是完结。这种状态里，人立刻变得可笑而可憎，导致了希望人灭亡的想法。磨炼的痛苦，巨大苦难的磨难——你们不知道么，是这种磨炼造就了人类迄今为止的一切提升？(BGE 225)[①]

同情的恰当的对象不是他人的痛苦，而且恰当的同情态度也不是被想“消除痛苦”的愿望所激发出来的。应该引导同情的他人
186 幸福的正确观念，不是痛苦的消除，而是由“创造能力和艺术的良知”所带来的“人类的提升”，这要求有“痛苦的磨炼”。尼采自己特殊种类的同情与消除痛苦风牛马不相及，“它想要的是比以往更强烈和更糟糕的痛苦”。然而，这依然是一种真正的同情，因为它着眼的也是让他人受益：“如果你有一个遭受痛苦的朋友，千万不要成为他的痛苦的休养所，而是要成为他的一张硬床、一张行军床：这样你对他帮助最大”(Z, II 3)。

与叔本华的观点形成明显对比的是，尼采哲学中的同情不是(至少不必然是)由他人的痛苦所引起的，它也不意味着对痛苦的

① 译注：译文参考尼采，《善恶的彼岸》，魏育青译，第225节。

谴责："我的这种'同情'——这是一种我还没有为之找到恰如其分的名称的感情：当看到各种难能可贵的能力被滥用时，我体会到了它……。或者当我看到有人由于一些愚蠢的事故，而在比他可能成就的更小的某件事情面前停滞不前时。……虽然在此确实没有我所共享的激情，但并不妨碍这是一种'同情'"（WP 367）。同情起初不是对痛苦，而是对错失良机的一种回应。实际上，同情可以是对那些不但没有遭受痛苦，反而是过着非常舒适的生活的人的适当回应，当这样的生活涉及到"难能可贵的能力"的浪费，或是涉及到由"可怜的满足"所带来的"碌碌无为"。因此，尼采哲学中的同情没有痛苦也会被唤起，这也许是他的幸福观的一个结果。"我们的幸福"，正如他有时所称呼的那样，不是去反对悲惨的遭遇或痛苦，而是使之成为其不可缺少的"组成部分"："幸福和不幸乃是姐妹，甚至还是孪生的，她们要么一起长大或……要么一起长不大"（GS 338）。痛苦（不幸）的缺乏意味着没有真正的幸福。

值得注意的是，这些没有一个表明尼采自己特殊同情不能被他人的痛苦所引起。然而，它不再是对这种痛苦的回应，而是对那种导致"难能可贵的能力"被"滥用"，或让某人在"比他可能成就的更小的某件事情面前停滞不前"的那种痛苦的回应。尼采注意到了这样的事实：即使最强大的人也不能参加所有战斗，而且相比其他挑战而言，有一些挑战可能为成长和克服提供了更好的机会。不过，当他专注于揭露道德对痛苦的全面谴责时，很大程度上忽视了这种复杂性。

尼采在下面这段话里描述了自己对同情的道德的第二种异
议："事实上，现如今宣扬同情道德的那些人甚至还认为，正是它， 187
而且只有它，才是道德——为了帮助邻人，他们迷失了自己的道路。……所有这些唤起同情心，要求伸出援手的事情都是隐秘的诱惑，因为我们'自己的路'太艰难，太苛刻，而且离他人的爱和感激也太遥远，所以我们真的不在意逃离它……"（GS 338）。

不幸的是,“自己的路”到底是什么样的,尼采讳莫如深,没有作任何说明。不过,他在其他地方提供了一些线索——他特别指出,对于同情者而言,同情可能是他通向伟大的障碍:“我把对同情的克服视为高贵的美德之一:我曾经虚构了一种‘查拉图斯特拉的诱惑’的情形,在其中,一种痛苦的巨大叫声传到他那里,同情犹如最终的罪恶向他袭来,想怂恿他背离自己。在这一时刻保持主人地位,保持其崇高使命的纯洁性,摆脱十分低级和短视的原动力(它们是在所谓自私的行动中起作用的),这乃是查拉图斯特拉必须经历的一种考验,也许是最后的考验——是他真正的力量的证明……”[①](EH,I 4)。总的思想非常清楚:有一些与“道德的”价值相竞争的价值(“高贵的”或“主人的”价值),从而挑战了它们自认为是“最高价值”的主张。

当前的(内在主义的)重估策略在于让我们注意被忽视了的伦理情感(或视角)的领域,它们由于基督教“道德”价值的主导地位而遭到忽视,但没有完全被压制。除了那些被视为我们的“官方的”最高价值(比如,同情,消除痛苦的幸福)之外,尼采揭示了那些“非官方”的价值对我们的价值判断的持续影响。这些“非官方的”价值(即“权力”和“差异”的“高贵的”或“主人的”价值)与“官方的”价值进行竞争,实际上挑战了它们的最高价值的地位(BGE 260,265,270; GM,I 11)。同情的要求和权力的要求之间的冲突被证明是那些“地方”之一,在那里,“主人道德”和“奴隶道德”之间的“那场战争仍然是悬而未决的”(GM,I 16)。我们可以想象,尼采是为我们的伦理直觉设计了下面的这种试验。试想要在以下两个世界之间作出选择:一个世界里有伟大的成就,但在那里人类的很多痛苦没有得到解脱,另一个世界里人类的许多或全部痛苦得到

① 译注:译文参考尼采,《瞧,这个人》,孙周兴译,商务印书馆 2015 年,第 1 版,第 337—338 页。

了解脱，但几乎或完全没有伟大的成就存在。我们会选择后者，也就是“道德的”世界，而不选择前者，即“不道德”的世界吗？尼采之所以要求我们去思考这个问题，是因为我们可能会发现自己被两 188
难的心理所撕裂，而这正是因为我们在对那些伟大的要求作出回应。

尼采充分意识到了这个立场令人不安的含义，而且没有回避它们：“什么属于伟大——，假如一个人在自己那里没有发现施加巨大痛苦的力量和意志，他如何能成就伟大的事业？能够吃苦，这算不了什么；柔弱的妇女，乃至奴隶通常都擅长于此。但是，当给别人施加痛苦，听到痛苦的呼喊却不被内在的痛苦和不安所摧毁，这才是伟大，这才属于伟大”（GS 325；参见 28）。乍一看，这段话深深冒犯了我们的伦理情感。不过，两个观察应该会让我们认识到，这段话不该被轻易打发掉。

首先，要注意尼采没有宣称，在别人身上“施加巨大痛苦的力量和意志”是伟大之为伟大所包含的。他只是说这“属于”伟大，也就是说，它是伟大的一个必要条件，而不是充分条件。此外，说伟大需要施加痛苦的“力量和意志”并不表示，成就伟大总是不可避免地要以他人的痛苦为代价。不如说，尼采的主张是这样的：在某些情况下，伟大的要求可能会与“同情的道德”的要求相互冲突。在这些情况下，我们不清楚后者是不是应该置前者于不顾。

当然，忽视他人痛苦和实际上把痛苦施加到他们身上是有区别的。有时候，伟大可能会合理地要求前者，但它也会要求后者吗？两个观察表明它会。首先，至少在某些情况下，如果拒绝帮助身处痛苦中的人，这种行为本身就会成为造成额外痛苦的一个原因，因此，这也是一种施加额外痛苦的行为。我悲惨的处境让我感到痛苦，你不愿意伸出援助之手也会让我感到痛苦。其次，权力意志的一个典型形式是竞争性的活动，让一个竞争者给另一个竞争者造成痛苦就是这种活动的目的——哪怕只是挫败他的获胜欲望。

还需要强调的是,尼采的伟大的个人对他人的痛苦未必无动于衷。相反,他可能对这些痛苦极为敏感,并倾向于伸出援助之手,以致他要付出艰辛的努力,才能对他们不管不顾,而伟大有时就需要这样做。尼采本人总是不厌其烦地指出,同情通常构成了一种“诱惑”(Z,IV; EH,I 4)或一种危险(GS 271),构成了一种让我们离开“自己道路”的怂恿,“因为我们‘自己’的路太艰难、太苛
189 刻”(GS 338)。因此,拒绝遵守道德的要求并不总是屈服于诱惑的问题,在当前这种情况下,这样做很可能正是道德所要求的。拒绝遵守道德的要求可能正是被对某种非道德价值要求的认可所激发的。伟大对我们提出了实际的**要求**,这可能是与道德的要求相冲突的要求。当伟大的个人不屈服于“他人的痛苦的叫喊”时,他不是被反社会的冲动所驱使,而是在响应某个价值的要求。

2. 伟大的概念

我们对某些类型的人类的“伟大”或“完美”的崇敬——对那些代表“人类的进步和繁荣的”个人的崇敬——与我们对道德的忠贞常常处于一种未被承认的冲突中。这些价值对我们发出召唤,从它们的立场出发的话,我们可能会对道德的价值本身提出质疑。

> 人们把这些价值本身的**价值**看作是现成的、事实的存在和超越一切质疑的;人们迄今为止丝毫没有怀疑和动摇过“善人”比“恶人”价值更高的观念,而所谓“价值更高”是从对于人类(包括人类未来)的进步和繁荣有所促进的意义上来说的。但是假如真相恰恰与此相反,情况会怎样呢?假如在“善”中包含着衰落的征兆,包含着某种危险、诱惑和毒药,还包含着**以牺牲未来为代价**以换取现在满足的麻醉剂的话,情况会怎样呢?也许会变得更舒适、更安全,但也更卑微、更低级?假如人类永远无法企及那原本可能达到的**强大与光辉的顶点**的

话，那么，是否恰恰就是因为道德的罪过呢？（GM，序言6）①

这段话把以下两个方面联系起来了，一方面是“人类的进步和繁荣”，人类的“伟大”或完美，另一方面是权力。不过，它没有解释和把这种联系确立下来。我想现在来关注这种联系。

最常见的情况是，尼采将创造性视为伟大的范例。

> 具有伟大创造性的那种人，我所理解的真正伟大的人在
> 今天和接下来的很长一段时间内是无处寻觅的。直到经历很
> 多失望之后，人们必然会开始理解，他们*缘何*不存在，今天和
> 很长一段时间内，满怀恶意地阻碍他们的出现和进化的，没有
> 什么超过了在今天的欧洲被叫作“道德”的东西——好像不存
> 在其他道德，不可能有其他道德——前面提到的群畜道德在 190
> 大地上所努力争取的是满眼都是绿色牧场的幸福生活，就是
> 说，安全、没有危险、舒适、惬意的生活……它宣扬得最多的两
> 个学说是：“平等权利”、“同情所有受苦的人”——它认为痛苦
> 本身是某种必须被彻底废除的东西（WP 957；参见Z，I 12；
> BGE 44，212）。

这段没有出版的文字汇集了在尼采的其他著作中经常重复的两个重要观点：根据创造性来定义的伟大，以及创造性的最主要的障碍是建立在谴责痛苦基础之上的道德。权力的伦理学为这两个思想提供了一种貌似合理的联系。用创造性来描绘伟大，尼采也希望我们根据权力或阻碍的克服来思考它，因为他将创造性视为权力意志的一种典型表现。反过来，这应该能够解释，为什么同情和满足的伦理——它们建立在反对痛苦的基础之上——对伟大的

① 译注：译文参考尼采，《道德的谱系》，梁锡江译，第57—58页。

可能性带来了威胁。

但是，创造性能被合理地理解为权力意志的一种形式吗？首先，我应该注意到，创造性的概念是模棱两可的。一方面，创造性指某些个体所具有的一种特殊技巧或素质，与人们解决问题或克服困难时所表现出来的聪明才智相似。另一方面，当某些个体**看重**创造性的活动时，有时他们也被说成是有创造性的。第一种意义上的具有创造性的个人只是**擅长**创造性活动，但未必看重它。对他们而言，创造性可能只是一种权宜之计，一种当他们面对某些问题时，用来解决问题的技巧。这些人有足够的创造性去面对任何可能摆在他们面前的困难，但未必喜欢它们，也未必会去寻求它们。相比之下，在第二种意义上具有创造性的个人看重创造性活动本身，因而会千方百计去寻找限制来进行挑战，寻找困难来加以克服，或是寻找界限来加以跨越。

我们通常认为创造性属于艺术家，当然也属于从事其他许多活动的个人：科学家、商人、政治家等。尼采强调艺术创造的例子，是因为艺术家们作为创造性的个人，不只是在他们必须克服限制或困难的时候才欢迎它们，而是由于重视创造性活动本身，他们还会主动去寻找它们。换言之，艺术家不仅在第一种意义上具有创造性，在第二种意义上也同样如此，在此意义上，创造性是权力意
191 志的表现。虽然艺术家是创造性观念的典型代表，科学家，商人和政治家等在这个意义上也是有创造性的。创造性的个人，正如尼采设想的那样，千方百计去面对和打破界限，去拓展人类经验的范围，去克服迄今为止没有受到挑战的极限，或者去克服也许一度被认为不可克服的障碍。如果伟大就是创造性，那么伟大就是权力："人们必须去寻找最高类型的自由人，在那里，最大的阻碍不断被克服"（TI，IX 38；参见 Z，前言 4；III 12［19］）。

然而，如果认真审视尼采关于伟大的讨论，我们必然会注意到一种令人费解的模棱两可。一方面，他的伟大的典型是那些在某

种特定的活动上表现出色的个人：因此，贝多芬是一个伟大的*作曲家*，莎士比亚是一个伟大的*作家*。在这种情况下，这些个人的伟大在于他们成功地挑战了音乐或诗歌的陈规，在于他们扩大了各自媒介的表达资源，(或许)还在于克服习惯了陈规的公众的惰性的抵抗，而那些陈规正是被这些伟大的个体打碎的。另一方面，尼采也表明，使那些个体成为伟大的，不是，或不仅仅是这些成就，而是他们*灵魂*的一种独特的状态："正是这才被称为*伟大*：既多样又完整、既宽广又饱满"[①](BGE 212)。在一个伟大个体的灵魂那里，许多不同的冲动和观点被统一，并被组织成一个连贯的整体。这确实是所有我们认为"伟大的"个人所具有的显著特征，比如莎士比亚："最高级的人也许具有种类最多的冲动，要用相对而言最大的力量才能承受它们。事实上，在植物性的'人'显示其最强大的力量的地方，人们会发现处于激烈冲突中的，但受到了控制的本能(例如，在莎士比亚那里)"(WP 966；参见 928，933；TI，IX 49)。

这两个伟大的概念之间有什么联系呢？简而言之，是伟大的成就需要伟大的灵魂。故意寻找阻碍来克服，寻找限制来挑战必然会产生："灵魂自我内部的距离的不断扩大，达到越来越高级、稀有、遥远、辽阔而博大的状态"，根据尼采，在超道德的意义上使用道德公式的话，在这里包含"人这一种类的提高"，人类持续的"自我克服"。[②] (BGE 257；参见 Z，III 12 [19])要理解这点，考虑一下
下面的例子。 192

例如，渴望取得伟大知识成就的个人，将会积极寻找新的问题或未被探索的领域，并将其作为许多挑战来面对。因此，伟大的哲人往往是怀疑论者，他将学会认出现有知识的问题和局限，以训练自己反对它们："人们不应该让自己被误导：伟大的哲人是怀疑论

---

① 译注：译文参考尼采，《善恶的彼岸》，魏育青译，第 212 节。

② 译注：译文参考尼采，《善恶的彼岸》，魏育青译，第 244 节。

者。查拉图斯特拉是位怀疑论者。……一个人,如果想做伟大的事情,那就还想拥有达到伟大的手段,因而就必须是怀疑论者”(A 54;参见 50;HH,序言 4)。对尼采而言,成为怀疑论者,就是在冒对抗的危险:“但是,当一个人对习惯了的、传统的、神圣的东西怀有敌意时,这种与之相抵触的能力,以及问心无愧的能力,就更加优秀,构成了我们文化中真正伟大、新颖和令人惊叹的东西。”(GS 297;参见 D 370)

然而,这种有意的对抗必然会在那个人自己的灵魂中激起反抗,表现为对不确定性或孤立的恐惧,也表现为沮丧,冲突的倾向和简单的心理惰性。因为智慧的伟大要有可能,以这些形式的阻碍表现出来的欲求就必须被主宰——个人必须克服或管理好他追求更大挑战时必然产生的更大的心理紧张。换言之,如果人们想产生伟大的作品,他就必须具有伟大的灵魂。

既然已经澄清了伟大的概念,那么我们现在就可以转向尼采所看到的创造性(这是它的典型特征)和痛苦之间的关系了。在伟大人物的创造性和他的痛苦之间找到关联,这几乎已经成了一种老生常谈,一个尼采完全认同的老生常谈:“创造——这是对所有痛苦的大救赎,生命因此变得轻盈,但要成为创造者,就必须有痛苦”(Z,II 2)。然而,正是在对这种关系的性质的认识上,他的观点既独特,又具有原创性。因此,对尼采来说,就像一位最近的评论家这样说了都还远远不够:“伟大的成就(当然是伟大的艺术成就)似乎乃是从激烈的痛苦中成长出来的”。[①] 对于创造性和痛苦之间的关系,我们需要了解更多的东西。

考虑一下尼采的创造性天才的主要例子:贝多芬。根据通常的

---

① Leiter(2002),第 132 页。Leiter 对创造性和高等人的讨论非常有用,但受限于他未能确定在尼采那里的创造力和痛苦之间关系的确切本质(在我看来,这个失败是由于他对权力意志的重要性和本质感到困惑)。

说法，痛苦是他具有创造性的必要条件。假如事实果真如此，我们
仍然不清楚这一事实为何能够证明对痛苦的全面重估是正当的。[①]
比如，我们可能会想象贝多芬由于自己的创造才能而不得不遭受痛 193
苦，因为他生活在一个保守的社会，在那里，具有创造性的个人被孤立，或者甚至遭到反对和迫害。贝多芬就算承认痛苦对于创造性是必不可少的，他还是可以理直气壮地哀叹自己的痛苦，并向往一个人们不必为了具有创造性而遭受痛苦的世界。换言之，他可以一如既往地赞同对痛苦的谴责，但不放弃对创造性价值的认同。

如果我们赋予创造性的价值支持对痛苦进行全面的重估，那么就需要针对“痛苦对创造性是必要的”这点作出不同的解释。具体而言，这种必要性尤其不能只是*偶然的*，不能仅仅是创造性个体所处世界的偶然环境的作用。痛苦必须是创造得以可能的*必不可少*的条件，问题在于它怎么会是这样的条件。尼采的权力意志概念提供了一个答案。如果创造性是权力意志的典型代表，那么表现为阻碍的痛苦就证实自己是创造性的基本成分。尼采根据权力来描述创造性，这表明一个人要有创造性就会受苦，这绝非偶然：想要具有创造性的个人必须欢迎阻碍和痛苦，因为克服阻碍就是具有创造性所*包含*的东西。贝多芬之所以伟大，不只是因为他写下了美丽的音乐，而是因为他有意要去突破自身媒介的界限，去摆脱一些统治它的陈规，去拓展它的表现潜力。从权力伦理学的观点来看，痛苦不再是一种必要的恶，它就是善的一个组成部分。[②]

① 我会在第六章更加详细地重新讨论这个被尼采视为对痛苦进行全面重估的主题。

② 如果尼采赋予创造性的价值能够为痛苦做辩护，那么创造性的成就不仅在客观上是困难的，在主观上也是如此（比如，痛苦的一个原因）。不过，我们不能假定客观上困难的东西在主观上也总是如此。贝多芬的一些音乐创作客观上可能一直都是困难的，尽管对具有他那样的才华的人会相对容易一些。然而，即使是才能超群的创造性个人，也会被他们的权力意志诱使去寻求更大的挑战。而对他们来讲，其中一些挑战在主观上最终会成为困难的。因此，至少在这种情况下，痛苦是创造性的一个基本组成成分。

3. 对幸福的重估

尼采的重估不限于同情的核心道德价值。他依靠自己权力的伦理学去重新评价其他美德，正义的观念，甚至还有非道德的价值，比如美。[①] 不过，我在这里想转向他对其他主要的否定生命的理想的重估，这种理想位于虚无主义的源头，即没有痛苦的幸福观念。尼采在《敌基督者》的开篇——这本书被他视为实际执行价值重估的开始——提出了一个惊人的观点："我们已经发现了幸福"（A 1）。显然，他想到了"一种新的幸福"，他也将其视为"我的幸福"或"我们的幸福"。他将其
194 与流行的幸福概念进行了对比，而且并不掩饰自己对后者的蔑视。他明显是根据权力意志来定义自己的新概念："什么是幸福？——感到权力在增长，感到一种阻碍被克服。不是满足，而是更多的权力；根本不是和平，而是战争；不是德性，而是卓越（文艺复兴风格的德性，virtù，非道德的德性）"[②]（A 2；参见 D 60；Z，IV 13；WP 1023），与此相反，他用"可怜的满足"（Z，P 3；IV 13）、"死心断念"（Z，III 5[2]；A 1），或甚至是"投降"（D 60；I，IV 13）等词语来描述了他所反对的幸福。

这两种概念的核心区别在于它们赋予痛苦的地位不同。尼采反对的传统概念被定义为痛苦的对立面。实际上，它仅仅是"痛苦的缺失"（GM，III 17）。这种幸福会以各种伪装的形式出现，最显而易见的是"愉快"（BGE 212），或"满足"（A 2）。不过，同样的理想也激发了"舒适和安逸"的"英国式的幸福"（BGE 228；参见 44；WP 464），以及"死心断念"（A 1）和"印度哲学家们"所倡导的"深

---

① 比如，他认为对权力的追求需要具有一种与"独处"（Z，I 17；BEG 212，EH，I 8）、"独立"（BEG 41，201，212）、"自信"（BEG 287）、"慷慨"（Z，I 22）、他叫作"试验"的冒险精神、当然还有"勇敢"（Z，II 12；BEG 205，276，284）等相适合的气质。权力伦理有时会要求对某些美德的性质做较为重大的修正，比如勇敢。就像 Hunt（1993）所说的那样，在尼采的美德理论那里，"勇敢包括积极面对危险的愿望"（第 86 页）。论正义的批判，参见 Z，II 7；参见 GM，II 11；TI，IX 37。还有论对美的重估，参见 Z，II 7；GM，III 6；TI，IX 11，20；WP 800。

② 译注：译文参考尼采，《敌基督者》，余明锋译，第 2 节，第 4 页。

沉睡眠”。对于后者，正如尼采所说：“在此，疲惫者的享乐主义是价值的最高尺度”（WP 155）。

与此相反，痛苦是尼采按照权力意志来定义的幸福概念的基本组成部分。对权力的追求必然有痛苦作伴（WP 112），作为这种追求的典型形式的创造性，更是如此：“然而，永恒的创造，对我来讲似乎就是毁灭的永恒冲动，在根本上与痛苦有关”（WP 416；参见 Z，II 2）。尼采的幸福概念因而不是简单的非享乐主义，它与其他概念有一个共同的特征，比如幸福就在于满足欲望的观点。我们可以说，它也是反享乐主义的，因为它把痛苦当作了幸福的基本组成部分。①

尼采揭示了他的“新幸福”和它的传统概念的另一个根本区别。通过把幸福的概念区分为“主动和被动”的方式，他介绍了这一区别：

> “出身高贵的人”感觉他们自己就是“幸福”的人……；作为充实的人，他们充满着力量[*kraft*]，因而一定是积极的人，他们也不会把活动与幸福相分离，对他们而言，积极是幸福（eu prattein 的词源正是出于此）的必要组成部分——所有这些都与以下这些人的那个层次的“幸福”截然相反，即那些虚
> 弱无能[*Ohnmächitgen*]的、压抑的，以及感染了有毒情感和 195
> 仇视情感的人。简言之，在他们那里，幸福本质上只能被动地出现，即表现为麻醉、沉迷、安宁、和睦、“犹太教安息日”、颐养性情和舒展四肢。② （GM，I 10）

① 尼采根据成功地面对困难来理解的幸福观念，在一些众所周知的，关于幸福心理学的实证研究那里得到了有趣的验证。比如，Csikszentmihalyi（1990）发现，当受试者的技能水平在参与的活动中受到适当的困难的挑战时，他们的幸福感最强。如果活动的难度太大，他们会变得焦虑，而如果难度太小，他们又会感到无聊。尤其参见第四章。

② 译文参考尼采，《道德的谱系》，梁锡江译，第一部分，第 10 节。

阻碍的克服本质上是一种*活动*。拿幸福就在于这种克服而言，只有以积极的方式才能体验到它。此外，阻碍的克服要求力量，只有那些足够强大的人才有可能获得这种幸福。与之相比，对弱者来说，成功克服阻碍的机会少之又少。事实上，他们的软弱只会让他们厌恶这样的阻碍。他们因此倾向于根据“被动”、“活动的停止”来思考幸福：“死心断念”（“怯懦者的幸福”[A 1]）或“可怜的满足”，“小幸福”或“最大多数人的幸福”（Z，III 5[2]；IV 13）。

因为活动包括面对和克服阻碍，尼采挑衅性地将其描述为“战争”或“卓越”（virtù）（A 2）。至于弱者，对他们而言，这类活动受到了否定，更喜欢将他们的幸福描绘为“休息”、或“和平”、或“满足”：在他们看来，幸福与使人安静的（比如，伊壁鸠鲁式的，或基督教式的）镇定药剂和思考方式相一致——首先是休憩的幸福，是不受打扰，饱足无求，是最终的合一，用雄辩家奥古斯丁的话来说，就是“安息日之安息日”，奥古斯丁也是这种人[①]（BGE 200）。这就是第二个重要的对比。在它以权力伦理学的形式表现出来的时候，幸福不但不是一种休息、安宁或饱足无求的*状态*，基于几个原因，它也*不能是*这样的状态。首先，正如我们所看到的，幸福被设想为一种活动。其次，根据传统的概念，幸福是一种能够（而且实际上必须）一劳永逸地达到的状态，尼采的新幸福则是一种正好排除了这种满足的*特别*的活动。就这种幸福是在面对和克服阻碍的活动中体验到的而言，它绝不是一种一劳永逸地达到的状态。因为只要阻碍实际上得到了克服，活动也就走向了结束，它所产生的幸福同样如此。短暂或“生成”因而是尼采“新幸福”的基本特征。

我想在这里考察的最后一个问题是尼采对幸福的模棱两可的描述，它现在被描述为“权力感”或“权力本身”（A 2）。换言之，他的幸福观是主观主义的，还是客观主义的？它只是行为主体的

① 译文参考尼采，《善恶的彼岸》，魏育青译，第 200 节。

一种主观状态呢，还是一个外在于他的客观事态？尼采承认感到 196
强大和真正强大是有区别的。比如，就拿与醉酒有关的经验来说："在这里，醉酒的经验显然是误导人的——权力感在最大程度上的提升——因而被天真地评判为权力本身"(WP 48；参见 HH，I 545)。然而，尼采从不否认权力感是幸福的必要组成部分，但只是有这样的感觉还不充分。幸福是当一个人真正强大的时候感到自己强大。没有权力感的人没有幸福，反之，对一个权力感具有欺骗性的人来说，没有真正的幸福。

五、谱系学和重估

在尼采的著作中，《道德的谱系》已经占据了一个特殊的地位。这本书对道德的起源进行了极具挑衅性的研究。这是在他的作品中找到的对这一主题最为系统的论述。不幸的是，这些特征鼓励了许多人到这本书中去寻找尼采关于道德的定论。特别是，他们试图根据尼采在其中所提供的谱系学研究去建构对道德的批判。在序言中，尼采确实宣告他对以下两个基本问题感兴趣："在何种条件之下，人们构想了这些善与恶的价值判断？*以及它们本身具有什么价值？*"(GM，序言 3，参见 6)因此，人们认为这本书提出了一种新的批判形式，它试图通过确定价值判断的起源来评估它们的价值。[①]

---

① 这里有一些这种方法的例子。Geuss(1981)认为尼采提出了一种新型的"起源批判"，它的主要工作在于揭示道德准则的非道德起源(第 44—45 页)。Nehamas(1985)认为，在揭示道德价值判断的偶然起源的过程中，尼采的谱系学驳斥了它们声称的客观性(参见第四章)。我相信这两种方法都存在起源错误的问题。我也主张(1997)尼采在《道德的谱系》中阐述了一种新的批判形式，但却认为在以下条件下，它摆脱了起源谬误的指控：如果我们认为这种谱系批判所针对的目标不是价值判断本身，不是他们的真理性或有效的范围，而是出于怨恨而提出价值的行为主体，尤其是他的心理经济(psychological economy)。我现在则认为《道德的谱系》没有阐述一种新的批判形式。

对《道德的谱系》的重要性的估计在两个方面过度了。尼采明确表示,对道德起源的谱系研究不是对它的批判,而只是通向这种批判的一个手段,并且这是一个可有可无的手段。因此,他评论说对道德的谱系研究只有有限的批判意义:“对我们的评价和善的牌匾的起源[Herkunft]的探究绝不能等同于对它们的批判,这与通常所相信的不一样。即使对它的低贱的起源的洞悉肯定会给人一种原始事物的价值缩水的感觉,故而为批判的情绪和态度做了准备”(WP 254,参见 69n,GS 345)。可以推测,某种价值判断不会因为其让人反感的起源(“pudenda origo”)被发现,它就一定是让人
197 反感的。这种发现充其量可能会让我们对那种价值判断心生疑窦,但它本身不是一个批判——它只是“为批判的情绪和态度做了准备”。既然尼采不允许我们从谱系研究那里推出任何直接的批判,那么他就不应受到起源谬误的指责。例如,一个道德的真理不会因为是通过非道德的手段被发现,或是被一个充满怨恨之情的心灵所偶然发现而有所减损。

在《道德的谱系》的序言中,尼采也声称,纵使谱系的探究还不是对道德价值的批判,但它对于这个批判还是不可或缺的:“为此,还必须对这些价值得以产生、发展及变化(道德被视为结果、症状、面具、伪善、疾病,误解;但道德也会被视为原因、解药、兴奋剂、约束、毒药)的条件和环境加以认识。这样的一种认识从未存在,人们对之也不曾有过期望”(GM,序言 6)。[①] 对道德起源的谱系探究提供了这样的知识,道德批判需要这样的知识,但它本身还不是这样的批判。[②]

但是,谱系学会给我们提供何种必要的知识呢?首先想想尼

① 译注:译文参考尼采,《道德的谱系》,梁锡江译,序言,第 6 节。

② 关于《道德的谱系》对于道德批判的局限,Leiter(2002)做了类似的观察,这种局限也被尼采本人注意到了。然而,他还是选择重点关注这本书,因为不管是好是坏,它已经成为尼采道德批判的经典之作(参见第 176 页及以下几页)。

采为道德价值的批判提出了什么样的标准:“迄今为止,它们阻碍或推进了人类的繁荣?它们是不幸、贫穷、生命衰退的迹象吗?或者相反,在它们那里显露出来的是生命的丰富、力量和意志,它的勇气,确定性和未来?”(GM,序言 3)这些标准的描述仍然非常含糊和无益。不过,在“生命的意志”这个短语这里包含了一个关键的线索,在尼采使用的词汇中,它表示权力意志(BGE 259;GS 349)。因此,道德价值的价值是通过权力伦理学的标准来衡量的。正如尼采后来在前言中所问的那样,它们对“人类原本可能达到的强大与光辉的顶点”是构成了促进,还是阻碍?

要理解尼采的方法论,我们必须回想起他的道德判断观念的一个重要方面。一个价值判断的价值不取决于的真实性,而取决于它对“人类的繁荣”是否有所促进。尼采认为人类将会创造有助于他们的繁荣的价值。不同“生理”类型的人因而将会创造不同的道德准则,这些准则的流行会促进他们的利益。比如,那些尼采称之为“弱者”的人,将会创造出一种同情是主要美德的道德准则,这 198
正是因为他们的软弱使得他们不能克服自己的痛苦,并迫使他们去依赖于他人同情的仁慈(GS 21;BGE 260;我会在第六章回到这个问题)。相比之下,在这样一种准则起支配作用的环境中,强者的精力要么被浪费在照顾弱者上,要么被未能帮助弱者而产生的负罪感所消耗。这些精力因而偏离了对伟大的追求。

对道德起源的谱系探究有助于对它的批判,如果用这些“起源”来告诉我们关于这种道德盛行的气候的独特因果效应的一些事情。起源的知识告诉我们的正是这个,如果它揭示出道德准则的假定的创造者的“生理类型”。实际上,尼采对流行的“基督教”道德的谱系研究揭示出它产生于“生理的退化”、“虚弱”或“无能”。这种道德在其中起支配作用的文化因而很可能对强者是有害的,对“人类的繁荣”总的来说也是如此。尼采把有利于弱者的道德准则叫作“奴隶道德”,而把适合于强者的叫作“主人道德”。“主人道德”的显著特点正在于它重视权力和痛苦：“赫然眼前的，是丰足感，是喷薄而出的权力感，是高度紧张的幸福感，是有意给予和分享的财富感……高贵的人尊重自己，认为自己是强者”[①]（BGE 260；参见 WP 957）。这与基督教的“奴隶道德”的享乐主义形成了鲜明的对比：“基督教以及它的‘福音’观，是受苦和虚弱的那类人的典型思维模式。丰富的力量则想创造、受苦和沉没。”（WP 222）。[②]

尼采告诉我们，确定一个道德准则的起源是强还是弱，只是一种揭示与道德准则批判相关的事实的方法。因而，在序言中，他非常明确地宣称，即将着手的谱系研究只是进行他的道德批判的“许多方法中的一种”（GM，序言 5）。相反，人们可能只关注到某种道德准则的流行此时此地对文化产生的影响。占主导地位的价值促进或阻碍了“人类总体的提升和繁荣”吗？事实上，这对那些赋予
199 《道德的谱系》特殊地位的人而言特别棘手，尼采间或表示它的研究或许完全是多余的。由于决不需要通过揭示道德准则的起源去理解它在一个文化中流行的效果，有可能是对这些效果的理解，反而能够让我们去推断这个准则的起源：“从前人们这样谈论各种道德：‘从它们的果实，你就可以了解它们’，我这样谈论各种道德：‘通过果实，我认出了它从中生长起来的土壤’”（WP 257）。[③]

---

① 译注：译文参见尼采，《善恶的彼岸》，魏育青译，第 260 节。

② 《道德的谱系》也研究了对道德评价而言必不可少的形而上的假定起源，比如自由意志、动机的可理解性、人人平等。有关谱系学对道德批判的贡献，Leiter（2002）提供了最全面的诠释。然而，他对谱系方法的诠释，仍然有些试探的性质，参见我对这本书的评论（2003a）。

③ 在一些场合，尼采会明确否认起源知识有任何意义：“我们对起源越是有所了解，起源的意义显得越小”（D 44；参见 GM，II 12）。但是，尼采在这些场合提到起源的概念是“Ursprung”，而谱系学想去揭示的那种起源是“Herkunft”。后者也被翻译为“血统”（descent），指的是返祖现象的传播，而前者只是表示一个特定的时间点，在那里，一种被给予的准则开始存在（GM，II 12）。Foucault（1984）对此以及有关的问题进行了详细的讨论。

我们应该注意到，在本章开头得到讨论的重估的内在主义策略表明了对尼采的谱系研究的批判意义的另一种解释。这些研究旨在揭示，基督教对权力的谴责（以及对平等和邻人之爱的相应评价）就在它们表面上谴责的追求权力的欲望那里找到了根源（Z，II 7；GM，III 18；参见 WP 179）。那么，尼采援引这一事实是为了说明，基督教对权力价值的强烈认同，已经超过了他们本身准备去承认的，这一认同甚至可能强大到足以对他们宣称的最高价值构成内在挑战。

这样理解的话，谱系研究将仅仅是一种方法，用以确定基督教评价视角的特定内容，以便对其中似乎占主导地位的否定生命的价值进行内在批判。不过，它根本不是一种新形式的（"谱系的"）批判。道德有非道德的起源（WP 461），这一尼采有时特别强调的事实本身就没有这样的批判意义。 200

第五章 永恒复归

但是，所有的快乐都想要永恒——想要深沉而又深沉的永恒。

——《查拉图斯特拉如是说》，IV 19

永恒复归是《查拉图斯特拉如是说》的“基本思想”，尼采认为这本书是自己的最大成就（EH，Ⅲ 1，序言 4）。在最后出版的其中一本著作中，他把自己也看成是永恒复归的教师：“我，哲学家狄奥尼索斯的最后一个弟子——我，永恒复归的教师”（TI，X 5）。然而，该学说不仅重要，在一系列蕴含了许多难以理解且神秘的观点的著作中，它也是最令人费解和最有神秘色彩的。根据公认的学术传统，永恒复归的思想应该放在反对虚无主义运动的背景中来理解。① 它明显是“肯定生命”的新道德理想中的核心思想，尼采把它提出来是为了反对虚无主义者对生命的否定：“永恒复归思想，是我们所能获得的最高的肯定公式”（EH，Ⅲ 查拉图斯特拉如是说 1；参见 BGE 56）。

与很多学术习惯一样，我将引用以下文本来说明这个学说的核心构想：

---

① Löwith (1997)；Kaufmann(1974)；Magnus(1978)；Clark(1990).

> **最大的重负**。——啊，假如在某个白天或黑夜，有一个恶魔偷偷进入你最寂寞的孤独中，并对你说："这种生活，即你现在正在经历，往日曾经度过的生活，就是你将来还会再次、无数次经历的生活，其中绝不会出现新的东西，而每一种痛苦、每一种欢乐、每一个想法、每一声叹息以及你生命中的难以言说的大大小小的事情必将会在你身上重现，全都以相同的顺序发生。——同样的树间的蜘蛛和月光，以及同样的这个时刻和我自己。存在之永恒沙漏将不断地反复倒转，而你在其中，只不过是一粒微不足道的尘埃！"
>
> 对此，难道你不扑倒在地，咬牙切齿，并且诅咒对你说这些的恶魔？或者，你经历了一个非常的瞬间，这时，你会作出
> 这样的回答："你真是一个神，我从未听过如此神圣的言论。" 201
> 假如这个思想占据了你，那么它就会把你本身改造掉，或者也许是把你碾得粉碎。对于跟你有关每一件事情，"你还想要它吗？还想无数次要它吗？"这个问题将会成为最大的重负压在你那些行动的上面！或者，"你又会怎样善待自己和自己的生活，**不再更热切地要求**比这最终的确证和保证更多的东西呢？"(GS 341)①

提出永恒复归的思想是为了进行一个思想实验：如果"这种生活，如你现在正在经历，往日曾经度过(重复发生)的生活，就是你将来还会再次、无数次地经历的生活……全都以相同的顺序排列着"，你将会作何反应？这个思想实验的意图是用来确定你是肯定生命的，还是否定生命的。如果快乐地对永恒复归的前景作出回应，而且"**不再更热切地要求任何东西**"，那么你是肯定生命的。反之，如果永恒复归的前景导致绝望，那么你是否定生命的。主张肯

① 译注：译文参考海德格尔，《尼采》，孙周兴译，商务印书馆2010年，第279—280页。

定生命的话,就会劝导人们遵从这样一个与众不同的道德命令:“这样去生活,以致你最终能够欢迎它的永恒复归。”①

关于这个神秘的和难以理解的学说,人们已经著述颇多。在此,我不敢自诩能为之提供一个详尽的和有说服力的论述,借此就可以避免现存那些解释存在的缺点,并保留它们的洞见。不过,我确实相信,如果把这个学说置于我在这本书里到目前为止所形成的解释背景中,我们还是可以学到一些新的和富有启发性的东西。为了达到这个目的,我打算关注两个特定的问题。其一,在对肯定生命理想的特性的刻画中,永恒复归思想所扮演的确切角色是什么呢?其二,尼采赋予永恒复归思想和重估一切价值的计划之间的关系的性质是什么?

一、永恒复归和肯定生命

在对肯定生命的理想特性的描述中,永恒复归的思想被认为可能扮演了两种不同的角色。在我称之为理论的角色那里,永恒复归直接表示或间接地帮助带出被肯定的某种生命特性。对于将肯定生命界定为欢迎永恒复归的能力,尼采承认这是一个要求很高的原则(“最大的重负”)。在理论上的高要求,并非因为肯定某物是困难的,而是因为要肯定具有那种特性的生命是困难的。与
202 此不同的是,在它的实践的角色那里,永恒复归告诉了我们一些有关肯定是什么样的实践立场或态度的事情,而不是告诉我们被肯定的生命的相关情况。在实践观点中,肯定之自身性质决定肯定生命是一个要求颇高的原则。

下面的对比阐明了永恒复归思想在理论上与实践上的差别。

---

① Löwith(1997)介绍了永恒复归的学说支持一种伦理命令的思想,Magnus(1978)对此思想做了发展,亦可参见 Deleuze(1961)。

对于生命中的某个独特的令人满意的瞬间，有时候人们是这样表达其评价的：希望这样的瞬间永远不会结束。设想一下，我要你以这样一种方式度过你生命中的下一刻，即你能够希望它永远不会结束。我能敦促你这样做，是因为这个瞬间事实上将永远不会结束，并且，如果你不想对生命抱有遗憾，你就应该做好应对这一事实的准备。这可算理论上的诠释了。然而，更典型的是，在劝告你去度过那样一个瞬间，以致你会希望它永不结束时，实际上，我是在劝告你用这样一种方式去度过那个瞬间，即能够对它采取某种态度的方式。这就是我所说的实践的诠释。我劝告你能够希望那样的瞬间永远不会结束，是一种描述那种态度的特征的方式，而我希望你对那个瞬间能够采取这样的态度。因此，希望一个瞬间的永恒，就是认为它具有某种完美性质，以致你希望它不会有丝毫的改变，这是合乎情理的。

同样，当尼采敦促我们过好自己的生活，以致最终能够欢迎它的永恒复归时，他有可能仅仅是要求我们去注意这样一个事实：生命确实会永恒复归。这可能就是对该学说的理论的诠释。与此不同的是，在实践的诠释上，他可能是在援引永恒复归这个概念来描述一种独特的态度，而他希望我们在面对自己的生活时，能够采取这样的态度——“肯定”。从实践的立场来看，重要的问题不再是我能否确定我的生命将会永恒复归（或者能否确定一些与生命相关的事实以使永恒复归的思想可以从中被推导出来），而是在言及永恒复归思想时，在有关肯定的性质这件事上能告诉我们什么。

理论上的诠释和实践上的诠释的对比也是两种观点的对比，这两种观点与对如下主张的辩护有关：为了肯定生命，我应该这样去生活，以致我能够想要它的永恒复归。一方面，如果我们从理论上思考永恒复归，那怎么肯定生命要求我们欢迎它的永恒复归，是因为它本身就是生命的一个特征。如果生命被证实没有这样的特 203
征，肯定生命的理想就不再会要求我们服从这样的命令。另一方面,如果我们从实践上思考永恒复归,仅肯定生命的理想自身也会要求这样的服从,因为永恒复归的思想表明了与肯定性质相关的一些事情。它告诉了我,对于生命,我该采取何种态度,而不管生命具有什么样的性质。

如果把议题转向肯定生命和价值重估之间的关系,我们可以得到两种可能的解释。永恒复归学说的核心构想将自己呈现为一个考验或一个试验的关键部分:你能否"不再热切要求"比生命的永恒复归更多的东西?对于这个实验,最有吸引力、也是最通行的看法是:对于我们碰巧具有的、不管什么样的价值,它试图去判定我们的生命对之实现的程度。因此,当我问自己是否能够欢迎生命的永恒复归时,我仅仅是在问,对于自己生命的展开方式,我是否感到遗憾。这转而被认为相当于这样一个问题,参照我碰巧具有的价值,生命是否已经证实自己美好到了令其永恒复归的前景值得人们向往的程度。在这个观点中,由于它的决定性内容源自于不管我具有的什么价值,肯定生命的理想是纯形式的。根据这个观点,所谓肯定就是这些价值的成功实现,而不是对它们的重估。与这种纯形式的解释相比,肯定的理想也可以被看作是实质的,因为它的成就不是实现我碰巧拥有的价值的问题——反而是要求我遵从特定的价值,或者是遵从特定范围内的价值。在这种情况下,肯定的做法则要求对我碰巧拥有的各种价值进行好好的重估。

对四种各具特色的永恒复归学说的诠释,我首先会详细地进行批判性的考察。它们都反对对这个学说进行纯宇宙论解释,一开始,我会简单叙述一下反对这种解释的论据。我想到的所有解释都以不同方式和不同程度的连贯性结合在一起,既有理论的一面,也有实践的一面。在理论方面,永恒复归指出了生命的某些特征,它们意在解释肯定生命所隐含的困难。在实践方面,由于肯定生命被界定为意愿生命重新再来,大多数人认为它是一种纯形式的原则。它是这样一种平常的劝诫:确保我们的生命充分实现自

己的价值和抱负,因而对之不再留下任何遗憾。基于肯定生命要 204
求某种价值重估,有一些解释(洛维特和克拉克)确实认为它可能是一种具有更多实质性的原则,但是他们关于价值重估的本质和基础的看法都没有充分把握尼采的意图。

回顾和批判这些诠释之后,接下来,我将明确地表达自己与他们明显不同的看法。我的看法无疑是实践的:永恒复归告诉了我们某些东西,不过,是关于肯定的性质的,而不是关于被肯定的生命。我也认为尼采援引永恒复归这一思想,不是想进行一种纯形式的劝诫:尽可能在最大程度上实现我们的价值,不管这些价值碰巧是什么,最终让我们对生活没有任何遗憾。它毋宁是一种实质性的召唤,召唤我们去实践某些特定的价值。并且在严格遵守这种实质性的伦理的条件下,依照永恒复归思想去生活,因而肯定生命对那些拒斥这些特定价值的人来说是不可能的。

二、对永恒复归的诠释

1. 宇宙论的永恒复归

永恒复归主要扮演理论上的角色的想法,是受尼采有时将其呈现为一种科学理论的做法所激发。所谓科学理论具体是指这样一种宇宙理论:根据它,已经发生的事情注定还会一成不变地再次发生。①

① 在《遗稿》中,永恒复归的宇宙论被视为这样的思想:世界是“绝对相同系列的循环运动……它已经无数次地重复自己,无数次玩着自己的游戏”(WP 1066)。这种思想的构想也可以在出版的著作中找到。比如,查拉图斯特拉的动物们把这种思想归给了他:“看哪,我们知道你传授的:万物永恒复归,我们自己也一样;我们已经存在了无数次,万物与我们一起。……我自己就属于永恒复归的原因。我与这太阳,与这大地,与这只鹰,与这条蛇一起重来——并不向着一种新的生命,或者一种更好的生命,或者一种类似的生命:我向着一样的、完全相同的生命复归”(Z,III 13)。查拉图斯特也接受了这种思想,但只是把它看作一种假说:“会发生的事,之前不是已经发生过,已经做过,已经过去了吗?”(Z,III 2)。

因而,认为尼采有如下看法是很自然的:每个人应该按照能够欢迎永恒复归的方式过好自己的生活,恰恰是因为生命本身将会永远地复归。这种看法使宇宙论的永恒复归的真理能否成立成为关键,因为如果没有这样的根据,人们就没有理由要求自己按照欢迎生命的永恒复归的方式去生活。因此,永恒复归在实践上的重要性本质上离不开其科学上的可靠性。这个提法引起了一些比较大的问题。一方面,尼采所谓的永恒复归的宇宙论"证明"(WP 1063—1066)有致命的缺陷。[①] 另一方面,永恒复归的宇宙论诠释所根据的这些证明仅仅出现在尼采未出版的笔记中。[②] 当然,尼采可能对这些在当前只是具有推定性的证明并不满意。或者只是在等待其他场合去出版,最终因病去世而未能如愿。然而,当我们
205 考虑到另外两个事实,这样的猜想就变得没有实际意义了。

首先,尼采坚持认为他的永恒复归学说是全新的思想。然而,如果被视为宇宙论的学说,它就几乎没什么新意了:除了古希腊哲

---

① 这个核心论证在《权力意志》给出了最清晰的表述:"如果把世界想象成由一定数量的力和力的中心所组成——并且每一个代表力都不确定,因此没有太大用处——那就可以得出……它一定经过了可以计算的组合数。在无限的时间里,每一种可能的组合将会实现"(WP 1066)。通过对决定论的进一步假设,于是尼采得出了"绝对相同系列的循环运动"的结论。Simmel 对这个论证提出了有力的批评(1907,第 250 页及以下几页;1986,第 170 页及以下几页)。他假设宇宙有三个同样大小的轮,以不同的速度在同样的轴上旋转。他还假设了一种最初的状态,在其中,每个轮子的圆周上的标记排成一个队列。他进而注意到,如果第二个轮子转动的速度是第一个的两倍,第三个的速度是第一个的 $1/\pi$,那么这三个标记再也不会排成一队。Nehamas(1985)在第五章讨论了额外的问题。

② 有一些明显的例外。查拉图斯特拉提出了永恒复归的宇宙论版本(Z,III 2),但他纯粹是以假设的方式提出来的。当他的对话者侏儒在回应的时候断言:"时间本身就是一个圆环",尽管比较晦涩,查拉图斯特拉愤怒地作了反驳,侏儒把事情变得对自己来说太容易了。此外,对这个学说的宇宙论版本的讨论是放在它的实践意义的背景中进行的,问题在于能否鼓起勇气这样说:"那就是生活? 很不错,那再来一次吧!"永恒复归的宇宙论的最严谨的出版了的构想出自查拉图斯特拉的动物之口(Z,III 13)。它们把这个观点归功于他,但他从未明确赞同过这种观点。Clark 提供了有关文本的详细考察(1990,第 254—266 页)。

学中一些著名的先例，像赫拉克利特和某些斯多亚主义的作品之外，这种观点也被海涅和叔本华以这种或那种方式所倡导。事实上，甚至尼采提供的支持该观点的主要论证，也明显与我们在卢克莱修的著作中发现的惊人地相似。[①] 他一如既往地相信自己学说的新意的做法，是在呼吁我们去挑战他将其看作宇宙论学说的假定。

最后，更具有决定性的是这个事实，尼采对这个他认为值得呈现在他所发表的著作中的学说，并没有提供任何论证来表明它是一种宇宙论的真理。早先，我在那个文本中引用的那个思想实验（GS 341）的有效性仅仅依靠永恒复归是真的这样一个纯粹的假设性的设想。因而，这个思想的意义，必然与它作为一种科学主张的真理无关。

2. 永恒复归与选择的徒劳

与后面的学者不同，洛维特（1997）认为永恒复归是一种形而上的学说，蕴含着形而上的宿命论。同时它还是一种展望未来和回顾过去的观点，展望未来，像我现在一样的生活不知道将会重新发生多少次；回顾过去，像我现在一样的生活不知道已经发生了多少次（Z，Ⅲ 2，13）。它现在的样子是对已经以同样形式出现的一系列事件的重复，它完全是受命运支配的。

其结果是，尼采劝告我们，按照好像永恒复归是真实的方式去生活，显得根本上就是自相矛盾的：它成了按照我们似乎没有任何选择的方式去生活的一个劝告。仅仅视之为一个劝告的话，好像要以我们的未来是开放的，我们可以自由地听从这个劝告为先决条件。然而，如果我们考虑特定的内容，它是在吩咐我们，按照好像我们的未来已经是被注定了的方式去生活，而在这个劝告面前，我们毫无自由可言。洛维特把这个问题总结如下："一个人怎

① Lucretius（1951），第 88 页；DRN，III 第 855 页及以下几页。

能……意愿某种由于命中注定的不可挽回性而被排除在外并使之变得多余的事情呢,每一个意愿……?”[①]洛维特认为这个矛盾是深思熟虑的,它构成了我们通达激发起尼采这个学说的哲学动机的线索。

在他看来,这个劝告被设计出来不是为了激励我们去意愿任
206 何事情(包括去意愿我们生命的永恒复归),而只是让我们去承认所有意愿的徒劳。“意愿”永恒复归不是对具有开放性的未来的意愿,而只是与命运和解,或者“热爱命运”(“amor fati”)——严格来讲,是这样一个状态,在其中“意志不再意愿任何东西”。[②] 我“热爱”我的命运,在这种观点看来,不是通过某种方法让命运向我的意志靠拢,而是放弃我的意志,因为对它来讲,命运是不可抗拒的。永恒复归学说因此旨在告诉我们,肯定生命是一种“无意愿”的状态。

洛维特在下面这段文章里描写了“热爱命运”,也即是肯定生命的特征:“‘热爱’绝对的或命定的必然性不再是一个意愿,而是……一个状态,在此意志不再意愿任何东西……。此在(being-there)的偶然性——由于对一个无中生有的有意志,有目的的创造的信仰,偶然性的清白无辜被剥夺了——在热爱命运中得到‘救赎’,这是因为查拉图斯特-狄奥尼索斯恰恰是在偶然性中把握到,整体中的东西只能如其必然所是而是(wie es sein muss)”。[③] 不幸的是,由于洛维特没有把**形而上的**必然性和**规范性的**必然性(和偶然性)明确区分开来,他的提议变得含混不清。一旦引进这个区分,我们就会发现这个提议包括两个阶段。在第一个阶段,认识到我的存在仅仅是一种“偶然”,而不是一个“有目的创造”(例如,被

① Löwith(1997),第 87 页及以下几页。Magus(1978)第 11 页及以下几页也讨论了这个困难。

② Löwith(1997),第 57 页。

③ Löwith(1997),第 79—80 页。

上帝创造)的作品，而这个有目的创造为我的存在作了辩护，或赋予它存在的意义。这可以说在规范性方面是偶然性的。在第二阶段，通过使我意识到我的存在在形而上方面是必然的——它“在整体中如其必然所是而是”，永恒复归的思想应该能够克服随之而至的虚无主义方面的不幸。对这种形而上的必然性的认知，理应带来我与命运的和解，或是热爱命运，因为这种认知导致了完全的顺从，或是无所意愿。

洛维特的阐释有两个特点值得强调。首先，洛维特没有把形而上的必然性作为规范性辩护的替代品：我的人生历程是受命运支配的这个事实，并不会使它值得去经历。它还使得我不能不去实现命运的安排，但却没有任何理由让我去“意愿”如此。其次，由于被意愿是无效的认知所推动的，舍弃意愿不是一个深思熟虑的决定。如果事情就是这样，那么意愿终究不是徒劳，而且也没有什么理由去舍弃它。因此，在无意愿的状态中，热爱命运就包括：“不可能还是意愿的目标，而仅仅是自行发生的事件及其变形。”①

在洛维特看来，肯定生命没有别的，就是对之没有任何遗憾。考虑到我的人生历程形而上地受命运主宰，因而它对我的“目标 207
和意图”冷漠不顾，消除意愿对自己的“设想”和我的存在的必然过程之间冲突的唯一方法就是，放弃这些目标和意图，达到一种无欲无求的状态。这很可能是一种重估：肯定生命不是找到一种新的方法来让我在一个违逆意志的世界中实现我的目标，而是舍弃这些目标。不过，尼采的价值重估不仅仅是舍弃那些旧的目

① Löwith(1997)，第80页。由于其他原因，“摆脱所有目的和意图的自由”也许不是“欲求的目标”，对此洛维特既没有作区分，也没有明确说明。比如，我们必定会认为我们靠它来达到热爱命运的“变形”只能“自行发生”，因为我们的未来乃是形而上地被注定的，因此，这样的转换本身也是注定的，即是**在我们的有意的控制之外**的。

标，也是对新目标的接受。这个考察已经指出了一些深层次的困难，既有哲学方面的，也有诠释方面的，这使得洛维特的诠释很难成立。

我将审视三个这样的困难。首先，当对之进行严格的诠释，永恒复归思想根本就不蕴含形而上的宿命论。整个永恒复归学说蕴含的是，不管我的生活接下来是怎样的，一个与之完全一致的生活已经发生过不确定的无数次。但是，那没有告诉我，接下来我的生活会怎样已经是命中注定了的。换言之，我可能会经历的所有可能的生活，已经不知道被经历了多少次这个事实，并不决定我将会实际去经历哪一种可能的生活。实际上，永恒复归学说很可能允许，过怎样的生活仍然取决于我。[①]

其次，无情的宿命对我的"目标和意图"的冷漠，置我的意志与那种宿命处于不和状态。那就只有放弃那些目标和意图本身，放弃意愿的做法才能让我与自己的命运真正和解。或者，用洛维特的自己的话来说是："摆脱所有的目标和意图，摆脱任何的为何之故。"可以换一种说法来表达同样的意思：一旦我舍弃自己的意愿，不是因为意愿实现了一个为它证成的目标和意图，而是因为汲汲于证成之心已经消失，如此一来，我的存在就得到了救赎。

但是，通过使我舍弃这些目标和意图的方式——根据它们，我明确了进行辩护的内容，很难理解永恒复归思想所蕴含的形而上的宿命论怎样消解了我对这个证成的关注。对我来讲，如果相信

---

① 感谢哈罗德·霍德斯（Harold Hodes）让我注意到这个问题。永恒复归学说隐含着形而上的宿命论的意义，其根源可能在于决定论的隐含假设，而决定论常常被纳入到对该学说的解释中。当然，洛维特（Löwith）可能会主张，对这一学说的严格解释应该包括这个假设，但这对他的解释毫无帮助。因为如果形而上的宿命论是关键的话，人们必定会想，尼采为什么要在永恒复归思想的令人困惑的伪装之下来唤起这个思想，把事情弄得晦涩难懂，而不是直接诉诸决定论。

我的存在将不会有什么不同，那么在意我存在的证成可能就会毫无意义，①但不等于没有理由这样做。无情的宿命对我的“目标和意图”的冷漠可能会引致我放弃对它们的追求，但不必然导致我舍弃这些目标和意图本身。舍弃对它们的追求，我仅仅是放弃打一场要失败的战争，但我仍然可以一贯地、理由充分地继续哀叹我的命运。

最后，洛维特用无意愿来诠释“热爱命运”不是很符合尼采自 208
己对它的描述。正如我刚刚建议的，虽然洛维特用无意愿这个概念旨在表示一种冷漠的状态，即按照永恒复归思想生活只能无可非议地激发起一种顺从。顺从肯定不能等同于“热爱”——尼采用这个词描述了对生命的肯定——我们很可能会顺从一种我们并不热爱的生活。② 实际上，顺从意味着我们接受了一种存在，而对于这种存在，我们本来更希望它与现在有所不同。就其本身而论，它仍然是一种“否定生命”的形式(WP 23)。在热爱自己的命运和仅仅是忍受或接受它之间，尼采相当明确地坚持这样的区分：“在人类身上，我衡量伟大的公式是热爱命运，人们不想改变什么，将来不要，过去不要，永远也不要。不是单纯忍受必然，更不是对之进行隐瞒，……而是热爱它。”(EH，Ⅱ10；参见 WP 1041)

此外，就算我们同意洛维特的观点，即按照永恒复归思想去生活确实会导致对自己命运的冷漠，而不是顺从它，基本的问题依然存在。因为相当难理解，这种冷漠怎么能等同于尼采所倡导的那种热爱。在尼采看来，热爱自己的命运，不仅仅是不反对它，而且

① 甚至这也是值得怀疑的。形而上的宿命论本身不会让我对规范性的关注变得毫无意义。要这样想，就必须假定形而上学的必然性与规范性的必然性是不相容的。这个假定是错误的：这个世界必然成为它所应该是的样子。如果事情就是这样，我们可能想了解它。

② Magus(1978)认为热爱命运就是一个“承担责任”的问题，因为人们的过去为同样的问题所困扰。

要在实际上赞成它——不仅仅是不说不,而且要在实际上对生命说是(GS 276;EH,Ⅱ 10;WP 1041)。

洛维特的论述获得的大部分支持,来自于尼采将热爱生命描述为热爱命运或必然性。如果我们按照形而上的宿命论来解释有关命运的讨论,那么肯定生命就只能等同于与其命定的历程相和解。然而,尼采自己对命运这个概念的使用,似乎摆脱了对这种激进的形而上的宿命论的认同。我们要学会去热爱的"命运",可能是指"事物中的必然性"(GS 276),尤其是指"存在中的那些至今被拒斥了的具有必然性的方面"(WP 1041)。命运,换句话说,仅仅是指我们的存在的某些特征,这些特征对我们的存在而言是本质性的,因而是不可或缺的,即使我们可能对它们的存在表示哀叹。在叔本华悲观主义的语境中,在这个世界上,痛苦是我们人生不可避免的特性,他也主张把"无意愿"当作是一种摆脱它的方式。肯定这样的生命因而同样要求肯定("热爱")那无法避免的痛苦。

3. 永恒复归与选择的重要性

与洛维特的诠释直接相对,伊凡·索尔(1973)认为,劝告我们按照好像永恒复归是真的方式去生活,尼采绝非想要否认选择的
209 重要性,他事实上应是在尝试"增强我们对我们作出的选择的意义的意识"。[①] 如果我相信世界会完全一模一样地复归,永远地、反复不断地复归,那么我现在的任何决定就带来了"最大的重负",因为我不得不在永恒的剩余的时间中与它的后果一起生活(或者,不如说,不得不重新经历它的后果)。永恒复归思想的有效性在此不是以实际的真实性,而只是以逻辑上的可能为真为先决条件:它必须不能自相矛盾。

与洛维特一样,索尔接受了一种纯形式的肯定生命的设想。

---

① Soll(1973),第 322 页。

不同于洛维特的是，在索尔这里，被永恒复归的前景所提出来的挑战，没有通过重估（或贬低）我们的价值来进行回应，而是通过对它们进行更加认真的履行来进行回应。如果我必须与我选择的后果永远生活在一起，于是，那些有时因放任自己而做的仓促的、不好的选择，或许就成了不可接受的。实际上，永恒的后果的前景很可能是在表明：我的任何一个选择，不管多么微小，对于我的人生的肯定而言，都不能再被视为无所谓和无意义的。

索尔提出这种诠释，是由于它初看之下，很有直观上的吸引力，但是他本人发现这个诠释面临很多棘手的问题。他认为由于两个明显的理由，按照好像永恒复归是真的方式去生活，实际上不能“增强我们的选择的意义”。第一个问题在于永恒复归是*相同者的复归*的这一事实：“这种生活，即你现在正在经历、往日曾经度过的生活，就是你将来还会再次、无数次经历的生活，其中绝不会出现新的东西，而每一种痛苦、每一种欢乐、每一个想法、每一声叹息以及你生命中的难以言说的大大小小的事情必将会在你身上重现，全都以相同的顺序发生。——同样的树间的蜘蛛和月光，以及同样的这个时刻和我自己”（GS 341）。有这样的特征，永恒复归必然是一种*超历史的现象*，如果事情是在相同的历史周期内重新发生，它不可能完全是一样的。只有在不同时间、不同环境下重新发生，这才可能。对尼采关于永恒复归思想的实践后果的设想而言，这个事实隐含着批判的意义。

永恒复归的思想把“最大的重负”置于我的选择之上，是因为
它们被揭示为这样的选择：我将会与它们的后果一再地一起生活。
如果我已经做出，并且不断做出带来好的后果的选择，那么这个思 210
想就会让我兴高采烈，因为它给我带来这样一个无数次地享受那
些有益的后果的前景。但是，如果我已经做了，而且继续去做让人
遗憾的选择，它将会使我由于类似的原因陷入绝望。然而，一旦我
们充分领会到它的超历史的性质，就既不会兴高采烈，也不会灰心

丧气,而是只会漠不关心,这才是对永恒复归的恰如其分的回应。

永恒复归关涉到我,只是因为我害怕,比如,我将会重新与同样的痛苦和失败永远一再地生活在一起。只有它们是我的经历,我才有理由去担心未来的痛苦和失败的经历,但要成为我的经历,它们就必须与现在的我以某种恰当的方式相关联。永恒复归在这一个循环的"伯纳德"和下一个循环的"伯纳德"之间达成的一对一的同一性,相同的循环似乎不是这种恰当的关联。因为在下一个循环中的"伯纳德"可能只是我的毫无二致的复制品,但并不是我。只有在当下的自我和重新经历同样的痛苦和失败的自我之间,有着某种类型的连续性(例如,记忆上的联系带来的心理上的连续性),对我而言,去担心未来某个循环中的我自己才似乎是合理的。[①] 但是,如果后面的自我与当下的自我是以这样的方式相连续的,在相对的意义上来说,他与当下的自我并不是同一个。毋宁说,他是带着新的特征的(比如,新的记忆)当下的自我,通过连续的一系列事件,它得到了发展,并发生了变化。要使我对未来自我的经历进行关心这件事具有合理性,就需要有那种连续性,而它却被永恒复归的超历史性所打破了。其后果是,我绝没有理由去关心在循环中重新发生的我自己的经历,因为在那些循环中的自我,在相对的意义上并不是我自己。[②]

---

① 我应该注意到索尔(Soll)的提议所建立于其上的合理性标准是审慎的自利。当然,我可能有理由去关注我的复制品的痛苦,但这与关注其他人的痛苦没有什么区别,因此,这类理由不一定是基于审慎的自利。

② Parfits 的经典论文(1975)提出并捍卫了这个观点:让我们对自己未来感到担忧的是心理上的连续性,而非一对一的同一性。Williams(1975)反对 Parfits 的观点,他认为我有理由担心与我没有心理连续性的某个自我的经历,假如它在某种程度上与我保持肉体上的连续性。然而,这应该不会削弱索尔的反对意见,因为肉体上的连续性与心理上的连续性一样都被永恒复归的超历史的性质打断了。值得注意的是,当我们严格理解永恒复归学说时,它还会以其他方式让我们的选择没有意义。比如,既然我现在的人生与它后来的重现之间可能是没有因果关系的,我现在的选择对我未来的人生就不会有影响。

对于按照好像永恒复归是真的方式去生活的劝告，索尔注意到它在另一种方式上也实际剥夺了我们选择的意义。永恒复归思想——我们被吩咐按照它的要求去生活——不仅仅是展望未来的观点：与我现在一样的生活将会不确定地重复很多次；它也是一种回顾过去的观点：和我现在一样的生活，已经不知道发生了多少次（Z，Ⅲ 2，13）。再加上他相信尼采接受了因果决定论，索尔用此去表示当下发生的事情，仅仅是对已经发生的一系列事情的重复，因此，它完全是被命运决定的。自然地，既然我们的生命中现在发生的事情和过去发生的事情不是连续的，那么，我们不可能记得当时 211
做过什么选择，也就是说，我们仍然必须进行选择。[①] 即使根据永恒复归的思想去生活意味着我不记得我的人生之前发生的特定的事情，它也意味着，不管其特定的内容如何，我的生命历程是被决定的。对这个要求我们顺从命令式要求的总体情况的意识，在我眼里就足以损害选择的重要性了。[②]

索尔没有把这些异议作为理由去怀疑他提出的观点是否是对尼采思想的正确诠释，而是作为拒斥尼采观点的理由，因为他认为自己的诠释足以代表尼采的观点。不过，最起码来讲，如果有一些限制的话，我有两个理由来怀疑尼采会认同索尔归给他的观点。

首先，认为尼采正好被索尔所揭示出来的方式所困扰，这是令

---

① Magus(1978)打算这样来绕开这个困难："没有关于先前状态的记忆，我可以自由选择自己的命运"(第 157 页)。

② 如果我相信我将选择什么已经被决定，对任何给定的选择的关注和深思熟虑都是毫无意义的。一个简单的类比有助于我们去理解这点。假设将我们的命运比作一个无所不能、无所不知的上帝，他能确保世界按照只有他知道的顺序不断重复自己。如果我们思考的选择，实际上如果我们对这个选择的思考，不符合这个顺序，他会证实我们既没有做出这样的选择，也没有做出这样的思考。设想我们如木偶一般被这样一个上帝所操纵，这将会剥夺我们任何选择的意义，即使我们不知道这位上帝为我们预备了怎样特别的未来。

人怀疑的。我在前面提过，卢克莱修是主张永恒复归学说的一个变体的古代哲学家之一。事实证明，卢克莱修自己在有关永恒复归思想的探讨中，已经意料到索尔主要的反对意见。① 既然尼采熟知卢克莱修的著作，他可能已经意识到会有这样的反对，所以不太可能会认同索尔归给他的那些反对他的意见。此外，索尔也没有说明，根据他归给尼采的观点，为什么我们要认真对待我们的所有选择，或者为什么至少要比我们不考虑永恒复归的前景时更加认真。换言之，做出选择时，为什么首先要考虑永恒复归的前景？而且，我为什么不能纵容自己去做一些有欠考虑的、仓促的决定呢？

事实证明，内哈马斯（Nehamas）和克拉克（Clark）都受益于索尔的诠释，但是他们也意识到这个诠释所面对的困难。内哈马斯的解释通过归给尼采一种形而上的观点而致力于解决其中的第二个困难，这种观点解释了为什么我们所做的每一个选择，不管多么微不足道，对于我们肯定生命的可能性而言，都具有不可忽视的影响。克拉克的建议明显是有意去解决第一个困难，他认为如果我们对永恒复归这个概念适宜地采取一种非现实的解释，希望我的生命永恒复归的愿望的自洽性问题也就消失了。

4. 永恒复归和自我

内哈马斯（1985）承认困扰着宇宙论解释的困难，转而认为“永
212 恒复归不是有关世界的理论，而是关于自我的观点”。② 在他看
来，永恒复归的概念旨在凸显出有关某个自我（或某个生命）的同一性的重要事情，而这些事情可以对肯定其独特的困难作出说明。特别是，尼采仅仅认可一种条件陈述，这个条件陈述的前件是这样

① Lucretius（1975），第 88 页；DRN III，第 885 页及以下几页。

② Nehamas（1985），第 151 页。

的宇宙论学说:“如果生命将会复归,那么它只能以完全相同的方式重来”。[1] 因此,“如果我们将会有另外一次生命,如果它在根本上就是**我们的**生命,那么它必然会与我们已经有过的生命完全一致。”[2]这个条件性的断言意味着与我或我的生命相关的每一件事情,对于它的何所是,同样都是必不可少的。注意!这个推论只依赖于条件的真理,而条件的真理本身又是独立于真相,甚至是独立于它的前提可能具有的真实性的。

内哈马斯也承认永恒复归的思想意在为某个实践的目的服务:愿意重复我的生命证实了我对它的肯定。不过,他把这种肯定以纯形式的方式,设想为认同或没有遗憾。我意愿重复我的人生,仅仅是这样一种纯形式的表示:它没有辜负我的期望,不管这些期望碰巧是什么。他的建议直接聚焦于被肯定生命的某些独特的形而上的特征,而且它首先旨在解释尼采所作的一个与肯定生命有关的、引人注目的宣称:“啊,我的朋友,你们曾对一种快乐表示过肯定吗?啊,我的朋友,那么你们也就是对所有痛苦表示肯定。万物相互联结、串联、相爱;如果你们想要一件事情再次出现,如果你曾经说:‘幸福,你令我喜欢!瞬间,请停留一下!’那么,你就是想要一切都重来!”(Z,Ⅳ19[10])。像内哈马斯那样来阅读的话,这段话表述了肯定生命的其中一方面就是承诺要肯定它的全部。于是,他进而展示这个宣称是以某种自我的概念为先决条件的,永恒复归思想旨在把这个概念凸显出来。

表面看来,这个与自我相关的观点是内哈马斯归给尼采的,一种非常普遍的形而上的观点中的一个例子,它认为“严格来讲,所有的属性对它们的主体而言都同样是本质的”。[3] 为了便于参考,

---

① Nehamas(1985),第153页。

② 同上,第157页。

③ 同上,第155页。

我将这种观点称之为**本质平等主义**（essentialist egalitarianism）。在自我这个特别的事例中，这种观点认为我的自我的每一个方面对自我认同而言同样都是本质性的。本质主义的平等主义不允许在评价我的生活时使用一种常见的（而且诱人的）策略。我不可能基于某一方面对我的生命不是本质性的，就丢弃生命中的这个我不喜欢的方面（而即使没有那个方面，我依然是**我**，我的人生还是我的**人生**。）

213 如此严厉的要求似乎让肯定生命成了遥不可及的理想，原因很简单，人生的诸多方面都在我的控制之外，而且如果我对那些方面的其中一面没有控制好而带来了遗憾，那么我就不能够肯定我的人生。例如，对此，尼采指出了我过去的不可改变的本质："对于已经过去的无能为力，对于所有过去的，他是一个愤怒的旁观者。意志无法意愿返回，它不能打破时间和时间的贪婪，这就是意志最孤独的忧郁。……把一切'它曾是'改造成一种，我曾经如此意愿它——只有这，我才称为救赎。……一切'它曾是'都是一个残片，一个谜团，一种可怕的偶然性——直到创造性的意志对它说：'但我曾经如此意愿它！'直到创造性的意志对它说'但我曾经如此意愿它！而我还将如此意愿它'"（Z，Ⅱ20）。[①]

如此去度过我的人生，以致最终能够认可它的每一个方面，这样的劝告似乎是无理的，如果这些方面中的一些是被环境强加于我的。我怎么可能"意愿过去"，也就是说，意愿我人生中的那些过去的、无可挽回地超出我能力范围的那些方面。为了规避这个困难，尼采在某件事情和它的意义之间作了一个关键的区分：虽然人生中的很多事情可以摆脱我的掌控，但它们的意义仍然还在可控的范围之内。这样的掌控反而是可能的，因为一件事情的意义在本质上取决于它与其他事情的关系，因此，当这些关系改变了，它

---

① 译注：译文参考尼采，《查拉图斯特拉如是说》，孙周兴译，第222—224页。

的意义也相应地得到调整。

鉴于人的一生中没有哪一方面脱离了它与其他方面的关系之后，就其本身而言具有决定性的意义，所以这个区分有其合理性。一个特定事件在这个生命的背景中呈现出一定的重要性，有可能在另一个生命的背景中相对地是无关紧要的。随着人生的发展，生命历程中的某个事件的意义可能会发生变化，并且该事件被置于其中的背景也相应地改变了。我将这种观点称之为规范的情境主义（normative contextualism）。[1]

---

① 严格来讲，Nehamas（1985）为这种情境主义提供了一个不同的论证。简单地说，Nehamas 的情境主义不是我在此诉诸的规范的情景主义（或关于意义的情景主义），而是一种描述的情境主义（或关于本质的情景主义）。他认为尼采通过断言“一个事物就是其效果总和”的方式，委身于这种描述的情景主义（第 159 页）。这种断言是一种关系主义：一个事物的所有属性必然是关系性的，既然它们被认为是对其他事物产生的“影响”。这种关系主义表明，事物的同一性就是它与其他事物的关系的作用。这反过来表明一个事物的价值取决于它与其他事物的关系。想想看，如果我人生的某方面是好的，这必然是由于其自然的属性。如果这些属性本质上是关系性的，那么我人生这一方面的价值无非就是它与其他事物的关系的作用。比如，如果一个事物由于高而是好的，而且他之所以高是因为与其他较矮的事物相比较，那么这个事物的价值就是由它与那个较矮事物的关系决定的。（Nehamas 还认为，对尼采而言，这种关系主义是普遍存在的：一个事物发生变化意味着所有东西都会跟着变化。因此，一个事物的价值取决于它与其他一切东西的关系。）

毫无疑问，尼采确实考虑过这种关系主义。至于他是否赞同它，则不太清楚。一则这个讨论主要局限于未出版的笔记，二则它的连贯性是有问题的。根据这种观点，事物的所有属性都是它对其他事物的“影响”。这显然意味着它对其他事物的影响构成了那个事物的属性。换言之，不是凭借它的属性，那个事物能够影响其他事物，而是由于它对其他事物有所影响，因而它才有属性。这种观念似乎是令人困惑的。肯定是凭借它的属性，一个事物才能影响其他事物，而不是由于它对其他事物有影响它才有属性。鉴于这种关系主义让人难以置信，我试图在脱离它的情况下来重新解释 Nehamas 立场的要点。

关系主义对那些对尼采形而上学感兴趣的人来说仍然比较流行（例如，Poellner［1995］，Richardson［1996］），但关于它，我不知道有什么令人信服的说法，因为基本的问题依然没有得到解答。比如，Richardson 只是提到“高”是一种典型的关系型的属性。这引发了两个重要的问题。其一，这表明就某个属性可能是关系型的而言，会存在一些潜在的困惑。一方面，如果属性只能由二位谓词来 （转下页注）

如果现在回到尼采所举的例子,我们会看到,虽然我的过去不能被撤销,但它的意义仍然是待定的,正是因为这取决于它与我的未来的关系。比如,我不能改变在一次考试中,曾经得到令人失望的成绩的事实,但这件事的意义依然是未定的。它是一次令人感到遗憾的失败,还是一次让人缅怀的品格养成的经历,取决于那个过去与某个未来的关系。既然未来是未定的,过去的意义也同样如此:“我教他们……把人类身上的碎片、谜团和可怕的偶然,创作
214 并组合为一体,作为创造者、解谜者、偶然性的救赎者,我教他们创造未来,并且通过创造来救赎一切曾存在的东西”(Z,Ⅲ 12)。

尼采把这个为了改变过去的意义而塑造未来的过程叫作“救赎”。内哈马斯的讨论提出了——只是含蓄地——两种可能的救赎模式。根据第一种模式,我们必须达到某个未来,如此,它才会证明这个特定的过去是有意义的。在这种情况下,过去对那个起救赎作用的未来必须是怎么样的,施加了实质性的影响。尼采有时提到的“非常的瞬间”,必须与其打算救赎的可悲的事件相契合。比如,我可以用我个人的痛苦作为激励,去写一本有关于人类生存的重负的、有思想深度的书。写这样一本书将会给那些痛苦一个适合它们的、证明它们有价值的理由。

对这种救赎模式,人们很容易会采取一种工具主义的观点。写一本有思想深度的关于生存重负的书将会有内在的价值,而痛

(接上页注)表示,那么它就是关系型的(例如,“是……的儿子”,“比……更高”)。另一方面,某个属性是关系型的,不是因为它只能通过二位谓词来表达,而是因为它对某个事物的归属需要把它与其他事物关联起来(例如,“高”属于关系型不是因为它是一个二位谓词,而是因为它对某物的归属需要把它与其他事物关联起来,这是为了度量或比较的目的——由于这个原因,我们可能倾向于说高是一种关系型的属性。)另外一个问题是,即使可以轻而易举把高设想为一种关系型的(或相对的)属性,“树状”(treeness)如何才能是关系型的属性,就没有那么清楚。在我最近的一本回顾尼采的形而上学的著作中(2001),我讨论了关系主义及其他的一些困难。

苦作为写这本书的可能性的必要条件，在衍生的意义上具有价值。不过，内哈马斯归给了尼采一种救赎的情境主义观点。根据情境主义，没有任何事情内在地就是好的，任何事情的价值都取决于它与其他事情的关系。因此，在我考虑的那个例子中，我可能不会认为写作具有内在价值，因为它是被用来救赎激发起它的痛苦的。毋宁说，写作的特定意义**取决于**痛苦的存在。或许，写作，更不用说关于人类生存重负的写作，对于没有经受过相应痛苦的人来说，可能并没有这样的意义。总而言之，痛苦和写作两者都从它们的相互关联那里获得意义：切断这样的关系，每一个都失去了那种意义。

根据第二种救赎模式，为了救赎它，未来与过去不需要有决定性的联系。它尤其不需要专门去救赎某些特定的让人遗憾的过去，但是必须去创造出这样的情境，在此，那特定的过去变得没有意义。比如，一些对小孩来说具有重大意义的经历和事件，相对而言，在成年人那里就会逐渐变得没什么意义。

总之，内哈马斯关于永恒复归的论述依赖于两个独特的观点。本质平等主义宣称人生（或自我）的每一个方面对之来说都同样地是必不可少的。它意味着，在对我的人生进行评价时，不能将其中 215
的任何一方面作为非本质的而排除在外。规范的情境主义认为，人生中某些方面的意义至少是由另外一些方面形成的情境所决定的。把以上两种观点结合起来，可以得出这样的观点：我人生的任何一部分的意义所被决定的情境，必须包括它的每一部分在内。

内哈马斯采用这两种观点，是为了对我先前提到的尼采关于肯定生命的引人注目的宣称作出解释（Z，Ⅳ19[10]）。肯定我人生的一个方面，就等于肯定我人生的全部，因为那个特定方面的意义是被它与由人生的所有其他方面决定的情境的关系所决定的。因而，反对这个情境的一部分，将必然会改变被肯定的那个方面的意义，甚至可能会使它不再值得肯定。

根据内哈马斯的阐述，永恒复归学说应该是用来解释：为什么肯定是一种要么全部，要么什么也不的事情——为什么不肯定人生的**每一部分**，我就不能肯定人生。通过支持本质平等主义，这一学说提供了符合要求的解释。正是平等主义使得肯定生命成了如此高要求的一个理想，因为它意味着人生的任何一个方面，不管是多么微不足道的，都没有超出它的评价范围。然而，本质平等主义不要求对我的价值进行重估，而仅仅是对它们的实现施加了更加严厉的要求。尽管有它的吸引力，这个让人心痒的解释并不是没有它的问题。在此，我会提到两个问题，稍后再回到价值重估的话题。

第一，乍看之下，内哈马斯归给尼采的规范的情境主义，具有不可否认的合理性。这似乎是真实的：一个特定的事件，在这个人的人生背景中具有一定的决定性意义，在另一个人的人生背景中，则会呈现出非常不同的意义。然而，用来解释这个看法所需要的全部，是一种**适度的**情境主义。根据这种情境主义，我人生中的某个方面的决定性意义，取决于它与**某些**其他方面的关系。不过，尼采的本质平等主义似乎将其置于一种更加**激进的**情境主义之中。根据这种情境主义，我人生的某个方面的意义取决于它与我人生**所有**其他方面的关系。激进的情境主义更不合理：头上少一根头发，这肯定对我人生所有其他方面的意义没有什么影响。

虽然尼采的一些构想的确好像使肯定成为一种要么全部，要
216 么什么也不的事情（GS 341；Z，Ⅲ 13），或许，可以合理地将其看作是对某个不同观点的夸张表述。对此，对内哈马斯的解释具有核心作用的那段话就是一个恰当的例子。这段话很明显是用非常强的结论来结尾的，也就是说，欢迎某个人的生命的永恒复归是“想要**全部**的回返”。但是，它是以甚至能够对“悲痛”也作出肯定的特殊强调作为开头和结尾的：“你们曾对一种快乐表示过肯定吗？啊，我的朋友，那么你们也就是对所有痛苦表示肯定。……而且，

对于痛苦，你们也说：去吧，但要回来！”（Z，Ⅳ19[10]）。这就要求我们换一种理解：尼采可能被认为是在提议，我人生的**每一个**方面，在对生命的肯定所发挥的作用上，不如**甚至还会让人悲痛**的那些方面那么重要。换句话说，我只要还不能去肯定生活中甚至还会让人悲痛的那些方面，我就没有真正地肯定生命，肯定生命的首要挑战，因而是决定如何去肯定生命中的这些方面。

第二，内哈马斯的方案还被一个特别明显的问题所困扰。本质平等主义解释了（相同者的）复归的思想，但它没有解释复归为什么也必须是**永恒的**。对这个方案而言，最重要的是想到这样一种情境，在其中，我的人生将会复归——即使只有**一次**——但仍然是我的人生。不过，在尼采看来，复归的永恒对人生是基本的。因此，我们需要对它作出另外一种解释。

5. 永恒复归和对生命的评价

莫迪玛丽·克拉克（Maudemarie Clark）的提议意在解决索尔提出来的连贯性的主要问题。记住，这个问题是我人生的永恒复归的前景可能影响不了我，使我做出选择时更加认真，因为复归的人生在相对的意义上来讲不是**我的**。她认为如果我们不再现实地解释永恒复归的讨论，并且允许我们“非现实地”去解释它，这个问题就解决了。① 根据这个提议，尼采是要我们去把永恒复归（非现实地）想象成与我们当下的生活是联结在一起的。永恒复归的试验可以通过与一个我们经常问自己的非常普通的问题相类比，而得到理解。当我们评价过去的事件时，会这样问：你愿意再次经历它吗？（比如，我还会再一次和这个人结婚吗？）对这问题的恰当回答，大概取决于我现在对之有所了解，而在那时并不了解的情况，这种情况被现实地理解永恒复归的方式排除了。对这个问题的回答，由于取决于有关我的人生过得怎样的当下的知识，就体现了我 217

① Clark(1990)，第266—270页。

是如何看待它的。这个试验的可靠性明显不会因为它缺乏现实性而有所减损。事实上,如果通过对它的连贯性进行吹毛求疵来回应这个问题,我正好可以因此而被认为是在规避这个话题(而且或许还会倾向于否定地回答这个问题)。因此,对永恒复归的非现实的诠释似乎给肯定提供了一个很好的试验。

由于永恒复归的思想在此是被提出来描述肯定生命意味着什么的,而不是用来表示如何肯定生命的某个独特性质的,这个建议很具有直觉上的吸引力,而且它无疑也是一个实践的解释。按照意愿重新再去经历生活来描述何为肯定生命,有不可否认的合理性。不过,如果接受这种描述而没有进一步限定的话,我们仍旧是在将肯定生命视为一个纯形式的理想:去实现它就行,不需要重新评价我的价值和抱负,只需要确认我碰巧拥有的那些价值在我的人生中得到了充分实现,没有留下任何遗憾就行。对永恒复归在肯定生命的作用中所扮演的角色,进行纯形式的解释,让人怀疑这是否偏离了尼采哲学的意图。尤其,这种解释是无法完成尼采分派给它的拣选功能的。

尼采将永恒复归视为这样"一个学说……强大到可以作为培育者发挥作用,增加强者的力量,对厌世者是恐怖的和具有毁灭性的"(WP 862;参见 462)。厌世者大概是这样一些人,"尘世的"生活让他们感到失望和幻灭,他们是如此的失望,可能是因为他们的理想和价值没有得到实现。他们认为我们在此世的生活是一个"错误"(GM,Ⅲ 11),或是一种"疾病"(GS 340),是某种我们有理由去谴责的东西。永恒复归的思想应该会让那些如此谴责生命的人陷入绝望,瘫痪无力。

让我们考虑一下基督教这个有代表性的例子,问一问像克拉克所建议我们理解的那种永恒复归的前景,能否(或怎样)把一个基督徒抛入绝望的境地。那么,设想一个基督徒遭遇了恶魔的挑战,在确定对人生感觉怎样的过程中,他大概不仅会把在此世生活的短暂片段纳入考虑，而且也会考虑到另一个世界里等待着他的无限欢悦。克拉克曾经提出这样一个问题：我是否愿意再一次与自己的配偶结婚。如果用同样的方式来分析基督所面临的挑战，那么，我们不清楚他是否会陷入绝望。要有效地回答他是否会愿 218
意再次经历自己的人生这个问题，基督徒不需要把尘世生活的悲惨的永恒复归的前景看成真实的，甚至也不需要看成可能的。就像当被问及我是否还会再次与我的配偶结婚时，我必定相信自己实际上有这样做的选择。我只需要对自己的人生作一个总体评价，就好像它已经完全展开。同样，基督徒也只需要评价一下这样的人生：至少在最好的情况下，它包括短暂的痛苦和永恒的幸福。很明显，这样进行的时候，我们不清楚他会不会、该不该对自己的人生感到遗憾。①

部分地是为了应对这个困难，克拉克也为永恒复归提供了一个不同的、理论性的解释。这个概念不再仅仅是用来描述肯定的性质的，它现在描述了被肯定的生命的一个特性。与西西弗斯的

---

① 一方面，天堂里的无限幸福应该会让今生的有限痛苦显得微不足道。另一方面，有人甚至会认为，天堂里生命的价值，在背景上取决于它与今世的我们的人生的关系。因此，如果基督徒为欢迎天堂幸福的重现做好了准备，那么，他还必须准备好迎接赋予这种幸福以意义的背景。

面对恶魔的挑战，Nehamas(1985)认为基督徒的反应必然是绝望，因为他假定这个挑战实际上会阻止基督徒把天堂里另一种生活的前景纳入考虑(第 157 页)。这个假设反过来又是建立在基督徒的另一种人生是“另一种”人生的某种解释之上。究其本质而言，基督徒的另一种人生的想法相当于重新度过我现在的人生的想法，只是没有它所经历的痛苦和罪恶。但是，根据尼采关于自我的观点，这种看法是行不通的，因为经历了那些变化的人生不可能仍然还是我的人生。这种解释的问题很明显：基督徒没有把“另一种人生”看作“今生”的重现，而是看作它的“连续”，只是没有它所经历的痛苦和罪恶。有些变化是发生了(比如，一些身体上的特征改变和不见了)，但灵魂的不死保证了连续性。实际上，至少在一些版本的基督教学说那里，连续性是神圣正义的理念所要求的：诅咒还是幸福，会有什么样的永恒的生命取决于我们今生的功与过。功与过的概念只有在这个假设的基础之上才适用：我们今生的自我与来世的自我之间具有连续性。

生活非常相似,我们的存在是日复一日地重复同样的活动。人类的历史就是不断地重复它本身。[①] 如果生命具有这样的特性,基督徒拥有无尽幸福的希望就破灭了。因为这种重复的可能性使得人生没有哪一部分能够是无限的。加上这个额外的特性,恶魔所提出的挑战现在要求这个基督徒去想象,不管他们在天堂里可以获得什么样的幸福,都将被对尘世悲惨生活的周期性回归所打断,这个前景对他而言恐怕是难以忍受的。

如果我们把它的实践方面和理论方面结合起来,克拉克的建议确实表明,如果我们不重新评估至少我们的某些价值观,就不可能欢迎永恒复归的前景——一种由无休止地重复同样的活动组成的生活。比如,如果我们紧紧抓住基督徒对"最终的平静"的渴望不放,我们将不能肯定生命,因为它包括"战争与和平的永恒复归"(GS 285)。与洛维特不同,她承认这种相关的价值重估不仅包括旧价值的贬损,也包括新价值的创造。不过,她关于价值重估的动机和本质的观点需要进行重要的限定。因此,我要转向尼采关于永恒复归与价值重估之间关系的设想。

三、永恒复归和价值重估

1. 价值重估的必要性

尼采明确宣称,根据永恒复归的方式去生活需要对价值进行

---

① 也许是为了与她的"非现实性的"阅读相一致,克拉克认为永恒复归是一种历史内部的现象。这是叔本华对它的解释:真正的历史哲学因而包含这样的洞见,尽管有这些无休无止的变化、混乱和困惑,然而,我们面对的还是一样的、同一的、不变的本质,今天的它就像昨天一样表现自己,而且永远都是如此(WWR,II,第三十八章,第444页)。尼采有时似乎也是这样来理解它的,虽然不是在他的深思熟虑的已出版的著作中(例如,WP 55)。注意,除了这个理论版的永恒复归之外,叔本华还预料到了我所说的实践的版本。因此,他这样描述肯定生存意志的人:尽管经过了冷静的思考,他还是希望自己迄今为止所经历的生命历程能够无限持续下去并不断重来。

重估:“忍受它的方式:重估一切价值。对确定性不再感到快乐,而 219
对非确定性感到快乐;不再束缚于因果关系,而是不断地创造;不再意愿保存,而是意愿权力……”(WP 1059)。在此,不清楚尼采用“忍受”永恒复归的思想来意指什么,但假定它至少是表示能够按照这个思想去生活是没什么问题的。而要按照这个思想去生活,人们需要对价值进行重估,这种重估特别是包括实现“摆脱道德的自由”,并重新评价人类生存中的“痛苦”和“不确定性”的意义(WP 1060)

洛维特对永恒轮回的诠释表明,有必要对价值进行有条件的重估。在他看来,永恒复归的思想旨在引致一种顺从的状态。然而,要达到这样一种状态,我不需要“新”价值,只需要放弃那些“旧”价值。故而,要求对价值进行重估实际上是对它们的舍弃,对它们无法获得实现的确信促使我们做了这样的舍弃。在我们看来,这与尼采所说的价值重估相差甚远。

索尔和内哈马斯对永恒复归的诠释没有对价值重估的必要性提供清晰的论述。根据索尔考虑的方案,这个学说是认真对待我所有选择的一个恳求。这根本就不要求我重估自己的价值,只是要求我不要让自己的任何一个选择超出它们的运用范围。内哈马斯认为做到永恒复归思想的要求,就是要对人生没有遗憾,并且认为生命是“正当的”:“只有当整个的它都被接受,生命才是正当的。这种正当性的标记是永远地想要重复这一模一样的人生,对这个世界的所有其他事情也是如此意愿的。这意味着我们在那样的人生和世界中不需要任何不同于它们的东西。”[①]这种观点认为,永恒复归是一种策略,尼采用之来揭示人生中每一个方面(实际上还有整个世界的每一方面),对我的人生而言,都同样是不可或缺的。肯定它的任何一个方面因而就是肯定它的方方面面。如果不对整

① Nehamas(1985),第159页。

个人生感到幸福,我就不能对人生的某一部分感到幸福。不过,这只是说明了肯定生命是多么的困难,没有(或者,没有必然地)显示我需要采纳新的价值。确实,在内哈马斯看来,对人生的充分肯定也是对"它的最可恶的和最可怕的那些细节的肯定"。不过,对它们的肯定不要求我放弃那些标准,正是根据这些标准我才发现了它们的可恶和可怕,只是要求我设法去"救赎"它们,比如,通过创
220 造一个情境,在那里,它们就不再可恶和可怕。因此,即使这种救赎要求我对人生中可恶和可怕的细节重新进行评价,也没有要求对我的价值本身进行重估。①

克拉克的诠释相比之前的有一个突出的优点,因为它展示了如何按照永恒复归思想的要求去生活,需要对价值进行重估。但是,尚待解决的一些问题还是让她的关于价值重估的动机和性质的观点存在瑕疵。首先考虑动机的问题。在她看来,肯定生命似乎依然是一个纯形式的理想,价值重估的必然性是由于生命的本性,而不是由于肯定本身的性质。肯定生命只是要求对它没有遗憾,从而愿意一次又一次重新去经历它。要没有遗憾,我必须确保自己的价值在可能的最大程度上得到了实现。只有当这个世界本质上对我抱有的价值的实现不友善的时候(就如当它们是否定生命的价值时),对生命的肯定才要求重估这些价值。这种有关价值

---

① 值得注意的是,情景主义在此主要是关于意义的观点。我们可能倾向于把意义等同于价值。这样一来,一件事的好与坏就取决于它发生的情景。不过,我认为保留这个区别更合理:情景会影响一件事的意义,但未必会影响其价值。比如,一件事可能是坏的,但也是无关紧要的。因此,当我还是无助的孩子时,割破自己手指这件事既是坏的,也是有意义的。然而,当我成为一个自立自足的成年人时,这件事仍然是坏的,但几乎不再有什么意义。仅仅因为情景变了,就说它在后面一种情况下不再是坏的,这种说法既无必要,也让人听着不舒服。因此,不是某件事情的价值,而是它的意义决定了它的得到肯定的价值(worthiness)。注意,一种常见的解释是,基督教的救赎观念表明了价值和意义的区别。坏事(比如,罪恶)需要救赎,而救赎并不能把它们变成好事,但却改变了它们的意义。

重估的动机的看法有点怪异。比如，注意！如果进行这种价值重估的动机是世界对它们的实现不友善，那么价值重估看起来好像是一种逆适应：如果得不到你在意的，那就珍惜你拥有的。价值重估于是类似于尼采在其他地方描述（GM，Ⅰ）的，被怨恨所激发起来的那种。用怨恨这种说法，表明尼采对此等方式的价值重估不会认同。此外，对肯定的理想进行纯形式的诠释，应该注意到，这很难解释尼采赋予它的新意和重要性。劝告人们要好好生活，对之不要有任何遗憾，这有什么新意和可争议的呢？如果实际上这就是尼采忠告的全部，为什么这样做的时候，要使用像永恒复归这样一种可能会令人困惑不已的学说呢？

克拉克对价值重估（这种重估是按照永恒复归的方式去生活所需要的）性质的诠释也需要补充和发展。正如她所看到的，思考永恒复归前景的个人“不能想象他的目标实际上已经达到。不管他取得了什么，将来都会以未完成的方式出现，为此，他还需要重新去做一遍”。[①] 因此，那些仅仅把生命看作达到某个目标的个人，对永恒复归的前景将会感到绝望，因为这意味着他的目标决不会一劳永逸地达成。与此不同的是，对于看重追求某个目标的活动的个人——他将会“快乐地一再从事同样的活动，即使他对目标的最终达到不抱任何幻想”。——由于它许诺这样的活动将会无 221
限制地重复，永恒复归的前景成了快乐之源。例如，如果西西弗斯肯定他的生命，他应该看重的就是把石头推上山的活动，而不是把石头竖立在山顶的目标。

以上诠释令人生疑。因为即使被解释为一种经历和活动的无止境重复，永恒复归也不会妨碍克拉克似乎建议的那种目标的实现。它只是排除了某些目标的实现，也就是那些具有永久状态的目标（具有代表性的，如基督教的永生）。例如，在永恒复归的观念

---

① Clark(1990)，第 272 页。

中，没有什么会让我的如下梦想不能实现：至少有一次完美地弹奏了一首奏鸣曲。甚至西西弗斯也能设法把石头推上山顶——他只是不能让它永久停放在那里。

2. 重塑永恒复归

一些尼采的永恒复归学说的诠释者相信，该学说旨在排除“另一个世界”里的“另一种生活”的想法。正是因为要表达这个意图，这个学说才以一种怪异的形式呈现出来。例如，亚瑟·丹托（Arthur Danto）宣称：“但是，尼采似乎觉得，那个学说确实剔除了另一种和不同类的生活的可能性。”[①]内哈马斯似乎也认同这一点，当他强调永恒复归学说意味着“这个人生和这个世界乃是存在着的唯一人生和唯一世界”。[②]

尼采将永恒复归视为对永生的基督教学说的拒斥，这是有重要证据的。因此，他把《查拉图斯特拉如是说》看作想必是能够取代基督教学说的“第五福音”，在该书中，永恒复归学说扮演了主要角色。该书的核心劝诫是保持“对大地的忠诚”：“我恳求你们，我的兄弟们，忠实于大地吧，不要相信那些对你们高谈超尘世希望的人！……现在，最可怕的亵渎就是对大地的亵渎，就是对于玄妙莫测之物的内脏的敬重，高于对大地意义的敬重”（Z，序言 3）。[③]

我们首先应该注意到，永恒复归的思想不仅仅是剔除了“另一种和不同类的生活的可能性”，而且特别是剔除了永生的思想。看
222 到这点，足以让我们注意到永恒复归的两个特征，即永恒的事实和循环的事实。从生命是永恒的事实这里，我们首先能学到什么？容易被忽视的永恒的一个特征是这样一个情况：如果我们的生命是永恒的，它也是我们拥有的唯一生命：不可能有另外一个生命在

① Danto（1973），第 321 页。

② Nehamas（1985），第 157 页。

③ 译注：译文参见尼采，《查拉图斯特拉如是说》，孙周兴译，第 10—11 页。

它之后。因此，根据永恒复归的思想去生活，就意味着生活在我们只有一个生命的假定之下。

要求去沉思我们人生的永恒复归的前景时候，实际上，恶魔也是在要求我将其看作是有限的。复归的学说期望我们将生命看作是一个不断旋转的圆环上的一个片段，至少从直观上来讲，该圆环如果要旋转起来，它本身必须是一个有限的圆环。（WP 1066）。生命向来不会重来，如果这个圆环是无限的：它只会永远地旋转下去。如果我们像尼采一样将这两方面结合起来，那么就会得出这样一个结论：永恒复归表达了我们唯一的生命、也是有限的生命这一思想。很好理解，那些渴望永生的人将会被这样的前景拽入绝望之境："万物生成和永远重来——不可能逃避——……复归的思想是拣选的原则"（WP 1058）。与此相反，"不再更热切地追求"比我们生命的永恒复归更多的东西，我们将会欢迎它的有限性。例如，这是下面这段源自《查拉图斯特拉如是说》的话的清晰含义："在大地上生活是值得的；与查拉图斯特拉在一起的一天，一个节日，教会我要热爱这大地。'这就是生命吗？'我要对死亡说。'那好吧，再来一次'"（Z，Ⅳ 19）。[①] 这段话清楚地表明，意愿尘世生活的永恒复归就是欢迎它的有限性，因为它承认和肯定死亡是不可避免的。

虽然它为永恒复归的观念提供了有用的洞见，上面的分析还是不能令人满意。一方面，如果承认有限性就是尼采全部的心思，求助于晦涩的永恒复归思想，将会显得多此一举，并令人感到迷惑。为什么不是奉劝我们好好生活，欢迎人生的有限性就行？此外，这个分析只将这个学说看作有关我们的存在的理论观点：如果我们的生命事实上处在一个永恒复归的循环中，那么，对我们而言，就不会有其他任何存在。我相信我们应该对这个学说从实践

---

① 译注：译文参见尼采，《查拉图斯特拉如是说》，孙周兴译，第 509 页。

的角度进行诠释,据此,它是被用来构想一个实践命令,并且明确指向了一个实质性的伦理理想。现在,我转向实践上的诠释,并思考如下问题:是什么样的理想激发了这个劝告——好好度过自己
223 的人生,以致能够欢迎它的永恒复归?

要提出这个解释,需要跨出最初的两步。第一步是重新考虑永恒的概念,因为它在基督教的永生理想中起作用。永恒的概念通常是根据无限来进行理解的:永恒的生命是永远不会结束的生命。与此相反,尼采的永恒复归的思想意在提醒我们,我们的人生在此世界是有限的。但是,永恒的概念可能还有另外一种意思:永恒被理解为**持久**(它意味着无限地持续下去的意思,但不一定会有这样的意味)。某件事是永恒的,是由它逃离了暂时的秩序,也即是"变化"和"生成"的秩序。反对对永生的渴望——这种渴望是基督教的特征,但自柏拉图以来的一些伟大的哲学家也有这种渴望——尼采事实上是在反对他们对持久性或"存在"的评价,反对他们相应地对"生成"进行的贬损:"死亡、变化、衰老以及生殖和生长,对他们来说都是异议——甚至是反驳。存在的不生成,生成的不存在……如今,他们全都相信——甚至到了绝望的地步——存在者。"(TI,Ⅲ 1;参见 GM,Ⅲ 28)

我对永恒复归的实践方面的解释的第二步是重新考虑它的伦理意义。肯定生命,尼采告诉我们,是"**不再更加热切去追求**"比它的永恒复归更多的东西。而且,他认为,肯定和永恒的联结是从"快乐"那里找到的,其中,肯定大概是这样被表述的:"所有的快乐都想要永恒"(Z,Ⅳ 19)。[①] 的确,快乐是一种让人感到开心的状

① 被考夫曼(Kaufmann)译成"快乐"的德文词是"*lust*",但它也能被(而且实际上偶尔是被考夫曼自己)译为"愉快"。德文的"*lust*"事实上是模棱两可的。在出自《查拉图斯特拉如是说》的那个段落中,我保留了将其译为快乐的做法,因为我相信那个情景支持这种翻译。尤其是,虽然快乐肯定也是一种愉快,但我在这里讨论与永恒愿望的联系似乎是一种具有独特的现象学特征的快乐,而不是一般意义上的愉快。

态,但它不同于其他形式的愉快。例如,我们会说没有快乐的愉快。很难在快乐(joy)和愉快(pleasure)之间作出明确的区分,但从还留有遗憾的经历中,我似乎可以获得愉快,或许还是强烈的愉快,但却没有感到快乐。更进一步,我有可能不喜欢让我高兴的和从其中获得愉快的东西,但我仍然从它那里获得了乐趣。但是,不喜欢让我感到快乐的东西,或者不喜欢我的快乐本身,却依然感到快乐,这似乎是不可能的。然而,快乐不仅仅是从我喜欢的经历中得到的愉快。毋宁说,快乐要求的是(或感受)完美的经验,希望快乐瞬间的永恒,正好就是一种表达这种完美感受的方式。希望一个没有完全令人满意的,或还留下某些遗憾的瞬间的永恒,是不合理的。因为希望这样的永恒实际上就是宣告那个瞬间不应该再有什么改变。 224

引入永恒复归这么怪异的思想,相信尼采是期望我们在两种可以希望的永恒的方式之间作出区分:它可以作为持久(和无限的延续),或作为永恒的复归为我们所希望。对这个对比进行仔细考察,应该能够揭示出一些重要的与永恒复归这个概念相关的东西,也能够揭示出在规定肯定的理想时,它所发挥的作用。

对一个特别的幸福的瞬间,有时,我们确实会宣称自己希望它永远不会结束。一般而言,这种希望意在表达那个瞬间是多么完美,多么令人心满意足。我们不可能希望永远被困在一个留有些许遗憾的瞬间。然而,如果我们更加认真地审视,这样的希望通常还包括了深一层的、大部分尚未被我们认识的假定。第一,希望一个瞬间的永恒,主要是对它的独特和完美的性质进行的典型回应:它是**永久**满足之源,至少是一种不会被它的永久性改变和败坏的完美。希望一个满意持续下去,而这个满意按其本身的性质来讲不具有持久性,这没有任何意义。希望一个瞬间的永恒可能也表达了第二假定。它表明一个满意不是完美的——它仍然留下一些遗憾——只是由于欠缺永久性和受制于变化的影响。因此,在通常的情况下,希望一个瞬间的永恒通常已经附带了一点它迟早会结束的、令人遗憾的预感。

现在,与另外一个态度进行一下对比,这个态度可以这样表达:不是希望一个瞬间的永恒,而是希望它的永恒复归。使用永恒这种说法,在这里也意在表达那个瞬间多么完美,多么令人心满意足。希望一个不能令人完全满意、还留下一些遗憾的瞬间永恒地重复,这于理不通。关键的区别在于,就像我早先提到过的,希望那个瞬间永恒复归时,我承认这个瞬间的完美是短暂的。这反过来意味两件事。第一,意味着有这样的完美,存在时间的短暂无损于它。第二,更进一步,它表示有这样的完美,而短暂性对这种完美可能是本质性的。这些完美的性质就是如此,持久性反而会损害它们。因此,希望一个瞬间的永恒不但适合表达短暂的完美,而且还不适合表达其完美要求具有持久性的那种满足,因为重复必
225 然会中断它们的持久性。

什么样的完美能够是短暂的,而且它之所以完美,部分就是因为它的短暂性呢?记住,尼采用来反对永恒的短暂,通常表示属于时间秩序中的事物的特性,也就是"生成"的特性。采用生成这种说法,尼采想表示一种包含了变化在内的、暂时得到拓展的过程。劝告我们按照永恒复归的方式去生活,尼采就是在要求我们去承认某种实质性的价值,即"生成"的价值。人们不可能用希望生成永恒的方式来表达它的价值,因为没有人能够希望本质上包含了变化的持久性,而不自相矛盾。相反,人们可以没有矛盾地希望生成的永恒复归。

因此,按照永恒复归的方式生活,就要求对谴责生成的做法进行价值重估。如果我们问,什么样的价值会给生成的价值重估提供保证,尼采就会提供他的权力的伦理观。因为,生成是权力意志的一个基本特征,而创造性活动是权力意志具有代表性的表现:"创造——这是对于痛苦的大救赎,生命变得轻盈起来,但为了成

为创造者，本身就必须有痛苦和大量的变化。是的，你们这些创造者，在你们的生命中必有痛苦得多的死亡。从此，你们就是一切短暂性的代言人和辩护者”(Z，Ⅱ 2；参见，Ⅱ 12)。[①]

与此相反，基督教永生的理想认为持久性是完美的一个本质特征：“蔑视，憎恨所有会发生毁灭、变化、改变的东西——由此出现了对保持恒常的东西的估价？……只有存在才能保证幸福；变化和幸福互相排斥”(WP 585)。因此，那些皈依这个理想或相似理想的人，无法按照永恒复归去生活。他们无法肯定地回答这个问题：“你还想要它吗？还想无数次要它吗？”(GS 341)

我们应该弄清楚，尼采打算用永恒复归学说来反对基督教的永生理想的准确意义。重点主要不是放在生命的*持续性*上，无论它是有限的，还是无限的。事实上，就像我解释过的那样，想要永恒复归，与想要生命无限地持续下去的欲望是可以相容的。相应地，按照永恒复归生活，不一定要承认尘世的生活是有限的，而只是要肯定这件事情：生命是由临时的拓展和有限的过程所组成，或者说，本质上，它就是*生成*。基督教要求永生令人反感，不是因为 226
它渴望无限的生命，而是因为它渴望没有变化和生成的生命。信奉永恒复归学说所构建起来的肯定生命的理想，就会采纳这样的价值：在它那里，短暂性和生成是值得追求的。

按照永恒复归去生活是所有肯定形式中“最高的”的肯定形式。众所周知，如果我认为我的生命是完美的，没有什么遗憾留下，我就能按照永恒复归的方式去生活。这是一个标准极高的理想，想来很少有人可以达到。然而，如果它要*能够达到*，首先只有我持一种不否定生命的价值，因为如果我的生命是根据这样的价值来评价，它才肯定会留下遗憾。这就是为什么对这些价值的重估，正是有可能对生命进行肯定的条件。

---

① 译注：译文参见尼采，《查拉图斯特拉如是说》，孙周兴译，第132页。

就像尼采有时喜欢描述的那样，这个价值重估包含了对当下占主导地位的（基督教）道德“旧价值”的拒斥，以及他的权力伦理的（有些误导地被叫作）“新价值”对它们的取代。对永恒复归的探讨集中在生成的贬损上，不过是根据它与痛苦的关系，生成才被贬损（例如，它使任何**持久性**的满足落空）。对尼采而言，对痛苦的谴责才是虚无主义的规范核心。因此，他的“新价值”必然是这样：行为主体从它们的立场来进行评价的话，生命——在它那里痛苦是不可避免的——能够把自己看作是完美的，因为它没有留下任何遗憾。尼采对痛苦的价值重估必然会达成什么，他的权力的伦理观会让什么样的救赎成为可能，都被上面的看法施加了严格的限制。根据这些限制，以及这些限制在实践上的含义，价值重估形成
227 了他叫作悲剧或狄奥尼索斯式智慧的东西的实质。

第六章　狄奥尼索斯式的智慧

"人们理解我了吗？狄奥尼索斯反对被钉十字架者。——"

《瞧，这个人》，Ⅳ 9

在结束《瞧，这个人》这本作为他的智慧的遗嘱的书时，尼采发出了最后的、急切的、希望得到人们理解的恳求："人们理解我了吗？狄奥尼索斯反对被钉十字架者——"（EH，Ⅳ 9），狄奥尼索斯这个人物象征"肯定生命"，反之，"被钉十字架者"通常表示保罗主义的基督，代表"否定生命"："基督教……在最深层次的意义上是虚无主义的，反之，狄奥尼索斯的象征表示所能达到的肯定的极限。"（EH，Ⅲ，"悲剧的诞生"1）这些词语所处的策略性位置明确地表明尼采认为肯定生命是他的决定性的哲学成就。只有当我们懂得肯定生命是何意的时候，我们才真正"懂得"了他。

在下面的笔记中，他澄清和详细说明了狄奥尼索斯和被"钉十字架者"的不同：

狄奥尼索斯反对"被钉十字架者"：在这里，你看到了对立面。不是与他们的殉难方式有关的区别——区别在于他们殉

> 难的意义。生命本身,它的永恒的丰富性和再生能力,制造痛苦、摧毁,这是毁灭的意志。在其他的情形中,痛苦——“被钉十字架者是无辜的”——被看作是对生命的反对,被看作是对它进行谴责的公式。——人们将会看到,问题在于痛苦的意义:是基督教的意义,还是悲剧的意义。在前一种情形中,痛苦被看作是通往神圣生命的道路;在后一种情形中,生命被认为**足够神圣**,以致能够为其遭受的最大痛苦作辩护。悲剧人物甚至肯定最难忍受的痛苦:他足够强大,富有,并且能够神化痛苦。基督徒甚至否定大地上最欢乐的生活:“他十分虚弱,贫穷,被剥夺了对于生命中所遭遇的任何形式的痛苦的继承权。十字架上的上帝是对生命的诅咒,是寻求摆脱生命的
> 228 路标。”被撕成碎片的狄奥尼索斯是对生命的一种**许诺**:他将永久地重生,从毁灭中回来。(WP 1052)

狄奥尼索斯和“被钉十字架者”对比的意义,可以在他们之间相似的地方发现。二者本质上都是受难的神,他们的事迹都属于牺牲和复活这一类型。基本的区别在于他们受难的意义。基督教的观点认为痛苦是对生命的反对,因此它是否定生命的观点。与之相反,狄奥尼索斯的观点则认为痛苦是值得追求的,这使它成为一种肯定生命的观点。此外,尼采认为足够强大的力量是有可能进行肯定的一个条件,而对痛苦进行的否定生命的谴责,则是弱者的发明。在这一章,我打算详细地考察这两种观点——肯定和否定的对比,以及它们与力量和虚弱的关系。

一、痛苦和肯定生命

1. 痛苦的价值

在试图描述肯定生命的特征的过程中,尼采常常急切地想把

真正的肯定生命的态度与它的冒牌货区分开来:“在人类身上,我衡量伟大的公式是热爱命运,人们不想变更什么,将来不要,过去不要,永远也不要。不是单纯忍受必然,更不是对之进行隐瞒——在必然性面前,所有理想主义都是骗子——而是热爱它。”①(EH,Ⅱ10)。这段话把真正的肯定生命(“热爱”它)与人们可能会采纳的其他两种对待痛苦的态度进行了对比。这两种态度可以分别被称为顺从和隐瞒。顺从(resignation)是接受生命中我们对之哀叹的那些部分,但认识到它们是不可避免(例如,痛苦)。与此不同的是,隐瞒则表示对那些让人悲叹的部分的必然性进行掩饰的努力。隐瞒被认为是一种虚假的肯定形式,尼采描述了它的(至少)两种不同形式。

第一,我们可以通过理想主义来隐瞒痛苦:我们不是简单地忽视痛苦,而是将其下降为一种外观,或者一种没有实在性的“想法”:“只剩下一条出路:把这个生成的整个世界宣判为欺骗,并且去发明一个超越它的世界,一个真实的世界。”(WP 12)痛苦仅仅是一种幻想,通过适当的启蒙,我们就能获得解放。第二,我们可能会通过逆适应来隐瞒痛苦。这是那些被尼采称为“完全满足者 229
的”与众不同的策略:“真的,我也不喜欢这样一种人,他们把每个事物都叫作善的,甚至把这个世界叫作至善的世界。我把这种人称为普遍满足者。普遍满足,懂得如何品味一切,这不是最佳的口味……总是说‘是呀’——这是只有驴子以及驴子的精神才学得会的。”②(Z,Ⅲ 11;参见Ⅲ 10[2],Ⅳ 17)这些“普遍满足者”用存在隐瞒了痛苦的实在性,或是隐瞒了阻碍和挫折的实在性,仿佛存在一直都是非对抗的和容易适应的。他们从来不会失望或沮丧。因为

① 译注:译文参考尼采,《看哪这人》,张念东、凌素心译,中央编译出版社2010年,第61页。

② 译注:译文参见尼采,《查拉图斯特拉如是说》,孙周兴译,第三部分,第11节。

他们总能说服自己:得到的,就是他们想要的;得不到的,就是他们无论如何都不想要的。当宣称这种人格对“任何东西”都能品味,或者反过来说,相当于根本没有品味的时候,尼采暗指的就是这种无限的适应能力。

在顺从这种情形中,个人对自己的生命表示哀叹,即便是顺从了它的时候也是如此,因为他承认生命中的痛苦是无法避免的。与此相反,在普遍满足的情况下,个人看重他的生命,但只是因为他隐瞒了其中必然会有的痛苦。换言之,顺从和隐瞒依然取决于古老的、对痛苦的否定生命式的谴责。这清楚地表明,真正的肯定生命需要对痛苦进行重估:“哲学家能够达到的最高状态:与生命处于一种狄奥尼索斯式的关系中——对此,我的公式是热爱命运。作为这种状态的一部分,不仅要认识到迄今为止被否认的那些方面的存在的必要性,而且要认识到它们的可取性。此外,它们之所以可取,不仅仅是因为它们与迄今为止得到肯定的那些方面相关(或许是作为它们的补充或前提条件),而是因为它们自身的缘故。它们是生命的更加有力、更加丰富、更加真实的方面,生命正是通过它们得到了更加清晰的表现”(WP 1041)。在《瞧,这个人》作出的顺从和热爱的区别,在这里用不同的术语来表达就清楚了:前者是感知到迄今为止生命中被否定的那些方面的**必然性**,后者感知到它们的**可取性**。或许,生命中“迄今为止被否定”的那些方面包括了痛苦的必然性,但承认痛苦的必然性不够,人们还必须承认它的可取性。

尼采进而对两种痛苦被认为可取的方式进行了区分。它们之所以可取,要么是“在与迄今为止得到肯定的那些方面的关系中来衡量的(或许是作为它们的补充或前提条件)”,要么是“因为它们自身的缘故”。如果某个东西是某个善的不可避免的副产品或者
230 结果,那么大概它就是那个善的补充。如果某个东西是达到那个善的东西的手段和条件的话,那么这个东西是某个善的东西的“前

提条件”。如果我重视创造性，而且我认识到在当前的环境下，痛苦是达到它的必要补充和前提条件，那么我就必须重视它的价值。但是根据尼采的说法，这样做还没有达到对生命的肯定。我必须不只是有条件地重视痛苦，而是要“因为它们自身的缘故”。

与此相反，从权力伦理观的立场来看，对痛苦的价值重估说明它不仅仅是善（尼采的“新的幸福”）的补充或前提条件，而且它就是善的组成部分。在尼采看来，善就存在于克服阻碍的活动中——它就是权力意志。从权力伦理的立场来讲，痛苦恰恰不是个人为了获得幸福，在这个世界的环境中必须去经历的东西；毋宁说，痛苦正好就是由他们的幸福所组成的部分。发现阻碍的克服是可取的，就会发现要被克服的阻碍是受欢迎的。由于它是幸福的一个“组成部分”，痛苦必须因自身的缘故而被认为是可取的。

真正的肯定生命因此要求痛苦因它自身的缘故而受重视，而不仅仅是有条件地受重视。这样的要求好像很过分。为什么给生命中不可避免的痛苦提供补偿和解脱，这对肯定生命来讲还不够？这种态度不同于顺从地接受它们，而且没采用逆适应的方式来隐瞒或改变它们。确实，有时人们认为尼采将创造性和其他类型的善看作是对痛苦的补偿。它们对痛苦的救赎使我们能够不再将痛苦看作是反对生命的，并因此而肯定它。这个提议的确没有把肯定生命奠基在对痛苦的充分的价值重估之上，因为痛苦依然被视为我们需要为之提供补偿的某种东西。我们可能会说，生命在这里得到了肯定，尽管它遭受了苦难。

然而，我们不能把这种救赎的观念算在尼采头上，因为它以一种看起来类似于基督教的救赎学说的痛苦以及这种痛苦与肯定的关系的观念，作为自己的先决条件。而尼采对基督教的反对从根本上决定了痛苦在人类生存中的作用和意义（见 WP 1052）。但是，我们需要知道，为什么基督教救赎学说中的补偿思想，不足以使对生命的真正肯定成为可能。

231 问题的关键在于我们如何理解补偿的概念。根据每个补偿概念中补偿的善与痛苦关联的特殊方式,我们可以从两个补偿概念的对比开始。当善的存在与苦难的发生无关时,**这种关系在形而上学上是偶然的**。在这种情形中,只有当我得到我那份善,我才得到了补偿。在此至于什么可以被看作是“我的那份”善,要根据我所必须经历的痛苦的去定。我如何达到这些善,不取决于我遭受的痛苦,只有当前者在某种程度上超过后者的时候,我才感觉得到了补偿。在这种情形中,痛苦在某种意义上得到了弥补或补偿。与此不同,当善的存在取决于痛苦的发生的时候,这种关系在形而上学上是必然的,因为后者使得前者成为可能。于是,补偿的善的有效性取决于它们所补偿的痛苦。

第一个补偿概念(参照它,基督教的补偿概念可以得到理解)面对的一个困难是它假定了一种通用的价值货币,通过它,补偿的善和痛苦就可以被权衡。很难理解这样的货币会是怎样的。比如,有些时候,人们认为找到真正的爱情和友谊能够补偿财富的匮乏。但财富能补偿爱情的损失吗?而且需要多少财富呢?即使主张把快乐作为通用的价值货币的功利主义者,也承认不同**性质**的快乐(或痛苦)恐怕是不能相互权衡的。

此外——这里还存在第二个、同时也是更加严重的困难——我们还不清楚,在这种意义上的**任何**补偿,能否让生命值得真正的肯定。我们在前面一章对永恒复归学说的考察表明,在最好的情况下,对生命的肯定就是对之没有遗憾。假如得到补偿的善与它们被认为补偿了的痛苦没有关系,这些痛苦在原则上依然是让人感到遗憾的。即使我生命中快乐的时刻多于不快乐的时刻,我也能一贯地对后者表示哀叹,并希望我的生命免于这些痛苦。

由于这个原因。第二种补偿概念看起来似乎更有希望,因为在这种情况下,如果没有它们应该补偿的痛苦的发生,补偿性的善就不可能实现。如果珍视所得到的这些善,那我就不能对这些痛

苦的发生表示哀叹而不自相矛盾，因为是这些痛苦才让那些善可 232
能实现。如果我肯定生命是基于那些痛苦的发生给我提供了这些善，那么我必须也肯定痛苦对它们是必要的。但这种观念似乎正是尼采所要拒斥的（WP 1041）

要搞懂为何就连这种观点也是有缺陷的，让我们再次考量尼采精选出来的一种救赎痛苦的善，即创造性（Z，Ⅱ2）。痛苦对于创造的必要性可以是偶然的，也可以是本质性的。我们可以想象一个艺术家为了创造的缘故必然遭受痛苦，比如，他生活在一个保守的社会，在那里，具有革新精神的个人被孤立，或许还受到反对和迫害。在此，痛苦对于创造的必要性是**偶然的**环境的一个作用。被抛进这种环境的富有创造性的个人，即使承认这种痛苦不可避免，依然可以不矛盾地哀叹自己的痛苦，并向往一个为了富有创造性而不需要遭受痛苦的世界。在这种情况下，我们可以说，痛苦与创造性之间所呈现的必然关系是一种**限制**关系，而不是促进关系。

因此，只有当痛苦对于创造性在**本质上**是必要的时候，痛苦才能真正地被创造性所救赎。也就是说，只有当痛苦是使创造得以发生的必要条件时。对于这个提议，现在需要做的是，对痛苦在本质上对创造是如何必要的作出说明。相比尼采用权力意志来表示的创造性而言，要想到一个同样合理和具有说服力的替代解释并不容易。从权力的伦理观的立场来看，谴责痛苦难免会自相冲突，不能谴责痛苦，是因为它是善的一个必不可少的组成部分。最后，尼采有时继续依赖于“补偿”或“救赎”的言辞来描述生命的肯定，这必须仔细解读。正确地理解的话，尼采的救赎不同于基督教的救赎，它包含对痛苦的彻底重估，这证明了它对内在的善具有必不可少的贡献，比如创造性。

我迄今为止描述的尼采关于痛苦的价值的看法还是粗略的，还需要对之进行详实的说明。没有这样的说明，它的合理性很快就会受到质疑。我们要记住，比如，痛苦是欲望的满足受阻的经

验。在这种意义上，任何一种欲望，由于这或那的原因没有及时得到满足，都会成为痛苦的根源。因此，尼采声称因其自身的缘故而
233 可取的痛苦，包括大量艺术创作中的斗争和探究中的挫败，与我们满足其他欲望时遭遇的苦难不相上下，比如对爱的渴望。此外，说痛苦因其自身的缘故而受重视，重要的是要记住，它不是因其**本身**而得到重视，而是因为它是善的组成部分。善的生活不仅包含阻碍（因而还有痛苦），也包含对阻碍的克服。①

我应该承认，尼采认为烦恼（pain）和痛苦（suffering）都是肯定的根源。就像我一直对术语的严格使用那样，**痛苦**指由于我们欲望的满足受到阻碍而产生的不愉快。与此不同，烦恼不需要由先前存在的欲望受到挫败而引起，但它确实会产生欲望，因为它是由一个状态（比如，某种感觉）和想要它终止的欲望组成。这导致了一个困难。我们知道怎样意愿权力和阻碍的克服，即是意愿痛苦，意愿被克服的阻碍，但我们不能用这个想法来重新评价痛苦。然而，尼采明确地重视烦恼，而且是从他的权力伦理的角度来重视烦恼的。

有时，他把烦恼看作是一种权力意志的刺激物。更确切地说，它给意志提供了一个锻炼自己的机会。要理解这个建议，考虑追求权力的另外一个必要条件就足够了。权力意志不仅要求需要被克服的阻力，同时也是一种决定性的欲望。依据这种欲望，阻力得到了界定。如果我什么也不意愿，我就不会有机会去追求权力，我将会如叔本华所说的那样倒向厌倦。叔本华也主张所有欲望产生于**需要**，这种需要在意识面前以一种烦恼的经验表现出来。换言

① 按照当代的说法，痛苦有**贡献**价值。通过观察发现，贡献价值与工具价值的主要区别在于，当活动是具有内在价值的生活的一部分并对它的价值有所贡献时，它们可以具有贡献价值，即使它们不是生活的手段。就痛苦尚不足以让生命成为有价值的这点而言，它只有贡献价值。因此，行为主体可以欢迎生活提供了挑战的事实，并反对阻碍，同时却对自己没有特殊的能耐去面对那些挑战或欢迎那种阻碍而深感遗憾。顺便说一下，这也正是叔本华的自杀的个体所面对的困境：“自杀者仍然渴望生活，只是对他所处的环境不满”（WWR，I 69，p. 398）。

之，所有欲望来自于烦恼。因此，由于包含了对欲望的欲望，权力意志要求把烦恼作为满足自己要求的条件之一。的确，通过产生新的欲望，烦恼提供了摆脱厌倦的一种方法。

> **对痛苦的渴望**。——当我想起做事的渴望，这个渴望在不断刺激着欧洲千万的百无聊赖的青年。这使我认识到他们必定有一种受苦的渴望，好在他们的痛苦中发现某种行动的动机。穷困是必不可少的！于是就有政客们的叫嚣，就有各阶级人士的各种虚伪、臆想、夸大其词的"痛苦状态"，也就有了欣然相信这些东西的盲目性。欧洲青年想要**外来**的不幸（而不要幸福），这种不幸被他们想象成怪物，然后他们可以同这个怪物进行搏斗。①（GS 56） 234

确实，尼采在此说到了"痛苦"，而不是烦恼，但是他将其描述为行为的刺激，而不是像我更加严格地使用术语时那样，描述为对行为的挫败的回应。撇开术语上的困难不说，这段话的主要意思还是相当清楚的。我们可能会寻求"烦恼"或"穷困"，因为它产生出欲望，从而让我们有事去做，有挑战去面对，有"怪物"去搏斗。它让我们从厌倦中摆脱出来，至少在这种程度上，成为了"幸福"的源泉，就像尼采在这一节中所说的那样（参见 GS，序言 3，318）。②

---

① 译注：译文参考尼采，《快乐的知识》，黄明嘉译，第 56 节。

② 我应该注意到，尼采考虑了建立烦恼和他所设想的幸福的关系的其他方式。比如，他认为烦恼和幸福常常是联系在一起的，因为对一方有能力等于对另外一方也有能力。让我们能够享受精致的乐趣的那种敏感性大概也会让我们相应地对更大范围的烦恼感到敏感（比如，GS 302）。他还猜想（这让人想起叔本华），我们获得幸福的能力是我们经历烦恼的直接结果。后者给予我们的有关生命的悲惨的知识让我们易于欣赏和享受它的赐福（比如，GS 303）。不过，这类猜想主要出现在尼采早期的作品中，从《查拉图斯特拉如是说》开始，它们逐渐被权力意志学说中所发现的痛苦的地位和意义的构想所代替。

无论我们认为痛苦是追求权力中的一种要素，还是认为烦恼对于权力的追求来讲是一种兴奋剂，或是一种机会，我们都不能忽略尼采的理想极端严厉。确实，普通人不会欢迎任何阻力或烦恼，更不会将它们看作追求权力的机会。比如，写这本书非常困难，可能我会憎恶要与疾病、不稳定的经济状况或处于困境中的家庭作斗争。即使在不同的环境下，它们可能是我会欢迎的挑战。例如，当这本书写完的时候，我可能会带着一种神秘的兴趣，把话题转到我家里的麻烦上，因为它们为我的创造性活动提供了一个新的机会。但是，一些意想不到的烦恼和痛苦实际上可能会破坏我可能已有的、不管什么样的伟大的前景。只有具有超常的力量，才能参加所有战斗，享受所有战斗，并且自始至终保持伟大。

因此，虽然尼采的价值重估确实表明，人类的存在中特有的痛苦和烦恼未必是反对它的，但它并没有表明，特定的痛苦和烦恼会永远不能让我们希望有一个更好的生活。确实如此，但是我们不应忽略他的价值重估实际上已经取得的成就。就算要向往一个更好的生活，至少我们将不再向往某种类似于基督教的天堂，或者佛教的涅槃之类的东西，也就是说，不再向往一种完全没有烦恼和痛苦的生活、“舒适的”生活，在那里，不需要通过工作或斗争来满足我们的欲望（GS 318，338；参见 Z，序言 3）。

2. 亚当的堕落，苏格拉底的无知和浮士德的交易

如果我们记住他的目标的广泛特性，尼采的价值重估是最令人信服的，他的目的在于揭穿对痛苦的全面谴责，他发现这种谴责深深扎根在我们的道德情感中。例如，它塑造了基督教文化的基
235 础神话，即亚当和夏娃堕落的神话：

> 上帝创造了幸福、闲散、无辜和不死的人类：我们现行的生命是一个错误的、衰朽的、有罪的、受罚的存在——痛苦，斗争、死亡被认为是对生命的异议和反对它的问号，是不应该继

> 续存在的东西，为此，人类需要治疗——并且有一种治疗——从亚当的时代到现在，人类一直处在不正常的状态。……真实的生活只是一个信仰（即一种自我欺骗，一种疯病）。斗争，战斗和现行的生存的全部，充满着光彩和黑暗，只是一个不好的、错误的存在：目标是从中解脱出来。“人类无辜、闲散、不死、幸福”——这种“最迫切需要得到之物”的想法首先必须受到批判。（WP 224；参见 GS 340）

就像《创世记》这本书告诉我们的那样，亚当和夏娃开始生活在伊甸园中，我们可以想象，在他们出现的那个时候，他们的需求和欲望在里面很容易就能得到满足。当被逐出伊甸园，他们知道作为惩罚的一部分，现在必须通过工作和斗争去保证那些需求和欲望的满足：“你只有通过艰苦的劳作，才能获得面包。”[①]换句话说，他们必须克服阻碍才能满足自己。尼采则宣称，正是在这种惩罚中，他发现了“新的幸福”的本质，由此他表现出了坚决的“敌基督者”的态度。[②]

对亚当堕落的神话的兴趣也表明了他反对基督教的另一个理由。要理解这点，我们现在应该关注罪，而不是惩罚。事实上，罪也是权力意志的一种表现，它是克服限制和超越界限的欲望。在现在的例子中，权力意志的运用与求知的欲望相关联。因为原罪是一种好奇的罪：尽管有上帝的明令禁止，事实上，或许就是由于上帝的明令禁止，亚当和夏娃才想要吃“智慧之树”上的果实。

---

① 《新英语圣经》，创世纪，3：17—19。

② 虽然基督教是否定生命的文化的典型，但它不是唯一的：“谴责基督教的时候，我不想冤枉一个相似的宗教，这个宗教的信徒在数量上多于基督教，它就是佛教。它们都是虚无主义的宗教”（A 20）。佛教在这一点上不同于基督教：承认摆脱痛苦是它的最高愿望，因而它更加“现实”：“它不再说‘反对罪的斗争’，而是说‘反对痛苦的斗争’，这与现实相当吻合”（引文出处同上；参见 GM，III 18）。

巧合的是，尼采最常用来说明权力意志之一的例子，就是与求知欲相联系的那种权力意志。在这种联系里，他喜欢的类比是着手去发现未知的大海和寻找新世界的伟大发现者(GS 124，289，343)。他赞扬那些保持怀疑论立场的人(A 54；GS 297)，他们特意寻找谜来破解、喜欢进行“试验”(GS 319，324；BEG 42)，也就是说，他们重视知识不是由于对它的占有会带来安全感，而是因为对它的追寻会带来挑战和危险[①]：“而且知识本身：让它对别人也许意味着别的什么，比如是歇息的床笫，或是去往那种床笫的途径，
236 或消遣，或娱乐——对我而言，则只是一个充满危险和胜利的世界，在那里，英雄可以起舞和玩耍。生活是获取知识的手段。心里有了这一原则，人不仅活得勇敢，快乐，而且也笑得开怀。而善于笑和生活的人，首先不也善于战斗和夺取胜利吗?”[②](GS 324；参见 BEG 230)。

总而言之，尼采想要他的“知识的寻求者”成为“决意在一切事物中寻找必须克服的东西的人”，又一次，他用自己的权力的伦理观所激发出来的形象，来证明这个要求的合理性：“请相信我吧：获取生活中最丰硕果实和最大享受的秘密在于，冒险犯难地生活。把你们的城市建立在维苏威火山的斜坡上，把你们的船开进未知的大海。生活在战斗中吧，同你们自己、同与你们相匹敌的人开战吧！倘若还不能成为统治者和占有者的话，那就成为强盗和征服者吧，你们这些求知者！”[③](GS 283)。

求知者的权力意志在他那里引起的，不只是怀疑上的克制，它还给每一种有疑问的事物都创造了吸引力：

---

① 尼采对“拥有真理的热情”和“寻求真理的热情”进行了这样的对比(HH，I 633；参见 GS 347)。

② 译注：译文参考尼采，《快乐的知识》，黄明嘉译，第 324 节。

③ 同上，第 283 节。

> 今后，**意志**将会进行进一步的提问，比人们至今问过的更加深沉、严格、苛刻、邪恶和平静。对生命的信任消失了：生命本身成了一个**问题**。不过，人们不必马上就得出这让人沮丧的结论。热爱生命依然是可能的，人们以不同的方式去热爱它，就像对一个在我们心里引起怀疑的妇女的爱。然而，不确定事物的吸引力，未知的 x 带来的喜悦，在这些更加精神性的更加精神化了的人这里是如此巨大，以致这喜悦就像一道耀眼的火焰——在有疑问的事物带来的一切悲痛面前，在不确定性带来的所有危险面前，甚至在情人的嫉妒面前——不停地燃烧起来。我们知道了一种新的幸福。(GS，序言 3；参见 324；BEG 57)

在这种对无知和不确定性，以及对生命本身的有问题的特性进行表扬的过程中，尼采发现自己接近了苏格拉底，事实上，比他所承认的更加接近。

尼采对苏格拉底的矛盾心理众所周知。对他认为要由苏格拉底来负责的颓废，他感到悲痛，而苏格拉底对希腊人表现出来的迷惑力，则让他惊叹。苏格拉底“最强大的本能”就是“权力意志”(TI，Ⅹ3)。以下是尼采对这种迷惑力的来源进行的分析：“我已经表明，苏格拉底为什么会令人反感，现在需要更多地加以说明的，是他颇具迷惑力。——他发明了一种新的**竞赛**方式，从而成了 237
雅典贵族圈子中的首位击剑大师，这是原因之一。他通过挑起希腊人的竞赛冲动来迷惑他们，——他把一个变种带入了青年男子与少年的角力之中”①(TI，Ⅱ8)。换句话说，苏格拉底能迷惑希腊人，是因为他让自己的生命以与众不同的、非常令人叹服的方式表现了权力意志。对此，在他自己的公开申辩中，他进行了非常生动

① 译注：译文参考尼采，《偶像的黄昏》，李超杰译，商务印书馆 2009 年，第 17—18 页。

的表述。

接受审判的过程中，苏格拉底发表了一个演说来为自己申辩，这个申辩似乎因为一个核心的矛盾而有所逊色。[①] 一方面，他宣称什么都不知道(21d)，并特别强调，他没有关于善的生活的知识可以传授给他人(33b)。然而，另一方面，他又充分肯定自己的这个主张："对人来讲，最大的善就是每天讨论美德……因为对人而言，未经审视的生活是不值得过的"(38a)。苏格拉底宣称他只知道他一无所知，但他表现得似乎又知道一点。他能摆脱这个矛盾吗？

要解决这个明显的矛盾，我们首先要注意到，苏格拉底似乎根本就没有被他自己所承认的无知所困扰。相反，他似乎喜欢它，而且宣称意识到自己的无知，认识到一个人对他实际不知道的东西的无知，是一种智慧。这种情况优于那些实际上不知道，但认为自己知道的天真的人(21d,22e)。问题在于，为什么自知的无知实际上好于幻想的有知。一个明显的答案是我们可以避免错误，而没有错误的人生优于充满错误知识的人生。

然而，宣称对善的生活无知的苏格拉底，是怎么知道这一点的呢？宣称最好不要受骗，显然与没有善的生活的知识可以传授的大力宣扬相矛盾，苏格拉底为何对此并不担忧呢？为何这种关于善的生活的特定的观点，逃脱了他的毫不妥协的怀疑呢？最起码，为什么他不承认，这种观点仍然是有疑问和需要探讨的——难道是因为无知和幻想能够成为快乐的源泉？

对于这些问题，苏格拉底一个也没有谈到。这促使我们为如下问题去寻找一个不是那么明确的答案：为什么自知的无知优于有知的自我宣称？我认为，自知的无知更好，不是因为它让我们免
238 于错误，而是因为它为审查和讨论开辟了新的途径。苏格拉底通

① Plato (1975).

过持续的追问，暴露了关于善的生活的信念的不确定性和无知，根据我在此提出的解释，这种做法与他的经过审视的生活才是善的生活的观点并不冲突。毋宁说，他的那种做法是被这种观点所引发出来的。

更进一步来考查他对善的生活所下的定义："对人而言，最大的善就是每天讨论美德和其他事情，讨论这些事情的时候，你们听到我谈论和审视自己与别人。对人而言，未经审视的人生是不值得过的"(38a)。这诱导我们将这个定义理解为对善("有道德的")的生活的本质进行考查的劝告，这样就可以发现这个定义到底包含什么内容，然后把这些知识用到我们的生活中。过一种未经审视的人生，我们有带着错误观念去生活的危险，因此也冒着损害我们的生活品质的危险。不过，这不是苏格拉底所想要说的：最高的善，就像这个解释引导我们去期望的那样，不是去实践美德，而是去讨论它，此外，不是直到人们发现一个明确的答案为止，而是"每天"进行讨论。换句话说，苏格拉底似乎不太重视成功的审视所带来的知识，而是更重视审视活动本身。

渐渐地，我们理解了苏格拉底为何非但没有被他自己的不确定性和自己承认的无知所困扰，而是欢迎它们了。认识到自己的无知为审视开辟了新的途径，而你知道的信念，不管是合理的，还是不合理的，则结束了这样的活动。因此，从这种善的生活的观点来看，发现苏格拉底生活中所做的一切都是为了去揭露无知和产生不确定性，而不是产生积极的知识，就一点也不奇怪了。

他的有名的内在的"声音"只是对他打算去做的事情提出怀疑，但对于他应该去做什么反而没有提供任何积极的建议(31d)。他的所有询问只揭露了他的对话者所宣扬的知识是虚假的，但这些询问并没有提供正确的知识来作为替代(21d ff.)。此外，他尝试去理解没有人比他更聪明的这个神谕，也只是引导他去认识到了自己的无知(引文出处同上)。最后，他作为"牛虻"的天职，也同样是用否定的方式来表述的:苏格拉底不认为他对于城邦的价值是让公民们更加接近肯定的知识,而只是破坏了他们自以为拥有的虚假知识。

归根到底,苏格拉底对错误知识的揭露,与其说是出于对真理
239 的爱,不如说是出于对探究的爱;与其说是源自发现的欲望,不如说是出自上下求索所带来的兴奋。如果死后有天堂,他希望那里不是一个所有问题都得到彻底解决,最终可以获得此生都在逃避他的知识的地方。他宁可希望天堂是这样一个地方,那里为他提供了同很久以前已经死去了的有趣人物进行深入讨论的机会,这样,他就可以进一步从事他的审视工作。例如,他宣称自己特别渴望能够同奥德修斯和西西弗斯讨论善的生活,此二人关于善的生活的本质(实际上是关于克服阻碍的价值)想来会有很多话要说。

根据苏格拉底关于善的生活的观点,无知和不确定是值得重视的,就像存在本身具有的可疑性质一样。因此,这种看法与尼采哲学中的理想人生是一致的。正是在追求知识的过程中,克服阻碍的欲望把生机赋予人生。没有不确定性和无知的人生,是没有难题去解决,没有谜语去猜,也没有新世界去发现的人生,不可能值得经历,因为它对知识的寻求者而言缺乏挑战。与此相比,“最终偏爱一小把‘确定性’甚于一大车漂亮的可能性……这是虚无主义,是疲惫欲死的绝望灵魂的标记”(BEG 10)。

虽然尼采“反对基督教”的信念几乎不再需要进一步的论证,值得注意的是,他的价值重估原则,也就是权力意志的思想,已经被出自19世纪德国文化——歌德的《浮士德》——中的最具影响力的恶魔人物作了惊人的预测。在这个传说的最初版本中,浮士德把自己的灵魂交由墨菲斯特去处理,以此换来24年的欢悦。在克里斯托弗·马洛的版本中,他的要求更高——他现在要求24年的快乐、权力和知识。同这些容易预料到的要求相比,歌德的浮士德提出了一系列新奇的要求:

浮士德：可怜的魔鬼，你能够答应我什么？
对胸怀大志的人类心灵
像你这样的人能理解吗？
你有让人不会厌倦的食物吗？或者
你有像水银一样
会从手上流走的红色金子吗？
有一种玩者没人会赢的游戏吗？
有一个在我的臂弯里
却用她的眼睛对我的邻居许诺爱情的女孩吗？
或者有一种具有神圣吸引力的荣誉，
却像流星一样闪现和消逝吗？
给我看就在树上腐烂的水果
给我看每天都会长出新叶的树。

尽管准备服从，墨菲斯特仍然有些犹疑，所以浮士德必须坚持己见：

墨菲斯特：这样的要求难不倒我，
我可以给你这样的财富
但那个时间还是会如期而至，好朋友
那时我们将会安详地欣赏一切。
浮士德：如果我曾经躺在一张舒适的床上，
就让那是我人生的终点。
如果你能用谎言把我
哄进自我满足的状态
或者用你想出的欢乐让我着迷。
就让那是我在人世的最后一天！
……

> 如果我会对任何瞬间说：
> 停留一下吧！你是如此美丽！
> 请直接把我铸起来！
> 我就能死得其所。[①]

根据歌德，浮士德最想要的东西——为此，他准备把自己的灵魂卖给魔鬼——不是舒适的人生、自我满足和快乐，通过它们，他的所有欲望可以得到一劳永逸的满足——一种“如此美丽”、没有留下任何遗憾的情形。相反，浮士德最想要追求的是永远不会被满足的欲望。一些例子表明他仅仅是想要永远不会满足的欲望（“不会让人厌倦的食物”、“一种玩者没人会赢的游戏”）。然而，总而言之，他并不要求严格来说无法满足的欲望。他确实希望得到黄金、女人和荣誉，但同时希望对他们的拥有是转瞬即逝的。换句话说，他并不想获得**一劳永逸**的满足，而是希望被不断重燃的欲望所驱动，就像“每天都长出新叶的树”。

这个不同凡响的想法是尼采和叔本华争论的核心。在后者看来，浮士德赋予人心的“崇高的渴望”，就是人类不可能获得幸福的原因。但是，尼采在浮士德的奇怪的要求中，发现了达到人类真正幸福的基本线索——的确，他就是这样来界定“狄奥尼索斯”的概念的：“‘存在着的灵魂，投身于生成之中；占有着的灵魂，但**想要**进
241 入意愿和渴望之中；逃离自身的灵魂，在最广大的天地里赶上了自己，最智慧的灵魂，愚蠢而甜蜜地给予劝告，最自爱的灵魂，在其中万物都有自己的顺流和逆流，落潮和涨潮’——**而这就是狄奥尼索斯的概念**”（EH，Ⅲ“查拉图斯特拉如是说”6；参见 EH，Ⅲ[19]）

按照叔本华的设想，幸福是我们所有的欲望都得到永久满足的情形，就是确确实实没有留下任何遗憾。这种幸福的概念的典

---

① Goethe (1965), v. 1675—1702.

型是基督徒在天堂的永生。[①] 就像我们容易去想象的那样，天堂的生活表示这样一种情况，在那里，我们所有的欲望都得到了永久的满足。对欲望的渴望，被浮士德描述为"胸怀大志的人类心灵"，恰恰排除了这种完全和永久的满足的可能性。为了满足这个欲望，浮士德把他的灵魂出卖给了魔鬼，如此一来，他确实就是放弃了天堂里的永恒的福乐。因此，用类似的渴望来定义他的肯定的理想，尼采就像浮士德一样，跟魔鬼做了一场交易。

3. 狄奥尼索斯与悲剧的智慧

在《瞧，这个人》的序言中，尼采宣称："我是哲学家狄奥尼索斯的弟子"（EH，序言 2）。在狄奥尼索斯的神话中，他恰好发现了肯定生命的理想的典型代表。我现在想要展示的是，把他引向狄奥尼索斯的神话的那些特征，正是与他的权力伦理观有共鸣的那些，而这些特征支持了他对否定生命的（基督教的）价值的重估。[②] 我想特别指出的是，狄奥尼索斯生活的显著特征是**创造性生活**的特征。

在尼采眼里，创造性是权力意志的典型表现。正如我在此已

---

① 叔本华也把佛教的涅槃视为这种幸福观念的另一种版本。它不是所有欲望都已经一劳永逸地得到满足的状态，大概就像基督教的天堂那样，而是摆脱了一切欲望，因而对它们的挫败无动于衷的状态。不过，他也认为佛教的解脱是我们唯一可以希望去彻底脱离痛苦的方式，而且他还认为，根据那种视角点的话，基督教的理想就能得到最好的理解。

② Graves（1958）对我们所知的狄奥尼索斯神话进行了有益的概述，但没有尝试分析它的意义。Otto（1965）的经典著作提供了这样的分析。Otto 揭示了尼采所利用的神话的许多特征。因此，他反复强调狄奥尼索斯的矛盾的特征，比如，他既是神，又是人（他是宙斯和一个凡间的女人塞默勒所生的儿子），他既被描述为一个"受难的、死去了的神"（当他还是个孩子的时候，就被泰坦撕裂并吞食了），又被描述为一个"快乐的神"（他是狂喜之神）。他也注意到对狄奥尼索斯的崇拜与挑战界限和习俗是联系在一起的（比如，关于适当行为的社会习俗）。这种崇拜与创造性过程也有关联（尤其是性和季节的循环）。Otto 不仅对尼采本人如何利用神话非常熟悉，而且对尼采同时代人的神话的解释的熟悉也不在话下，比如 Willamowitz 和 Rohde。

经提议的对这个术语的理解那样(第四章),在此,创造性表示崇奉创造性活动的价值的那种生命的核心特征。在此意义上,个人富有创造性,不仅仅是擅长面对摆在他们面前的挑战,而且他们还要特意去寻找这样的挑战。特别是、但不仅仅是在《查拉图斯特拉如是说》中,尼采用他的伦理研究的很重要的一部分,专门来确定创造性的人生具有的特点。在这方面,尼采得出了一系列奇怪的主
242 张,而每一个主张他也用于狄奥尼索斯的神话。

不出所料,其中一个主张就是,创造性的价值蕴含了痛苦的价值:“创造——这是对于痛苦的大解脱,生命由此变得轻盈,但为了成为创造者,痛苦必不可少”(Z,Ⅱ2)。要过创造性的生活,就会寻找阻碍来克服,因此也是对痛苦的寻求。我已经指出,狄奥尼索斯的概念就是“存在着的灵魂,投身于生成之中;占有着的灵魂,但想要进入意愿和渴望之中”(EH,Ⅲ“悲剧的诞生”1)。而且我已经论证过,“意愿和渴望”的欲望蕴含了对阻碍,以及由此对痛苦的欲望。

因此,发现尼采正好是通过对痛苦进行彻底的重估来表述他的狄奥尼索斯式的态度,我们就不应该感到奇怪:“因为只有在狄奥尼索斯的神秘仪式中,在狄奥尼索斯状态的心理学中,希腊人本能的基本事实——他们的‘生命意志’——才得以表达。……——在这种神秘的教义中,痛苦被宣告为神圣的东西:‘分娩的痛苦’从根本上使痛苦神圣化了——一切生成和成长,一切将来的担保,均以痛苦为条件……为了有恒久的创造的乐趣,为了生命意志恒久地肯定自己,也就必须恒久地有‘产妇的痛苦’”①(TI,Ⅹ4;参见EH,Ⅲ“悲剧的诞生”4)。在此,尼采听起来是把他的权力伦理观的核心主题,即创造性与痛苦,或者更准确一些,与“分娩的痛苦”的必然联系,诉诸生殖和狄奥尼索斯神话的传统关联来进行理解,

① 译注:译文参考尼采,《偶像的黄昏》,李超杰译,第132页。

这是尼采通常喜欢的做法。

然而，在这里，他对痛苦的考察，尤其是对狄奥尼索斯式痛苦的考察，揭示了进一步的复杂性。“分娩的痛苦”是指在创造性活动中，克服阻碍的痛苦。真正具有创造性的个人喜欢这种形式的痛苦。不过，富有创造性的个人也容易接受另外一种痛苦，在对浪漫主义广为人知的讨论中，尼采细致地描绘了这种痛苦：“**何谓浪漫主义**？——每一种艺术和哲学都可能被视为治疗手段和辅助手段，为倾力奋斗的、变幻不定的人生服务，它们无不以痛苦和受苦之人为前提。而受苦者又分为两类，第一种因生命的**过度丰裕**而痛苦——他们需要狄奥尼索斯的艺术，同时也需要用一种悲剧的观点审视人生——另一种因生命的**贫乏**而痛苦，他们需要借助艺术和知识以寻求休憩、安静、平稳和自救，或者寻求麻醉、麻木、痉挛和疯狂”(GS 370)。[①] 那些因“生命的过度丰裕”而痛苦的人，大概是由于力量或能量过度充溢，于是他们便寻找阻力，以便使这些 243
力量能够得到释放。在这种情形中，这种痛苦类似于躁动的不安。这样的人需要挑战，或阻力，通过反对它们来发挥他们的“过度充溢”的能量。与此相反，那些因“生命的**贫乏**”而痛苦的人，则由于太虚弱而不能克服在追求中遇到的阻力。他们不仅憎恨使他们的欲望得不到满足的阻力，也憎恨这些欲望本身，因为正是这些欲望驱使他们去遭遇了那个阻力。他们相应地渴望“休憩、安静、平稳的大海”。

对于创造性的生活，尼采提出的第二个主张是**创造性的价值蕴含着割舍的价值**。如果善就是创造性的**活动**本身，而不是它最终的产品，那么创造者将会毫不犹豫地舍弃它们，因为它们标志着创造性活动的独特魅力的结束。确实，为了寻找新的创造的机会，他**必须**舍弃那样的产品：“不管我创造了什么，不管我怎样爱

① 译注：译文参考尼采，《快乐的知识》，黄明嘉译，第 370 节。

它——很快我就会反对它，反对我所热爱的东西：我的意志是如此意愿的”(Z,Ⅱ12)。然而，尼采在这里的用辞表明，对一个人已经实现的创造性目标的反对充其量是矛盾的：我们没有因为反对它们，而减少对它们的爱。实际上，尼采认为放弃已经取得的成就是“痛苦的”：“你们这些创造者，你们的生命中一定有很多痛苦的死亡”(Z,Ⅱ2)。因为重视创造性，就是把创造性活动本身看得比它的产品更加重要，这似乎是令人困惑的。

权力意志追求的奇特结构，为这个困惑提供了一种可能的解决办法。记住，对创造性活动的真正的投入，是由追求某个特定目标的欲望所构成的。只有在意该目的的实现，我才是真正投身于创造性活动之中。对这个目标的欲望和为追求它进行的努力，以对它的迷恋和培养我对它的迷恋为先决条件。换言之，创造性的个人不可能在不热爱创造性活动、工作本身的特定产品的情况下，而去热爱创造性活动。但是，他对创造性活动的爱，也会要求他舍弃他的创造性的成就，并去“反对”它们。尼采认为，这样做并不表示他不再爱它们了，因此，放下它们被感受为一种“痛苦”的损失。换言之，对创造性活动的投入既导致个人对他的创造物的爱，也要求他舍弃它们。因此，他绝不可能停留在对某个特定成就的满足之上而止步，而同时没有放弃对创造性活动的投入。我们可以说，一个具有独特魅力的创造性活动的目标，一旦被达到，一方面保存
244 了它的价值(例如，由于满足了某个明确的需要，它是善的)，但在另外一方面也失去了它的价值(它再也不能激发起创造性的活动)。

尼采强调最多的狄奥尼索斯式的态度的显著标记是“甚至在毁灭中也感到快乐”(EH，Ⅲ“查拉图斯特拉如是说”8；参见 WP 853)。此外，他还特别指出，就连那些“高贵的”和“善的”东西的毁灭，狄奥尼索斯式的个人也必然会欢迎：“**我的首要解决方案：狄奥尼索斯式的智慧**。最高贵的事物毁灭时的快乐，以及看到它逐渐

毁灭时的快乐：事实上，快乐存在于将要到来的事物中，存在于未来，它胜过无论有多好的现存事物。狄奥尼索斯：对生命原则的暂时性认同（包括殉道者的骄奢淫逸）”（WP 417）。

在那些与这段一样的描写未来的段落中，读出一种神秘的、新的善的承诺，是一种普遍的倾向。这种新的善会比迄今为止的善好很多，而且这种神秘的善的前景是快乐的源泉。然而，如果我们问这种新的善包含什么，我们将因所获无几而感到失望：一个不明朗的“新的黎明”的到来，或者是同样让人难以捉摸的“超人”。① 决定性的内容如此明显地缺乏，以致引起了这样的猜想：尼采深思熟虑地避免主张一种实质性的伦理学。与此正好相反，前面三章的很多论证表明，这种解释是在错误的地方寻找尼采的实质性的道德主张。他宣称我们“在将到来的事物中……”获得了快乐，而且“它胜过无论有多好的现存的事物”——换言之，我享受克服阻碍的无限的过程，这过程是权力意志（前一段中的“生活的原则”）的追求所必然包含的。不是因为现存的事物不好，不能被改进，而是权力意志永不知足地驱使我们走向新的创造机会。因此，这种对未来的关注与其说是对进步或对即将到来的黄金时代的向往，还不如说是对生成本身的肯定：“对消逝和毁灭的肯定，这是狄奥尼索斯式的哲学中决定性的特征，对对立和战争的肯定；对生成（becoming）的肯定和对存在（being）概念的彻底拒绝”（EH，Ⅲ“悲剧的诞生”3；参见 TI，Ⅹ5）。

对生成本身的肯定要求我们面向未来，但是它不（或不必然）

① 对于这类解释的最新版本，参见 Gooding-Williams（2001），他认为超人代表了一个通过克服困难的方式去达到的值得向往的未来状况，克服困难只是达到这种状况的手段：“记住，查拉图斯特拉用‘人类’来表示基督教-柏拉图主义的人，我们可以认为他把超人看作是人类的一种，虽然他现在还不存在，但可能会在未来出现（第65页）”。这意味着 Gooding-Williams 没有为那种未来状况的性质和它的可取性提供明确的解释。

要求把过去看作是有缺陷或无价值的。这就是为什么尼采要如此谨慎地描述创造性的(狄奥尼索斯式的)个人对他所热爱的过去的
245 成就的那种独特的矛盾心理(无论是他自己的,还是他前辈的那些)。因此,他敏锐地注意到毁坏的欲望可能有完全不同的动机,因此也有完全不同的意义:“对毁坏、改变和生成的追求可能是一种孕育未来的过剩力量的表现(对这力量,我使用的词语便是大家都熟悉的“狄奥尼索斯”),但也可能是失败者、穷人、失意者产生的怨恨,这些人进行破坏,而且必定进行破坏,因为现存的一切无不在惹恼他们和使他们发作”(GS 370)。狄奥尼索斯式的个人所做的毁坏不同于那些怨恨的软弱的个体,因为前者对它所毁坏的东西没有谴责和贬损。要想创造可能会取代旧音乐的新音乐的创造者,不需要把旧音乐视为坏的和可悲的。他的力量的“过度充溢”促使他去寻求新的、创造性的挑战,并因此抛弃过去的创造性成就。不过,他可能会继续看重和欣赏它们,即使他的目标是要超越它们。因此,我们可以说,他的破坏与它所摧毁的东西的肯定是相容的。与之相反,软弱的个体出于怨恨和恶意而进行破坏,他的破坏意味着对被破坏的东西的谴责。

这个区别解决了在一段话中尼采所承认的一个困难,在那里,他把狄奥尼索斯等同于查拉图斯特拉:“查拉图斯特拉类型身上的心理学问题乃是:在一种空前程度上说‘不’和进行否定的人,如何仍然可能成为一种说‘不’的精神的对立面”(EH,Ⅲ“查拉图斯特拉如是说”6)。困难在于,怎样解释一个从事破坏和否定到了空前程度的人物也能成为“对任何事情永远说是”的代表(引文出处同上;着重号是笔者所加)。[①] 答案又一次是在权力的伦理观这里找到。对于强壮的、创造性类型的人来说,否定是创造中必不可少的

---

① Deleuze(1961)详细地讨论了这个问题,虽然他的解释背景与我的极为不同(第201页及以下几页)。

一部分，虽然否定过去的成就，是被这个永远不会结束的过程所要求的（GM，Ⅱ23），在此过程中，我们也会感觉到是在抛弃有价值的某些东西。事实上，只要可以把它们视作引起争辩的机遇，尼采自己就常常赋予那些他最激烈谴责的想法和实践以价值。

尼采所提出的关于创造性的生命的第三个主张，直接源自于第二个主张。这个主张是**创造性的价值意味着短暂性的**（或**生成的**）**价值**（特别是指，不可能获得最终的、一劳永逸的满足）。尼采把狄奥尼索斯看作“诱惑的神”，他不断产生新的希望、渴望和新的 246
不满：“诱惑的神……经他触摸之后，每个人离开之后都变得更加富有，没有蒙恩，没有受惊，不像是为了意外之财而庆幸或紧张，而是自己内在地比以前更富有了，比起以前来焕然一新了，在春风的吹拂和倾听下绽开了，也许变得不那么自信，变得软弱、脆弱、破碎了，但却充满了暂且无名的希望，充满了新的意志和涌流，充满了不满和逆流……不错，他就是酒神**狄奥尼索斯**，那个伟大的模棱两可者和诱惑之神”（BEG 295）。①

重视创造性是重视一种特殊类型的创造活动，那就是遭遇和克服阻碍。这种活动的价值蕴含了生成和短暂性的价值：“你们这些创造者，在你们的生命中必有痛苦得多的死亡。如果你们要成为一切短暂性的代言人和辩护者”（Z，Ⅱ2）。这种看法的理由可以在尼采对创造性的理解那里发现，他是根据权力意志这个说法来理解这种创造性的。请记住，权力意志有一个矛盾的结构：它的满足带来了它的不满。要在追求一个特定的目标的过程中，满足对克服阻碍的活动的欲望，人们就必须努力去达到这个特定的目标，也就是说，排除万难来实现这个目标，但阻碍一旦被排除，活动也就结束了，对活动的欲望就会发现自己受到了挫败，于是又会着手去追求新的目标。这个矛盾的结构让权力意志的最鲜明的特点

① 译注：译文参考尼采，《善恶的彼岸》，魏育青译，第295节。

得到阐明：它是一种不允许永远（一劳永逸）地满足的欲望。这就是尼采在“诱惑之神”这个角色那里认出的核心的模糊性：“不断地激起新的不确定的欲望”（“那些暂且无名的希望”）同时，他也促使了新的不满的产生。

因此，一点也不奇怪，对创造性活动的评价导致尼采声称已经发现了一种“新的幸福”（GS，序言）。在最流行的看法中，幸福本质上是一种状态，“幸福就是休息，不受打扰、餍足，最终达到的统一性，是‘安息日的安息’”（BEG 200）。从创造性的伦理观的观点来看，幸福根本上不仅不是、也不可能是一种状态。只要这种幸福是在遭遇和克服阻碍的活动中经历的，它就绝不可能是一劳永逸地达到的一种状态。因为只要我们达到特定目标的阻碍实际上被克服了，这个活动也就结束了，它带来的幸福同样如此。因此，狄
247 奥尼索斯的生活是“一种不知道餍足、不会厌恶和没有疲惫的生成”，是创造和毁灭的永恒循环（WP 1067）。

创造性生命的最后的、或许也是最显著的悲剧性特点是，它蕴含了对个人的最终失败的接受。创造性活动对尼采来说，是他叫作快乐的东西的主要源泉。关于快乐，尼采这样宣告：“你们这些高等人啊，它渴望你们那无羁的、有福的快乐，——渴望着你们的痛苦，你们这些失败者！所有永恒的快乐都渴望失败者！因为所有的快乐都想要自身，故而它也想要心灵的痛苦”（Z，Ⅳ 19［11］）。[①] 创造者的权力意志引诱他们去寻找更大更新的挑战，这必然会让他们去遭遇更大更新的危险，而且他有限的力量最终会导致他的失败和沮丧。在那样的意志的主导下，无可避免的是，他将最终达到自己的极限。对于这极限，他没有足够的力量去克服；他也会遇到无法克服的阻碍，这会让他梦碎或挫败。因此，对创造性生活的追求最终不仅排除了任何最后的、一劳永逸的满足，它还

① 译注：译文参见尼采，《查拉图斯特拉如是说》，孙周兴译，第518页。

注定了要以失败而告终。

尼采一再地把狄奥尼索斯看作是生命的"悲剧"观的恰如其分的化身，狄奥尼索斯的智慧是一种"悲剧"的智慧（EH，Ⅲ"悲剧的诞生"1—3；GS 370）《悲剧的诞生》把俄狄浦斯看作悲剧英雄的代表人物（BT 9），并且强调了他生命中一个独特的特点：对真相（关于他自己的命运）执迷不悟的寻求只是带来了自己的不幸。根据该书，这个悲剧的教训是"智慧，尤其是狄奥尼索斯的智慧，是违反自然和让人憎恶的"（引文出处同上），这种智慧必须被阿波罗的幻象所美化。在俄狄浦斯自己这个例子这里，这种美化包括自愿把自己的双眼弄瞎。《悲剧的诞生》关注于故事的那个元素，并提出了这种特别的治疗方法，因为那时尼采还没有形成权力意志的学说，对于那些已"果敢地直视所谓世界历史的恐怖浩劫，同样敢于直观自然的残暴，并且陷于一种渴望以佛教方式否定意志的危险之中"[①]的人，也就是说，对于那些已经获得了"狄奥尼索斯的智慧的人"，尼采只有艺术的幻象可以提供给他们作为解毒剂（BT 7）。起初，悲剧的智慧要求远离狄奥尼索斯的深度，而停留在阿波罗的带着美丽外观的表面。——换言之，是"源自于深奥的表面"（GS，序言 4）。

与此不同，在他后来的著作中，悲剧的智慧（部分地）不再是阿波罗的，而完全成了狄奥尼索斯的智慧。[②] 肯定生命不再要求我 248

① 译注：译文参见尼采，《悲剧的诞生》，孙周兴译，商务印书馆 2012 年，第 7 节。

② 尼采悲剧观念中这种重点的转换引起了法国学术界的关注。这里举一些有代表性的例子。Deleuze（1961），第一章认为处于核心对立关系的不是狄奥尼索斯和阿波罗，而是狄奥尼索斯和苏格拉底，这就呼应了尼采对"辩证法"的敌意。Granier（1966），第 538 页及以下几页认为尼采放弃了狄奥尼索斯—阿波罗的二元性，而把注意力集中在狄奥尼索斯身上，尼采是在表明自己与叔本华的唯心主义断绝了关系。Pautrat（1971）最后采用德里达对二分法的解构来解释尼采对阿波罗-狄奥尼索斯这种二分做法的放弃。我对尼采中这种重要概念的转换的解释与这些学者的极为不同。

们避免《悲剧的诞生》所描述的、对我们人生处境的“可怕真理的洞察”(BT 7)。我们现在能够沉思这样的真理，而不至于陷于虚无主义的绝望，因为权力意志学说使之成为可能的价值重估，实际上能够让我们欢迎和肯定它。当查拉图斯特拉“开始沉没”，并且教导这个学说时，尼采宣称，悲剧真正地“开始”了(GS 342)。但是，我们仍然需要去把握，在何种意义上，查拉图斯特拉的教义为新的、纯粹狄奥尼索斯式的悲剧打下了基础。

我们从对俄狄浦斯悲剧的进一步思考中得到了一些有用的线索，尼采在《悲剧的诞生》中淡化了这一点。其中有两个方面特别值得注意。首先，俄狄浦斯的生命是悲剧性的，是因为他注定要有一个悲惨的结局。其次，这个悲惨的命运盖上了他自己的决定和行动的印记，非常特别的是，他努力去逃避命运、去过幸福的生活(它们被索福克勒斯叫作ὕβρις[傲慢，过度的自以为是]的东西所驱使)。尼采的关于悲剧生活的狄奥尼索斯的概念也有类似的特征。像俄狄浦斯一样，尼采的狄奥尼索斯式的人注定了要有悲惨的命运，而且也像俄狄浦斯一样，他是在追求美好生活的过程中被逐入这种命运的。不过，也存在重要的区别。

第一，在尼采看来，被逐入命运的原因不再是行为人的傲慢——他确信自己能够逃脱他的命运——而是权力意志。第二，俄狄浦斯的傲慢及其无法逃避的悲惨处境之间的关联，其必然性是**偶然的**，而狄奥尼索斯式的个人的悲惨下场与权力意志的关联，**本质上**是必然的。正是由于偶然的历史环境，俄狄浦斯离开哥林多和他的养父母的决定，才导致他在去底比斯的路上，与他的亲生父亲拉伊俄斯发生了致命的争执。在不同的环境下(比如，当俄狄浦斯还是一个婴儿的时候，如果拉伊俄斯没有试图通过抛弃他的方式来逃避自己的命运)，同样的决定未必会有同样的结果。与此不同的是，一个力量有限的个体追求权力意志，本质上就注定了要被逐入失败的境地。因为权力意志本质上是无法满足的，它会引诱个体去寻找更新和更大的挑战，面对这样的挑战要求花费更大的力量，直到他精疲力尽的那个无法逃避的时刻到来，这时阻碍不再能被克服，而挑战依然摆在眼前。[①] 正是对美好生活的追求，注定了要把狄奥尼索斯式的个人带向的悲惨的命运，这种追求因此 249
最终是要失败的，或者会最终自我毁灭于一场失败的战斗。对这种拥抱命运的人，尼采的查拉图斯特拉公开表达了最深沉的爱："我爱那人，他意愿超出自身而进行创造，并因此毁灭"(Z，Ⅰ17)。

4. 超人

相对于在尼采哲学体系中的突出地位，超人思想在尼采的作品中只有一个短暂的生涯。它仅仅出现在《查拉图斯特拉如是说》一书中，尼采后来也承认这是一个容易引起误解的概念(EH，Ⅲ"查拉图斯特拉如是说"6)。实际上，对它的阐明让一代又一代的学者头痛不已。我在这里会把自己局限在一个适度的抱负上，也即是，展示这个概念按照权力的伦理观，按照阻碍的克服被赋予的价值，是如何得到一种极其自然的解释的。

我从尼采自己对这个学说的陈述开始：

> 我来把超人教给你们。人类是某种应该被克服的东西。为了克服人类，你已经做了什么呢？迄今为止，一切生物都创造了超出自身之外的东西；而你们难道想成为这一洪流的退潮，甚至倒退到野兽，而不是克服人类？对于人类说，猿猴是什么？一个笑柄或一个痛苦的耻辱。而对于超人来说，人也

① 这种解释毫无疑问还是试验性的。当然，一些人有可能从未遇到过他们不能面对的挑战。比如，他们可以选择改变他们选择面对的挑战的质来规避自己的力量在量上所受到的限制。或者在遇到一个不能克服的阻碍之前，他们已经死掉。然而，我们应该假定尼采表明了一种观点，这种观点是关于被赋予有限力量的个体追求权力的内在逻辑的。对于这些个体来讲，不可避免最终要失败的前景至少是非常现实的。

> 恰恰应当是这个:一个笑柄或一种痛苦的耻辱……
>
> 看哪,我来把超人教给你们。超人是大地的意义。让你们的意志说:超人**是**大地的意义!我恳求你们,我的兄弟们,**忠实于大地吧**,不要相信那些对你们阔谈超尘世希望的人！[1]
> (Z,序言 3)

先不提进化论,这个学说的主要思想是足够清晰的。超人是“大地的意义”,因为它代表了这样一个理想,对它的追求让我们不需要否定尘世的生活,相反,是让我们去肯定它。而且这个理想是一个“克服”的理想:“所有生命的秘密”是“为权力和更多的权力而战……甚至表现在美的问题上也是如此”(Z,Ⅰ7)。

保持对尘世生活的忠实,因而就会迫切要求新的“克服”,这明显表示要克服我们人类当前的状态。这才是伟大之所在:“人身上伟大的东西正在于他是一座桥梁,而不是一个目的,人身上可爱的东西正在于他是一种**过渡**和一种**没落**”(Z,序言 4)。[2] 要理解超人思想的意义,注意查拉图斯特拉对它的态度的一个特点是至关重要的,这是一个很奇怪的特点,而人们对这个特点的忽视同样不
250 可思议。那就是查拉图斯特拉没有公开表达对**超人**本身的爱。他反而把自己爱的表白指向了一长串的人物,他们用各种方式,**渴望超人和为超人的到来铺好了路**,但他们本身不是超人(引文出处同上),而且那些渴望超人的人正好是那些投身于克服,包括最终克服他们自己的人:换言之,是意愿权力的那些人,那些“创造者”们。

查拉图斯特拉正是这样总结他的爱情宣言的,它非常恰当地出现在名为“论创造者之路”的这节里:“我爱那人,他想要超出和超过自身而进行创造”(Z,Ⅰ17)。在传授超人的过程中,他没有

---

① 译注:译文参见尼采,《查拉图斯特拉如是说》,孙周兴译,第 9—10 页。

② 同上,第 13 页。

给出一个我们应该去达到的明确目标。他为克服代言，在某种意义上，克服本质上就是超出自身而进行创造。渴望超人是投身于创造性的生活本身所蕴含的东西。尼采从来没有给超人提供实质性的特点，因为它代表了个人的不明确的、永远回撤的形式上的目标，这样的个人由于致力于追求权力，永远在寻找新的挑战来面对，永远都在寻找新的障碍来克服。①

二、虚弱和否定生命

1. 怨恨

在第一章中，我注意到尼采虽然把虚无主义看作一个哲学问题——它是“我们的最高价值的逻辑结论”——他也把它描述为“生理上的颓废的表现”，或“一种疾病，衰退的信号，一种特质”（WP 38；参见 TI，Ⅱ 1）。这两种主张表面上的冲突将会消失殆尽，一旦我们考虑到否定生命的那些最高价值——虚无主义是它们的逻辑结局——本身就是生理衰退的结果，或者是被尼采通常叫作“虚弱”的东西的结果（GS 48，370；WP 44）。虚弱本身不是颓废，但它是颓废的根源，颓废的最极端的形式就是虚无主义。

在这个世界之外还有另一个形而上的世界，这种想法是一种软弱的诡计：“总的看法：是厌恶生命的本能，而不是生命的本能创造了‘另一个世界’。因此，哲学、宗教和道德都是颓废的症状”（WP 586），而发明另一个世界的动力源自于，想要摆脱我们这个世界的无法避免的痛苦：“正是痛苦和无能创造了全部的彼岸世界——以

---

① 因此，我不赞同 Clark（1990），他认为超人学说代表了尼采思想中否定生命的残余，它意味着对“尘世”生活的逃避：“他的让超人成为我们人生的意义的要求，是把人生视为一种需要克服的东西”（第 273 页）。根据我提出的观点，说超人是生活的意义的时候，说的是克服阻碍本身就能让人生值得度过，而不是要达到某种超出人类生活的特殊状态。

251 及那种唯有那些受苦最深的人才能经验到的幸福和短暂的疯狂。想以一跃,致命的一跃达到终极的疲倦,一种可怜的、无知的甚至不再意愿的疲惫:这创造了所有神和彼岸世界”(Z,Ⅰ3)。[①]

尼采非常直接地抹去了不仅仅是针对痛苦,更准确来说是针对痛苦和“无能(Unvermögen)”而产生的关于来世的虚构。由于他使用的**痛苦**(suffering)和**烦恼**(pain)在某种程度是上可以互换的,所以他要么可能是在说我们的欲望因受到阻碍而得不到满足,由此产生不快,要么仅仅是在说由需求产生的不快,需求本质上包含了一个欲望,而这个欲望要得到满足,可能就会要求遇到阻碍。对那些不能克服这种阻碍和“不想再意愿”的人来说,烦恼和痛苦变得无法忍受,并导致他们去渴望另外一个世界,“一个在其中没有痛苦的世界”(WP 585;参见 GM,Ⅲ 28)。虚弱者的这种命运上的举动因而是一种**价值重估**的行动。确实,形而上的另外一个世界的概念和与之相关的上帝的概念,仅仅是这种重估的表达,更准确地讲,仅仅是对这个世界的生命的贬低的表达:“‘上帝’概念被发明出来了,作为生命的对立概念,——在其中一切有害的、有毒的、诽谤性的东西,反对生命的针对死亡的敌意,都被纳入到一个可怕的统一体中了!‘彼岸’概念、‘真实世界’概念被发明出来了,为的是贬低那个真正存在的唯一的世界——为的是不给我们尘世的实在留下任何目标、理性和使命!”(EH,Ⅳ 8;参见 TI,Ⅸ 34;A 18)

虚弱者因为不能克服痛苦而贬低它,或者是贬低引起痛苦的阻碍和干扰。与此相反,“充裕的力量想要创造、痛苦和沉没”(WP 222)。因此,虚弱者贬低痛苦的同时,也贬低权力意志。然而,单单是虚弱还不足以解释对其使得人们达不到的目标的贬低。虚弱也可能恰好引起顺从。要引起贬低,需要其他的与虚弱结合

① 译注:译文参见尼采,《查拉图斯特拉如是说》,孙周兴译,第13页。

在一起的心理特点，它们一起导致了一种独特的心理机制，尼采称之为**怨恨**："想象另外一个更有价值的世界，表现了对这个令人痛苦的世界的怨恨：在这里，形而上学家反对现实性的怨恨是具有创造性的"(WP 579)。

《道德的谱系》对怨恨及其对评价的影响作了细致的分析，通过提炼出"主人"、"高贵者"类型的人和"奴隶"类型的人的区别，尼采开始了自己的分析。有关这两种类型的人的区别，他在之前的 252
著作中已经介绍和发展(HH，Ⅰ45；BEG 260)。从早期的描写中，我们知道高贵的主人把某些形式的优越性看作是自己的自然权利："高贵的人的觉得他们属于一个更高的等级"(GM，Ⅰ5；参见 6；BEG 257—258)。然而，尼采对"主人"概念和"奴隶"概念的使用是模糊的。它们现在既表示社会政治的范畴，也表示性格类型。在社会政治的意义上，高贵的主人以贵族的身份渴望**政治上的**优势地位，但我们会看到，他们重视政治权力对他们拥有高贵的特性不是本质性的。尼采让我们清楚地认识到，高贵作为一种**性格**类型，"在此是与我们相关的问题"(GM，Ⅰ5)。① 相应地，我将把主人和奴隶的社会政治范畴仅仅看作是某种基本心理学观点的例证，这种心理学的观点用同样的概念去表示特定的性格类型。

对早期的贵族和奴隶的区别，《道德的谱系》增加了一个新的和关键的提炼：他认为，**在**高贵的等级**内部**，有两个群体争夺政治上的优越地位，即"武士"和"祭司"。先撇开这个例子的历史合理性不管(尼采提到了罗马"武士"和犹太"祭司"类型的人之间的战争[GM，Ⅰ16])，我想从中提取出一些有关它们的心理学方面的信息。重要的事情是，祭司在生理上是"虚弱"和"不健康的"，他们

① 这个事实产生的一个结果值得注意。例示了一种性格类型的行为主体的社会政治困境可能(但不需要)有助于他发展这种性格。从社会政治的立场来看，奴隶很有可能会形成贵族的品格。

被武士的“强健的身体”和“满溢的健康”所击败,因此形成了一种普遍的“无能”[Obnmacht]的意识。这个例子的一些特点需要强调一下。

首先,身体上的力量和软弱的显著性是尼采例子中偶然性的一面。祭司的软弱创造出了无能的感觉,仅仅是因为他们认为这种软弱要为他们在政治上失去的优势地位负责。高贵的武士好像总体上在智力方面是有缺陷的,或无论如何在这方面都不如他们的对手——祭司(GM,Ⅰ7),但这没有引起一种无能的感觉,因为他们不认为这种缺陷会让他们没有能力实现自己的价值——事实上,他们似乎根本就不把这种缺陷看作一种弱点。然而,在不同的情形下,我们没有理由认为,无能的感觉不能被智力上的不足所产生,而总是被身体上的虚弱所产生。[1]

其次,无能的感觉不是偶然的命运的反转所导致的一种暂时
253 状态。毋宁说,它已经成了一些人自我评价的本质特征:这些人认为自己的虚弱无可救药,而不是暂时失去了他一直拥有的力量。尽管尼采在这个问题上的观点不清晰,他对怨恨的分析似乎是建立在祭司相信他已经尝试一切办法去重获权力,并且失败了的基础之上。相应地,他不是把自己的失败看作意外的挫折,而认为是本质上无能的证据(GM,Ⅰ6),正是由于这个原因,他们的无能好像才被认为是“无可挽救的”(GS 359)。这样一来,这阻止了他们采取进一步的努力去恢复政治权力的尝试。

最后,祭司明显不能接受他的无能。虚弱没有根除他的“统治

---

① 尼采明确认为基督教的某些形式(可能是信仰主义的一些变种)包含了对理智的美德的谴责,而这正是源自于理智上的无能(参见 A 52 及以下;GS 359;WP 154)。因此,根据不同的环境,怨恨有可能会产生极为不同的各种价值重估。这也表明了两种权力观念的重要区别。在那个例子中,尼采提到了政治权力,但产生怨恨的无能表示没有能力获取人们想要的东西,不管它是政治权力,还是其他目的。在《道德的谱系》的第一篇论文中,政治权力的例子在鼓励人们根据控制和支配来解释权力方面确实发挥了重要的作用,对此,我在第三章进行了批判。

欲望”，而仅仅是“压制”了它并使得它“更加危险”（GM，Ⅰ6）。①此外，不是像顺从的情况那样使欲望平息下来，祭司对战胜他的对手——武士们——所怀的怨恨“增大到了无以复加和难以理解的地步”（GM，Ⅰ7）。

从对尼采的例子的概观中，我们可以汇总一下怨恨的基本特征。它是一种“被压制的复仇”状态（引文出处同上），由下列因素的组合而产生。首先，“怨恨的人”想过某种他认为最有价值的生活：因而作为主人等级的一部分，祭司想获得政治上的优势。其次，他认识到自己完全没有能力去实现这个愿望：他被自己的虚弱所“抑制”。但是，这是第三个因素，他保持着自己的“傲慢”或“统治欲望”（GM，Ⅰ6），或者，像尼采所说的那样，他的“权力意志”依然“完好无损”（GM，Ⅲ 15；参见 GS 359）。他仍然致力于追求政治上的优势，换言之，他不能听任自己没有能力去实现它。

使怨恨与其他相关的态度区分开来正是第三种特征。“怨恨的人”的灵魂，被他想要去过他看重的生活的欲望和他相信自己无法满足这个欲望之间的巨大张力所撕裂。但是，这种张力会引发各种不同的态度。我能想到两种可以明显减轻这种张力的方式，怨恨都不同于它们。

首先，确信自己无能的人可以让自己顺从这个事实。这样的顺从可以是很彻底的：它不只是放弃了一种自己珍视但觉得没有能力去过的生活方式，然后去接受另外一种他认为具有同样价值的生活方式，而是放弃了他最想要的那种生活，接受了这种不可挽回的失败所带来的耻辱或彻底的心灰意冷。祭司心理困境的一个重要特征使得他们不可能接受政治上的劣势。作为高贵等级的成 254

① 正如我们马上就会看到的那样，尼采大体是在弗洛伊德的意义上使用“抑制（repression）”的概念，按照弗洛伊德的说法，被抑制的状态变成了无意识的，但并没有停止发挥心理上的影响。

员，祭司期望享有政治上的优势。期望，就像我在此背景中对这个概念的理解那样，与行为者对自己的评价有本质上的关联。行为者相信某种生活是值得过的，但是却不敢奢望能过上那样的生活，因为他对自己、自己的能力和身份的评价都非常低。这就是奴隶的态度："根本就不习惯去为自己设定价值，除了他的主人给他们贴出来的价值之外，他没有给自己标上任何其他价值"（BEG 261）。就这样，奴隶接受了主人对贵族生活的高度评价，并且也接受了他们对他的贬低，因此决不不敢奢望主人所看重的那种生活。典型的奴性态度是顺从于一种毫无价值的生活方式，但祭司是高贵的，像其他高贵的人一样，他们"觉得自己属于一个更高的等级"（GM，Ⅰ5）。对他们而言，接受自己的无能和低下在实践上是不可能的，因为这与他们最基本的期望正好是相冲突的。①

另外一种显而易见的解决这种张力的方法，是采取一种我称之为反思性重估的方式，去重估那些我们没有能力满足的欲望。当我们经过反思而认识到，某个欲望不是真的值得去追求，我们就会反思地放弃那个欲望。在这种情形下，欲望的挫败仅仅是对它进行重估的一个契机（而不是基础）。根据其他的我们赋予更高价值的欲望，它得到了诚心诚意的辩护。然而，《谱系》中的祭司可以说不能反思地放弃那些高贵的价值。对此的解释可能是，确实再也没有更好的生活方式可以供他反思。反思的重估，就像刚刚说过的那样，归根到底是由对行为者的价值体系而言最核心的那些价值所引导的（因此，反思地放弃最为困难）。我们可以认为，在尼

① 引入期望的概念是为了解释，为什么祭司和奴隶对他们没有能力满足的欲望这件事作出了不同的反应，尽管他们的欲望是相同的。个体对自己的评价会助长或破坏他们的期望，所以这种评价必须根据权利感来进行理解，它与"事物秩序"的一般观念有关。祭司希望分享贵族的特质，因为他在某种程度上也该处于那样的"事物秩序"中。也是由于同样的原因，奴隶没有形成这种期望，因为他接受了"事物秩序"的高贵观念。不幸的是，尼采对这种权利感的起源没有作出解释：他只是根据它的在场或不在场来划分不同的心理类型。

采自己的事例中，政治优势是高贵的道德的一个核心期望，所以它不可能成为一个可以在反思中加以摒弃的目标：毕竟，当发现其他价值与它不相容时，它通常是对那些价值进行修正的标准。

“怨恨的人”，尼采事例中的祭司，用我刚刚描述的那两种显而易见的方法中的任何一种，都无法缓解他对政治优势的渴望和他无力满足它的感觉之间的紧张关系。那么，对于被怨恨煎熬的敌人而言，还有什么解决办法呢？尼采写到，祭司“对敌人和征服者的反对，最终不是通过别的，而是通过对他们的敌人的价值进行彻底的重估得到了实现，也就是说，通过一个最精神性的复仇行动。 255
仅此一点，就与一个祭司化的民族是相吻合的，这个民族把潜藏得最深的复仇欲望表现出来了”(GM，Ⅰ7)。因此，“怨恨的人”采用了一种相当奇特的重估方式，我将其称之为怨恨的价值重估。①

一个首先想得到政治权力，但又因失败而失去它的人，很自然就会把复仇作为一种恢复他的被挑战了的地位的方法。然而，在“怨恨的人”这里，复仇欲望被“压制”或“潜藏”(GM，Ⅰ7；参见10)。压制的缘由是无能的感觉：尼采写到，怨恨是“是无能的自我欺骗”(GM，Ⅰ13)。在我们正在讨论的例子里，复仇欲望的压制实际上源自对政治优势的追求的压制。

必须小心地将压制与控制或根除这种欲望区分开来，因为这种欲望可能由反思性的重估所支配，而且也必须将压制与放弃区分开来，这是一个人接受自己没有能力满足这个欲望所蕴含的态度。压制，正如尼采所理解的，是有欲望的人的最终妥协，他认为自己无法满足欲望，但是既没有因此(反思地)放弃它，更没有接受自己的无能。这种压制的后果，或者更确切地说，是它的表现形

① 我已经假定尼采的祭司是“怨恨的人”的化身。这是有争议的，因为不止在一个场合，尼采宣称怨恨的重估是“奴隶的反叛”(GM，Ⅰ10)。然而，我相信“奴隶在道德上的反叛”是尼采的祭司的工作，也相信他在祭司类型的人和怨恨之间看到了一种深厚的亲缘关系。我在自己的著作中为这个主张进行了辩护。

式，是“怨恨的人”对他感到无法实现的欲望的重估。因为怨恨的价值重估的概念相当复杂，我发现将其和某些与之紧密相关的现象进行对比，这种复杂性就会得到阐明，但又必须将其和这些现象区分开来，这些现象也就是所谓的酸葡萄的重估和反思性的重估。

乍一看，怨恨的重估似乎类似于伊索寓言中著名的狐狸和酸葡萄的故事所展示的那种。[①] 由于摘不到自己觊觎的葡萄，狐狸试图说服自己葡萄是酸的，因而他根本就不想要它，想通过这样的方式来让自己摆脱挫败感。尼采对祭司的复仇的精神特性的强调可能被理解为祭司是在模仿狐狸。他或许会告诉自己，武士在身体上的优势并不构成真正的权力。“我没有发动战争”，我们可以想象他这样宣告，“因为身体上的优势不是真正的权力的标记，真正的权力毋宁说是在精神的成就上”。在这种情况下，祭司不会改变他的欲望，他也不会相信自己不能最终满足它。他的重估只关心什么会带来那样的满足：不是所有葡萄都是甜的，因此也不是所有权力都是“真正的”权力。尽管在要满足什么样的欲望上面，他没有被欺骗，但对
256 于什么会满足和不会满足他的欲望，他可能会受到欺骗。

然而，实际上，祭司的重估比狐狸要激进得多。由于败在武士的手下，他完全否认政治优势的价值。根据同样的原因，他还谴责所有有助于获得和维持它的态度，即统治欲、傲慢、憎恨、嫉妒、复仇欲等。换言之，价值本身被改变了。如果狐狸来模仿这样的重估，它不会说葡萄是酸的，而会说甜本身是邪恶的。用这种观点进行重估，对于什么将会满足他对优越感的追求，他不再会被欺骗，因为他既然贬低了这种欲望，那么没能满足这种欲望对他而言就不再重要了。如今，他认为优越于自己同类是一个没有价值的目标，反而开始去宣扬邻人之爱和政治平等的价值。

尽管对于怎样完成自己的抱负没有受骗，但祭司还是被欺骗

---

① 关于这个对比，我要感谢 Scheler(1961)。

了，这次是关于什么是他真正的抱负。因为他对政治上的优势的贬低不是反思地放弃它。不同于反思性的重估，怨恨的价值重估不是被理性的认知——认识到某些特性，比如政治上的优势，确实不具有迄今为止赋予它的价值——所激发出来的。相反，它是由“**怨恨**的人”与政治优势相关联的方式驱动的：他想要它，但觉得没有能力去拥有它，而且又不能接受自己的无能，尤其是也不能接受由自己的无能带来的耻辱或挫败感。尼采的主要洞见在于，他在**怨恨**的价值重估中看到了缓解这种紧张关系的策略。

本质上，通过贬低他认为自己无论如何都实现不了的抱负，价值重估减轻了“**怨恨**的人”无能的感觉：“被压迫者，被践踏者，被激怒者出于无能者的复仇的狡诈而互相劝告说：‘让我们不同于恶人，让我们成为善人！善人就是不会发怒的人，他不伤害任何人，不攻击别人……’，如果冷静而不带先入之见地仔细倾听这样的话语，这无非是在说：‘我们软弱者确实软弱，如果我们不做任何在**它面前我们还不够强大到可以做的事情**，这就是善。’”（GM，Ⅰ 13）。

就像这段话清楚地表明的那样，**怨恨**的价值重估旨在证明他自己眼中的“**怨恨**的人”清白无辜，旨在采取将自己的软弱当作德性的方式，来消除他的无能感所带来的耻辱。只有当他充分采纳和内化这种新的价值，并实际上根据它们的成功实现来界定他的存在意义的时候，这个重估大概才有效地发挥了这种作用。在这一点上，尼采的论述给我们留下了两个困难。第一，我们需要一种 257
解释，来解释一个行为者首先想要什么东西的方式，比如政治权力，但觉得完全没有能力得到它，就可能会接受正好相反的价值观，并根据这些价值观重新定义自己。第二，尼采的观点表明，“**怨恨**的人”实际上没有放弃自己过去的对政治权力的追求，而是把贬低这个追求作为一种迂回的、殊死一搏的策略去重新实现自己的抱负。

除了诉诸人类似乎拥有的欺骗自己的超强能力，尼采对第一个困难没有给出明确的答案,但其中包含的心理机制可能非常复杂。首先,沮丧所产生的心理紧张可能会达到一个阈值,在此阈值上,它会触发一种逆适应性偏好的形成机制,而这种机制正是为了缓解这种心理紧张而设计的。[①] 逆适应偏好的形成呈现出不同的形式。比如,它可能包括不再偏爱自己不能拥有的东西,而去偏爱能拥有的其他东西。对尼采来讲,怨恨培育出一种特殊的逆适应,对此,他是根据否定的至上性来描述的:“奴隶道德从一开始就对‘外在’、‘他者’、‘非我’加以否认,这种否认就是奴隶道德的创造性行动。这种颠倒的价值目标的设定……是怨恨的本质”(GM,Ⅰ10)。[②] 它不仅包括放弃某人得不到的偏好,还包括开始偏爱它的对立面——例如,平等和邻人之爱,而不是政治上的优势。第二,这种新的偏好要求行动有一个辩护性的自我理解的需求,这包括把自己的目标评判为有价值的,从而把自己的偏好合理化。[③]

为了充分有效,怨恨的价值重估要求行为者完全内化他所创造的新价值。然而,正是由于这样做,产生了一个严重的问题,因为尼采论述的一个重要方面到现在我还没有提及。他认为对政治权利的怨恨的价值重估有一个策略性的目的:意在让祭司重新获得他们输给武士的政治权力,并且觉得不这样做就达不到目的。实际上,他把因权力本身而被挫败的欲望看作是价值贬损背后的驱动力:“你们这些平等的说教者啊,是那种昏聩无能的暴君式疯狂,就这样从你们口中大呼‘平等’,你们最隐秘的暴君式欲望就这样在德性的话语里伪装起来。苦恼的狂妄,克制的嫉妒……作为
258 火焰,以及复仇的疯狂,从你们身上爆发出来”(Z,Ⅱ7;参见 GM,

① 关于逆适应偏好形成的机制,参见 Elster(1983);还有对关于尼采自欺机制的观念的研究,参见 Bittner(1994)。

② 译注:译文参见尼采,《道德的谱系》,梁锡江译,第 79 页。

③ 我把这种报复性的自我理解的想法归功于 Wallace(即将出版)。

Ⅲ 18,“论这个欲望与同情的估价之间的关系”)。[①]

根据这一策略性的解释,怨恨的价值重估将建立在这样一种矛盾的希望之上,即从受到挫败的欲望转向追求截然相反的价值观,这最终会以某种方式带来那些欲望的满足:“这些弱者——也想有朝一日成为强者,毫无疑问,他们的王国有一天也会到来”(GM,Ⅰ 15)。怨恨的价值重估因而是祭司满足自己追求政治优势的方法,尽管他确信自己没有什么可以用来满足这个欲望:“弱者表现出某种形式的优越,他们的本能渴望找到可以对健康者施暴的秘密路径——在哪儿不能发现这种最软弱的人的权力意志?”(GM,Ⅲ 14)因此,尼采可以简要地概括出怨恨的价值重估的独特性质:“高明之举:否定和谴责他的驱动力的表现,方法是不断地通过语言和行动来表现这种驱动的对立面——”(WP 179)“怨恨的人”宣称根据某些理想而行动,但事实上,驱动他的不是这些理想,而是那些他声称与这些理想的实现相矛盾的欲望。怨恨所激发的政治优势的贬值,原来是重新获得这种优势的最后一搏。

这种对怨恨的价值重估所作的策略性的解释,面临很多困难。一方面,要么这些祭司从未真正相信他们不能满足自己追求政治优势的欲望,因此不需要压制它。为了让他们的对手——武士——感到良心不安,他们反而只是假装拥护爱和平等这些对立面的价值,借此重新去占领上风。但是,我们很难明白,根据这种观点,他们怎么能够期望武士们对这些新价值有足够的重视,并以此来让自己不安。[②] 另一方面,要么祭司们(或许)相信,只有他们

① 译注:译文参考尼采,《查拉图斯特拉如是说》,孙周兴译,第 155 页。

② Wallace(即将出版)提出了这一观点,并提出了与怨恨重估的“策略性解释”相关的反对意见,此外,根据对怨恨所做的报复性合理化(怨恨,是奴隶们感觉自己从结构上被剥夺了那些他们想要的东西时,对那些拥有这些东西的人产生的态度),他还提出了一种微妙而有趣的作为替代的“富有表现力的解释”。与 Wallace 相反,我自己的解释(1997)强调重估的作用在于减轻羞耻感和挫败感。

自己完全内化了这些新的价值,才能诱导武士们去重视它们:用确信去培育确信。然而,假如这种策略的变种成功了,祭司们设法重新获得了政治上的优势(这点他们最终做到了:见 GM,Ⅰ16),那么他们现在必然会发现,他们不可能心安理得地享受这种优势,因为这种策略受到他们所内化的新价值的明确谴责。实际上,正是这种价值重估的成功使得其在策略上是无意义的:一旦他们放弃
259 了政治优势的价值,祭司们就没有理由把这种重估作为去重新获得它的策略。这些困难(以及与之相关的其他困难)让我倾向于认同这个观点(经常被尼采本人强调),就是根据这个观点,祭司才开始确信自己的无能,并借助价值重估让自己从耻辱或挫败中获得安慰。

2. 禁欲主义的理想

《道德的谱系》第一篇论文对怨恨的分析局限在"祭司"和"武士"争夺政治权力的特殊事例上。不过,尼采在第三篇论文中讨论了对这种方法的更宽泛的运用,总体上是与否定生命的价值关联起来讨论的。表达否定生命的理想是"禁欲主义的理想",尼采把禁欲主义理想与工具性的禁欲主义作了区分。工具性的禁欲主义仅仅是为了在其他方面得到满足的缘故,剥夺了自己某些方面的满足。比如,这是哲学家的典型特征,他们为了得到进行哲学探究的最佳环境,必须避开某些舒适的东西,但他们"不否定'存在'"(GM,Ⅲ7)。与之相反,禁欲主义理想主张对这个世界中的存在进行全面的贬低。

> 这里处在争议之中的是禁欲主义的祭司强加给我们的价值估价:他把生命(以及与此相关的"自然"、"世界",即充满生成与变化的整个领域)与一种完全不同的存在并排在一起,而生命是排斥和反对这种存在的,除非生命会反对自己,否定自己。在此情况下,即在禁欲主义生活的情况下,生命被当作通

> 往另外一种存在的桥梁。禁欲主义者把生命当作一条错误的道路，人们最终会迷途知返；禁欲主义也把生命看作是一个错误，人们会通过行动去反驳它——我们**理应**让它回归正途。(GM，Ⅲ 11)[①]

这种贬低是被一种极端形式的怨恨所驱动的：

> 因为禁欲主义的生命就是一种自相矛盾：支配这里的是一种独一无二的怨恨，这怨恨乃是一种不知餍足的本能和强权意志的表现，它不是想要统治生命中的某种东西，而是要想统治生命本身，统治属于生命本身的最深刻、最强健、最深层的条件；这里进行的是这样一种尝试，即用力量去堵住力量本身的源泉；在这里，阴险和怨毒的目光总是瞄准了生理学生的茁壮繁荣。尤其是瞄准了这种茁壮繁荣的表现、美、快乐。……这一切都是最极端的自相矛盾：我们在这里面对着一种分裂，一种**自愿的**自我分裂。当这种分裂的自身前提，即生理上的生命能力**减弱**时，分裂就会在这种痛苦中**享受**自己，甚至在一定程度上变得越来越自信和得意。[②]（引文出处同上） 260

就像出于怨恨的任何一种价值重估一样，禁欲主义理想的立场是复杂的。它不是反思地抛弃自己谴责的价值，比如，"斗争"的价值、对抗阻碍和痛苦的价值——在尼采的那个术语的特殊意义上的权力的价值："如果有某种东西是非福音的，那就是英雄的概念。一切搏斗、一切战斗感的反面恰恰在这里成了本能：无能于反抗在这里成为道德（'不抗恶！'是福音书中深刻的话，在某种意义

---

① 译注：译文参见尼采，《道德的谱系》，梁锡江译，第182页。

② 同上。

上是福音书的钥匙），成为了和平，温顺以及**无能**与人为敌的极乐”（A 29；参见 30—35；GM，Ⅰ 14）。[①] 最终，禁欲主义理想表示对某种形式的幸福的渴求，即“无能者以及受压制者层次的幸福，他们这些人感染了有毒的和仇恨的感情，这些感情很快就消极地表现为麻醉、眩晕、安宁、自由、‘安息日’、修养性情和伸展四肢等”（GM，Ⅰ 10）。对那些缺乏力量去克服它的人而言，痛苦是不可接受的，只有完全没有痛苦的生活是才值得度过的。

尼采因此在他的**怨恨**分析的基础上，展示了对痛苦的虚无主义的谴责怎么会是弱者们的诡计。然而，禁欲主义并不想成为虚无主义的源头，而是想成为避免虚无主义的策略。它被发明出来，是为了让弱者的生活具有价值，因为它给他们的痛苦赋予了一个意义：“痛苦的无意义，而不是痛苦，构成了长期压抑人类的诅咒——**而禁欲主义理想给人类提供了意义**！在它这里，痛苦得到了**解释**，巨大的空白似乎得到了填补，通往自杀型的虚无主义的大门被关闭了”（GM，Ⅲ 28）。而且根据这种“道德世界观”，此生不可避免的痛苦被理解为一种判决，为这种判决服务，我们将会达到“另外一种非常不同的存在方式”，一种让我们摆脱痛苦的存在方式。在这种背景中，尼采反对禁欲主义，不是因为它产生于怨恨，而是因为它无法实现自己预期的目的。例如，在表现为无条件的求真意志的形式的情况下，它最终导致其拥护者怀疑上帝和另一个形而上的世界的观点（GM，Ⅲ 27），而没有了上帝和形而上的世界，“自杀型的虚无主义”将是无法避免的。

3. 尼采的“**博爱**”

我相信我们可以利用尼采对否定生命价值的心理根源所做的
261 研究，来阐明他的伦理观中最令人困惑的那些看法。在一段重要的话中，尼采根据权力的概念重新定义了何为好的生活。他用一

---

① 译注：译文参见尼采，《敌基督者》，余明锋译，第 246 页。

个令人不寒而栗的宣告对这段话进行了总结:“弱者和失败者应当灭亡:我们的博爱的第一原则。人们还应该帮助他们去这样做”(A 2)。我不打算为这段话进行全面的辩护,但我相信,如果把这段话放在我们前面讨论过的语境中,它可能就不会像看起来的那样冒犯人。

为什么尼采会认为帮助弱者去死是“博爱”的表现?最常见的解释认为,弱者通过说服强者去拥护同情和仁慈的道德而使他们腐化,而这些道德与对最伟大的成就的追求是相冲突的。在这种情况下,他的那种博爱针对的是人类总体,或者至少是针对尼采所谓的“高等的人”,而且它激发我们努力去达到这样的条件:使最大的强盛和壮丽对那种类型的人在实际上变得可能(GM,前言 6)。尼采确实持这样的观点,但这还不足以说明他要求弱者毁灭的主张是合理的。事实上,有时,他只是主张把弱者与强者隔离开来,从而去达到这个目标(见 WP 287)。

在我提出的另外的解释中,“博爱”不是针对人类总体,或只是针对那些有被弱者腐化的危险的人,相反,它指向弱者自身。帮助他们死亡之所以是博爱的,是因为他们的生活再也没有价值,就算用他们的眼光来看也是如此。一方面,他们委身于一种否定生命的幸福概念,这将不可避免地把他们带入虚无主义的绝望,或者最多让他们完全超脱出来。这种超脱,就算在佛教那里,也让生与死之间的区别变得几乎没有意义。如果他们利用尼采的肯定生命的权力伦理观来争取避免绝望,那么,另一方面,他们的虚弱将会使他们对权力的追求成为不断挫败的根源,从而滋生出更多的绝望:“如果受苦者和被压迫者丧失了他们有权轻视权力意志的信念,那么他们就会进入不可救药的绝望阶段”(WP 55)。事实上,正是这种绝望让他们一开始就否定了权力的伦理观。

无论他们怎么看待它,美好的生活都远离了“弱者和失败者”,并且事实上这就是博爱,而不是残酷或自利,因为这让他们避免了

262 注定要悲惨的人生。换言之,尼采的博爱原则提倡的是安乐死,而非优生学。即便如此,这个观点依然令人困惑,理由与困扰安乐死的反对者的那些很相似。其一,他对安乐死的鼓吹有时似乎是在为一种令人不安的优生计划服务(比如,参见 TI,Ⅸ 36)。其二,他表现得好像经常把虚弱视为“体质”的问题,因而它好像是无药可救的,好像他就是知道一个人那时是“病态的”。就算我们同意他的权力的伦理观,我们可能也会很不愿意认可他对安乐死的赞扬——值得注意的是,这包括对自己实施的“自由死亡……在恰当的时候”(Z,Ⅰ 21)——因为虚弱的概念,或者也被他称为“生理衰退”的东西的概念,涉及到或许是形而上学和认识论的深刻的难题。例如,什么时候一个生理状态形成了无药可救的体质上的缺陷?而且,我们怎么知道,就算还能过一种包含了克服阻力的生活,这样的体质缺陷也排除了过美好的生活的任何可能?因此,虽然我们可能会考虑接受尼采的“博爱”背后的原则,这些形而上学和认识论方面的顾虑肯定将会使我们对它的实际运用施加严格的限制。

不过,我们应该承认这个博爱的原则并不完全是冒犯人的。例如,对某种安乐死的方式的艰难讨论就表明:在特定的条件下,我们会认为生命不再值得继续。尼采只是对什么让人生值得度过的问题,有自己独到的见解,从这种立场出发,他称之为“虚弱”处境排除了这样的生活。

4. 伦理精英主义的问题

尼采的与众不同的“博爱”观,与一个人们有时认为属于他的观点背道而驰。根据这个观点,尼采接受了一种关于好生活或幸福的相对主义。我注意到之前尼采援引过两种类型的人——“弱者”和“强者”,他们分别与性质不同的幸福相关。这可能指向了一种关于幸福的相对主义。对所有人来讲,没有一种生活会被认为是最值得向往的。毋宁说,对于不同类型的人来讲,有不同的幸福观念。

事实上，尼采不只在一个场合强调，对强者来说好的生活，对
弱者则不是，反之亦然(GS 120；BEG 30；WP 287)。他显然不认
同“弱者”的生活方式，他们被他称为“下等人”，但是，他不否认他 263
们会获得某种幸福。如果这是真的，就我对这个术语所作的界定
的意义而言，帮助他们结束生命就很难说是博爱的。然而，我不认
为尼采在幸福的问题上最终是一个相对主义者。他承认有不同类
型的人，但他否认有不同的美好的生活的概念。只有一种幸福，而
他的博爱是建立在深信弱者不能拥有这种幸福的基础之上的。

一方面，他从来没有把人类的好的概念相对化，认为它只适用于这一类型或那一类型的人。相反，他总是谈到人类总体的进步和繁荣，或者“人类可能达到的强盛和壮丽的顶点”(GM，前言 6；第一个和最后一个着重号是我加的)。另一方面，“高等”和“低等”人的区别，还有它们下面的“力量”和“虚弱”的范畴的区别，理解为过好生活的两种能力的对比会更加合理，而不应理解为不同类型的美好生活的对比。特别是与那些强大的人相比，那些软弱的人没有能力克服阻碍，因此也就无福消受在那种活动中发现的独特幸福。因此，尼采不是一个相对主义者，而是一个伦理精英主义者：对人来讲，只有一种生活是好的，相比其他人，有一些人更有能力过上这样的生活。此外，这种精英主义，使我们相对来讲更加容易理解尼采的这个主张：“道德”是“敌视生命”本身的，而不仅仅是敌视“高等”人的生命。敌视“高等”人，“道德”只会对某种美好的人类生活有害，因为只有高等的人才有能力达到人类的卓越。

不可否认，尼采认为争取对高等人才可能的幸福，对低等人并不好。考虑到他们“生理上的”虚弱，这种追求被证实对他们是不利的，或许甚至是致命的。宣称这种生活不利于他们，好像尼采必须依赖于不同的幸福概念，也即是适合低等人的那种幸福概念。尤其是有两段话经常被援引来支持这种伦理相对主义。第一段话

出自《善恶的彼岸》,关注的是尼采的“未来的哲人”:“但是,他们肯
264 定不是独断论者,如果他们的真理被认为是每个人的真理——这一直以来都是独断论的野心所怀有的隐秘愿望和暗中含义,这肯定会冒犯他们的自豪,还有趣味。‘我的判断就是**我的**判断’,其他人无法轻易地得到它——这种未来哲学家在谈到自己的时候可能会这样说。”(BEG 43)

读这段话的时候,很容易认为它主张某种形式的相对主义。没有面向“所有人的真理”,那么对不同类型的人来讲,可能就会有不同的“真理”。不过,这一节的末尾部分提供了一种非常不同的解释:“最后,事情必定一如既往,过去如此,现在如此,将来也必定如此:伟大的事物为伟人而设,深渊为深沉之人而设,细微和震动则为文雅之人而设,概括起来就是:一切稀罕之物,都是为稀有之人而设。——”(引文出处同上)。当尼采主张没有面向所有人的真理的时候,他的意思不是没有普遍的真理,而是不是每个人都“配享”真理:“伟大的事物为伟人而设”。[①] 就像他在相邻的节中不断强调的那样,每个人都知道真理不是什么好事,但这丝毫也不会让真理的真理性有所减少。

第二段话对相对主义的认同似乎更加清楚:“我的哲学旨在确立等级的秩序:不是确立个人主义的道德。畜群的观点掌握在畜群手中——但不应该超出这个范围,畜群的领导要求他们自己的行动有一种与其他人根本不同的价值,特立独行者,‘食肉动物’等也是如此”(WP 287)。初看之下,这段话好像是在主张按照对高等人有利的法则去生活,对低等人实际上没什么好处。这好像又与精英主义不相容,因为它蕴含了这样一个假定:主张按照对高等人有利的法则去生活,对低等人不利的时候,尼采肯定是依赖了适合低等人的、不同的善的概念。例如,真实性对低等人有害无益,

---

① 译注:译文参考尼采,《善恶的彼岸》,魏育青译,第 43 节。

因为那一类型的人的善很可能会在真实性面前灰飞烟灭。

然而，这个假定是错误的。对于特定环境中的某些特定类型的人来说，对真实性力不从心的追求很可能会在根本上破坏他们把握任何真实性的可能。例如，知道真理，对特定环境中的某一类人来说，会给他们带来心理上的大灾难，以致严重损害了他们成为真诚的人的能力。换言之，正是求真的理想，以及对人的类型和环境这些事情的考量，给对它的追求施加了约束。“你知道吗”，尼采
曾经这样问，“如我要继续让自己拥有我的真理的丰富性，我还需 265
要经历多少错误?”(HH，Ⅰ，前言 4)。因此，考虑到关于人的类型和环境的事实，美好生活的某种观念可能需要对追求自己的人加以限制。要理解这点，不需要借助有关美好生活的不同设想。

三、结　论

对生命的肯定源于对虚无主义者的否定生命的价值进行重估。最后，我们必须面对一个还未解决的问题：这个价值重估的成功是肯定的充分条件，还是只是一个必要条件？如果重估是它的充分条件，对生命的肯定就只需要转变看待它的观点即可，而且它也是对生命总体，以及它的必要特征的肯定——因为重估是对生命中“必要的东西”的肯定。尼采著作中的很多段落确实都支持这种观点。例如，想一想下面的笔记：“在这里，我设立了希腊人的狄奥尼索斯，对生命的虔诚肯定，生命整体或部分都没有被否定；(典型例子——性行为激起深刻的、神秘的、让人肃然起敬的感觉)”(WP 1052)。括号里对性的涉及表明尼采使用的“生命”乃是指生命的总体，而不是指某个人特殊的生命。实际上，性冲动通常来讲乃是生命的一个本质性特征：否定生命的基督教对它进行谴责，而对狄奥尼索斯的崇拜赋予它巨大的价值。在尼采的著作中，性的隐喻有时被用作典型的例子来说明权力意志的那种创造性活动。

(例如,见 WP 699)

然而,在他自己的例子中,尼采自己也明确地表示,肯定生命,就是对生命得以展开的特殊的、偶然的方式进行肯定。想一下尼采在《瞧,这个人》一书中的开场白:“我回顾过去,展望未来,从未一下看到过这么多、这么好的事物……《重估一切价值》的第一部,《查拉图斯特拉颂歌》,还有《偶像的黄昏》:我用锤子去从事哲学的尝试——都是这一年的赠礼,事实上是这一年的第四季度的赠礼!*我如何能不对我的整个生命心怀感恩啊?*”(《瞧,这个人》,“隽语”)很明显,在这里,尼采谈到了*他*自己的生活,而且他对自己生命表现出来的特定方式表示感激(比如,它产生了“如此好的书”的事实)。

令人感到奇怪的是,尼采似乎没有为这种歧义所困扰。实际
266 上,他从来没有明确地承认过这种困扰。当然,他可能只是忽视了这件事。不过,我宁愿相信,他从来没有在肯定生命总体和特殊部分之间作区别的原因,一定会在使得这样一种肯定成为可能的那种伦理观那里找到。肯定生命的*总体*就会认识到,它的“迄今为止被否定”的那些必要的方面,是“因为其自身的缘故而值得向往的”。因此,权力的伦理欢迎人生中那些不可避免的痛苦。生命中如果没有阻碍需要克服,没有挑战需要面对,它的存在就是可怜的——也就是说,是一种完全缺乏痛苦的存在。

建立在尼采的权力伦理的基础上的价值重估,基于痛苦是无法避免的理由只是让不否定生命总体成为可能。然而,要肯定人的特殊的生命,就会有更多的要求。克服阻碍的能力本质上是一些偶然因素的作用,比如,尼采叫作行为者的“力量”和“虚弱”的那些东西,或者完成特定的活动的环境,即妨碍活动得以成功完成的障碍的量和性质。因此,成功地克服阻碍和获得力量本质上也是偶然的。在用他的权力伦理观来肯定生命的过程中,尼采实际上主张只有当生命包含了对阻碍的足够多的、真实的*克服*,它才是有

价值的。不论任何被给予的生命所做的是不是属于那个生命的特殊的、偶然环境下的一种作用。归根到底，肯定生命既取决于看待它的总体方式的改变，也取决于它**被经历**的特殊方式。

尼采自己的人生通过很多种方式，特别是通过他践行哲学的方式，向我们展示他主张的肯定生命的理想。就像他设想的那样，哲学的伟大包含着对神圣的和根深蒂固的观点（通常被他叫作“理想”的东西）的挑战，也包含着手去发现思想的新天地。很少有哲学家在这两方面做得比他更成功。他的著作，要么是对往后延伸了数千年的传统展开的激烈争辩，在这种情况下，他必须扮演哲学的“斗士”；要么照亮了通往未被开发的新世界的小路，在这种情况下，他必须成为哲学上的“发现者”。

不管他的哲学的权力意志呈现出怎样的形式，他对自己的生命充满感激之情都不足为奇，否则他就会被疾病和孤独损毁。这同样也一点都不奇怪，他将会用下面这段话来描述自己的探寻工作所带来的一生的回报： 267

> 现如今，我们，寻求理想的阿尔戈船员，用这种方式经历了长途的跋涉，其间，我们或许是勇大于谋，饱尝了沉船和伤害之苦，我们现在比人们想象的还要健康，这是让人感到害怕的健康，而且我们是一再地恢复了健康。我们为此得到的报偿是：发现了一个广袤无限的新世界——超越所有的陆地，一个理想的彼岸，一个充满华美、奇异、可疑、恐惧和非凡的世界，以致我们无法控制自己的好奇心和占有欲。噢，再也没有别的东西可使我们满足了！① （GS 382） 268

① 译文参考尼采，《快乐的知识》，黄明嘉译，第 382 节。

缩写表

本书对尼采、叔本华和康德的原著的引用采用缩写的方式，并遵循流行的惯例。

尼采著作

尼采著作是按小节编号引用，在适当的时候，也通过章引用。例如，《道德的谱系》第三章第 11 节写成 GM，III 11。对于《查拉图斯特拉如是说》，在适当的时候，我也会在括号内标明次小节编号：例如，Z，III 12[16]。最后，我对尼采死后的笔记片段的引用根据的是《考订研究版》的分类：例如，KSA 14[453]。我按卷号和页码引用该版本的已出版文本：例如，KSA，I，pp. 783—792。

A	《敌基督者》
BGE	《善恶的彼岸》
BT	《悲剧的诞生》
CW	《瓦格纳事件》
D	《朝霞》
EH	《瞧！这个人》
GM	《道德的谱系》

GS　《快乐的科学》

HH　《人性的，太人性的》（第 1 卷和第 2 卷）

KSA　《考订研究版》

TI　《偶像的黄昏》

UM　《不合时宜的沉思》

WP　《权力意志》

Z　《查拉图斯特拉如是说》

叔本华著作

叔本华著作是按小节编号引用的，在适当时候也按卷号引用。由于这些小节可能比较长，所以我还标明了翻译版的引文页码。例如，《作为意志和表象的世界》，第 1 卷，第 57 节，第 312 页，被引用为 WWR，I 57，p. 312。请注意，该作品第 2 卷的章节是采用罗马数字编号的。

BM　《论道德的基础》

FW　《论意志自由》

PP　《附录与补遗》

WWR　《作为意志和表象的世界》（第 1 卷和第 2 卷）

康德著作

康德著作按所谓的学院版的页码进行引用。例如，《道德形而上学基础》，Ak. p. 412 被引用为 GW p. 412。

CPrR　《实践理性批判》

GW　《道德形而上学的基础》

索 引

（本索引所注页码为原书页码）

R

S

参考书目

Primary Sources

WORKS BY NIETZSCHE

Reference edition of Nietzsche's works: *Friedrich Nietzsche: Sämtliche Werke, Kritische Studienausgabe.* Herausgegeben von Giorgio Colli und Mazzino Montinari. Berlin: de Gruyter, 1967–1977.

Note: I mention the approximate date of completion for each of Nietzsche's works.

The Anti-Christ. 1888. R. J. Hollingdale, trans. Harmondsworth, England: Penguin Books, 1968.

Beyond Good and Evil. 1886. W. Kaufmann, trans. New York: Random House, 1966.

The Birth of Tragedy. 1872. W. Kaufmann, trans. New York: Random House, 1967.

The Case of Wagner. 1888. W. Kaufmann, trans. New York: Random House, 1967.

Daybreak. 1881. R. J. Hollingdale, trans. Cambridge: Cambridge University Press, 1982.

Ecce Homo. 1888. W. Kaufmann, trans. New York: Random House, 1969.

The Gay Science. 1882 (Preface and Books, 1887). W. Kaufmann, trans. New York: Random House, 1974.

Human, All Too Human. 1878–1880. R. J. Hollingdale, trans. Cambridge: Cambridge University Press, 1986.

Nietzsche Contra Wagner. 1888. W. Kaufmann, trans. In *The Portable Nietzsche.* New York: Viking Press, 1968.

On the Genealogy of Morals. 1887. W. Kaufmann, trans. New York: Random House, 1969. See also: *On the Genealogy of Morality.* M. Clark and A. J. Swensen, trans. Indianapolis: Hackett Publishing Company, 1998.

Selected Letters of Friedrich Nietzsche. C. Middleton, ed. and trans. Indianapolis: Hackett Publishing Co., 1996.

Thus Spoke Zarathustra. 1883–1884. W. Kaufmann, trans. New York: Penguin Books, 1978.

The Twilight of the Idols. 1888. R. J. Hollingdale, trans. Harmondsworth, England: Penguin Books, 1968.

Untimely Meditations. 1873–1875. R. J. Hollingdale, trans. Cambridge: Cambridge University Press, 1983.

The Will to Power. 1883–1888. W. Kaufmann and R. J. Hollingdale, trans. New York: Random House, 1968.

WORKS BY SCHOPENHAUER

Reference edition of Schopenhauer's works: *Arthur Schopenhauer Sämtliche Werke*. Wiesbaden: Eberhard Brockaus Verlag, 1949.

Essay on the Freedom of the Will. K. Kolenda, trans. New York: Liberal Arts Press, 1960.

On the Basis of Morality. E. F. J. Payne, trans. Providence: Berghahn Books, 1995.

Parerga and Paralipomena. E. F. J. Payne, trans. New York: Oxford University Press, 1974.

The World as Will and Representation, Vols. I and II. E. F. J. Payne, trans. New York: Dover Publications, 1969.

WORKS BY KANT

Reference edition of Kant's works: *Kants Gesammelte Schriften*. Ausgabe der königlich preussischen Akademie der Wissenshaften. Berlin: G. Reimer, 1910.

Critique of Practical Reason. L. W. Beck, trans. New York: Macmillan, 1985.

Groundwork of the Metaphysics of Morals. H. J. Paton, trans. New York: Harper and Row, 1958.

Secondary Sources

Anderson, R. Lanier. 1994. "Nietzsche's Will to Power as a Doctrine of the Unity of Science." *Studies in History and Philosophy of Science* 25(5), 729–750.

———. 1998. "Truth and Objectivity in Perspectivism." *Synthese* 115, 1–32.

Berkowitz, Peter. 1995. *Nietzsche: The Ethics of an Immoralist*. Cambridge, MA: Harvard University Press.

Bittner, Rüdiger. 1994. "Ressentiment." In R. Schacht, ed., *Nietzsche, Genealogy, Morality*. Berkeley: University of California Press, 127–138.

Blackburn, Simon. 1998. *Ruling Passions*. Oxford: Oxford University Press.

Bourget, Paul. 1895. *Essais de psychologie contemporaine*. Paris: A. Lemère.

Carthwright, David. 1988. "Schopenhauer on Suffering, Death, Guilt, and the Consolation of Metaphysics." In E. von der Luft, ed., *Schopenhauer: New Essays in Honor of His 200th Birthday*. Lewiston, NY: Edwin Mellen Press, 51–66.

Clark, Maudemarie. 1990. *Nietzsche on Truth and Philosophy*. Cambridge: Cambridge University Press.
———. 2000. "Nietzsche's Doctrine of the Will to Power: Neither Ontological nor Biological." *International Studies in Philosophy* 32(3), 119–135.
Csikszentmihalyi, Mihaly. 1990. *Flow: The Psychology of Optimal Experience*. New York: Harper and Row.
Currie, Gregory. 2002. "Imagination as Motivation." *Proceedings of the Aristotelian Society*, April 29, 201–216.
Danto, Arthur. 1973. "The Eternal Recurrence." In R. Solomon, ed., *Nietzsche: A Collection of Critical Essays*. South Bend: University of Notre Dame Press, 316–321.
Deleuze, Gilles. 1961. *Nietzsche et la Philosophie*. Paris: Presses Universitaires de France.
Dostoyevsky, Fyodor. 1880/1937. *The Brothers Karamazov*. C. Garnett, trans. New York: The Modern Library.
Elster, Jon. 1983. *Sour Grapes*. Cambridge: Cambridge University Press.
Foot, Philippa. 1973. "Nietzsche: The Revaluation of Values." In R. Solomon, ed., *Nietzsche: A Collection of Critical Essays*. South Bend: University of Notre Dame Press, 156–168.
———. 1994. "Nietzsche's Immoralism." In R. Schacht, ed., *Nietzsche, Genealogy, Morality*. Berkeley: University of California Press, 3–14.
Foucault, Michel. 1984. "Nietzsche, Genealogy, History." In P. Rabinow, ed., *The Foucault Reader*. New York: Pantheon, 76–100.
Frankl, Viktor. 1984. *Man's Search for Meaning*. New York: Pocket Books.
Freud, Sigmund. 1927/1961. *The Future of an Illusion*. J. Strachey, trans. New York: W. W. Norton and Company.
———. 1930/1961. *Civilization and Its Discontents*. J. Strachey, trans. New York: W. W. Norton and Company.
Gemes, Kenneth. 1992. "Nietzsche's Critique of Truth." *Philosophy and Phenomenological Research* 52, 47–65.
Gendler, Tamar Szabo. 2003. "On the Relation Between Pretense and Belief." In Domenic McIver and Matthew Kieran, eds., *Imagination and the Arts*. New York: Routledge.
Geuss, Raymond. 1981. *The Idea of a Critical Theory*. Cambridge: Cambridge University Press.
Gillespie, Michael. 1995. *Nihilism before Nietzsche*. Chicago: University of Chicago Press.
Goethe, J. W. 1965. *Faust*. C. E. Passage, trans. New York/London: Macmillan/Library of Liberal Arts.
Gooding-Williams, Robert. 2001. *Zarathustra's Dionysian Modernism*. Stanford, CA: Stanford University Press.
Granier, Jean. 1966. *Le problème de la vérité dans la philosophie de Nietzsche*. Paris: Editions du Seuil.
Graves, Robert. 1958. *Greek Myths*. New York: Cassell.
Guyer, Paul. 1999. "Schopenhauer, Kant, and the Methods of Philosophy." In

C. Janaway, ed., *The Cambridge Companion to Schopenhauer.* Cambridge: Cambridge University Press, 93–137.

Harman, Gilbert. 1977. *The Nature of Morality.* Oxford: Oxford University Press.

Hatab, Lawrence. 1998. "The Drama of Agonistic Embodiment: Nietzschean Reflections on the Meaning of Sports." *International Studies in Philosophy* 30(3), 97–107.

Havas, Randall. 1995. *Nietzsche's Genealogy: Nihilism and the Will to Knowledge.* Ithaca, NY: Cornell University Press.

Heidegger, Martin. 1979. *Nietzsche.* D. Krell, trans. New York: Harper and Row.

Hill, Thomas. 1992. "Kant's Argument for the Rationality of Morality." In *Dignity and Practical Reason in Kant's Moral Theory.* Ithaca, NY: Cornell University Press, 97–122.

Hollingdale, R. J. 1965. *Nietzsche: The Man and His Philosophy.* Baton Rouge: Louisiana State University Press.

Hunt, Lester. 1993. *Nietzsche and the Origin of Virtue.* New York: Routledge.

Hunt, Morton. 1994. *The Natural History of Love.* New York: Anchor Books, Doubleday.

Hussain, Nadeem. Forthcoming. "Honest Illusion: Valuing for Nietzsche's Free Spirits." In B. Leiter and N. Sinhababu, eds., *Nietzsche and Morality.* Oxford: Oxford University Press.

Janaway, Christopher. 1999. "Schopenhauer's Pessimism." In C. Janaway, ed., *The Cambridge Companion to Schopenhauer.* Cambridge: Cambridge University Press, 318–343.

Kaufmann, Walter. 1974. *Nietzsche: Philosopher, Psychologist, Antichrist.* Princeton, NJ: Princeton University Press.

Kerstein, Samuel. 2002. *Kant's Search for the Supreme Principle of Morality.* Cambridge: Cambridge University Press.

Kierkegaard, Søren. 1987. *Either/Or.* Part I. H. V. Hong and E. H. Hong, trans. Princeton, NJ: Princeton University Press.

Kofman, Sarah 1972. *Nietzsche et la Métaphore.* Paris: Payot.

Korsgaard, Christine. 1996. *Creating the Kingdom of Ends.* Cambridge: Cambridge University Press.

Kuhn, Elizabeth. 1992. *Friedrich Nietzsches Philosophie des europäischen Nihilismus.* Berlin: Walter de Gruyter.

Langsam, Harold. 1997. "How to Combat Nihilism. Reflections on Nietzsche's Critique of Morality." *History of Philosophy Quarterly* 14(2), 235–253.

Larmore, Charles. 1996. *The Morals of Modernity.* Cambridge: Cambridge University Press.

Leiter, Brian. 2000. "Nietzsche's Metaethics: Against the Privilege Readings." *European Journal of Philosophy* 8(3), 277–297.

———. 2001. "Moral Facts and Best Explanations." *Social Philosophy & Policy* 18, 79–101.

———. 2002. *Nietzsche on Morality.* London: Routledge.

Löwith, Karl. 1978. *Nietzsches Philosophie der ewigen Wiederkehr des Gleichen*. Hamburg: Felix Meiner Verlag. [Original publication: 1935.]

———. 1997. *Nietzsche's Philosophy of the Eternal Recurrence*. J. Harvey Lomax, trans. Berkeley: University of California Press.

Lucretius. 1975. *On the Nature of the Universe*. W. H. D. Rouse, trans.; M. F. Smith, rev. Cambridge, MA: Harvard University Press (Loeb Classical Library).

Mackie, John L. 1977. *Ethics. Inventing Right and Wrong*. London: Penguin Books.

Magnus, Bernd. 1978. *Nietzsche's Existential Imperative*. Bloomington: Indiana University Press.

———. 1988. "The Use and Abuse of *The Will to Power*." In R. Solomon and K. Higgins, eds., *Reading Nietzsche*. Oxford: Oxford University Press, 218–235.

Migotti. Mark. 1995. "Schopenhauer's Pessimism and the Unconditioned Good." *Journal of the History of Philosophy* 33(4), 643–660.

Montinari, Massimo. 1982. "Nietzsches Nachlass von 1885 bis 1888 oder Textkritik und Wille zur Macht." In *Nietzsche Lesen*. Berlin: Walter de Gruyter.

Müller-Lauter, Wolfgang. 1971. *Nietzsche. Seine Philosophie der Gegensätze und die Gegensätze seiner Philosophie*. Berlin: Walter de Gruyter.

———. 1999. *Nietzsche. His Philosophy of Contradictions and the Contradictions of His Philosophy*. D. Parent, trans. Urbana: University of Illinois Press.

Nagel, Thomas. 1979. "The Absurd." In *Mortal Questions*. Cambridge: Cambridge University Press, 11–23.

Nehamas, Alexander. 1985. *Nietzsche: Life as Literature*. Cambridge, MA: Harvard University Press.

The New English Bible. The Old Testament. 1970. Oxford: Oxford University Press/Cambridge: Cambridge University Press.

Nozick, Robert. 1989. *The Examined Life*. New York: Simon and Schuster.

Nussbaum, Martha. 1994. "Pity and Mercy: Nietzsche's Stoicism." In R. Schacht, ed., *Nietzsche, Genealogy, Morality*. Berkeley: University of California Press, 139–167.

O'Neil, Onora. 1989. "Consistency in Action." In *Constructions of Reason*. Cambridge: Cambridge University Press, 81–104.

Otto, Walter. 1965. *Dionysus: Myth and Cult*. R. B. Palmer, trans. Bloomington: Indiana University Press.

Parfit, Derek. 1975. "Personal Identity." In John Perry, ed., *Personal Identity*. Berkeley: University of California Press, 199–223.

Pautrat, Bernard. 1971. *Versions du soleil. Figues et système de Nietzsche*. Paris: Editions du Seuil.

Pippin, Robert. 1997. "Nietzsche's Alleged Farewell: The Premodern, Modern, and Postmodern Nietzsche." In *Idealism as Modernism*. Cambridge: Cambridge University Press, 330–350.

———. 2005. "The Erotic Nietzsche: Philosophers Without Philosophy." In

Shadi Bartsch and Thomas Bartscherer, eds., *Erotikon: Essays on Eros, Ancient and Modern*. Chicago: University of Chicago Press, 172–191.

Plato. 1975. *The Apology of Socrates*. G. M. A. Grube, trans. Indianapolis: Hackett Publishing Company.

Poellner, Peter. 1995. *Nietzsche and Metaphysics*. Oxford: Oxford University Press.

Raymond, Dider. 1979. *Schopenhauer*. Paris: Editions du Seuil.

Reath, Andrews. 1989. "The Categorical Imperative and Kant's Conception of Practical Rationality." *The Monist* 72(3), 384–410.

Reginster, Bernard. 1997. "Nietzsche on *Ressentiment* and Valuation." *Philosophy and Phenomenological Research* 57(2), 291–305.

———. 2000a. "Nietzsche on Selflessness and the Value of Altruism." *The History of Philosophy Quarterly* 17(2), 177–200.

———. 2000b. "Nietzsche's 'Revaluation' of Altruism." *Nietzsche-Studien. Jubiläumsband* 29, 199–219.

———. 2001. "The Paradox of Perspectivism." *Philosophy and Phenomenological Research* 62(1), 217–233.

———. 2002. "Nihilism and the Affirmation of Life." *International Studies in Philosophy* 34(3), 55–68.

———. 2003a. Review of Brian Leiter, *Nietzsche on Morality*. *Notre Dame Philosophical Reviews*. http://ndpr.nd.edu/review.cfm?id=1157.

———. 2003b. "What Is a Free Spirit? Nietzsche on Fanaticism." *Archiv Für Geschichte der Philosophie* 85, 51–85.

———. 2004. "Happiness as a Faustian Bargain." *Daedalus* 133(2), 52–59.

Richardson, John. 1996. *Nietzsche's System*. Oxford: Oxford University Press.

Rorty, Richard. 1989. "Self-Creation and Affiliation: Proust, Nietzsche, and Heidegger." In *Contingency, Irony, and Solidarity*. Cambridge: Cambridge University Press, 96–121.

Schacht, Richard. 1973. "Nietzsche and Nihilism." *The Journal of the History of Philosophy* 11, 66–90.

———. 1983. *Nietzsche*. London: Routledge & Kegan Paul.

Scheler, Max. 1961. *Ressentiment*, W. W. Holdheim, trans. New York: Schocken Books.

Simmel, Georg. 1907. *Schopenhauer und Nietzsche: Ein Vortragzyklus*. Leipzig: Dunker und Humbolt.

———. 1986. *Schopenhauer and Nietzsche*. H. Loiskandl, D. Weinstein, and M. Weinstein, trans. Cambridge: University of Massachusetts Press.

Sleinis, E. E. 1994. *Nietzsche's Revaluation of Values: A Study in Strategies*. Urbana: University of Illinois Press.

Soll, Ivan. 1973. "Reflections on Recurrence." In R. Solomon, ed., *Nietzsche: A Collection of Critical Essays*. Garden City, NY: Doubleday, 322–342.

———. 1994. "Nietzsche on Cruelty, Asceticism, and the Failure of Hedonism." In R. Schacht, ed., *Nietzsche, Genealogy, Morality*. Berkeley: University of California Press, 168–192.

Sophocles. 1982. *Oedipus the King*. R. Bagg, trans. Amherst: University of Massachusetts Press.

Stern, J. P. 1979. *A Study of Nietzsche*. Cambridge: Cambridge University Press.

Stump, Eleonore, and Norman Kretzmann. 1991. "Being and Goodness." In Scott MacDonald, ed., *Being and Goodness*. Ithaca, NY: Cornell University Press, 98–128.

Taylor, Charles. 1982. "Responsibility for Self." In G. Watson, ed., *Free Will*. Oxford: Oxford University Press, 111–126.

Turgenev, Ivan. 1972. *Fathers and Sons*. R. Edmonds, trans. London: Penguin Books.

Vaihinger, Hans. 1924. *The Philosophy of "As If."* C. K. Ogden, trans. New York: Harcourt, Brace.

Wallace, R. Jay. Forthcoming. "Ressentiment, Value, and Self-Understanding: Making Sense of Nietzsche's Slave Revolt." In B. Leiter, ed., *Nietzsche and Morality*. Oxford: Oxford University Press.

White, Alan. 1987. "Nietzschean Nihilism: A Typology." *International Studies in Philosophy* 19(2), 29–44.

White, Stephen. 1991. *The Unity of the Self*. Cambridge, MA: MIT Press.

Williams, Bernard. 1975. "The Self and the Future." In John Perry, ed., *Personal Identity*. Berkeley: University of California Press, 179–188.

———. 1994. "Nietzsche's Minimalist Moral Psychology." In R. Schacht, ed., *Nietzsche, Genealogy, Morality*. Berkeley: University of California Press, 237–247.

Young, Julian. 1987. "A Schopenhauerian Solution to Schopenhauerian Pessimism." *Schopenhauer-Jahrbuch* 68, 53–69.

译后记

经过一年多的努力，我们终于完成了本书的翻译工作。希望它的出版，对国内学界研究尼采和虚无主义的工作有所助益。本书的翻译是由多位译者共同完成的，第一章由杨一杰完成；第二章由施玉刚完成；导言、第三、四、五、六章和全书的统稿工作由我本人完成；校对工作主要由李天保完成。邵晓丹和刘露露曾经分别承担导言和第三章的翻译工作，后来，我们在她们的基础上重新翻译了这两部分的内容。我的两位学生，叶嘉燕和吴配娟，为本书做了很多文字上的校对工作。在此，谨对各位译者和校者表示感谢！另外，特别感谢刘森林教授把本书的翻译工作交由我们来承担！特别感谢华东师范大学出版社的徐海晴编辑，在工作开展的过程中，她与我随时保持沟通，并给予我们大力支持！本书引用了尼采的很多文献，对这些文献的翻译，根据情况需要，我们采用或参考了已有中译本的译文，对中译本的诸位译者深表感谢！

本书交付出版之时，虽有如释重负之感，但我的内心还是非常忐忑，因为我们的水平的确有限，错误在所难免。希望读者不吝赐教，指出我们的错误。

汪希达

2019 年 10 月 17 日

于广州

图书在版编目(CIP)数据

肯定生命:尼采论克服虚无主义/(美)伯纳德·雷金斯特;汪希达等译,李天保校.
--上海:华东师范大学出版社,2020

ISBN 978-7-5675-9902-4

Ⅰ.①肯… Ⅱ.①伯… ②汪…③李… Ⅲ.①尼采(Nietzsche,Friedrich Wilhelm 1844—1900)—哲学思想—研究 Ⅳ.①B516.47

中国版本图书馆 CIP 数据核字(2020)第 112140 号

华东师范大学出版社六点分社
企划人 倪为国

肯定生命:尼采论克服虚无主义

著　　者　(美)伯纳德·雷金斯特
译　　者　汪希达、施玉刚、杨一杰
校　　者　李大保
责任编辑　徐海晴
责任校对　王　旭
封面设计　夏艺堂

出版发行　华东师范大学出版社
社　　址　上海市中山北路 3663 号　邮编　200062
网　　址　www.ecnupress.com.cn
电　　话　021-60821666　行政传真　021-62572105
客服电话　021-62865537
门市(邮购)电话　021-62869887
地　　址　上海市中山北路 3663 号华东师范大学校内先锋路口
网　　店　http://hdsdcbs.tmall.com

印 刷 者　上海盛隆印务有限公司
开　　本　890×1240　1/32
印　　张　11.5
字　　数　260 千字
版　　次　2020 年 8 月第 1 版
印　　次　2020 年 8 月第 1 次
书　　号　ISBN 978-7-5675-9902-4
定　　价　78.00 元

出 版 人　王　焰

(如发现本版图书有印订质量问题,请寄回本社客服中心调换或电话 021-62865537 联系)